한국어의 탐구와 이해

【집필진】

제1장 말에도 고향이 있다
정경일 (건양대학교 국어국문학과 교수)

제2장 말에도 계급이 있다
최경봉 (원광대학교 국어국문학과 교수)

제3장 말도 그릇에 담아야 한다
김무림 (강릉대학교 국어국문학과 교수)

제4장 소리의 세계를 찾아서
오정란 (광운대학교 국어국문학과 교수)

제5장 단어로 이루어진 세상
시정곤 (한국과학기술원 인문사회과학부 교수)

제6장 문장은 어떻게 이루어지는가
이관규 (고려대학교 국어교육과 교수)

제7장 우리 말에 담긴 뜻을 찾아
최호철 (고려대학교 국어국문학과 교수)

제8장 분위기를 파악하자
조일영 (한국교원대학교 국어교육과 교수)

제9장 우리말은 어디서 왔을까
송향근 (부산외국어대학교 언어학과 교수)

제10장 조상들은 어떤 말을 했을까
박영준 (부경대학교 국어국문학과 교수)

제11장 이제 컴퓨터에도 말을 가르치자
고창수 (한성대학교 국어국문학과 교수)

제12장 민족어의 통일을 위하여
이윤표 (서남대학교 국어국문학과 교수)

제13장 세계 속의 우리말
김동언 (강남대학교 국어국문학과 교수)

한국어의 탐구와 이해

정경일

최경봉

김무림

오정란

시정곤

이관규

최호철

조일영

송향근

박영준

고창수

이윤표

김동언

도서
출판 박이정

한국어의 탐구와 이해

머리말

이 책은 한국어학 분야에 처음 관심을 갖는 대학 1, 2학년을 위해 만든 강의교재이다. 이렇게 책의 대상과 목적을 못박는 이유는 이 책이 다른 여러 목적보다는 오로지 강의교재로서 제 몫을 다 해 주기를 바라는 간절한 마음에서이다. 이제까지 한국어학과 관련된 훌륭한 저서나 입문서는 많았지만, 한국어학에 입문하고자 하는 초보자를 위한 마땅한 강의교재는 별로 없었던 것이 아닌가 한다. 훌륭한 저서나 입문서가 꼭 좋은 강의교재가 되지는 않는다는 것이 필자들의 하나같은 생각이다. 그런 의미에서 이 책은 철저히 강의하는 교수와 강의를 듣는 학생들이 한 학기 동안 흥미롭게 한국어학을 이해할 수 있도록 꾸며진 책이다. 특히 수요자인 학생들에게 초점을 맞춰 만들어진 맞춤식 강의교재라고 할 수 있다.

지금 세상은 너무도 빨리 변화하고 있다. 정보화, 디지털, 사이버라는 말은 어느새 우리에게는 보통명사가 되어 버렸다. 그만큼 시대가 쏜살같이 변하고 이에 따라 사회와 문화도 변화를 거듭하고 있으므로 이제 학문하는 방법도 새롭게 달라져야 하지 않을까. 새 술은 새 부대에 담아야 한다는 말이 떠오른다. 이러한 변화의 흐름을 가장 빨리 접하는 사람이 바로 대학생들이라는 사실을 새롭게 깨달아야 한다. 우리는 21세기 학생들을 20세기 강의실에서 19세기의 교수가 가르치고 있다고 하는 말을 이제는 더 이상 농담으로 넘겨서는 안 된다. 이 책이 기획된 동인도 바로 이러한 시대의 변화와 새로움을 추구하는 학생들의 요구에 있다고 할 수 있다. 이러한 점에서 집필자들은 강의실에서 벌어지는 이러한 괴리감을 조금이나마 줄여 보고 학습자인 학생들의 요구에 조금이나마 부응하기 위해 나름대로 노력하여 이 책을 만들게 되었다. 그러나 이러한 노력에도 불구하고 아직도 여러 가지 면에서 19세기에 머무르고 있는 부분이 많이 남아 있음을 시인하며, 앞으로 부족한 부분을 꾸준히 고쳐나갈 것을 약속한다.

이 책의 가장 큰 특징이라면 전체 내용을 쉽고도 흥미롭게 꾸몄다는 점이다. 즉, 우리 말 우리 글살이를 충실히 반영한 쉽고도 흥미로운 교재라는 점이다. 초보자라도 국어학의 핵심적인 개념을 쉽게 이해하고 흥미 있게 접근할 수 있도록 내용을 재미있게 꾸몄다. 따라서, 앞으로 한국어학을 전공할 학생들은 물론이고 전공하지 않을 학생이라 하더라도 교양 있는 한국인으로서 모국어에 대한 기본개념과 큰 줄거리를 흥미롭게 파악할 수 있을 것이다. 다음으로 내용의 전개순서도 과거와 같이 딱딱한 학문적인 배열방법이 아닌 우리의 실제 삶에서 부딪치는 영역부터 배열하여 학생들이 자연스럽게 우리 말글을 이해할 수 있도록 하였다. 방언 부분이 맨 첫 장을 차지한 것도 바로 이러한 점을 반영하였기 때문이다. 또한, 이 책은 한 학기 동안 한 주에 한 장씩을 소화해 나가면 무리가 없도록 전체내용을 구성하였다. 하지만, 강의자에 따라 전체 13장 가운데 필요한 부분을 두 주에 걸쳐 강의하거나 어떤 장은 건너 뛰어도 무방할 것이다.

그리고 각 장의 말미에 <돌아보기>와 <한걸음 더!>라는 부분을 마련하여 본문에서 다룬 내용을 다시 연습하고 관심 있는 부분에 대해서는 더욱 심화된 학습을 할 수 있도록 하였다.

이 책이 나오기까지는 약 2년의 시간을 필요로 했다. 먼저 각 분야의 전문가 열세 명이 모여 책을 기획하고 집필을 하기로 결정한 것이 2년 전의 일이다. 이 때부터 기획의 초를 다듬고 고쳐 지난 해 여름 어렴풋이 초고를 만들었으며, 이 초고를 가지고 집필자

몇 사람이 한 학기 동안 시험강의를 하였으며, 그 결과를 토대로 하여 책의 내용과 순서를 다시 바로 잡았다. 그리고 이후 다시 네 차례의 전체회의를 거쳐 형식적인 면과 내용적인 면에서 하나의 단행본으로서 짜임새를 갖추기 위해 내용을 가다듬었다. 각 분야의 집필내용을 단지 모아 놓은 책을 만들지 말자는 것이 전체의 생각이었으므로 전체체제를 통일하는 작업에 나름대로 신경을 썼다. 그럼에도 불구하고 여전히 형식과 내용면에서 매끄럽지 못한 부분이 있음이 사실이다. 이 점은 집필자들에게 남은 과제라 생각하며 틈틈이 깁고 고쳐 나갈 것을 다짐한다.

실제로 책이 만들어진 기간은 2년이었지만, 이 책이 처음 구상되었던 시점은 훨씬 더 이른 시기인 6년 전으로 거슬러 올라간다. 당시 한국어학회 회장이셨던 김응모 선생님을 비롯한 많은 회원들이 총회에서 국어학개론 집필을 계획하였고, 현재의 집필진들도 대부분은 당시에 구성되었다. 따라서, 이 책은 열세 명의 집필자들의 책이 아니라 한국어학회 전 회원들의 공동저작물인 셈이다. 이 자리를 빌어 책의 태동을 위해 여러모로 힘써 주신 여러 선생님들과 회원 여러분들께 깊은 감사를 드리며, 그분들의 기대와 성원에 비해 이 책의 모자람이 너무 크지는 않나 하는 걱정이 앞선다. 또한, 이 책이 만들어지기까지 현 한국어학회 회장이신 정 광 선생님을 비롯한 많은 분들의 도움이 있었다. 이 자리를 빌어 도움을 주신 모든 분들께 감사드린다.

이 밖에도 고마움을 표할 분들이 너무도 많다. 특히, 이 책에서는 많은 사진과 그림들이 담겨 있는데, 이는 내용을 좀더 쉽게 이해할 수 있도록 하기 위한 것이다. 많은 부분은 삽화를 직접 그려 사용하였으나 다른 책에 있는 사진을 빌어 온 것도 있음을 밝혀 둔다. 마땅히 참조한 책에 대해 일일이 감사를 표시해야 하나 사정상 그렇게 하지 못하였다. 참조한 책 목록을 책의 뒤에 실어 놓았음을 밝히며, 이 자리에서나마 그 고마움을 전하고자 한다. 그리고 어려운 여건 속에서도 새롭게 시도한 이 책의 출판을 흔쾌히 맡아 주신 도서출판 박이정의 박찬익 사장님과 편집부에 감사드리며, 끝으로 이 책이 국어학에 관심을 갖는 사람에게 희미한 불빛이라도 던져줄 수 있는 조그마한 등대가 되었으면 하는 바람이다.

2000년 2월 10일, 집필자가 다함께 씀

차례3

이제 컴퓨터에도 말을 가르치자 **11.**

차례4

민족어의 통일을 위하여 **12.**

세계 속의 우리말 **13.**

1.

말에도 고향이 있다

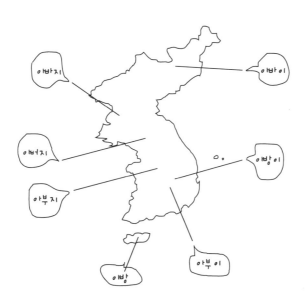

　언어는 사회적 산물이므로 그 언어가 사용되는 사회의 범위와 성격에 따라 서로 다른 모습을 지니게 된다. 한 국가 안의 언어사회는 지역적 경계와 사회 계층을 기준으로 하여 크게 나누어진다. 우리는 특정 개인이 사용하는 언어를 통하여 그의 출신지역과 그가 속한 사회 계층을 짐작할 수 있다. 방언은 이와 같이 하나의 언어 체계 내부에서 지리적 또는 사회적 원인으로 인하여 분화된 하위 언어 체계를 말한다. 그러므로 모든 방언은 언어학적으로 동등한 가치를 지닌다. 한국어를 사용하는 모든 화자는 적어도 한 방언의 사용자이며, 어떤 한 방언도 다른 방언보다 언어학적으로 우월하지 않다.

1. 방언이란 무엇인가

위의 만화에서 '국수'와 '국시'의 차이점은 무엇일까? '봉투'와 '봉다리'의 차이는 그리고 '춤'과 '침'의 차이는 무엇일까? 이 이야기는 우리말의 모음 'ㅜ'와 'ㅣ'의 차이를 교묘히 이용한 우스개 소리이다. 그러나 본질은 그것에 있지 않다. 이 우스개에 나오는 국시와 봉다리, 춤은 각각 표준어인 국수, 봉투, 침에 대한 경북지방 방언이다. 따라서 이 이야기는 방언의 차이를 교묘히 이용한 말장난이다.

겨울이 지나고 새봄이 올 무렵 논과 밭 두렁에 파릇파릇 돋아 나는 냉이는 봄의 전령이면서 향긋한 맛으로 미각을 자

〈그림 1〉 냉이

극한다. 그런데 냉이를 부르는 이름은 지방에 따라 매우 다양하다.

> 나시, 나상이, 나생이, 나싱이, 나상구, 나숭개, 나승개, 나싱개, 나싱갱, 니시랭이, 나스랭이, 나시
> 갱이, 내사니, 난시, 난생이, 나싱갱이, 낙싱갱이, 냉이, 앵이, 애이

이렇듯 우리말에는 한국어 내부에 지역적인 경계에 따라 서로 다른 모습을 보이는 언어 체계가 존재하고 있음을 알 수 있다.

우리는 단일민족으로서 단일한 언어를 사용하고 있기에 세계적으로도 행복한 민족이라고 말한다. 단일한 언어를 사용하고 있다는 것은 우리 민족 내부에서는 언어적 차이로 인한 갈등이 전혀 없다는 의미이다. 언어적 갈등이란 좁게는 의사 소통의 장애로부터 넓게는 이념적 차이에 이르기까지 광범위하다. 그러나 우리는 단일 언어를 사용하기 때문에 이와 같은 갈등이 없이 어울려 살아가고 있다.

그런데 과연 우리가 사용하는 언어는 완전히 동일한 것일까? 우리 민족은 한반도 안에서 공시적으로 단일한 언어 체계를 가지고 살아가고 있을까? 실제로 우리 언어 현실을 눈여겨보면 반드시 그렇지만은 않다는 것을 알게 된다. 우리는 지역적 차이에 의하여 또는 직업이나 사회적 계층, 연령, 성별 등에 따라서도 어휘나 발음, 의미가 달라지는 것을 알고 있다.

언어는 사회적 소산이므로 그 언어가 사용되는 사회의 성격에 따라 언어의 특성도 달라지게 마련이다. 그렇다면 사회의 범위를 어떻게 설정하느냐에 따라 언어 체계의 양상이 달라진다고 할 수 있다. 그러나 어느 사회의 언어라도 통시적으로 완전히 고정되어 있다거나 공시적으로 모든 사회에 동일하게 나타나는 것은 아니고 늘 변화하고 있다.

그러나 이러한 차이에 의하여 조금씩 달리 나타나는 언어 현상은 우리의 의사 소통을 불가능하게 할 정도는 아니다. 때로 몇몇 어휘에 의하여 의사 소통이 지장을 받는 경우는 있으나 전체적인 언어생활 자체가 불가능한 것은 아니다.

이와 같이 하나의 언어 체계 내부에서 특정한 요인으로 인하여 조금씩 다르게 나타나는 언어 현실을 우리는 방언이라고 부른다.

〈그림 2〉 지역 방언과 사회 방언

2. 방언에는 두 가지가 있다

하나의 언어가 지리적 제약으로 달리 변화하여 상이한 체계를 이룰 때에 각각의 지역에 분포된 언어를 **지역 방언**이라 하며, 사회계층 혹은 계급, 연령, 성별, 직업 등에 따라 상이한 체계를 이룰 때에 각 계층에서 사용하는 언어는 **사회 방언**이라고 한다.

방언은 한 언어 체계 내부의 분화된 하위 언어 체계를 말한다. 따라서 방언은 그 언어가 소속되어 있는 전체 언어를 상위 개념으로 하는 하위 개념이며, 아울러 방언은 반드시 상위 언어를 전제로 하여야만 존재할 수 있는 개념이기도 하다. 한국어의 하위 분류에 경상 방언, 전라 방언, 충청 방언 등이 있는 것과 같은 이치이다. 또 충청 방언의 내부에는 부여 방언, 서천 방언, 논산 방언 등도 존재할 수 있다. 다시 말하면, 방언은 언어의 분화체라고 할 수 있다. 결국, 개별 언어는 여러 하위 방언들의 총체로 구성된다.

언어 차이와 방언 차이를 구별하는 요인으로 우리는 흔히 **의사 소통력**을 꼽는다. 한국어의 하위 체계에 존재하는 방언인 충청 방언과 경상 방언을 사용하는 사람들끼리는 의사 소통이 전혀 불가능하지 않다. 그러나 한국어와 중국어를 사용하는 사람들 사이에는 서로 상대방의 언어 체계를 따로 학습하지 않는 한 의사 소통이 이루어지지 않는다. 이럴 때 한국어의 방언 사이에는 상호 의사 소통력(mutual intelligibility)이 있는 것이고 한국어와 중국어 사이에는 그렇지 못하다. 이처럼 서로 다른 언어 체계의 차이를 언어적 차이로 인식하느냐 아니면 방언적 차이로 인식하느냐 하는 구별은 흔히 의사 소통력의 유무에 의하여 결정된다.

> ♡ 방언의 종류
>
> **지역 방언**(regional dialect) : 지리적 경계로 인하여 나누어진 방언
>
> **사회 방언** (social dialect) : 사회적 계층이나 성별, 직업 등으로 인하여 나누어진 방언

그러나 때로는 방언 사이에도 전혀 의사 소통이 되지 않는 경우도 있다. 현재에도 제주의 토박이가 하는 말은 제주 이외의 지역에 사는 사람들이 이해하기 어려운 경우가 종종 있다.

또한 중국의 경우는 전체 방언을 7대 방언권으로 나누고 이를 다시 하위 분류하고 있는데, 적어도 이들 7대 방언권 사이에는 서로 의사 소통이 되지 않는다고 한다.

결국, 방언적 차이를 결정하는 데에는 의사 소통력이 중요한 요인이기는 하지만 절대적 요인은 아니라는 말이다. 이와 함께 상위 언어의 체계적 특징 즉 언어 내적 특징을 얼마나 공유하고 있는가가 방언이냐 아니냐를 결정하는 중요한 요인이 된다. 즉 한 언어의 음운과 문법, 의미 체계

의 특징을 공유하는 경우는 의사 소통에 지장이 있어도 방언으로 간주하고 그렇지 않은 경우는 의사 소통이 가능하다 하더라고 언어적 차이로 구별한다.

서로 상이한 언어 체계 사이의 관계를 방언적 관계로 설정하는 데에 언어내적 특징의 검토 이외에 표준어와의 관계를 검토하여야 한다는 주장도 있다. 즉 상이한 언어체계라 하더라도 이들 방언이 공유하고 있는 표준어가 동일하고 동시에 동일한 표기법을 가지고 있다면 이들은 방언적 관계에 있다는 것이다. 반면 의사가 비교적 자유롭게 소통되다 하더라도 각각의 언어가 기준으로 삼고 있는 표준어가 서로 다르고 표기법이 서로 다르면 그들은 언어적 차이로 보아야 한다는 것이다.

예를 들면, 중국의 서장어와 광동어처럼, 두 지역의 말이 서로 자유롭게 소통이 되지 않는다 하여도, 이들 지역이 똑같은 한자와 한문을 사용하고, 또 북경어를 표준어로 삼고 있는 경우는 이들을 중국어라는 상위 언어의 하위언어로 보아야 한다. 반면 미국과 멕시코 국경 지대에 있는 두 지역의 말은 서로 아주 가까워 자유롭게 의사소통이 되어도 각각의 표준어와 표기법이 다르기 때문에 이들은 서로 다른 언어이다.

3. 방언과 표준어는 어떻게 다른가

그러면 방언의 상위개념인 언어와 표준어는 어떤 관계에 있는가? 표준어는 하나의 언어 체계 내부에 존재하는 여러 방언 가운데 특별히 사회적으로 공용어로 인정받은 방언을 의미한다.

대개의 경우 표준어는 각국의 정치, 경제, 사회, 문화의 중심지의 언어를 선택하게 된다. 또 사회적으로는 가장 많은 사람들이 사용하는 언어를 말한다.

우리 나라의 표준어는 「표준어 사정 원칙」 제1항에 다음과 같이 규정되어 있다.

표준어는 교양 있는 사람들이 두루 쓰는 현대 서울말로 정함을 원칙으로 한다.

이 규정은 세 가지 내용을 담고 있다. 첫째는 사회계층이다. 표준어는 '교양 있는 사람들'이 쓰는 말이다. 그렇다면 과연 교양 있는 사람들은 어떤 사람들인가? 현실적으로 우리는 이를 정확히 규정할 수는 없다. 오히려 이 규정은 표준어를 쓰는 사람들의 범위를 규정한다기보다는 표준어를 쓰는 일이 교양 있는 사람의 기본 요건이 됨을 선언적으로 규정하고 있다고 보아야 한다.

다시 말하면, 표준어는 우리 사회의 일상생활과 행정과 교육, 방송 등에서 표준적으로 쓰이는 공용어이므로 공적인 생활을 하는 사람들은 반드시 이를 잘 지켜서 사용해야 한다는 것이다. 만일 공적인 자리에서 방언을 사용하여 구성원 사이의 의사 소통에 장애를 초래한다면 이는 교양 있는 사람으로서 해서는 안 되는 일이라는 의미이다.

둘째는 시기적으로 '현대'의 언어이다. 언어는 역사적 변천의 결과물이다. 시간의 흐름에 따라 언어는 지속적으로 변화한다. 따라서 표준어는 현실 세계에서 실제로 사용되는 언어를 설정하여야 한다.

셋째로 지역적으로는 서울말을 원칙으로 한다. 이는 서울이 우리 나라의 수도로서 정치, 경제, 문화의 중심지이기 때문에 또한 당연한 규정이다.

참고로 북한은 우리가 표준어라고 부르는 공용어를 **문화어**라고 부른다. 북한은 문화어를 "사회주의건설 시기 주권을 잡은 로동계급의 당의 령도 밑에 혁명의 수도를 중심지로 하고 수도의 말을 기본으로 하여 이루어지는, 로동계급의 지향성과 생활감정에 맞게 혁명적으로 세련되고 아름답게 꾸며진 언어"(『조선말대사전』)라고 정의하고 있다. 문화어의 규정도 지역적으로는 평양말을 중심으로 하고 있음을 알 수 있다.

지역적으로 수도의 방언이 표준어로 인정되는 현상은 외국의 경우에도 마찬가지이다. 영국의 표준영어인 용인표준어(Received Standard)는 원래 영어의 한 지역 방언인 런던방언(London dialect)이 영국의 일반 교양 있는 계층의 사람들이 사용하는 계층방언(class dialect)의 지위로 변화하면서 확립된 것이다. 이를 영국에서는 왕의 영어(King's English)라고 부르기도 하고 표준영어의 발음을 용인발음(Received Pronunciation)이라고 한다.

그러나 미국에서는 표준어에 대한 일반적인 규정은 없다. 일반적으로 서부방언을 일반미국영어(General American)라고 하기도 하고, 때때로 방송 진행자의 언어를 방송표준어(Network Standard)라 부르기도 한다.

〈그림 3〉 표준어를 사용하는 방송인

4. 방언의 가치는 무엇인가

표준어는 방언보다 우월한가? 방언을 사용하는 사람은 표준어를 사용하는 사람보다 열등한 사람인가?

우리 나라 방송 드라마는 이점에서 중요한 오류를 범하고 있다. 대부분의 드라마에서 주인공은 표준어를 사용한다. 그런데 그의 부모 특히 어머니는 방언을 사용하는 경우가 많다. 그 외에도 드라마에서 방언 사용자는 악역이나 하찮은 직업의 소유자들이 대부분이다. 그리고 사용하는 방언도 배역의 성격에 따라 특정 지역의 방언이 고정되어 있는 경우가 있다.

텔레비전 드라마에 나타나는 이러한 방언에 대한 비하는 자칫 우리 사회 전반에 방언의 사용을 천박한 행위로 비치게 할 우려가 있다. 표준어의 규정에 표준어는 교양 있는 사람들이 사용하는 언어라고 하였다고 하여 표준어를 사용하지 않는 사람은 모두 교양 없는 사람이라는 의미로 해석해서는 안 된다.

표준어는 일종의 가상언어로 국가사회의 균질성과 통일성을 유지하기 위한 권장언어이지 그것이 결코 방언보다 언어학적으로 우수하다거나 하는 의미는 아니다. 우리말의 표준어는 서울말이 격상되어 설정된 것이다. 이는 우리 나라의 여러 지방 말 가운데 서울이 수도이기 때문에 서울의 말이 정치적으로 영향력을 지녀 표준어로 정해진 것이지 서울말 자체가 언어학적으로 우수하다거나 또는 서울 사람들이 우수하기 때문이라고는 할 수 없다. 한국어 전체로 볼 때 그리고 남북이 분단되기 전까지는 평안방언의 위치에 있던 평양지방의 언어가 현재 북한의 문화어로 정해져 있는 것을 보아도 이를 짐작할 수 있다.

방언은 비록 표준어는 아니지만 우리 사회의 살아있는 언어로서 나름대로의 가치를 지니고 있다. 이를 구체적으로 알아보자. 방언은 우리말의 언어적 다양성을 확보하여 준다. 언어는 삶의 표상이며 생활의 총체를 반영하는 문화적 행위이다. 따라서 우리들의 삶이 다양한 만큼 언어행위도 다양하게 분화, 발달한다.

> "봇씨요, 봇씨요"
>
> "워째 그러시오?"
>
> "저녁 묵은 것이 없인 모양인디......"
>
> "알겠구만이라"
>
> "소금허고 된장국물뿐인디요, 워떤 것이더 졸란지 몰르겠네요이"
>
> "이 밤중에 된장국물은 맹글기 심들 것이고 소금이나 한 주먹 주시씨요"
>
> "아니어라, 있는 된장 찬물에다 푸는 것인디 머가 심들어라.된장국물이 좋으시면 그걸로 허시씨요"
>
> "그래 주겠소"
>
> "야아. 얼렁 맹글 팅께 방에 들어가 기시시오. 추우먼 속이 더 꾀인디"
>
> ─「태백산맥」(조정래) 제1부, 74쪽. 월녀와 정참봉의 대화 부분

  표준어는 여러 방언의 형태 가운데서 가장 영향력이 큰 말만을 골라 놓은 것이기 때문에, 표준어의 사용만을 고집하다 보면, 자칫 우리말의 다양한 요소들을 제거하는 잘못을 범할 수 있다. 예를 들어, 울산지방에서는 도라지를 구분하여 야생의 것은 '도라지'이고 집에서 재배한 것은 '돌개'라고 한다. 거품은 충남일대에서는 '거큼', 제주에서는 '개끔'이라 하는데 보령·논산 등에서는 '버큼' 전북일대에서는 '버쿰'이라고 한다. 반면에 함경남북도 지역에서는 '더품'이라고 한다. 만일 해당 지역 주민조차 이러한 말들을 사용하지 않고 모두 표준어만 사용할 경우 우리말 사전은 그 두께가 훨씬 얇아질 것이다.

  언어적 다양성은 사고의 다양성을 의미하는 것이며 이를 가장 잘 확보하는 지름길이 바로 방언의 존속이다. 따라서 방언은 결코 없어져서는 안 될 무형의 자산이다.

  그리고 방언은 다양성을 바탕으로 문학 활동의 좋은 자료가 된다. 공간적으로 특정 지역을 배경으로 하는 문학작품에서 그 지역의 방언과 다른 표준어가 사용된다면 작품의 사실성이 훼손되고 만다. 평소 표준어를 사용하던 사람들도 고향 사람들을 만나면 금세 그 고장 말을 사용하고, 또 그러면서 아주 즐겁고 행복한 표정을 짓는 것을 가끔 보게 된다.

  지역적으로 분화된 방언은 바로 그 지역의 문화적 총체를 드러내 보여준다. 방언은 바로 이러한 점에서 전국 각지에서 그곳의 지리적 환경과 역사적 전통에 따라 가장 어울리게 살아가고 있는 사람들의 삶의 모습을 잘 드러내 보여준다고 하겠다. 깊은 산중에 형성된 마을의 방언에는 풀과 나무와 산짐승에 관한 어휘들이 발달하고, 어촌에는 바람과 파도와 물고기에 대한 어휘들이 많이 있게 마련이다. 따라서 동일 방언을 사용하는 사람들은 자연스레 지역적 동질감을 느끼게 된다. 한국어에 한국인의 정서가 녹아 있듯이 지역 방언에는 그 지역 주민의 숨결이 살아있게 마

련이고 같은 방언을 사용하는 사람들 사이에는 따뜻한 정을 느끼게 마련이다.

세 번째로 방언의 연구를 통해 국어의 변천 과정에 대한 적절한 해석을 할 수 있다. 대체로 방언은 표준어에 비해 고형을 유지하고 있다. 그러므로 문헌 자료를 통해 확인할 수 없었던 국어 변천의 문제를 방언을 통해 확인할 수 있다. 예를 들어, 우리는 중세국어 이후에 모음 사이의 'ㅂ'이 사라져 버렸다는 사실을 알고 있다. 이에 따라 표준어에서는 '춥다'가 '추워'로, '눕다'가 '누워'로 바뀌어 소리나는데 아직도 경상 방언과 일부 전라 방언에서는 '추버, 누버, 구버' 등의 발음을 쉽게 확인할 수 있다.

5. 방언의 분포는 어떻게 확인하나

그러면 구체적으로 어떤 방언이 어느 곳에 분포되어 있는가? 그리고 이를 확인하는 방법은 무엇인가?

방언은 지리적 제약을 경계로 하여 분포된다. 이 때 지리적 제약이란 거주민의 교통과 왕래를 차단하는 지리적 장애를 말한다. 이에는 높은 산과 넓은 강, 바다 등이 포함된다. 우리 나라는 비교적 산악이 많은 지형으로 이루어져 있다. 따라서 산맥을 경계로 하여 서로 다른 언어적 특징을 지닌 방언이 분포되어 있는 경우가 많다. 물론 강을 경계로 하는 경우도 있을 수 있다.

5.1 등어선

방언의 분포를 명확히 확인하기 위하여 우리는 일정한 지역적 경계를 중심으로 하여 나타나는 서로 다른 언어현상을 조사, 분석하고 지도상에 표시한다. 그리고 이를 통해 일정한 유형이 나타남을 살펴 볼 수 있다. 하나의 언어적 특징이 동일한 방식으로 나타나는 지역을 연결하여 선으로 표시하면, 그 선으로 분리되는 지역간의 방언 차이를 확연히 알게 된다.

서로 다른 언어적 특징을 지닌 두 지역을 가르는 분계선을 **등어선**(等語線 isogloss)이라고 한다. 이 말은 라트비아의 방언학자인 빌렌슈타인(Bielenstein)이 기상학에서 사용하는 등온선(等溫線 isotherm)을 본 따 만든 말이다.

등어선은 그 수에 따라 **단선 등어선**과 **복선 등어선**으로 나뉜다. 단선 등어선은 두 가지 변종이 나타나는 두 지역 사이를 통과하는 하나의 등어선이다. 이것은 두 조사 지점 사이의 임의의

지점이나 조사된 적이 없는 지점을 통과한다 〈그림 4〉.

복선 등어선은 서로 마주하고 있는 두 지점이 대립적인 변종을 사용하고 있는 경우 동일한 변종을 사용하는 지점들을 열거한 두 개의 등어선이다 〈그림 5〉.

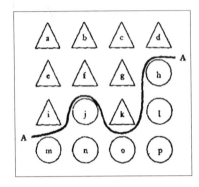

〈그림 4〉 단선 등어선

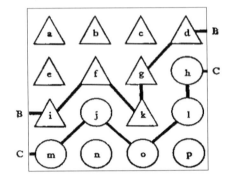

〈그림 5〉 복선 등어선

단선 등어선은 복선 등어선에 비하여 두 개의 대립적인 언어 현상의 구분을 명확하게 보여주는 장점이 있다. 반에 복선 등어선은 두 대립되는 언어 현상의 차이를 정밀하게 보여준다. 이들 등어선은 방언 경계가 매우 단순한 지역에서 나타난다. 경계가 매우 복잡한 지역에서는 그에 따라 다양한 등어선의 모양이 나타나기도 한다. 이에는 **부채꼴 등어선**과 **교차 등어선** 등이 있다.

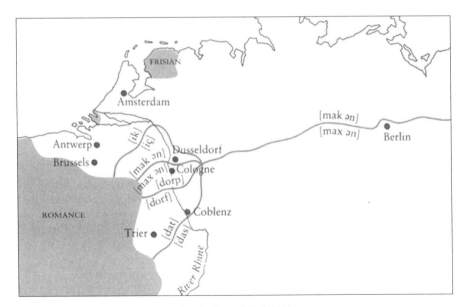

〈그림 6〉 부채꼴 등어선

부채꼴 등어선은 위의 〈그림6〉처럼 독일 중부의 라인강을 중심으로 북부지방을 중심으로 하는 고지독일어권과 남부의 저지독일어권의 방언경계가 독일 동부와 중부지역에서는 일정한 등어선을 보여주다가 서부의 라인강 유역에서는 극단적으로 분기하여 마치 부채살처럼 나타나는 경우를 일컫는다. 이는 이곳의 지역이 계곡과 강으로 형성되어 있어서 서로 다른 방언들이 독자적으로 생성되었음을 보여주는 것이다.

또 오랜 정착 역사를 가진 곳에서 찾아볼 수 있는 등어선으로 다음 그림과 같이 교차 등어선이 나타나는 경우도 있다. 이 등어선은 여러 가지 언어 특징을 동시에 나타내는 분계선으로 저마다의 흐름을 가진 언어 현상을 나타내 준다〈그림 7〉.

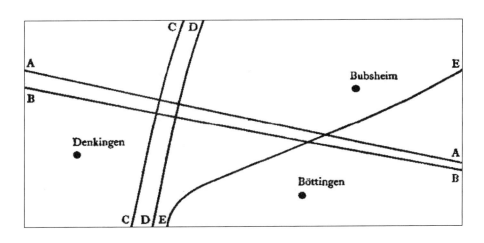

〈그림 7〉 교차 등어선

위 지도에는 모두 다섯 개의 등어선이 그어져 있다. 이 가운데 A와 B가 평행하게 그어져 있고, C와 D가 이들과 교차되면서 평행을 유지하고 있다. 그리고 E는 또 다른 지역으로 교차된다. 이에 따라 지도에 표시된 세 마을은 어떤 등어선을 중심으로 방언을 구분하느냐에 따라 서로 다른 방언에 속하게 된다. 이는 이들 세 지역의 역사적 배경이 매우 복잡했기 때문에 생기는 현상이다.

등어선은 일정한 지역을 대상으로 하나의 언어현상을 가지고 나누는 분계선이다. 이때 여러 개의 등어선을 그렸을 때 동일한 방언권에서는 이들 등어선이 겹쳐지는 경우가 있다. 이렇게 여러 개의 등어선이 동일한 지점에 형성되는 현상을 **등어선속**(bundle of isoglass) 이라 한다. 등어선속은 동일한 방언권의 경계를 의미한다.

등어선속은 각 지역간의 방언의 차이를 보여주는 척도가 된다. 예를 들어 10개의 어휘를 자료로 하여 등어선을 그렸을 경우 A와 B지역 사이에는 5개의 등어선이 겹쳐지고 나머지 5개의 등어선이 분산되는 반면 A와 C 지역은 8개의 등어선이 겹쳐지는 등어선속을 형성한다면 A와 B 지역의 방언 차이보다는 A와 C 지역의 방언 차이가 더욱 심하다는 결론을 유도할 수 있다.

6. 방언 분포를 표시하는 방법

언어지도(linguistic map)는 특정한 언어현상이 개별지역에서 어떤 방언형으로 나타나는가를 보여주는 지도이다. 다음 〈그림 8〉은 '모래'의 방언형인 '몰개'와 '몰개미', '모새', '목새', '모살', '모쌀' 등의 분포를 하나의 지도에 나타내 보여주는 것이다. 이러한 개별적 언어지도를 종합하여 만든 책은 언어지도첩(linguistic atlas)이라고 한다. 우리나라에서는 1993년 학술원에서 간행한 「한국언어지도집」이 대표적이다.

언어지도를 만드는 이유는 여러 방언의 지리적 분

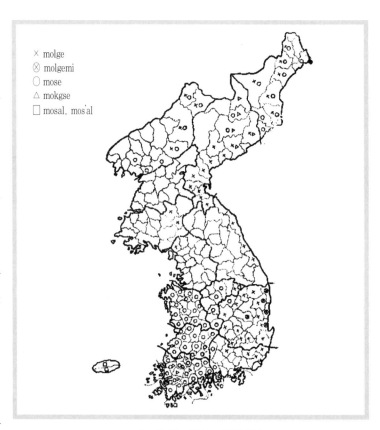

〈그림 8〉 모래의 언어지도

포를 명확히 파악하기 위하여이다. 우리는 관념적으로 경상방언 또는 전라방언이라고 말하지만 실제로 어느 지역에서 어떤 방언이 사용되고 있는지에 대해서는 구체적으로 알지 못하는 경우가 있다 이 때 언어지도에 나타나는 경계를 분명히 함으로 해서 언어의 분포를 명확히 할 수가 있다.

6.1 언어지도의 종류

언어지도는 방언자료를 기입하는 방법에 따라 **진열지도**(display map)와 **해석지도**(interpretive map)의 두 가지로 나뉜다.

진열지도는 각 지점의 방언형을 음성기호, 각종 도안, 색채 등의 변별적인 기호를 사용하여 만든 지도이다. 위에 보인 〈그림 8〉은 도안을 이용한 진열지도이다.

해석지도는 일정한 방언형이 쓰이는 지역의 크기를 표시하여 방언의 분포를 한눈에 볼 수 있게 만든 지도이다. 이것은 지역간에 우세한 반언 변종의 분포를 보여줌으로써 더욱 일반적인 설명을 하려는 언어지도이다. 〈그림 9〉는 강원도의 방언을 표시하는 해석지도이다.

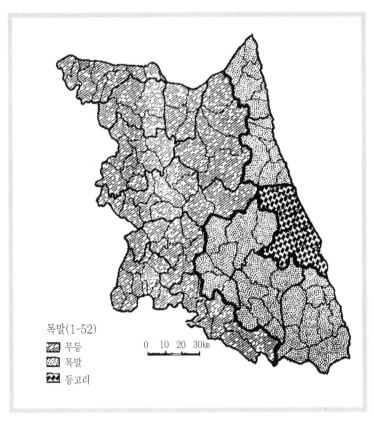

〈그림 9〉 강원방언의 해석지도

방언구획이란 일정한 지역을 몇 개의 독자적인 방언권으로 나누는 일을 말한다. 예를 들어, 우리 나라 전체를 경상방언권, 전라방언권, 충청방언권, 함경방언권 등으로 나누거나 경상방언권을 다시 경남방언권, 경북방언권 등으로 나누는 일을 말한다.

이 때 방언권의 경계를 **방언경계**라고 하는데 이 방언경계는 앞에서 말한 등어선에 의해서 결정된다. 이때 등어선의 두께가 클수록 다시 말하면 방언차가 클수록 그 방언권의 경계는 확실하고 각각의 지역은 독자적인 방언권으로 나누어지게 된다.

방언구획을 정밀하게 하는 일은 전국적이고 철저한 방언조사를 전제하여야 한다. 특히 남북분단 이후 교류가 거의 막힌 채 50여 년이 경과함에 따라 남한과 북한의 언어사이에는 분단 이전에 존재하던 방언적 차이 이상의 차이가 존재하리라 생각된다. 물론 이는 단순한 지리적 경계나 사회적 경계로 인한 방언이라고 하기에는 좀더 복잡한 문제를 포괄하고 있다. 앞으로 이러한 부분까지를 포함하는 광범위하고 정밀한 방언조사가 진행되어야 한다.

그 동안 우리 방언의 구획에 대하여 많은 논의가 있어 왔으나, 일반적으로 행정구역에 따라 다음과 같이 나누어 볼 수 있다.

♡ 우리 나라의 방언구획	
서울·경기도 방언	강원도방언
충청도방언	전라도방언
경상도방언	제주도방언
평안도방언	함경도방언

7. 방언은 어떻게 생기는가

방언은 어떻게 하여 생기는가? 즉 언어는 어떻게 분화하는가? 방언의 가치는 방언이 그 언어의 통시적 변화 과정을 보여주는데 있다. 왜냐하면 지리적 혹은 사회적 요인에 의한 언어의 분화는 그 언어의 역사적 변화 과정을 반영하기 때문이다.

지리적 요인에 의한 언어의 분화에 대해 소쉬르(F. Saussure)는 다음과 같이 설명하였다. 즉 언어의 분화를 육지와 떨어진 섬에 비유하여 섬 F에 살던 사람이 다른 섬 F′로 이주하였을 경우 이주 당시에는 두 섬 사이의 언어에는 아무런 차이가 없을 것이다. 그런데 오랜 세월 동안 서로 격리되어 살아간다면, 차차 서로 다른 모습으로 변하게 된다는 것이다. 이를 그림으로 그리면, 다음과 같다.

$$
\begin{array}{ccc}
F & & F' \\
a & = & a \\
\downarrow & & \downarrow \\
b & & c
\end{array}
$$

즉 두 섬의 동일한 언어체계인 a는 각각 b와 c로 바뀌어 간다는 것이다.

그렇다면 이 두 섬의 사이에 놓여있는 바다라는 지리적 제약공간이 등어선이 되는 것이다.

```
F |        | F′
a |   바   | a
↓ |   다   | ↓
b |        | c
```

언어의 분화를 이와 같이 설명하는 것을 우리는 **이주설**이라 한다. 즉 민족의 이주에 의한 언어분화라는 의미이다. 이렇듯 민족의 이주에 의한 언어의 분화가 가장 일반적이다. 인구어족은 기원전 1000년경에 이미 동으로는 인도에서 서로는 서유럽까지 진출하고 있었다. 현재 이 지역에는 많은 서로 다른 언어들이 존재하고 있는데 이들은 민족의 이동과 그에 따른 언어의 분화를 보여주는 예가 된다.

알타이 언어라고 하는 한국어와 몽골어, 만주-퉁구스어, 튀르크어도 본디는 만주의 흥안령 산맥 근처에서 지역적으로 분화되어 나온 결과로 보는 것이 일반적이다.

언어는 정치, 경제, 문화 중심지로부터 그 주변으로 흘러간다. 이 중심지는 대개 한 나라의 수도가 된다. 수도에는 전국 각 지방으로부터 관리와 상인, 학생들이 모여들고 또 자기의 고향으로 흩어져 간다. 이 과정에서 수도의 언어가 지방으로 퍼져 나가게 된다. 이 과정은 마치 수면에 떨어진 물체로부터 파생된 물결이 주위로 퍼져 나가는 것과 같은 양상을 띠게 된다. 그래서 언어의 전파 현상을 물결의 전파에 빗대어 설명하는 것을 **파문설**(wave theory)이라고 한다. 이 때 주위로 퍼져 나가는 언어현상을 **개신파**(innovating wave)라고 하며 언어가 퍼져 나가는 중심지를 **방사 원점**(centre de rayonnment)이라고 한다. 일반적으로 도시나 저지대가 방사 원점이 된다.

개신파는 방사 원점을 중심으로 하여 교통을 따라서 주위로 퍼져 나간다. 그런데 이 방사는 지리적 제약에 따라 그 강도가 약해지기도 하고 빨라지기도 한다. 넓은 평야 지대나 도로가 잘 발달한 지역에서는 그 전달의 속도가 매우 빠르고 높은 산이나 강으로 둘러싸인 장애물 등에 의하여 속도가 매우 늦거나 방사가 이루어지지 않는다. 또 지역적 장애뿐만 아니라 사회적 인력에 따라 방사의 속도가 정해지기도 한다. 즉 대도시에서 멀리 떨어진 중소도시가 가까운 소읍보다 더 빨리 새로운 언어 변화의 영향을 받아들이고 이를 거꾸로 소읍에 전파하기도 한다.

이때 일정한 지역에는 두 곳의 강력한 개신파가 겹쳐지는 경우가 있을 수 있다. 이는 영향력이 큰 도시들 사이에 있는 곳에서 볼 수 있는 현상이다. 예를 들어 경북 방언권의 중심인 대구와 경남 방언권의 중심인 부산 사이에 있는 밀양이나 청도 등지에는 이 두 곳의 방언형이 공존하는 경우가 있다. 이와 같이 두 방언권의 접촉지대를 **전이지대**라고 한다.

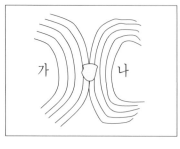
〈그림 10〉 전이지대

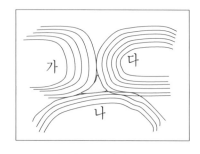
〈그림 11〉 잔재지역

한편 방사의 과정에서 지리적 장벽에 부딪히면 개신파는 더 이상 전진하지 못한다. 즉 지리적으로 폐쇄되어 있는 지역은 새로운 언어변화의 영향을 받지 못하고 고형을 간직하게 된다. 이렇게 언어 변화의 영향권 밖에 남겨진 지역을 **잔재지역**(relic area)이라고 한다. 우리 나라에서는 제주지역을 대표적인 잔재지역으로 꼽을 수 있다.

8. 방언을 조사하는 방법

어느 지역에서 어떤 방언이 사용되고 있는가를 정확히 알아보기 위하여는 그에 대한 조사가 필수적이다. 언어는 생명력을 지니고 늘 변화하는 존재이다. 방언도 이와 같다. 따라서 어느 지역의 방언 형태가 어떠한 지를 알기 위해서는 늘 직접 현지에서 자료를 조사하는 일이 무엇보다 중요하다. 이제부터는 방언의 조사방법에 대해서 알아보고자 한다.

8.1 조사방법

방언조사의 방법에는 **직접조사**와 **간접조사**가 있다.

직접조사는 일정한 훈련을 받은 조사자가 직접 방언 사용지역에 가서 방언을 조사하는 방식으로 현지조사(field work)라고 하기도 한다. 간접조사는 조사의 내용을 질문지 형식으로 만들어 방언 사용자에게 우송한 후 이를 회수하여 자료를 모으는 방식으로 통신조사라고도 한다.

현지조사는 조사자가 직접 제보자를 만나서 방언형을 청취하고 기록하는 방식으로 진행되기 때문에 정확하고 충실한 자료를 얻을 수 있다. 반면에 조사자를 오랜 동안 여러 곳에 파견하여야 하기 때문에 많은 시간과 비용이 드는 단점이 있다. 반면, 통신조사는 짧은 시간에 광범위한 지역을 대상으로 조사를 진행할 수 있다는 장점이 있으나, 제보자가 얼마나 충실히 응답을 하였는가에 따라 자료의 정확도를 보장할 수 없다는 단점이 있다.

따라서, 현재는 조사자의 수를 늘여서라도 현지조사를 이용하는 경우가 대부분이다.

8.2 조사문항

그러면 조사자가 일정한 지역에 가서 무엇을 조사할 것인가?

조사자는 사전에 이를 정리하여 두어야 한다. 각각 지역의 방언차이를 확인하기 위해서는 동일한 어휘나 음운현상을 비교하여야만 하기 때문이다.

현재 우리 나라에서는 한국정신문화연구원(1980)의 1,796개의 조사항목을 일반적으로 사용하고 있다. 이 질문지는 어휘, 음운, 문법 등의 항목을 나누어 조사하도록 만들었다. 각 항목은 다시 유형별로 나뉘었는데 이를 자세히 보면 다음과 같다. 괄호 안의 숫자는 해당 항목의 조사 대상 숫자이다.

〈어휘부문〉
농사(123) 음식(104) 가옥(94) 의복(61) 인체(198) 육아 (70) 인류(59) 경제(114) 동물(172) 식물(81) 자연(79) 상태(88) 동작(227)
〈문법부문〉
대명사(9) 조사(11) 경어법(37) 시제(22) 피동, 사동(10) 연결어미(12) 보조용언(8) 부사(40)
〈음운부문〉
단모음(6) 이중모음(31) 음장, 성조(127) 억양(4) 자음탈락(4) 불규칙활용(47) 자음축약(5) 경음화(4) 비음절화(21) 모음조화(9) 움라우트(42) 외래어(14)

8.3 질문지

질문지(questionnaire)란 조사할 항목을 순서대로 배열한 것이다. 질문지는 다시 **격식질문지**(formal questionnaire)와 **약식질문지**(informal questionnaire)로 나뉜다. 약식질문지는 조사항목의 이름만 표준어로 나열해 놓은 질문지이고 격식질문지는 조사지에서 제보자에게 질문할 내용을 문장화하여 기록해 놓은 것을 말한다. 다음에 한국정신문화연구원(1980)에서 설정한 격식 질문지의 질문 내용을 보기로 하자.

약식 질문지는 잘 훈련된 소수의 조사자가 조사를 할 경우에 사용하는데, 조사지에서의 상황에 따라 적절히 질문을 바꾸어 가며 조사를 할 수 있는 능력이 있는 경우에 사용한다. 반면 격식 질문지는 여러 명의 조사자들이 동시에 조사를 진행하는 경우 조사결과의 균일성과 통일성을 확보하기 위하여는 미리 약속된 질문을 통하여 동일한 조건에서 조사를 진행하는 경우에 사용한다. 물론 격식 질문지를 사용한다고 하여도 어느 경우에나 질문지의 내용대로 질문할 수만은 없다. 그러나 가능하면 질문지의 내용을 따르는 것이 조사의 신뢰도를 높이기 위하여 중요하다.

耕作		
001	벼	〔그림 1〕 이것을 무엇이라 합니까? (논에다 모를 심어서 키운 식물로서 그 열매를 찧으면 쌀이 됨)
1	벼이삭	〔그림 1〕 (벼이삭 부분 지시) 이 부분을 <u>무엇</u>이라 합니까? 보충 ① 벼가 자라서 이삭이 <u>팬다</u>. ② 장작을 <u>팬다</u>.
2	벼(열매)	〔그림 1〕 (이삭의 열매를 지시) 이 열매를 털고서 아직 껍질을 벗기지 아니한 것들을 <u>무엇</u>이라고 합니까? 주의 성장과정의 '벼'(식물)와 탈곡한 '벼'(열매)를 모두 같은 명칭으로 부르는지 아니면 다른 명칭으로 부르는지에 유의
002	뉘	쌀이나 밥 속에 섞여 있는 벼(열매)를 <u>무엇</u>이라고 합니까? 주의 자·모음의 정밀 전사. 보충 쌀이나 밥에서 뉘를 <u>골라낸다/발라낸다/가려낸다</u>.

〈그림 12〉 격식 질문지의 예

8.4 질문법

방언조사는 조사자가 제보자를 상대로 질문을 하여 답을 이끌어 내는 방식으로 진행된다. 따라서 질문을 하는 사람은 상대방이 편안하고 자연스럽게 조사자가 원하는 방언형을 말하도록 유도해야 한다. 이를 위해서는 어떻게 질문을 하느냐가 매우 중요하다.

질문법은 크게 **직접 질문법**과 **간접 질문법**의 두 가지 방식으로 나뉜다. 직접 질문법은 조사자가 제보자에게 표준어로 어떤 형태를 제시하고 이에 대한 방언형을 말하게 하는 방법이다. 이를 번역식 질문법이라고도 하는데, 예를 들면 조사자가 "이 마을에서는 냉이를 무어라고 말합니까?" 라고 물어서 방언형을 끌어내는 방식이다. 이 질문법은 제보자로부터 직접적으로 조사자가 원하는 방언형을 유도해 낼 수 있다는 장점이 있다. 그러나 이 방식은 먼저 제보자가 표준어를 충분히 인식하고 있어야 한다는 제약이 있다. 또한 일반적으로 방언 사용자에게는, 방언은 열등한 것이고 표준어가 문화적이고 우수한 것이라는 의식이 잠재되어 있는데 이들에게 표준어형을 먼저 제시하면 그들은 자신의 방언형을 말하기보다는 조사자의 표준어를 모방하려는 경향이 매우 강하다. 따라서, 이 방식은 조사의 효율은 있으나 정확도는 떨어진다.

직접 질문법의 또 하나의 방법은 사물을 지시하면서 질문하는 방식이다. 농가에서 마당에 있는 쟁기를 가리키며 "이것을 무엇이라고 합니까?" 하는 식으로 묻는 방식이다. 또는 실제의 물건이 아니더라도 사진이나 그림을 이용하는 방식도 동원된다. 간단한 몸짓이나 표정을 지으면서 "이렇게 하는 걸 무어라고 합니까?"하는 방식도 사용된다. 이러한 방법은 앞에서 말한 표준어 제시형보다는 정확한 방언형을 얻어낼 수 있다. 다만 자료를 충분히 준비할 수 없다는 제약이 있다.

〈그림 13〉 그림을 이용한 질문지의 예

간접 질문법은 우회적인 질문을 통하여 제보자가 방언을 말하도록 유도하는 방식이다. 주로 어휘조사에서 사용하는 방식인데 조사하고자 하는 어휘의 의미를 설명하여 제보자로 하여금 설명하게 하는 방식이다. 즉 '김치'를 물을 경우에 "배추나 무우를 소금에 절인 뒤에 양념을 버무려 만든 음식은 무엇입니까?"처럼 묻거나, 할아버지를 묻는 경우에 "아버지의 아버지는 누구입니까?"
라고 묻는 식이다. 이와 같은 방식을 진술식이라고 한다. 이 방식은 제보자가 다른 조건에 얽매이
지 않고 정확하게 방언형을 발음할 수 있으나 다만 제보자가 조사자의 설명을 이해하지 못할 경
우 조사가 제대로 안 되거나, 잘못된 결과가 나타날 수 있다. 또 일정한 유형을 동시에 묻는 방
식도 사용된다. 예를 들어 "집에서 기르는 짐승에는 무엇 무엇이 있습니까?", "우리가 입는 옷의
종류를 아는 대로 말씀해 주세요."처럼 요청할 수도 있다. 여러 조사 항목을 한꺼번에 답변하게
하여 시간도 절약하고, 지루함도 더는 이점이 있다.

위에서 언급한 조사 방법 가운데 어느 것이 가장 적절하다고 할 수는 없다. 방언의 조사는 항
상 일정한 격식에 의하여 이루어지지는 않는다. 조사가 이루어지는 상황에 따라 가장 적절한 방
식을 선택하여야 한다. 한편 방언조사는 한 두 시간에 끝나지 않고 적어도 1-2일에 걸쳐 진행되
는 수가 있다. 따라서 여러 가지 방식을 적절히 혼합하여 조사의 지루함을 덜어내도록 노력하여
야 한다. 결국 방언조사의 성패는 조사자의 노력과 창의성에 달려 있다고 해도 과언이 아니다.

8.5 조사지점

방언조사는 반드시 현지에 가서 행해져야 한다. 방언조사를 실시하는 지점을 **조사지점**이라고
하는데, 조사지점의 결정은 방언조사에서 매우 중요하다.

가장 좋은 조사지점은 고형을 가장 잘 보존하고 있는 곳을 선택해야 한다. 즉 지리적인 장애
가 심해서 외부와의 왕래가 어려운 곳이 가장 좋다. 또 인구이 이동이 덜한 곳, 교육수준이 높지
않은 곳이 바람직하다.

따라서, 도시지역보다는 농촌이나 어촌, 산간지역이 바람직하다. 그리고 최근에 형성된 마을
보다는 역사가 오랜 마을이 더 좋다. 그러나 최근에는 교통, 통신 수단의 발달과 교육 수준의 향
상으로 인하여 이러한 곳을 찾기가 쉽지 않다. 가능한 위의 조건에 가까운 곳을 찾아야한다.

한편, 조사지점에서의 조사환경도 고려해야 한다. 가능하면 주위의 소음으로부터 차단된 곳이
어야 하고, 조사자와 제보자가 편안히 조사에 임할 수 있는 곳이어야 한다. 따라서 제보자의 가정
에서 조사가 이루어지는 것이 이상적이다.

8.6 제보자

현지에서 조사자에게 방언자료를 제공해주는 사람을 **제보자**(informant)라고 한다. 좋은 제

보자의 선정은 방언조사에서 가장 중요한 요소이다. 특히 방언조사는 몇몇 제보자의 방언을 그 지역의 방언으로 대표시키기 때문에 제보자의 선정이 더욱 강조된다.

먼저 제보자는 그 지역에서 오래 살고 있는 **토박**이어야 한다. 가장 이상적인 경우는 3대 이상 그 고장에서 거주하며 제보자 당사자도 그 고장에서 태어나 계속 거주하고 있는 사람이어야 한다. 또 가능하면 그 지역 밖으로 유학이나 여행 등의 경험이 적은 다시 말하면, 외부와의 언어적 접촉이 최소화되어 있는 사람이어야 한다. 현대식 교육을 많이 받았거나 대외적 접촉이 많은 직업의 종사자는 마찬가지 이유에서 바람직하지 않다. 나이는 일단 60세 이상의 노인층을 선호하게 된다. 노인일수록 방언의 고형을 잘 유지할 수 있으며 교육이나 여행 등으로 인하여 다른 지역의 언어에 접할 기회가 적을 것이라고 보기 때문이다. 한편 청력이나 치아의 상태 등 건강상태도 고려하여야 한다.

한 지점의 조사에서 단 한 명의 제보자를 선정할 것인가 아니면 복수의 제보자를 선정할 것인가에 대하여는 논란이 많다. 방언자료의 균질성을 위하여는 엄선된 한 명의 제보자로부터 자료를 수집하는 일이 바람직하다. 그러나 제보자가 기대에 미치지 못할 경우에는 주위의 다른 제보자로부터 자료를 수집할 수도 있다. 이는 비슷한 조건의 주민이면 동일한 방언을 쓴다는 전제하에 이루어진다. 따라서, 여러 제보자의 도움을 받을 경우에는 매우 신중을 기해야 한다.

提報者調査表

No.

調査者名			調査場所	
調査地	道　　郡　　邑・面　　洞・里			
調査日時	19　年　　月～19　年　月　日			
提報者名	(男・女)		年齢　　세(　　年生)	
居住地			先代居住地	
職業			經歷	
學歷			兵役　　～　年	
出生地	(農村, 漁村, 鑛山村, 都市)			
家族事項				
協助者名	年齡:	職業:　　學歷:		
거주지				
錄音器	BA	테이프		
調査地点의 槪観 (歷史・通婚圈・教育圈・経済圈・交通圈 등)				
提報者의 音聲, 特徵				

〈그림 14〉 제보자 조사표

8.7 전사

방언조사는 구술형식으로 진행된다. 그리고 반드시 녹음하여야 한다. 그러나 이를 자료로 이용하기 위하여는 다시 문자로 기록하여야 한다. 이렇게 귀로 들은 방언형을 문자로 기록하는 일을 **전사**(轉寫 transcription)라고 한다.

전사에는 사용하는 문자에 따라 **한글 전사**와 **국제 음성 기호(IPA) 전사**가 있고, 전사정도에 따라 간이 전사와 정밀 전사의 방식이 있다.

한글 전사는 말 그대로 한글로 적는 방식이고, **국제 음성 기호(IPA)** 전사는 음성기호로 적는 방식이다.

또 음운 수준의 변별만을 위하여 간략하게 기록하는 경우는 간이 전사라 하고 음성 수준의 미세한 변이음까지를 기록하는 경우는 정밀전사라 한다. 다음에 북청방언의 전사예를 보인다.

표 준 어	방 언 전 사		
	한 글	국제 음성 기호	
		간 이	정 밀
가게	개게	kɛke	kɛge
가랑비	가랑비	karaŋpi	karaŋbi
누이	누비	nupi	nubi
둥우리	두이	tui	tūːi
사다리	새다리	sætari	sædari
미꾸라지	종구메	čoŋkume	čoŋgume

1. 한 언어사회 내부의 언어체계는 여러 원인에 의하여 분화된다. 그 원인을 정리하여 보고 이에 따른 언어의 분화 양상을 설명하라.

2. 자신의 고향에서만 특이하게 사용되는 어휘들에 대하여 알아보고 이를 다른 지방 출신들과 비교하여 보아라.

3. 우리 나라의 방언구획에 관한 여러 학자들의 의견을 알아보고 이를 비교·평가하라.

4. 한 나라의 언어연구에서 방언연구가 중요시되는 이유는 무엇이라고 생각하는가?

5. 다음 어휘들의 여러 지역방언을 조사하여 하여 진열지도와 해석지도로 언어지도를 그려보아라.
   회오리바람   이슬비   우박   무지개   나무   가지   모래
   바위   소리개   고양이   개구리   베개   거울

6. 특정 지역과 지역 사이에는 방언의 의사소통력이 차이가 나는 경우가 있다. 예를 들어 경상 방언과 전라 방언 사이의 의사소통은 비교적 수월하나 경상 방언과 제주 방언과는 의사소통이 훨씬 어렵다. 그 이유는 무엇인가?

7. 경상 방언과 함경 방언 사이에는 상당한 유사성이 발견된다. 지역적으로 상당한 차이가 있는 이들 지역의 방언이 유사한 이유에 대해 알아보자.

8. 표준어와 방언은 상호보완적인 입장의 언어체계이다. 방언에 비해 표준어를 사용하는 것이 더욱 적절하다고 생각되는 경우는 어떤 경우인가를 생각해 보자. 그리고 방언의 사용이 적절하다고 생각되는 경우도 생각해 보자.

9. 표준어는 서울 지방의 말을 격상시켜 설정한 것이다. 그러나 표준어는 서울 지방 토박이의 방언과는 완전히 일치하지 않는다. 서울 토박이의 말과 표준어가 어떻게 다른지를 알아보아 표준어와 방언과의 관계를 확인해보자.

10. 가족간의 호칭, 동물과 식물, 바람의 방향 등에 관한 제주 방언을 수집하여 보자.

11. 서울 지방의 방언이 표준어로 설정되기까지의 역사적 전개과정을 알아보자.

<h2 align="center">한걸음 더!</h2>

1. 한국어는 전 세계의 수많은 언어 가운데 하나의 개별언어이다. 그리고 방언은 한국어 내부의 분화된 하위언어체계이다. 따라서 방언에 대한 연구는 한국어의 연구라고 하는 전체적인 틀 안에서 이루어져야 하고, 가장 이상적인 방언연구는 가장 이상적인 언어연구에 바탕을 두고 이루어져야 한다. 그러므로 방언에 대하여 더 깊이 알고자 하면 일반적인 언어학과 국어학 관련 서적을 참고하여 학습할 것을 먼저 권한다.

   방언에 대한 관심은 크게 두 부분으로 나뉜다. 첫째는 특정 지역에서 사용되는 방언은 어떠한 모습인가 하는 점이다. 이를 확인하기 위해서는 각 지역의 방언을 충실하고 광범위하게 조사하여 이를 널리 알려야 한다. 두 번째는 이들 방언은 언어학적으로 어떠한 특징을 가지고 있는가에 대한 관심이다. 특정지역의 방언을 대상으로 음운과 문법 등에 대한 특징을 파악하고 이를 다른 지역과 대비하여 해당 지역의 방언 특성을 파악하여야 한다.

2. 우리 나라 방언의 실상을 알려주는 자료로 가장 광범위한 것은 한국정신문화연구원의 한국방언자료집이 있다. 1987년에 '충청북도'와 '전라북도'의 방언자료집을 시작으로 1995년 '제주도'와 '경기도'의 자료집에 이르기까지 전국을 9개 도단위로 나누어 방언자료집을 발간하였다. 김형규(1975)는 천문, 지리로부터 종결어미에 이르기까지 모두 28개 부문으로 나누어 분류별로 방언 어휘를 수록하였는데 부록으로 10장의 방언지도가 첨부되어 있다. 이외에 최학근(1990), 김영황(1982), 김병제(1991)를 참고하기 바란다.

   각 지역의 방언 현상을 조사한 것으로는 전남방언을 조사한 이돈주(1978) 이기갑 외(1998)이 있고, 제주 방언자료로는 박용후(1988), 충남방언을 모아놓은 황인권(1999), 평안방언을 수록한 김이협(1981), 김영배(1997), 함북방언을 정리한 김태균(1986) 등이 있다.

3. 방언에 대한 학문적 연구로는 먼저 방언의 개념과 구분, 연구 방법론 등에 관해서는 이익섭(1984), 김공칠(1977), 성낙수(1993), 이상규(1988, 1995)가 좋은 길잡이가 될 것이다. 그리고 최학근(1958, 1974, 1982, 1991)의 논저들은 방언의 여러 분야에 대해 매우 깊이 있는 고찰들을 보여준다. 그리고 국어국문학회(1990)는 방언을 대상으로 하는 국어학적 연구에서 유의해야 하는 사항들에 대하여 자세히 알려주고 있다. 방언에 대한 국어학적 연구는 주로 음운론적 측면에 집중되어 왔다. 이익섭(1981), 최명옥(1980, 1982), 최태영(1983), 이기동(1983), 이근열(1997), 배주채(1998) 등이 이에 해당하는 연구 업적들이다. 정연찬(1974)와 김차균(1980)은 경상방언의 성조를 집중적으로 다루었다. 방언에 대한 통사론적 연구로는 이숭녕(1978)을 필두로 하여 현평효(1976), 강정희(1988), 성낙수(1992) 등을 꼽을 수 있다. 음운과 형태, 통사, 어휘 등을 망라한 종합적인 연구로는 김영배(1984), 현평효(1985), 김웅배(1991), 류구상(1996) 등이 좋은 참고가 된다.

2. 말에도 계급이 있다

　우리는 한국어로 의사소통을 하며 사회적인 상호작용을 한다는 점에서 단일한 언어 공동체에 속해 있다고 할 수 있다. 그러나 다른 한편에서 보면 우리는 서로 다른 말을 사용하며 살고 있다. 경상도 사람과 전라도 사람이 서로 다른 말을 하고, 산동네 사는 사람과 아파트촌에 사는 사람이 서로 다른 말을 하고, 어른과 아이가 서로 다른 말을 하고, 남자와 여자가 서로 다른 말을 한다. 공통점을 찾아 유사성을 강조하면 우리는 한국어를 말하는 단일한 언어 공동체에 속해 있지만, 차이점을 찾아 이질성을 강조하면 우리는 수많은 언어형이 복잡하게 교차되어 있는 가상적인 언어 공동체에 속해 있다고 할 수 있다.

1. 말은 인간의 사회적 행위이다

동네 할아버지를 만난 고등학생이 "할아버지, 안녕."이라 말하고 지나갔다면, 할아버지의 표정은 어떠했을까? 군대에 갓 입대한 이등병이 "밥 먹었냐?"라는 고참의 질문에 "방금 밥 먹었어요."라고 대답했다면, 그 이등병은 무사했을까? 엄마가 중학교 다니는 아들에게 "맘마 먹고 나면 엄마가 까까 줄게."라고 말했다면, 아들의 표정은 어떠했을까?

동네 할아버지는 "저 버릇 없는 놈. 뉘집 자식이야."라며 얼굴을 붉혔을테고, 이등병은 "예! 밥 먹었습니다."라고 할 때까지 심한 얼차려를 받았을 것이다. 그리

〈그림 1〉 할아버지와 학생

고 아들은 "엄마 지금 무슨 소리 하는 거야?" 하며 어이없는 표정을 지었을 것이다. 만약에 이런 아들에게 엄마가 "까까 싫어?"라고 되물었다면 아들은 무척 근심스런 표정을 지으며 아버지에게 전화를 할 것이다. 그렇다면 고등학생과 이등병과 엄마는 의사 소통 과정에서 무슨 잘못을 했을까? 한국어를 제대로 하는 사람이라면, 그리고 군대에 갔다 온 사람이라면 이들의 잘못을 알 수 있을 것이다.

사회 생활을 하는 데 가장 필요한 것이 뭐냐는 질문을 받는다면 많은 사람들은 '말'이라고 대답할 것이다. 그러나 더 정확한 대답은 '제대로 하는 말'이라고 해야 할 것이다. 말을 제대로 하지 못하면 말을 안 한 것보다 못한 결과를 초래하는 게 우리의 언어 현실이다. 같은 개념을 전달하더라도 자신이 처한 위치나 상황에 따라 다른 표현을 사용해야 해야 하기 때문이다. 이러한 표현을 제대로 선택하지 못하는 사람은 그 사회에서 이상한 사람으로 취급 받을 수 있다. 말은 인간들의 사회적 행위이기 때문이다.

사람이 무엇을 말하든 말의 내용이나 형태는 사회와 문화 환경으로부터 많은 영향을 받는다. 이런 점에서 언어를 사회 및 문화와 관련지어 연구하는 것은 언어의 본질을 규명하고자 하는 언어학의 일반적 전제가 되어야 할 것이다. 그러나 언어학에서는 **사회 언어학**이라는 분야를 따로 두어 이러한 주제를 다루는데, 이는 언어의 내적 체계와 구조의 규명에 일차적 목적을 두는 현대 언어학의 경향에 따른 것이다. 따라서 사회 언어학은 언어와 사회의 관계를 연구하는 언어학의

한 분야라고 정의할 수 있다. 이 정의는 사회 언어학에 관한 두 가지 사항을 말해 준다.

첫째, 사회 언어학에서는 언어를 사회와 관련지어 연구하되 이는 언어 연구의 일환으로 이루어진다는 사실이다. 사회 언어학은 언어학의 한 분야이니만큼 언어의 본질이나 특성을 밝히는 데에 그 가치가 있다. 이런 점 때문에 사회 연구의 일환으로 언어를 연구하는 것을 언어 **사회학**이라고 하여 사회 언어학과 구별하기도 한다. 그러나 본질적으로 이 두 분야는 밀접한 관련을 맺고 있다. 언어가 사회 속에서 만들어지고 사용된다는 점에서, 언어에 관한 여러 가지 사실들은 사회의 이해에 도움이 되며, 언어의 사용 양상에 대한 이해는 사회에 대한 이해로부터 시작된다.

둘째, 사회 언어학은 현대 언어학의 일반적 경향과 상보적인 대립 관계에 있는 언어학의 한 분야라는 사실이다. 언어학자는 언어를 연구함에 있어서 일반적으로 언어의 음운, 형태, 통사, 의미의 구조적 특성을 규명하고자 하며, 구조의 생성과 해석 과정에 대한 설명 또한 언어 내적인 측면에서 찾고자 한다. 그러나 언어는 의사 소통을 본질적 기능으로 하는 만큼, **사회적 문맥**(social context) 및 **상황적 문맥**(situational context)을 떠나서는 존재할 수 없다. 원활한 의사소통이 이루어지기 위해서는 말하는 사람과 듣는 사람이 그 말의 문법 구조를 이해하는 것 못지 않게 서로가 처한 위치와 상황을 이해할 필요가 있기 때문이다. 따라서 의사소통의 원리를 규명하기 위해서는 언어 내적 구조와 언어 외적 상황에 대한 체계적 분석이 동시에 수행되어야 할 것이다. 사회 언어학이 생성 문법의 출범과 때를 같이 하여 1960년대 이후 생성문법에 대한 반동으로 나온 것은 이러한 맥락에서 이해해야 할 것이다.

사회 언어학이 언어학의 한 연구 경향으로 언어학계에 등장한 것은 1960년대 이후로 그 역사가 매우 짧다. 그러나 언어를 사회와 관련지어 보려는 생각은 오래 전부터 있었다. 언어의 구조를 민족 정신과 관련시킨 훔볼트(Humbolt)의 언어관, 언어를 사회 행위라고 부른 밀레(Millet)의 언어관, 언어의 구조가 그 언어를 사용하는 사람들의 세계관을 결정한다는 사피어-워프(Sapir-Whorf) 가설은 사회 언어학적 관점과 맥을 같이 한다.

사회 언어학자들은 사회적 문맥과 상황적 문맥이 다양한 만큼 언어에도 다양한 변이형이 존재한다는 사실에 주목한다. 다양한 언어 **변이형**(variety of language)의 모습을 음운, 형태, 통사, 의미론적 측면에서 분석하고, 이러한 변이형이 나타나게 된 배경과 원인을 밝히는 것이 사회 언어학의 목적이라 할 수 있다. 그러나 한 언어 변이형이 어떠한 사회적 문맥과 상황적 문맥의 영향으로 나타나게 되었는지를 밝히는 것은 무척 복잡한 문제이다. 사회적 문맥과 상황적 문맥은 무한하게 다양하며, 이들의 복합적인 작용으로 만들어진 것이 언어이기 때문이다.

2. 말을 들으면 그 사람을 안다

〈그림 2〉 사람들은 혼란 없는 의사소통을 원하는 한편 서로 다른
말로 자신의 사회적 위치를 드러내며 살고자 한다.

'상현'이는 중소기업을 운영하는 아버지와 국어 교사인 어머니를 둔 25세의 대학생이다. 가정 교육을 잘 받은 그는 예의 바른 행동과 세련된 말투로 교수의 신뢰와 여학생들의 인기를 독차지 하고 있다. 그런 상현이도 복학 후 얼마간은 학교 생활에 잘 적응하지 못했고, 자신도 모르게 튀어 나오는 군대 말투는 학교 생활에 적응하지 못하는 자신을 더욱 절망스럽게 한 적이 있었다. 그러나 이전에 가입했던 동아리 활동을 다시 시작하며 대학 생활에 활기를 찾았고 처음엔 자기를 아저씨라고 부르며 어색해 하던 여학생들과도 동료애가 싹트기 시작했다. 그러던 어느 날 군필자 가산점 논쟁이 일었을 때, 군필 남성의 한 일원으로 PC 통신에 항의문을 띄웠고 술자리에서 후배 여학생들과 심한 언쟁을 벌였다. '야! 너도 땅개로 한번 박박 기어보고, 철책에서 말뚝 한번 서 봐! 군대에서 삼 년 썩고 나면 대가리가 돌이 된다고. 너희들 가방 들고 도서관 다닐 때 나는 군장 메고 뺑뺑이 돌았어. 남녀 평등 좋아하네.' 그 날 이후로 상현이는 다시 예비역 아저씨가 되어 버렸다.

상현이는 교양 있는 중류층 가정에서 태어나 세련된 말투를 배웠고, 세련된 말투 때문에 상현이는 그에 따른 사회적인 대우를 받아 왔다. 그러나 군대에 가서는 군대 사회에 통용되는 말을 배웠고, 이 말투는 대학 생활에 다시 적응하는 데 있어 장애가 되었다. 이 말투를 의도적으로 버림으로써 상현이는 대학 생활에 적응할 수 있었다. 그런 그도 군필자 가산점 논쟁에서는 군대 사회를 경험한 집단의 구성원 입장이 되었고, 군대 사회의 말투는 그 집단과의 동질감을 확인하는 상징이었다. 상현이는 자신이 속한 사회 집단에 따라 새로운 말을 구사함으로써 그 집단의 일원임을 확인받고자 한 것이다.

이처럼 한 사회에는 수많은 언어형이 교차해 있고 사람들은 그때 그때의 사회적 위치에 따라 서로 다른 언어형을 선택한다고 할 수 있다. 그렇다면 한 언어를 사용하는 공동체를 완전히 동질적인 언어 사회로 가정하고서는 언어의 다양한 변이 양상을 이해할 수 없을 것이다. 사람들은 사회의 다차원적 공간에서 각 차원마다 자신의 위치를 가지며, 언어 또한 다차원적 공간에서 사회적 문맥에 따라 다양한 변이형을 갖기 때문이다. 사람들은 언어를 습득하고 사용하는 과정에서 자신의 위치를 확인하고, 필요에 따라서는 언어 표현을 바꿈으로써 자신의 위치를 나타내고자 하는 것이다.

앞 절에서 살펴 본 바와 같이 사회 언어학에서는 언어 표현의 변이형에 사회적인 환경, 문화적 차이, 개인적인 욕구 등이 반영되어 있다고 본다. 사회 언어학의 설명대로라면 언어 표현을 제대로 이해하기 위해서는 사회적 문맥과 상황적 문맥을 파악해야 할 필요가 있으며, 여기에 덧붙여 언어 사용자의 심리적 태도 등을 적절히 고려해야 할 것이다. 그럼 언어의 변이 양상에 대해 알아 보면서 언어 변이형의 발생 원인에 대해 생각해 보자.

언어의 변이 양상은 개인적인 차이부터 상당히 큰 공동체간의 차이에 이르기까지 다양하다. 이러한 변이형에서 가장 큰 부분을 차지하는 것은 개인적인 표현 욕구의 차이에서 비롯된 변이형이다. 사람들은 혼란 없는 의사소통을 중요하게 생각하는 한편 말의 맛 또한 중요하게 생각한다. 상황에 딱 맞는 신선한 표현은 맛깔스런 음식처럼 우리를 즐겁게 한다. 그런데 개인적인 차이는 개인적 변이형의 유사성을 통해 하나의 그룹을 형성하기도 한다. 살다보면 끼리끼리 뭉치게 되고, 같은 수준의 사람들끼리 보다 많은 이야기를 하다 보면 같은 위치의 사람들끼리만 이해할 수 있는 표현이 생겨나기 마련이다. 끼리끼리의 말이 신선한 표현을 찾는 개인적인 욕구를 만족시키는 현상을 통해 볼 때 개인적인 욕구의 특성 또한 사회적인 환경의 특수성에서 비롯되는 점이 많다고 할 수 있다. 따라서 사회 언어학에서는 개인의 심리나 욕구보다는 사회적 문맥과 관련지어 언어의 변이형을 살펴본다. 그렇다면 사회적 문맥과 관련된 언어의 변이형은 무엇을 가리키는 말인가.

사장은 종업원들끼리 하는 말을 들어보려고 하지만 이해하지 못하고, 선생님은 학생들끼리 웃고 떠드는 이야기에 소외되어 머쓱해질 때가 한두 번이 아니고, 글깨나 배웠다는 사람들은 문자 섞어 쓰는 걸 즐기며 우월감을 맛본다. 그러나 세상은 같은 수준의 사람들하고만 사는 것이 아닐

뿐더러 한 사람은 상당히 많은 차원에 겹쳐 살게 되니, 우리는 내가 어떤 상황에 있고 어떤 위치에 있는지를 생각하며 말을 할 수밖에 없다. '나'는 한 아이의 아버지로서 아이와 대화를 하기도 하지만, 시골에 내려가면 한 어머니의 아들로서 어리광을 부리며 말을 한다. 그리고 학교에 와서는 교수로서 학생들과 대화를 나누지만, 친구들과의 술자리에서는 속어를 사용하며 농을 주고 받는다.

사회 언어학자들은 이러한 상황들을 사회적 문맥의 작용에 의해 이루어진 것으로 판단한다. 언어와 관련된 사회적 문맥은 대체로 4차원으로 나누어 생각할 수 있는데, '계급(직업, 지위), 연령, 성, 출신지역' 등이 언어와 관련된 사회의 대표적 차원이다. 언어 변이형은 4차원의 사회 차원과 관련되어 있다. 언어 변이형으로서 아동어, 여성어, 학생어, 지역어 등과 같은 언어 변이형은 이를 사용하는 사람들 사이에서 유사한 분포를 보이는 음운, 어휘, 통사적 언어 항목들을 망라한 것이다. 이 중 지역어는 사회적 요인보다는 지리적인 요인이 중요 변수가 되어 나머지 셋과 구별된다는 점에서 사회 언어학의 중심 연구 대상은 아니다. 이런 점을 감안하면 언어 변이형은 크게 **사회 방언**(social dialects)과 **지역 방언**이라는 개념으로 구분할 수 있다.

그러나 언어 사용자들이 상황적 문맥의 지배를 받아 다른 문체로 말한다는 점에서 언어 변이형은 위에 제시한 변이형보다 더 복잡해질 수밖에 없다. 존대와 하대 표현, 격식적 표현과 비격식적 표현 등은 상황적 문맥의 지배를 받아 달라지는 대표적인 언어 표현이다. 이 표현은 연령, 성별, 지위 등에 의해 설정되는 대화 참여자의 관계에 따라 혹은 상황에 대한 화자의 태도에 따라 표현 형태를 달리 한다. 따라서 지역 방언에 대한 경계 구분처럼 사회 방언의 경계를 등어선(等語線)으로 나타내야 한다면 여기에는 다차원적인 지도가 필요할 것이며, 등어선은 그 구획이 무의미해질 만큼 복잡한 양상을 띠게 될 것이다. 그럼 언어의 변이형을 대표적인 네 가지 사회 차원과 관련지어 살펴 보기로 하자.

3. 계급에 따라 말이 다르다

〈그림 3〉 할인매장, 백화점, 시장

　김옥자 씨는 동대문 시장에서 옷장사를 해 돈을 제법 벌었다. 이십여 년 동안 시장판을 떠나 보지 못했고, 집도 가게 위층에 얻어 오직 장사만 생각했다. 그러나 돈이 모이자 자식 교육도 걱정되고 자신의 사회적 지위도 높이려는 생각이 들어 강남의 최신식 아파트에 입주했다. 그리고 이웃 여자들과 사귀기 시작했다. 그러나 이웃 여자들은 말씨부터 자기와 달랐다. 대화를 시작하면 주눅이 들어 말 한 마디 제대로 할 수 없었다. 불쑥불쑥 튀어 나오는 시장 바닥 말투에 얼굴 붉힌 적이 한두 번이 아니었다. 같은 한국말을 하고 있으면서도 고상한 사모님들은 자기와는 다른 세계 사람들 같았다. 동대문 시장에 살 때는 이러지 않았는데, 돈은 돈대로 쓰면서도 자기만 무시당하는 것 같아 견딜 수가 없었다. 고상한 말투를 배우려고 노력했지만 자신의 말은 너무도 어색했다. 남편은 그런 김옥자 씨를 보고 비웃듯 말했다. '돈 많은 게 장땡이지 되지도 않는 교양이 무슨 소용이어. 그렇지 않어? 임자, 그냥 맘 편히 먹고 살자고.'

　우리는 재산이나 교양의 정도에 따라 사람들의 말에 차이가 있음을 생활 속에서 느끼며 살고 있다. 시장 바닥에서 들리는 말과 시내 고급 백화점에서 들리는 말은 어딘지 모르게 다르고, 탄광의 노동자들이 휴식 시간에 주고 받는 말과 은행원들이 휴식 시간에 주고 받는 말은 같은 말을 해도 어딘지 모르게 다르다. 사회학에서는 이들의 신분상 차이를 계급적 차이라 하고, 사회 언어학에서는 계급의 차이가 언어적 차이로 이어진다고 생각한다.

　사회적 요인에 의한 언어 변이형에서 계급의 차이에 따라 선택되는 언어 변이형은 사회 방언의 대표적 유형으로 **계급 방언** 혹은 **계층 방언**이라고 한다. 사회 언어학의 대표적 학자인 라보프 (W. Labov) 역시 사회 계급과 관련된 발화의 차이에 관심을 기울이며 이에 관한 조사 방법론을 새롭게 제시하였다. 그러나 언어가 사회 계급에 따라 변이형을 갖는다고 할 때도 사회 계급

(social class)이라는 개념이 명확하게 정립된 것은 아니다. 이는 사회 계층(social status)이나 사회적 지위(social stratification)라는 개념과의 관계에서 논란의 여지를 남겨 놓는다. 또한 계급의 분류 방식도 정립되어 있지 않아 사람들의 계급적 등급화가 명확하지는 않다. 따라서 계급적 등급화는 그 사회 구성원의 의식 등에 의존하여 임의로 설정할 수밖에 없다. 대체적인 기준으로 재산, 학력, 직업, 수입, 주거지 등이 제시되어 왔고, 경우에 따라서는 인종, 민족, 종교 등이 사회 계급의 분류 기준이 되기도 한다. 영국의 'public school' 방언, 미국의 'black' 방언 등은 계급적 언어 변이형의 대표적 예로 거론되어 왔다.

1933년에 제정된 한글맞춤법 통일안에서 표준어를 '현재 중류사회에서 쓰는 서울말'로 규정한 것은 언어의 계급적 변이형에 대한 인식을 보여 준다. 그러나 우리 나라의 경우 사회 계급의 분화 상태가 불명확한 편에 속하고, 언어로 그 사람의 신분을 판단하는 것은 더더욱 어렵다. 신분 제도가 분명하던 시기에도 우리말에서는 인도의 카스트 방언이나 영국의 계급 방언처럼 신분 제도가 언어적인 차이와 명확하게 대응되지는 않았던 것 같다. 단지 어휘 선택에 있어서 특정 계층이 한자어를 많이 쓴다는 등의 단편적인 차이만 눈에 띨 뿐 음운, 통사적으로 체계적인 차이를 밝히기는 쉽지 않다. 그러나 한국 사회에서도 직업, 재산, 학력, 주거지, 주거 양식 등에 따라 사람을 구분하는 경향이 지배적인 것을 볼 때, 이에 대한 사회 언어학적인 조사가 의외로 흥미로운 결과를 보여 줄 수 있을 것이다.

사회 구조적인 계급 구분에 의한 언어 변이형과는 차이가 있지만, 특정 집단의 특수어는 사용자의 신분과 관계된다는 점에서 넓은 의미의 계급 방언에 포함시킬 수 있다. 이런 점 때문에 많은 언어학자들은 이들을 통틀어 계층 방언이라 하고 계급 방언을 계층 방언의 하위 개념으로 본다. 여기에는 집단어, 직업어, 전문어 등을 포함시킬 수 있다. 먼저 집단어로는 학생어, 군대어, 네티즌어 등을 들 수 있으며, 직업어로는 교사들의 언어, 상인들끼리의 언어, 중개인들의 언어, 의사들의 언어 등을 들 수 있다. 그리고 분야에 따른 전문어로는 스포츠, 바둑, 증권 등의 분야를 들 수 있다. 이들 언어에는 일정 정도 바깥 세계와의 단절 의도가 숨어 있어 흔히 은어(隱語)의 유형에 포함이 되기도 하며, 일반인들이 그 사용을 꺼리거나 속되게 여긴다는 점에서 **금기어**(禁忌語)나 **속어**(俗語)의 유형에 포함되기도 한다.

"나 심심핼. 넘 재미없다. 방가. 울 즐팅하자. 대딩이 먹는 술 고딩은 왜 못 먹어. 띨한 소리 그만 해. 고딩 신세 고딩이나 알지. 나는 요즘 야자 때문에 죽을 지경이다. 설대가 몬지. 너희 학교는 야자하냐? 나는 주유소 아르비 때문에 잠도 제대로 못 잔다. 글쿠낭. 나도 그랬거던." 이게 무슨 말인가? 학생들이야 이게 무슨 말인지 알겠지만, 이 글을 읽는 교수님들은 무슨 말인지 알 수가 없을 것이다. 컴퓨터 통신이 확산되면서 이러한 표현은 기하급수적으로 늘어났다. 특히 컴

〈그림 4〉 의사들의 언어는 전문어와 은어의 속성을 함께 지니고 있다.

퓨터 통신의 특성상 줄여쓰기가 일반화되면서 신조어가 만들어지고, 이러한 경향을 학생들이 주도하는 탓에 통신어는 집단어 성격을 띠면서 은어나 속어화되기 쉽다. 그러나 집단어나 전문어 중 일부 표현의 경우 신선한 표현을 찾는 욕구에 따라 일반화되기도 한다.

"컴맹으로는 21세기를 살 수 없다. 따불로 안 되면 따따불. 황제주에 등극하다. 곤경에서 벗어나기 위해 언론을 이용한 물타기를 시도하다. 승부수(勝負手)를 띄우다. 이번 조치는 향후 정국 주도권 탈환을 위한 포석(布石)이다. 환란 기보(棋譜)를 작성, 역사적 기록으로 남겨 두어야 한다." 이러한 표현에서 '컴맹, 따불, 따따불, 황제주, 물타기, 승부수, 포석, 기보'와 같은 단어들은 일부 집단이나 분야에서 사용되던 것인데, 현재는 일반화되어 신문이나 방송 등 공식 매체에서도 사용되고 있으며, 이 중 '물타기, 승부수, 포석, 기보' 등처럼 의미가 확장되어 비유적으로 쓰이기도 한다.

♡ 은어(隱語)

은어는 어떤 직업이나 집단의 구성원끼리 암호로 쓰는 특수어로 변말이라고도 한다. 따라서 은어는 외계와 절연시키려는 비밀어의 특징을 갖는다. 암호나 비밀어라고 하면 바로 지하 세력이나 범죄 집단이 떠오르지만 어떤 사회 집단이든 일정한 비밀 유지가 필수적인 만큼 은어의 사용 범위는 넓다. 상인이 고객을, 군인이 일반인을, 의사가 환자를, 교사가 학생을, 학생이 교사를, 증권사 직원이 고객을 일시적인 대립적 집단으로 인식하여 비밀어를 사용한다면 이들이 모두 은어가 된다. 은어의 예는 김광해(1993)를 참조할 수 있으며, 우리 주위에서 발견할 수 있는 은어도 많다.

이를 조사해 발표해 보자.

♡ 속어(俗語)

속어는 일반적인 표현들에 비해 비속하고 천박한 느낌이 있는 단어를 속어 또는 비어(卑語)라 부른다. 그러나 속어는 천박하고 비속한 것만을 가리키는 것은 아니다. 속어의 역어인 슬랭(slang)은 표준구어(標準口語)의 신선하고 새로운 표현을 가리킨다. 이런 점에서 본다면 속어는 일반적이지 않으며 독특한 표현의 일종으로, 사회의 질서에 반항하는 심리를 표현하거나 말장난으로 재미를 더하고 싶은 욕구에서 비롯된 것이라고 할 수 있다. 속어를 사용하는 사이일수록 친밀감과 동류의식을 강하게 느끼는 것은 격식을 부정하는 속어의 속성 때문이다. 속어의 이러한 속성 때문에 속어는 '유행어'나 '신조어'와 같이 취급되기도 하며, 어떤 경우에는 은어로 취급되기도 한다. 그러나 유행어나 신조어가 어휘의 생성과 팽창이라는 측면에서 사용된 용어이지만 속어는 어휘의 변이형이라는 측면에서 사용된 용어이며, 은어가 집단의 은비성(隱秘性)을 목적으로 쓰이지만 속어는 일반적으로 광범위하게 쓰인다는 점에서 차이가 있다.

4. 말도 나이를 먹는다

〈그림 5〉 아이 집단과 노인 집단

영민: 이봐 자네 이것 좀 해 주겠나?
경철: 뭘 말입니까?
상진: 형광등 갈아 끼우라고 하시잖아. 너 의자 가지고 와서 빨리 갈아.
경철: 그거 형이 하면 안돼?

상진: 난 못 해. 다리 다친 거 안 보여?

경철: 나도 못 해 잉. 다른 친구 불러 줘. 응? 형아야.

상진: 너 왜 그렇게 말해. 징그러워. 애도 아닌 것이. 야 임마, 엄살 피우지 말고 빨리 해.

위의 대화에서 영민과 경철과 상진은 어떤 사이일까? 학교가 배경이라면 영민이란 사람은 최소한 사십은 되었을 교수님일테고, 상진과 경철은 선후배간일 것이다. 영민이 상진이나 경철과 선후배간이라면 영민은 무척 무게 잡는 이상한 선배일 것이다. 경철의 말이 징그럽게 느껴지는 것처럼 영민의 말도 무척 역겨울 것이기 때문이다. 우리는 나이에 따라 할 수 있는 말이 따로 정해져 있다고 생각한다. 어느 정도 나이를 먹고 나면 듣는 말 중의 하나가 "어른답게 말해야지."라는 말이다. 경우에 따라서는 "말하는 게 애 같아.", "애가 노인처럼 말하네." 등의 말을 듣곤 한다. 이 말들은 우리가 나이에 따라 쓰는 말이 달라야 함을 나타낸다고 할 수 있다. 그럼 말도 사람처럼 나이를 먹는 것일까? 말이 나이를 먹는다는 것은 무슨 의미일까? 이제부터 말이 나이를 먹는다는 말의 사회 언어학적 의미를 알아 보자.

사람들은 사회화 과정에서 자신의 위치를 발견하면서 이에 따른 언어를 습득하기도 하고, 언어를 습득하는 과정에서 사회 속에서의 자신의 위치를 인식하기도 한다. 따라서 언어를 습득하고 활용하는 과정이 곧 사회화 과정이라고 말할 수 있다. 사람들은 연령 단계마다 다른 말을 배움으로써 그 연령 단계의 사회에 적응하는 것이다. 이런 점에서 연령 단계별 언어 변이형의 특성을 파악하는 것은 '사회화 과정에서 언어는 어떤 역할을 하는가?'라는 문제를 밝히는 가장 손쉬운 방법이 된다.

어린아이는 부모로부터 언어를 습득하지만 부모의 언어를 그대로 따르지는 않는다. 어린아이는 부모의 언어로부터 받는 영향 못지 않게 또래의 아이들로부터 영향을 받으며 언어를 습득하게 된다. 이 과정에서 나름대로 독특한 유아어나 아동어가 형성된다. 유아어나 아동어는 부모로부터 전수 받은 언어형이 아닌 경우가 대부분이다. 어린아이가 사용하는 놀이 용어나 서로를 지칭하는 호칭어의 대부분은 부모로부터 배우지 않는다. 또한 어른과 달리 어린아이는 부정법에서 상당히 규칙적인 모습을 보인다. '안 예뻐, 안 먹어, 안 싫어, 안 사랑해…'와 같은 표현은 어린아이의 말에서 흔히 발견할 수 있다. 이는 개인적인 추론을 통한 것이라고 볼 수도 있지만, 또래들로부터의 영향을 무시할 수는 없다. 아동 학자들의 관찰에 따르면, 아이들은 또래 집단에서 습득한 어휘나 문법 규칙을 상당히 많이 사용하며, 부모와의 대화와 또래와의 대화 상황을 구분하여 이를 적절히 조정하는 것을 배우게 된다고 한다.

유아어나 아동어는 사회화 과정이 진행되며 수정 절차를 밟거나 전면적으로 교체된다. 사람들은 유아어에서 아동어, 아동어에서 청소년어로, 그리고 노인어 등으로 자신의 언어형을 바꾸면서 사회화 과정을 밟는다. 연령 단계별 언어적 특징은 비교적 뚜렷한데, 이러한 언어 특징은 유아어나 아동어와 같이 또래 집단에서 획득한 것이라 볼 수 있다. 청소년층의 발음이 기성세대와 차이가 있다거나 어휘 선택에서 청소년층이 속어나 유행어를 많이 사용하는 것과 같은 특징은 또래 집단이 개인의 언어 생활에 미치는 강력한 영향의 예로 들 수 있다. 이러한 차이는 '꽃을 → 꼿을, 밭을 → 밧을, 무릎을 → 무릅을'처럼 자연스런 변화의 결과일 수도 있으나, 속어나 유행어를 선호하는 경향은 성장 단계에 따른 시기적인 특징의 대표적 예이다. 장년층이나 노인층에서 격식적인 표현이 선호되거나 한자어가 선호되는 현상도 같은 차원에서 이해할 수 있다. 2,30대 사람들은 '자네, 이것 좀 해 주게'라는 식의 표현이나 '이것 좀 해 주오'와 같은 표현은 사용하지 않으나, 노년층으로 갈수록 이러한 표현은 사용빈도가 높아진다. 이러한 상황을 경어법 체계가 변화하는 과정으로 볼 수도 있지만, 이들 표현이 자신의 위치를 나타내는 언어 책략의 차원에서 선택되었다면 연령 단계에 따른 언어 변이형의 뚜렷한 예가 될 것이다.

　　연령 단계별 언어의 사용자 집단은 개방적이고 유동적이라는 점에서 그 언어 또한 세대에 따라 변한다고 생각할 수 있다. 그러나 연령 단계별 언어는 해당 세대 사람들의 성장이나 죽음으로 인해 소멸되는 것은 아니다. 유아어, 아동어, 청소년어, 노인어 등 연령 단계의 언어는 나름대로 생명력을 갖고 전승되어진다. 아이들이 쓰는 놀이 용어들이 일반적인 언어 변화 과정으로부터 독립되어 원형이 전승되는 경우나, 경어법의 '하게체'나 '하오체'처럼 소멸될 것 같은 표현이 노인층에 의해 계속 유지되는 경우는 연령 단계 언어가 생명력을 갖고 전승되고 있음을 증명한다.

5. 남자와 여자는 말부터 다르다

남편: 부인 !
부인: 소첩은…

〈그림 6〉 남자와 여자

갑: 너 요즘 어떻게 지내냐?

을: 잘 지내. 그런 너는?

갑: 그저 그래. 시험보느라 힘들었던 것 빼고는. 우리 언제 한번 만나자.

을: 시험 잘 봤니? 어제 상철이를 만났는데, 걔는 올 백이라고 으쓱대는 거 있지. 꼴불견이더라고.
   그건 그렇고 우리 한번 만날까? 언제가 좋을까?

갑: 네가 알아서 정해 봐.

을: 음. 이번 주 토요일쯤? 아님 일요일?

갑: 일요일은 안돼. 그 날은 우리 형 결혼식이야.

을: 어머머, 너네 형 결혼하시니? 어쩜, 평생 결혼 안 할 듯하더니.

위 글은 '갑'과 '을'의 전화 내용이다. 이 글을 읽은 여러분은 '갑'과 '을' 중 누가 여자라고 생각하는가. 아마 여러분들은 망설임 없이 '을'이 여자라고 대답할 것이다. 그럼 무슨 근거로 그런 대답을 했는가. 말에 얼굴이 달린 것도 아닐텐데. 뭐라고 논리적으로 말할 수는 없는데, 하여튼 을이 한 말은 남자가 해서는 안 될 말 같을 것이다.

남학생이라면 어렸을 적 "사내 녀석이 계집애처럼 말하면 안돼. 남자답게 말해 봐."라는 말을 한번쯤을 들었을 것이다. 반대로 왈가닥 소녀 시절을 보냈던 여학생이라면 "제는 하는 짓이나 말이 남자 같아."라는 말을 한번쯤은 듣고 자랐을 것이다. 초등학교 선생님의 대부분이 여선생님이어서 남자아이들이 여성적이 되고, 말도 여성투로 한다는 어느 초등학교 교사의 우려섞인(?) 말을 들은 적이 있다. 이쯤 되면 우리말에 여성만이 쓰는 어형과 남성만이 쓰는 어형이 있음을 자연스럽게 추측할 수 있을 것이다. 그러나 사회 언어학적 측면에서 남성어와 여성어를 체계적으로 구분하는 것은 쉬운 문제가 아니다. 남녀의 언어 차이가 단순히 목소리의 차이나 억양의 차이만을 지칭하는 것은 아니며, 사람들의 의식 속에 남성어와 여성어가 존재한다고는 하지만 이들이 반드시 남성만의 혹은 여성만의 전유물이 아니기 때문이다. 그렇다면 사회 언어학에서는 남성어와 여성어를 어떻게 구분하고 있으며, 그 특징을 어떻게 설명하고 있는지 알아보자.

언어에서의 성문제가 사회 언어학적인 주제가 된 것은 언어상의 성차별에 주목하면서부터이다. 먼저 남성을 나타내는 단어는 긍정적인 반면 여성을 나타내는 단어는 부정적이라는 사실이 주목의 대상이었다. 여자를 지칭하는 '여왕'은 있지만 남자를 지칭하는 '남왕'은 없다. '왕'은 남자가 하는 게 자연스럽고 여자가 왕이 되면 유별나기 때문이다. '남녀'라는 말 대신 '여남'이라는 말이 좋다고 백번 우겨도, 사람들은 '남녀'라는 말을 자연스럽게 생각할 것이다. 여성들은 무척 언짢겠지만 이건 성차별이 지속되어 온 문화의 반영으로 언어의 사회성에 대한 강력한 증거가 된다. 언어학자들은 사회적인 성차별이 언어상에 어떻게 반영되는가를 연구하기 시작했고, 이 과정에서 여성어의 개념이 확립되었다. 따라서 성별에 따른 언어 변이형의 연구는 실제로는 여성어의 연구이다. 일반적인 언어 표현을 남성어로 보고 여성어를 그에 대한 변이형으로 보는 게 통념이기 때문이다. 그럼 여성어는 무엇을 가리키는 것이며 어떤 모습을 띠고 있는지 알아보자.

여성어는 여성만이 사용하는 말과 여성이 사용하는 경향이 많은 언어적 특징을 아울러 지칭한다. 여성만이 사용하는 말은 주로 대명사나 호칭어 등에서 나타나는데, "그이가 오늘 온댔어요."에서의 '그이'나 "소녀, 드릴 말씀이 있습니다."에서의 '소녀'는 대명사의 예이고, '오빠, 언니, 서방님, 도련님, 올케, 시숙…'과 같은 예는 여성만이 사용하는 호칭어의 예이다. 그러나 여성만이 사용하는 말이라고 하여 '해녀'나 '여군' 등과 같은 특수한 여성 집단의 말을 여성어의 범주에 넣지는 않는다. 여성어를 사용하는 여성은 개방 집단임을 전제하기 때문이다. 그러나 여성만이 사용하는 말은 극히 한정되어 있으므로, 우리가 일반적으로 생각하는 여성어는 여성만이 사용한다기보다는 여성이 사용하는 경향이 많은 언어적 특징을 가리킨다. 이는 문체에서 드러나는 경우가 많다.

먼저 경어법에서의 표현 양상을 보면 여성어의 모습을 어느 정도 파악할 수 있을 것이다. 여성들은 "오늘 공부를 많이 했습니다."라는 표현보다는 "오늘 공부를 많이 했지요."나 "오늘 공부를 많이 했어요."와 같은 표현을 많이 쓴다. 그리고 "오늘 일 다 끝냈습니까?"라는 표현보다는 "오늘 일 다 끝냈나요?"라는 표현을 많이 쓴다. 그러나 남성들은 이런 표현을 즐겨 쓰지 않는다. 물론 그 남성이 유치원이나 초등학교 저학년 교사와 같은 특수한 위치에 있거나 유난히 부드러운 표현을 쓸 상황이라면 가능할 수는 있을 것이다. 또한 여성들은 남성들처럼 "이것 먹어라."라는 식의 표현을 쓰지 않고 "이것 먹어."라는 표현을 많이 쓴다. "이것 먹어라."라는 식의 표현을 하는 여성은 상대에게 남성적이라는 인상을 심어 줄 것이다. 자신의 느낌이나 생각을 상대에게 확인하거나 대답하는 표현에서도 여성만의 특징이 나타난다. 백화점에 전시된 옷을 보고 남편에게 "그 옷 참 예쁜 거 있지."라고 하는 부인의 말이나, "몇 시쯤 떠날거야?"라는 남편의 물음에 대한 답을 "다섯 시쯤?"이라고 의문문으로 말하는 부인의 말은 여성어의 한 특징이다.

여성들만이 사용하는 어휘라고 단정할 수는 없지만 일부 어휘는 여성들이 주로 사용하는 어휘로 보여 여성어의 일종으로 본다. 남편이나 남자 애인을 지칭하는 '자기'와 같은 표현이나 여자들끼리 자기 친구를 부르는 '애'와 같은 호칭 등이 여성어의 일종이다. 그리고 의성어, 의태어, 감탄사에서는 '깔깔, 호호, 방그레, 배시시, 생긋, 어머나, 어쩜, 있잖아' 등은 남성이라면 거의 사용하지 않는다는 점에서 여성어로 볼 수 있다. 여기에 덧붙여 여성을 표현하는 말을 여성어의 일종으로 보기도 하는데, '야들야들하다, 요염하다, 독살스럽다, 앙큼하다, 토라지다 …'와 같은 표현을 그 예로 들 수 있다. 이상의 표현을 보면 여성어는 대체적으로 공손하고 완곡하거나 섬세하고 부드러운 것을 전체적인 특징으로 함을 알 수 있다. 이는 그동안 남성 중심 사회가 요구한 여성상을 반영하는 게 아닐까.

6. 지방말을 쓰는 사람은 무시당하기 쉽다

손 님 : 어봐. 빨랑 물 조까 갖다 주슈.

웨이터 : 교양이라고는…… 웬 촌놈?

〈그림 7〉 고급 레스토랑에서

드라마나 영화에서 가정부는 대개 지방말을 쓰고 사장님은 대개 서울말을 쓴다. 서울말을 쓰는 가정부를 드라마에서 만나기란 전라도말을 구수하게 하는 사장님을 만나기만큼이나 힘들다. 얼마전 높은 시청률을 기록했던 모래시계라는 드라마에서 주인공 태수와 그의 검사 친구 우석은 전라도 출신임에도 세련된 서울말을 썼다. 같은 지역 출신 깡패라도 태수와 종도는 하는 말부터 달랐다. 비굴한 종도는 전형적인 전라도말을 썼다. 그리고 태수의 존경하는 형님은 서울말을 썼고, 태수를 믿고 따르는 후배는 전라도말을 썼다.

우리는 드라마의 말을 들으며 등장 인물의 사회적 위치를 가늠하곤 한다. 사용하는 말은 지역 방언이지만 말로 그 사람의 사회적 위치를 가늠한다면 그 말은 사회 방언이다. 그리고 우리의 실제 언어 생활에서도 지역 방언과 사회 방언은 서로 별개의 것으로 구분되는 것은 아니다. 일반적으로 학력이 높은 상류 계급의 사람들보다 학력이 낮은 하류 계급의 사람들간에 지리적인 언어차이가 심하다. 이러한 현상은 지역 방언의 사용 빈도가 화자의 사회적 위치를 구분짓는 요인이 될 수도 있다는 것을 말해 준다. 특히 같은 지역 내에서의 계급에 따른 언어 차이는 지역 방언의 사용 빈도에 크게 좌우된다. 계급 방언에 대해서는 앞서도 설명했지만, 현실 언어에서 동일 지역 내의 다른 사회적 계급의 사람들보다 다른 지역의 동일한 사회적 계급의 사람들과 언어상으로 더 유사한 전형적인 계급 방언은 찾아 보기 힘들다. 실제 서울에 거주하는 사람들 중에서 자기 고향 방언을 사용하는 사람의 대다수는 교육 수준이 낮고 육체 노동에 종사하는 사람이 많다. 지역 방언의 사회 방언적 경향은 계급 방언 외에도 남성어와 여성어에서도 나타난다.

시골에 살아 본 사람은 서울말을 쓰는 남자에게서 어쩐지 뺀질뺀질하고 간사하다는 느낌을 받았던 경험이 한번쯤은 있었을 것이다. 그리고 여성에겐 미안한 이야기지만 이런 남자에게 시골 사람들은 여자처럼 말한다고 한다. 이러한 경험은 서울로 이주한 남성들이 여성에 비해 고향 방언을 상당 기간 유지하도록 한다. 물론 남성이 지역 방언을 고수하고 여성이 쉽게 표준어화하는 현상에는 다른 사회적 원인이 있겠지만 여기서는 그 원인에 대한 분석은 생략한다. 여기서 중요한 점은 지역 방언이 실제 사용에 있어 사회 방언적인 특성을 보일 수밖에 없다는 사실이다.

언어 항목 중에서 언어 사용자의 사회적 위치를 분명하게 드러내는 것은 어휘 항목이다. 지역 방언과 표준어의 사용 양상을 볼 때, 상류층이거나 여성일수록 어휘의 선택은 표준어에 기대어 이루어진다. 반면 발음을 통해 언어 사용자의 사회적 위치를 판단하기는 어렵다. 이는 조사 방법의 어려움 때문이기도 하지만, 한국어에서는 발음 항목 자체가 갖는 사회 언어학적 의의가 적기 때문이라고 말할 수도 있다. 지역 방언과 표준어의 사용 양상을 볼 때, 상류층이든 하류층이든 여성이든 남성이든 발음의 지역적 차이를 극복하지 못하는 경우가 많다.

7. 분위기 파악과 주제 파악을 제대로 해야 말에 실수가 없다

〈그림 8〉 휴식, 회의, 문상

한국은 사람과의 관계에 따라 사람을 대하는 행동 양식이 현저히 다른 문화를 갖고 있다. 집을 방문한 어른에게 꾸벅 인사하고 돌아서면 아버지는 그런 아들에게 절을 하라고 시킨다. 그러나 누구한테나 절을 하라고 시키는 것은 아니다. 사람에 따라 절을 하기도 하고 하지 않기도 한다. 사촌형이 왔는데 절을 한다면 지금 정서로는 우스운 일일 것이다. 말도 마찬가지이다.

"지금부터 회의를 시작하고자 합니다."라는 표현과 "그럼 회의를 시작해 보죠."라는 표현이 있을 때, 이 두 문장은 같은 내용을 발화하면서 그 발화 양식을 달리 한 것이다. 앞의 문장이 인문대학 교수회의의 개회사에 어울린다면, 뒤의 문장은 국어국문학과 교수회의의 개회사에 어울림직하다. 또한 두 회의 석상에서 한 원로 교수는 '김 교수'라는 특정인에게 "김 교수님, 이런 점도 한번 생각해 주십시오."라는 표현과 "김 교수, 이런 점도 한번 생각해 봐."라는 표현을 번갈아 사용할 수 있다. 인문대학 교수회의에서 앞의 표현을 쓰고, 과 교수회의에서는 뒤의 표현을 썼을 것이라는 것은 누구나 추측할 수 있을 것이다. 더 나아가 이 원로 교수와 김 교수가 사제지간이고 대화 장소가 연구실이라면, "김 군, 이런 점도 한번 생각해 봐."라는 표현도 자연스러울 것이다. 사적인 자리에서까지 이 원로 교수가 "김 교수님, 이런 점도 한번 생각해 주십시오."라고 했다면 얼마나 어색할 것인가. 그렇다면 어떻게 해서 우리들은 이런 표현들을 가려 사용할 수 있을까?

우리는 말을 할 때마다 자신의 표현과 현재의 의사소통 행위가 일어난 상황을 연결짓는다. 첫째 어떤 목적의 대화 상황인지에 따라 표현이 달라지고, 둘째 내 의사를 전달하고자 하는 사람을 내가 어떻게 여기고 있느냐에 따라서 표현이 달라진다. 그리고 직접 마주보고 말하는가 혹은 편지를 통해 의사 표시를 하는가에 따라서도 표현이 달라질 수 있다. 사회 언어학에서는 상황과 화자의 태도에 따른 언어의 변이형을 사용자의 사회적 위치를 나타내는 변이형과 구분지어 문체

(style) 혹은 레지스터(register)라고 한다. 그럼 첫째와 둘째 사항을 중심으로 상황과 화자의 태도에 따른 언어 변이형의 양상을 살펴 보기로 하자.

어떤 목적의 대화 상황이냐에 따라 '격식적인 표현과 비격식적인 표현', '전문적인 표현과 일상적인 표현', '금기어와 통용어', '욕설과 속어' 등이 선택적으로 이용된다. 국문과 교수회의라면 인문대 교수회의보다 덜 격식적인 표현이 사용될 것이고, 친구와의 술자리라면 욕설이나 속어도 자연스럽게 사용될 것이다. 그러나 이러한 선택이 누구에게나 일률적인 것은 아니다. 격식적인 표현과 비격식적인 표현 등의 선택은 상황에 대한 화자의 태도에 따라 유동적이다.

신입 사원은 팀내 회의를 비롯한 모든 회의에서 격식적인 표현을 쓰지만, 이사급 중진들은 전체 회의에서도 일상적인 표현을 쓰기도 한다. 또한 사회 방언과 지역 방언 등이 상황 문맥을 나타내는 표현으로 특별히 이용되기도 한다. 지역 방언을 사용하는 사람이 표준어를 사용하면 대체적으로 격식적인 표현을 하는 경우일 것이며, 표준어를 사용하는 사람이 학생들이 쓰는 유행어를 섞어 쓰면 비격식적인 상황에서 익살스런 표현을 하는 경우일 것이다. 따라서 사회 문맥적 차원의 언어 변이형은 경우에 따라 상황 문맥적 차원의 언어 변이형에 포함될 수 있다. 이는 상황 문맥과 관련된 언어 변이형을 사회적 차원을 구분하는 언어 변수로 활용하는 것과 비교된다. 우리는 앞선 절에서 화자의 태도를 나타내는 경어 표현이 성별과 세대에 따라 달라지는 양상을 살펴본 바 있다.

화자의 태도를 결정하는 데는 화자와 청자 사이의 관계가 절대적인 영향을 미친다. 청자가 화자에 대해 종속적인지, 동등한지, 우월한지에 따라 말이 달라지고, 이러한 서열 관계와 별도로 화자와 청자가 얼마만큼 친밀한지에 따라서 말이 달라진다. 화자와 청자 사이의 관계에 따라 말을 선택한다면 대개의 경우 두 차원을 함께 고려한다. 청자에 대한 호칭은 서열 관계에 의해 정해져 있지만, 친밀도에 따라 호칭은 유동적일 것이다. 원로 교수는 동료 교수가 된 제자에게 '김 군, 자네'라는 호칭을 쓰다가도 공식 석상에서는 '김 교수님'이라 부르는 것은 공식 석상이라는 상황이 친밀도를 떨어뜨리기 때문이다. 또한 우리는 서열 관계상 자신보다 높은 위치에 있는 어머니에게는 '이것 좀 해 줘'라고 말할 수 있지만, 아버지에게는 그러한 표현을 사용할 수는 없을 것이다. 이는 서열이 기본이 되지만 그 친밀도에 따라 언어 표현이 달라질 수 있다는 것을 말해 준다.

한국어는 경어법이 특히 발달된 언어로서 화자와 청자 사이의 관계에 따른 언어적 양상은 무척 다양하게 나타난다. 청자에 대한 경어법인 상대 경어법의 등급은 4등급 혹은 6등급으로 나뉘며, 청자 이외의 인물에 대한 경어법인 주체 경어법이 따로 마련되어 있다. 호칭 체계도 무척 복잡하여 서구어와는 비교도 할 수 없다. 이런 점을 본다면 한국어에서는 화자와 청자 사이의 관계에 따른 언어상의 차이를 밝히는 것이 사회 언어학적으로 중요한 문제일 수밖에 없다.

8. 사회 방언은 어떻게 조사하는가

인간 사회가 칼로 자르듯 몇 개의 사회적 집단으로 분명히 구분되는 것은 아니다. 또한 계급, 연령, 성 등과 같은 사회적 차원이 따로따로 존재하는 것도 아니다. 가난한 사람 중에도 학력 수준이 높은 교양 있는 사람이 있을 수 있고, 부자 중에도 학력 수준이 낮은 사람이 있을 수 있다. 따라서 계급을 구분할 때도 어느 한 쪽 기준만을 적용할 수는 없다. 또한 전문직 종사자 중에도 여자와 남자가 있듯이 육체 노동자 중에도 여자와 남자는 있을 것이다. 따라서 남성어와 여성어의 차이를 보일 때라도 부유한 집단과 가난한 집단의 언어 차이를 고려해야 하고 육체 노동자와 전문직 종사자의 언어 차이 또한 고려해야 할 것이다. 이같은 사실 때문에 사회 언어학에서는 적절한 통계적 기술을 이용하여 텍스트를 계량적으로 취급하며, 신뢰도가 높은 텍스트를 수집하여 분석하고 그 결과를 합리적으로 해석하는 방법론에 많은 주의를 기울인다.

사람들이 상황적인 문맥에 따라 말투를 달리 하여 의사소통을 한다는 점 또한 사회 언어학자들이 유의하는 사항이다. 앞에서도 살펴 보았듯이 격식적인 말투와 비격식적인 말투에서 서로 다른 차원의 언어 변이형이 선택되는 것을 보았다. 여성들은 일상적인 말투에서는 지역 방언을 사용하지만 공식적인 자리에서는 표준어를 구사하며, 청소년들은 자기들끼리 말하는 것과 공식적인 자리에서 말하는 것에서 많은 차이를 보인다. 따라서 사회 언어학자들은 상황적인 문맥에 대한 고려를 하면서 제보자들의 언어 변이형을 분석해야 한다. 사회 언어학자들의 조사는 대체로 다섯 단계의 절차를 밟아 진행된다.

첫째는 화자, 환경, 언어 변수(linguistic variable)의 선택 단계이다. 이 단계는 예비 조사 단계로 가설을 세우고, 가설을 입증할 수 있는 적절한 화자를 선택하고, 비교할 특정 음운이나 어휘 형태 등 언어 변수를 확정하는 단계이다. '꽃을'을 발음할 때, '꼬츨'이라고 발음하지 않고 '꼬슬'

이라고 발음하는 사람이 많았고, 이 중 30대 이하에서 대다수 사람이 '꼬슬'이라고 발음한다는 사실을 발견한 사람은 언어 변수 'ㅊ'을 발견한 것이다. 그렇다면 사회 언어학자는 '한국 사람은 세대별로 구분되는데, 이는 받침 ⟨ㅊ⟩의 연음 발음과 상관적일 것이다.'라는 가설을 도출할 수 있을 것이다. 이후에 그는 적절한 화자를 선택하여 정확한 조사에 들어가게 된다. 이 때 중요한 것은 결론을 불명확하게 할 수 있는 다른 요인들이 끼어들지 못하도록 동일한 환경을 유지시키는 것이다. 언어 변수 ⟨ㅊ⟩의 사용에 있어 30대 이상과 30대 이하가 차이를 보인다는 가설을 설정하고 나서 서울말을 사용하는 사람과 전라도말을 사용하는 사람의 언어 자료를 대상으로 한다면 우스운 일이 아닌가. 둘째는 텍스트의 수집 단계이다. 여기서는 인터뷰할 화자를 찾아 자료를 채록한다. 셋째는 텍스트에서 언어적 변수과 그 변이형을 확인하는 단계이다. 넷째는 여기서 모아진 자료를 통계 처리하는 단계이다. 통계 처리는 각 텍스트에 나타난 변수를 확인하여 그 수를 헤아리고 다른 텍스트에 나타난 수치와 비교하는 것이다. 마지막으로 사회 언어학자는 네 단계를 통해 얻어진 조사 결과를 해석한다.

1. 한국 사회의 계급 분류 기준에 대해 토론해 보면서 한국인들이 중시하는 기준을 순서대로 나열해 보고, 이를 바탕으로 한국 사회의 계급을 나눠 보자. 우리가 나눈 사회 계급에 따라 어떠한 언어 차이가 있는지 조사해 보자. 언어 변수의 설정, 텍스트의 수집 방법은 토론을 통해 정하라.

2. 유아들의 특징적인 언어 표현에 대해 조사해 보자. 그리고 이 표현이 연령 단계에 따라 어떤 표현으로 대체되고 있는지 관찰해 보자.

3. 컴퓨터 통신에서 사용되는 언어 표현의 특징에 대해 조사해 보자. 그리고 이들 표현이 조사 대상인의 연령, 지위, 성별에 따라 어떻게 달라지는지에 대해서도 함께 조사해 보자.

4. 드라마 한 편을 정해 등장 인물의 성격, 지위, 성별, 연령 등에 따른 언어 표현의 양상을 조사해 보자.

5. 여성에 대한 사회적 인식이 반영된 언어 현상을 찾아 보자. 그리고 이러한 언어 현상이 왜 발생하게 되었는지 생각해 보자.

6. 사회간의 접촉이나 사회 구조의 변동이 언어에 미치는 영향을 조사해 보자. 그리고 이러한 현상의 사회 언어학적 의의에 대해 토론해 보자.

한걸음 더!

1. 사회 언어학의 성립과 연구 영역: 사회 언어학의 성립과 발전 과정에 대한 상세한 설명은 이익섭(1994)을 참고할 수 있다. 사회 언어학의 연구 영역에 대한 상세한 설명도 같은 책을 이용할 수 있다. 이 책에서는 사회 언어학의 연구 영역과 관련한 대표적인 사회 언어학자들의 견해를 절을 달리하여 상세하게 요약 정리해 놓아 입문자들이 참고하기에 편리하다. 태평무(1998)는 북한에서 출판된 최근의 연구서로 사회 언어학의 연구 의의를 다양한 측면에서 설득력 있게 보여주고 있어 참고할 만하다. 내용에 있어서는 중국의 예가 많이 나오고 있어 중국 사회 언어학의 연구 정도를 파악할 수도 있을 것이다. 이외에도 사회 언어학이라는 이름이 붙은 단행본에서는 공통적으로 사회 언어학

의 성립과 연구 영역을 비교적 상세하게 기술하고 있어 이들을 참조할 수 있을 것이다. 또한 국내에서도 사회언어학회가 결성되고, 기관지 『사회언어학』이 계속 출간되고 있어 사회 언어학의 연구 동향을 쉽게 파악할 수 있다.

2. 언어 변이형: 사회 언어학은 언어 변이형을 조사, 분석하여 이를 해석하는 언어학의 한 분야이다. 따라서 언어 변이형에 대한 연구는 사회 언어학의 주요 내용을 이룬다. 언어 변이형의 종류 및 해석에 대한 사항은 허드슨(Hudson, 1980), 트루질(Trudgill, 1983), 파솔드(Fasold, 1990), 워도흐(Wardhaugh, 1986) 등과 같은 사회 언어학 개론서를 참조할 수 있다. 국내 개론서로는 이익섭(1994)과 박육현·김호진(1999)을 참조하라. 언어 변이형의 위상에 대한 일목 요연한 정리는 김광해(1993)를 참조하라.

3. 언어의 계급적 변이형에 대한 연구는 서구에서 주로 진행되었다. 라보프(W.Labov)는 뉴욕 시 주민을 대상으로 하여 학력, 직업, 수입의 세 요소를 기준으로 삼아 10단계의 사회 계급을 설정하였고, 그것을 다시 하류 계급, 근로자 계급, 중하류 계급, 중상류 계급 등의 4등급으로 묶었다. 사회 계급의 분류에 대한 대표적인 연구들에 대한 설명은 이익섭(1994: 85-91)을 참조할 수 있다. 한국에서의 연구는 주로 특수 계층의 은어나 속어를 중심으로 한 연구가 활발하였다. 이에 대해서는 장태진(1995)에 수록된 논문을 참조할 수 있다.

4. 연령 단계별 언어 변이형: 세대별 언어변이에 관한 연구는 아동어나 청소년어를 중심으로 이루어졌다. 아동어의 연구는 이인섭(1986)을 참조할 수 있고, 이외 세대 집단별 언어 변이에 대한 연구로는 장태진(1995)에 수록된 논문을 참조할 수 있다.

5. 성별에 따른 언어 변이형: 여성어에 대한 대표적인 연구로는 레이코프(Lakoff)의 연구를 들 수 있다. 여기에서는 여성어의 특징을 여섯 가지로 나누어 살펴 보고 있으며, 공손하고 완곡한 표현을 전체적인 특징으로 보고 있다. 한국어에서의 성별 변이에 대한 연구로는 장태진(1995)에 수록된 논문을 참조할 수 있다.

6. 상황적 문맥과 언어 변이형: 경어법과 관련한 일련의 연구들은 기본적으로 사회 언어학적 성격을 띤다. 사회 언어학적 방법론에 기초한 경어법 연구로는 김혜숙(1991)과 장태진(1995)에 수록된 논문을 참조할 수 있다.

7. 사회 언어학의 조사 방법론은 라보프(W. Labov)에서 틀을 이루었다. 사회 언어학자들은 주로 라보프의 방법론에 기초하여 조사방법을 결정한다. 조사 방법에 대해서는 이익섭(1984, 1994)을 참조하라.

3.

말도 그릇에 담아야 한다

ㄴㅌㄷㅇㅋㄱ
ㅿㅊㅈㅁㅍㅂ
ㄹㅇㅎㆆㅅ

현대의 문명은 지식과 지혜의 축적에 의한 결과이다. 지식과 지혜의 축적은 바로 인간의 언어를 문자로 기록하는 행위로부터 가능한 것이라 할 때, 인류의 역사에서 문자가 갖는 의미는 자못 심장한 것이라 하겠다. 한국어는 훈민정음의 창제에 의해 세계에서 보기 드문 훌륭한 문자를 갖는 언어가 되었다. 우리는 뛰어난 문자를 갖고 있다는 자부심과 함께 한국어와 한글을 아름답게 보존하고 지속적으로 발전시켜야 하는 책무도 아울러 지니고 있다는 점을 되새겨야 할 것이다. 이 장에서는 문자의 일반적인 성격과 함께 한국어를 표기하는 한글에 대하여 알아 보겠다.

1. 인류 문명은 문자로부터 시작된다

언어의 형태는 인간의 음성으로 실현된다. 음성 언어는 그 실현이 일회적이어서 순간적이며, 화자와 청자가 서로 말하고 들을 수 있는 조건이 충족되어야 하기 때문에 직접적이다. 음성 언어의 이러한 순간성과 직접성의 제한을 넘어서 영구적이고 간접적일 수도 있는 언어 전달의 도구로서 언어를 일정한 기호로 표기할 수 있는 문자가 고안된 것이다. 일반적으로 문자의 발달은 구체적인 형상을 나타낸 표기에서 추상화의 단계를 거쳐 개념화되고 기호화되는 과정을 겪었지만, 한국어의 표기에 사용되는 한글은 애초부터 **음소 문자**로 출발하였다는 점에서 문자사(文字史)의 경이이다.

세계에는 문자를 갖지 못한 언어가 많이 있으며, 문자를 갖고 있는 경우에도 다른 언어의 문자를 빌려서 자신들의 언어를 표기하는 것이 오히려 일반적이다. 후자의 경우는 다른 언어의 문자를 자신들의 언어에 맞게 고쳐서 사용하는 것이 보통인데, 일본의 가나 문자는 한자(漢字)를 변형시키거나 일부의 획을 따서 문자화한 경우이므로 이와 같은 경우에 속한다. 한 언어에서 고유한 문자를 사용하고 있다고 해도 그 문자는 유래를 짐작하기 어려울 만큼 오랜 시간의 경과에 의한 변용의 결과인 경우가 대부분이다. 그러나 한국어의 문자인 한글은 **훈민정음**의 창제에 의한 비진화적 문자로서 세계 문자의 역사에서 가장 희귀하면서도 성공적인 사례에 속한다.

무엇을 기록한다는 것은 문자를 이용하여 언어를 표기한다는 뜻이다. 인류 문명의 발전에서 문자의 역할을 가늠하기란 어렵지 않다. 개념의 성립과 전달, 그리고 다양한 개념들이 모여서 차원 높은 이론과 사상을 구축한다. 언어 생활로부터 생각을 가다듬어 개념을 형성하게 되지만, 문자 생활은 이러한 개념과 사고를 축적하여 과거를 이어받아 보다 나은 미래를 창조하게 한다. 문명화된 일상을 누리는 현대의 생활은 거의 이와 같은 문자의 효용으로부터 가능하게 되었다고 해도 과언이 아니다.

2. 문자의 기원과 종류에 대하여

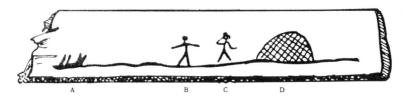

〈그림 1〉 그림 문자의 예

기호의 의미 A: 카누   B: 아무 것도 없음   C: 먹는 동작   D: 집

〈뜻〉 (사냥을 하지 못하여) 집에는 먹을 것이 아무 것도 없다.

고고학적 탐구에 의하여 문자의 기원은 음성 언어에 대한 음소적 표상이 아니라, 그림과 같은 회화적 표상으로부터 출발한 것으로 파악되고 있다. 이 경우의 회화적 표상은 흥미와 같은 예술적 작업과 구분하여 위의 그림에서 알 수 있는 바와 같이 어느 정도 의사 전달의 필요에 의한 것으로 이해되기 때문에 문자의 단초로 이해되는 것이다.

현실 세계에 구체적으로 존재하는 사물과 형상화가 가능한 개념은 이와 같은 그림 문자로 표현이 가능하지만, 이름과 같은 고유 명사의 표기에는 특히 어려움이 많다. 왜냐하면 이름과 같은 고유 명사는 언어의 역할이 복합된 의미의 전달이라기보다는 **음성 형태**가 단순하게 일정 사물을 인과에 관계없이 지칭하게 되기 때문이다. 그러므로 단어의 소리에 대한 표기의 욕구는 이렇게 고유 명사의 표기로부터 유발되었다고 보는 것이며, 기원전 3,000년경의 수메르 문자에서 최초의 것으로 추정되는 음성 형태에 대한 표기에서 이와 같은 것이 발견된다. 한자를 이용한 **차자 표기**의 시초에서도 고대의 한국인들은 한자의 뜻에 상관없이 음만을 이용하여 고유 명사를 표기하고 있는 것에 주목할 수 있겠다.

문자의 발달의 과정은 로마자 알파벳의 성립 단계를 살펴 보는

	수메르 문자	이집트 문자	히타이트문자	한자
사람				
왕				
신(神)				
소				
양				
하늘				
별				
해				
물				
나무				
집				
길				
거리				
나라				

〈그림 2〉 최초의 문자

것이 시사적이다. 페니키아 문자로부터 발달의 단계를 잡는 로마자 알파벳은 페니키아 문자가 고대 이집트의 **그림 문자**에 그 기원을 두고 있다는 견해에 의하여 그림 문자가 언어의 소리에 대응하는 **표음 문자**로 발전한 경우에 해당한다고 할 수 있다. 언어의 소리는 음절을 단위로 발화되기 때문에 초기의 표음 문자는 **음절 문자**였으나, 자음과 모음으로 구성된 음절에 대한 분석을 토대로 **음소 문자**로 발전하였다는 것은 로마자 알파벳의 발달에서도 확인할 수 있는 일이다. 한국어를 표기하는 **한글**이 음소 문자인 반면에 일본어를 표기하는 가나 문자는 음절 문자이다. 음절 문자는 해당 언어의 가능한 음절 구조만을 반영하기 때문에 다양한 소리의 표기가 어렵다.

페니키아	고 해브라이	초기 그리스	고전 그리스	에트 루리아	초기 라틴	근대 로마	그리스 형태	그리스 이름	키릴
						Aa	Aα	alpha	Аа
						Bb	Bβ	beta	Бб
						Cc	Γγ	gamma	Вв
						Dd	Δδ	delta	Дд
						Ee	Eε	epsilon	Ее
						Ff	Zζ	zêta	Ее
						Gg	Hη	êta	Жж
						Hh	Θθ	thêta	Зз
						Ii	Ii	iota	Ии Йй
						Jj			
						Kk	Κκ	kappa	Кк
						Ll	Λλ	lambda	Лл
						Mm	Mμ	mu	Мм
						Nn	Nν	nu	Нн
						Oo	Ξξ	xi	Оо
						Pp	Oo	omicron	Пп
						Qq	Ππ	pi	Рр
						Rr	Pρ	rhô	Сс
						Ss	Σς	sigma	Тт
						Tt	Tτ	tau	Уу
						Uu	Yυ	upsilon	Фф
						Vv	Φφ	phi	Хх
						Ww	Xχ	chi, khi	Цц
						Xx	Ψψ	psi	Чч
						Yy	Ωω	omega	Шш
						Zz			Щщ

〈그림 3〉 현대 로마자 알파벳의 유래

	a	i	u	e	o	ha	hi	fu	he	ho
원자	阿安	伊以	宇有	衣江	於	八半	比不	部	保
과도형									
현대	ア	イ	ウ	エ	オ	ハ	ヒ	フ	ヘ	ホ

〈그림 4〉 일본 문자 카타카나의 유래

그림 문자가 그 속성을 여전히 유지하면서 문자로 발전하면 **표의 문자**가 된다. 한어(漢語)를 표기하는 한자는 표의 문자의 대표적인 경우이다. 표음 문자가 **형태와 소리**를 분리할 수 없는 것이라면, 표의 문자는 형태와 소리가 별개라는 점이 특징이다. 그러므로 옛날의 기록에 대하여 그것이 표음 문자라면 의미의 해독이 관건이 되지만, 표의 문자라면 의미의 해독보다는 기록된 언어의 음성 형태에 대한 것이 풀기 어려운 과제가 된다. 한자와 같은 표의 문자에서 문자의 형태는 해당 어휘의 소리와 전혀 상관이 없기 때문이다. 한자에도 **형성**(形聲)에 의한 글자는 **성부**(聲符)

에 의한 소리 정보가 드러나는 경우도 있으나 기본이 되는 성부(聲符)도 결국은 표의 문자이기 때문에 근본적으로 소리와는 별개의 관계에 있다.

♡ 설문해자(說文解字)의 육서(六書)에 대한 설명

一曰 指事 指事者 視而可識 察而見意 上下是也
二曰 象形 象形者 畵成其物 隨體詰詘 日月是也
三曰 形聲 形聲者 以事爲名 取譬相成 江河是也
四曰 會意 會意者 比類合誼 以見指撝 武信是也
五曰 轉注 轉注者 建類一首 同意相受 考老是也
六曰 假借 假借者 本無其字 依聲託事 令長是也

3. 한자를 이용한 우리말 표기에는 어떠한 것이 있는가

그림 문자와 유사한 선사 시대의 암각화가 없는 것은 아니지만, 우리 민족의 문자 생활은 중국의 한자에 의해서 시작되었다고 하겠다. 한자의 전래는 기원전 부족 국가 시대까지 소급되지만, 한자 전래의 초기에 있어서 표의 문자인 한자의 사용은 우리말에 대한 표기라기보다는 의사의 표현이라 하는 것이 적절하며, 지금까지도 사용되고 있는 한문을 이용한 문장 표기는 이러한 범주에 해당하는 것이다.

한자를 이용한 우리말 표기의 시초는 어휘 차원에서 한자의 음을 이용하여 고유 명사를 표기한 것, 그리고 문장 차원에서 한국어식 어순으로 한자를 배열하여 우리말의 통사 구조를 반영한 것 등을 들 수 있다. 전자는 고대의 금석문이나 기타의 문헌 자료에 등장하는 고유 명사 표기로부터, 후자는 이른바 임신서기석(壬申誓記石)의 각문(刻文)으로부터 각각 실증할 수 있다.

백제 무녕왕 지석에 나오는 '斯麻王'의 '斯麻'는 한자의 뜻과는 관계없이 무녕왕의 또 다른 칭호를 한자의 음을 빌려 기록

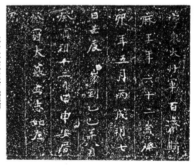

〈그림 5〉 백제 무녕왕 지석문

한 것이다. 당시의 백제에서 '斯麻'를 어떻게 발음했는지 정확히 알 수는 없으나 '시마/스마'와 음

상이 유사한 백제 어휘가 있었다는 것을 말해 주는 것이다. 특히 백제와 교류가 있었던 시기의 일본의 고대사 문헌에서 '斯麻(sima)'라는 백제 계통의 어휘가 등장하므로 '斯麻'는 백제 어휘의 음상을 한자의 음을 이용하여 비교적 충실히 표기한 것이라 할 수 있다.

임신서기석의 표기에는 한국어의 조사나 어미에 대한 표기가 반영되지 않아서 문장 표기로서는 불완전한 것이지만, 한자의 배열을 통하여 당시의 어순이 지금의 국어와 다르지 않았다는 것을 알 수 있다.

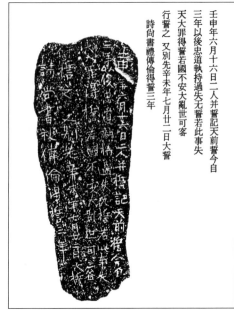

壬申年六月十六日二人并誓記天前誓今自
三年以後忠道執持過失无誓若此事失
天大罪得誓若國不安大亂世可容
行誓之 又別先辛未年七月廿二日大誓
詩尙書禮傳倫得誓三年

〈그림 6〉 임신서기석 각문

한자의 음(音)과 훈(訓)을 이용하여 실사는 물론이고 우리말의 조사나 어미까지 표기하게 되는 **차자** 표기는 용법의 성격에 따라 **향찰**(鄕札), **구결**(口訣), **이두**(吏讀) 등으로 하위 분류되지만, 그 원리는 한자의 **차음**(借音)과 **차훈**(借訓)이라는 두 가지밖에 없다. 차훈에 의한 표기는 해당 어휘의 음상을 반영한 것은 아니지만, **말음 첨기**(末音添記)와 같은 보조 표기를 통하여 음상의 일단을 보여주는 경우도 있다.

향찰은 향가의 기록에 사용된 차자 표기를 일컫는 말이다. 한자의 차훈과 차음에 의한 향찰 표기는 위의 예에서 알 수 있는 바와 같이 대개 실사에 대해서는 차훈을, 문법 형태에 대해서는 차음을 이용하는 경우가 일반적이었다. 향찰 표기는 전체 문장을 대상으로 우리말 표기를 시도한 것이지만 표기법이 복잡하였기 때문에 널리 실

處容郎 望海寺

第四十九憲康大王之代。自京師至於海內。比屋連墻無一草屋。笙歌不絕道路。風雨調於四時。於是大王遊開雲浦。(在鶴城西南今蔚州) 王將還駕。晝歇於汀邊。忽雲霧冥曀。迷失道路。怪問左右。日官奏云。此東海龍所變也。宜行勝事以解之。於是勅有司。爲龍刱佛寺近境。施令已出。雲開霧散。因名開雲浦。東海龍喜。乃率七子現於駕前。讚德獻舞奏樂。其一子隨駕入京。輔佐王政。名曰處容。王以美女妻之。欲留其意。又賜級干職。其妻甚美。疫神欽慕之。變爲人。夜至其家。竊與之宿。處容自外至其家。見寢有二人。乃唱歌作舞而退。歌曰。東京明期月良夜入伊遊行如可入良沙寢矣見昆脚烏伊四是良羅二肹隱吾下於叱古二肹隱誰支下焉古本矣吾下是如馬於隱奪叱良乙何如爲理古。時神現形。跪於前曰。吾羨公之美。今犯之矣。公不見怒。感而美之。誓今已後。見畵公之形容。不入其門矣。因此國人門帖處容之形。以僻邪進慶。王旣還。乃卜靈鷲山東麓勝地置寺。曰望海寺。亦名新房寺。乃爲龍而置也。又幸鮑石亭。南山神現舞於御前。左右不見。王獨見之。有人現舞於前。王自作舞。以像示之。神之名

〈그림 7〉 삼국유사에 기록된 향가

용적인 표기로 사용되지는 못하였다.

구결은 한문 원전에 토를 달아 읽는 우리식 독법으로부터 유래한 것이다. 한문 구절에 붙이는 토, 즉 구결(口訣)은 역시 한자의 음훈을 빌린 차자 표기가 이용되었으며, 독법에 따라 역독 구결(逆讀口訣)과 순독 구결(順讀口訣)로 나뉜다. 역독 구결은 한국어의 어순으로 읽기 때문에 한문 원전의 한자도 경우에 따라서는 훈독하게 되지만, 순독 구결은 단순히 내려 읽으면서 토만 붙이는 독법이다.

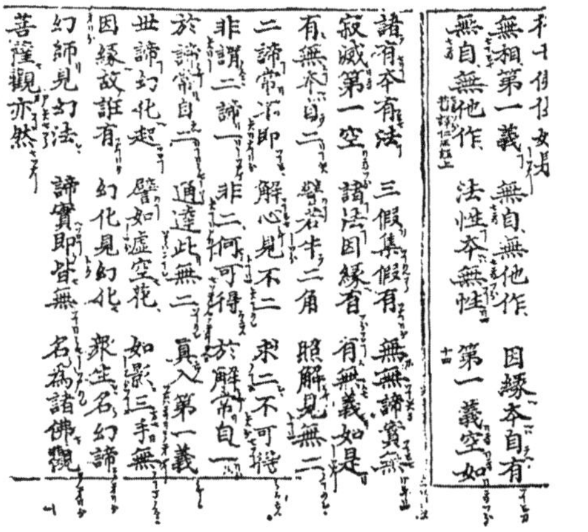

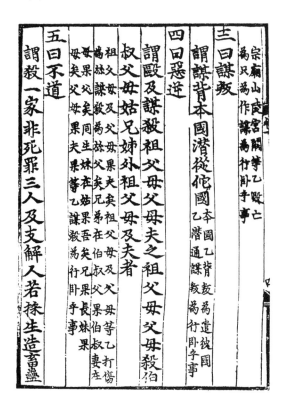

〈그림 8〉 구역인왕경의 구결

이두(吏讀)는 향찰처럼 우리말 어순에 의한 표기를 한 것이지만, 실사에는 한자 어휘를 그대로 쓰고 문법 형태는 구결처럼 차자 표기를 한 것이 특징이다. 그러므로 이두문이라 하면 한문 원전에 대해 이두문으로 번역한 경우도 있고, 또는 한문 원전과는 상관없이 우리말을 이두문으로 적을 수도 있는 것이다.

♡ 차자 표기의 세 종류

가. 향찰: 한자의 음과 훈을 빌려 우리말을 적는 표기법으로서, 주로 신라 시대의 향가 표기에 사용됨

나. 구결: 문장의 이해를 돕기 위하여 한문 구절 끝에 다는 토

다. 이두: 한자의 음과 훈을 이용하여 우리말을 적는 표기법

〈그림 9〉 대명률직해 이두문

한자를 이용한 차자 표기는 그 용법과 성격에 의하여 향찰, 구결, 이두 등으로 구분할 수 있다. 그러나 지금까지 용례를 통하여 알 수 있는 바와 같이 한자를 이용한 차자 표기는 우리말에 대한 온전한 음상 표기와는 거리가 먼 것이었다. 또한 차자 표기는 한자와 한문에 대한 상당한 지식을 필요

로 한다는 점에서 보통 사람의 문자 생활로 일반화되기 어려운 점이 있었다. 한문과 차자 표기에 의한 이와 같은 불완전한 문자 생활은 훈민정음 창제에 의하여 근본적으로 개혁되었다.

4. 훈민정음은 세계 최고의 문자이다

훈민정음(訓民正音)은 세종 25년(1443) 음력 12월에 창제되어 반포되었다. 훈민정음의 창제에는 세종과 집현전 학자들이 참여하였지만 창제의 주역은 세종 자신이다. 문자 음운학에 대한 이론은 당시의 중국, 인도, 몽골 등에서 상당한 수준에 이르고 있었으며 이에 대한 세종의 조예는 조선에서 으뜸이었다. 문자 음운학에 남다른 조예가 있었던 세종 자신이 신문자 제정의 필요를 절감하고 있었기 때문에 훈민정음 창제라는 희대의 작업은 여러 유생들의 집요한 반대에도 불구하고 차질 없이 진행되어 완결될 수 있었다.

훈민정음 창제의 이론적 배경으로는 중국의 **성운학**을 들 수 있지만, 표음적인 신문자 창제에 대한 필요성은 인도의 실담(悉曇) 문자나 원(元)의 파스파(八思巴) 문자로부터 암시를 받았을 가능성이 높다. 이러한 영향 관계에도 불구하고 훈민정음은 우리말의 구조에 알맞는 음소 문자로서 전혀 새로운 경지를 개척하였다. 초성과 중성에 의해 자음과 모음을 구분하고, **칠종성법**에 의한 변이음 관계를 구조적으로 파악하였으며, 자음의 형상을 발음 기관의 조음 형태에 근거하고, 모음의 분류를 구설(口舌)의 조음 작용에 기준한 것 등은 언어학사의 경이라 하지 않을 수 없는 것들이다.

훈민정음 28자는 초성 17자와 중성 11자로 이루어져 있다. 17자 초성이나 11자 중성은 음소 단위가 아니라 **문자 단위**라는 점에 유의해야 한다. 즉 병서자 'ㄲ'이나 연서자 'ㅸ'은 두 문자로 이루어져 있지만 각각 하나의 **소리** 단위이며, 재출자 'ㅛ, ㅑ, ㅠ, ㅕ'는 모두 하나의 문자이지만 소리 단위로는 둘이다. 훈민정음 28자는 표음의 필요에 따라서 **병서**(竝書)와 **연서**(連書), 그리고 **상합**(相合) 등의 문자 조합에 의하여 다른 소리 단위를 나타낼 수 있도록 되어 있다.

훈민정음이 기본 문자의 성격을 갖는다는 것은 문자 운용의 기본 단위가 된다는 의미로서, 이것은 훈민정음의 문자 조직이 닫힌 집합이 아니라 열린 집합의 성격을 지향했다고 하는 것을 의미하는 것이다. 열린 집합으로서 훈민정음의 성격은 국어뿐만 아니라 중국어, 몽골어, 범어, 일본어 등의 주변 언어에 대한 표기의 필요에 의하여 다양한 음성 표기에 대한 가변성을 여러모로 대비하고 있었다고 하는 점에서도 찾을 수 있다. 훈민정음의 28자를 문자 운용의 측면에서 분류하여 보이면 다음과 같다.

♡ 초성자 체계

가. 기본자: ㄱ ㄴ ㅁ ㅅ ㅇ

나. 가획자: ㅋ ㄷ ㅌ ㅂ ㅍ ㅈ ㅊ ㆆ ㅎ

다. 이체자: ㆁ ㄹ ㅿ

라. 병서자: (각자 병서) ㄲ ㄸ ㅃ ㅉ ㅆ ㆅ 등

　　　　　(합용 병서) ㅺ ㅼ ㅽ ㅳ ㅄ ㅴ ㅵ ㅶ ㅷ 등

마. 연서자: 퉁, 뼝, 뭉, 퐁

　　초성 17자는 가, 나, 다의 문자를 말하는 것이고, 라, 마는 병서와 연서에 의하여 다양한 소리 단위를 형성할 수 있으므로 그 범위는 가변적이다. 그러므로 병서와 연서에 의한 문자의 조합은 본질적으로 제한되어 있는 것이 아니다. 예를 들어 반설경음 'ㄹ'은 실제 표기에 쓰이지 않았으나 훈민정음에 이에 대한 언급이 있다. 중성 11자의 문자론적 체계는 다음과 같다.

♡ 중성자 체계

가. 기본자

　· ㅡ ㅣ

나. 초출자

　ㅗ ㅏ ㅜ ㅓ

다. 재출자

　ㅛ ㅑ ㅠ ㅕ

라. 상합자

　(2字) ㅘ ㆇ ㅝ ㆊ

　　　　· ㅢ ㅚ ㅐ ㅟ ㅔ ㅛ ㅒ ㅠ ㅖ

　(3字) ㅙ ㅞ ㆈ ㆋ

　　중성의 기본자도 가, 나, 다의 11자이며, 라의 상합자는 다양한 복합 모음을 표기하기 위한 것이다. 현대 국어에 있어서는 'ㅐ, ㅔ, ㅚ, ㅟ' 등이 단모음이지만 15 세기 중세 국어에서는 모두 반모음 'ㅣ [j]'를 후행시키는 하향 이중 모음이었다.

5. 훈민정음에서 한글로

세종 25년에 훈민정음이 창제되긴 하였으나 조선대에서 훈민정음의 문자로서의 지위는 미약한 것이었다. 양반으로 지칭되는 지식층의 문자 생활은 여전히 고전적인 한문이었으며, 공식 문서 역시 한문이나 이두문에 의하여 작성되었다. 다만 한문에 능숙하지 못한 여자들의 문자 생활에서나 아녀자의 출입이 잦았던 절간에서 훈민정음은 명맥을 유지하였다. 그러나 언해문이나 한자 학습서에 있어서 훈민정음은 현실 언어의 선명한 표기 수단으로서 그 가치를 발휘하여 상당한 양의 언문 자료를 남기게 되었으며, 조선 후기의 실학 사상과 함께 일부 지식층에서도 훈민정음의 가치에 대해 재인식하게 되었다.

고종 31년(1894) 갑오경장에 의하여 그동안 언문(諺文)으로 불리던 훈민정음은 개국기년(開國紀年)의 사용과 함께 비로소 **국문**(國文)의 자격을 얻게 되었다. 이에 따라 공식 문서는 국한문 혼용체가 일반화되었으며, 주시경은 그의 국문론(1897. 4.)에서 국문 전용을 주장하였다. 이 당시의 국문 정책은 문법이나 철자법 등이 정비되지 않은 상태에서 시행된 것이기 때문에 국문 사용에 있어서는 실제로 많은 착오가 있었다. 학부(學部)에 설치된 '국문연구소(1907. 7.)'는 국문 사용의 여러 가지 현실적 문제를 바로잡기 위한 기구로서 2년 남짓의 회의를 통하여 '의정안(議定案)'을 마련하였으나, 경술국치의 와중에서 폐기되고 아울러 국문이란 명칭도 국가의 운명과 함께 하고 말았다.

'한글'이란 명칭은 1913년 아동 잡지 「아이들보이」에서 '한글난'을 마련한 것이 공적인 사용의 시초라 하며(최남선 「조선상식문답」에서, 김민수 1979: 207), '대한의 글'이란 의미의 '한글'은 주시경의 명명으로 알려져 있으나 정확한 근거가 있는 것은 아니다. 한글에 대한 교육과 연구는 경술국치 이후의 일이므로 그 성격은 자연히 저항적이었다.

조선어학회에서 1933년에 마련한 '한글 마춤법 통일안'은 현대의 '한글 맞춤법'의 모태로서, 조선조 내내 표음적이었던 철자법이 형태주의적 표기 체제로 전환되는 계기가 되었다. 형태주의적 표기법은 기본 형태를 밝혀 적는 것으로서 음소 문자에 표의 문자의 시각적 편의성을 가미한 철자법인 것이다. 한글을 가

한글 원본

◇ 母音
ㅏ(아) ㅑ(야) ㅓ(어) ㅕ(여) ㅗ(오) ㅛ(요) ㅜ(우) ㅠ(유) ㅡ(으) ㅣ(이) ㆍ(ᄋ)

◇ 子音
ㄱ(기윽) ㄴ(니은) ㄷ(디읃) ㄹ(리을) ㅁ(미음) ㅂ(비읍) ㅅ(시읏) ㆁ(이응) ㅈ(지읒) ㅊ(치읓) ㅋ(키읔) ㅌ(티읕) ㅍ(피읖) ㅎ(히읗)

〈그림 10〉 한글 원본 자모표

지고 우리말을 적는 방식은 두 가지가 있다. '꼰니피 모두 떠러져씀니다'처럼 소리나는 대로 적을 수도 있지만, '꽃잎이 모두 떨어졌습니다'처럼 적을 수도 있다. 전자의 방식을 '표음주의 표기(소

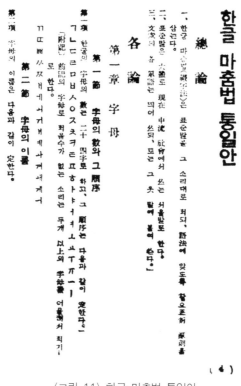

〈그림 11〉 한글 마춤법 통일안

리나는 대로 적기)'라 하고, 후자의 방식을 '형태주의 표기(뜻 밝혀 적기)'라 한다.

1933년 10월에 조선어학회가 '한글 마춤법 통일안'을 제정하여 발표할 때까지 사용된 그동안의 우리말 표기 방식은 표음주의 표기였다. 그러나 주시경 선생의 통찰력과 과학적인 사고에 의해 종전처럼 소리나는 대로 적는 것은 한글의 장점을 제대로 살릴 수 없다는 생각이 확산되면서, 표음 문자에 의한 형태주의 표기에 의해 뜻을 밝혀 적는 방식이 정착되었다. 이 방식을 채택함으로써 까다로운 맞춤법 규정이 필요하게 되었지만, 가장 훌륭한 한글 표기 방식을 모색하고자 하는 입장에서 생각해 본다면 당연한 귀결이었다고 하겠다. 현재의 한글 맞춤법 규정은 1988년 1월 19일의 문교부 고시 제88-1호에 의한 것이다.

표음 문자인 한글은 표준어를 소리대로 적는 표음주의가 대원칙이지만, 단어의 기본 형태를 고정시켜 표기하는 형태주의를 포함하고 있다. 총칙에서 '한글 맞춤법은 표준어를 소리대로 적되, 어법에 맞도록 함을 원칙으로 한다.'는 표음 표기와 함께 본래의 형태를 고정시켜 표기하는 것에

대한 절충을 내포한 말이다. 예를 들어 '아무튼'을 '아뭏든'으로 적지 않는 것은 표음 원칙이 적용된 것이며, '값만'을 '갑만'이나 '감만'으로 적지 않는 것은 형태 원칙이 적용된 것이다. 훈민정음에 대한 표기에 있어서 표음주의와 형태주의는 창제 당시부터 논란이 있었다고 할 수 있으며, 개화기에 있어서도 철자법 논쟁에서 형태주의와 표음주의가 서로 대립하기도 하였다.

한글이란 문자를 정확히 이해하여 사용하기 위해서는 **자모(字母)**의 개념을 정확하게 알아야 한다. 자모란 글자의 단위를 말하는데, 이를 소리의 단위와 혼동해서는 안 된다. 예를 들어 '샤'는 자모가 둘이지만 소리의 단위는 [s], [j], [a]의 셋이며, '새'는 자모 단위로는 'ㅅ', 'ㅏ', 'ㅣ'의 셋이지만 소리 단위는 [s], [æ]의 둘뿐이다. 글자의 단위인 자모는 훈민정음 창제 당시의 문자 단위에 근거한 것이며, 소리의 단위는 현대 한국어의 음운 체계로부터 귀납된다. 이렇게 생각해 보면 '새'는 중세 국어에 있어서는 소리 단위가 자모 단위와 마찬가지로 셋이었으나, 현대 한국어로 넘어와서는 단모음화로 인하여 소리 단위가 줄어든 것이다.

한글 자모(字母)는 스물넉 자이다. 자모에는 각 자모에 대한 명칭과 자모의 순서가 필요하다. 특히 자모의 순서는 사전의 어휘 배열을 결정하는 원칙이 되므로 현실적인 의미가 큰 셈이다. 자모의 명칭과 순서는 남북한이 서로 다르다. 그러므로 국어 사전에 등재된 어휘의 순서도 남북한이 서로 다른 것은 물론이다. 한글 자모 스물넉 자와 명칭, 그리고 자모의 순서를 복합 자모와 함께 나열하여 보이면 다음과 같다.

♡ 한글 자모

가. 한글 자모 스물넉 자와 명칭

ㄱ(기역) ㄴ(니은) ㄷ(디귿) ㄹ(리을) ㅁ(미음) ㅂ(비읍) ㅅ(시옷)
ㅇ(이응) ㅈ(지읒) ㅊ(치읓) ㅋ(키읔) ㅌ(티읕) ㅍ(피읖) ㅎ(히읗)
ㅏ(아) ㅑ(야) ㅓ(어) ㅕ(여) ㅗ(오) ㅛ(요) ㅜ(우) ㅠ(유) ㅡ(으) ㅣ(이)

나. 복합 자모와 명칭

ㄲ(쌍기역) ㄸ(쌍디귿) ㅃ(쌍비읍) ㅆ(쌍시옷) ㅉ(쌍지읒)
ㅐ(애) ㅒ(얘) ㅔ(에) ㅖ(예) ㅘ(와) ㅙ(왜)
ㅚ(외) ㅝ(워) ㅞ(웨) ㅟ(위) ㅢ(의)

다. 자모의 순서

① 자음

　ㄱ ㄲ ㄴ ㄷ ㄸ ㄹ ㅁ ㅂ ㅃ ㅅ ㅆ ㅇ ㅈ ㅉ ㅊ ㅋ ㅌ ㅍ ㅎ

② 모음

　ㅏ ㅐ ㅑ ㅒ ㅓ ㅔ ㅕ ㅖ ㅗ ㅘ ㅙ ㅚ ㅛ ㅜ ㅝ ㅞ ㅟ ㅠ ㅡ ㅢ ㅣ

1. 표음 문자와 표의 문자의 속성을 한글과 한자를 대조하여 파악해 보자.

2. 차자 표기(借字表記)인 향찰(鄕札), 구결(口訣), 이두(吏讀)의 공통점과 차이점에 대하여 다음
   과 같은 문헌 용례를 통하여 파악해 보자.
   ○ 東京明期月良 夜入伊遊行如可 入良沙寢矣見昆 脚烏伊四是良羅(삼국유사에서)
   ○ 爾時 阿難丶 及諸大衆灬 聞佛示誨丶丶口 身心丶 泰然丶厼(능엄경에서)
   ○ 本國乙 背叛爲遣 彼國乙 潛通謀叛爲行臥乎事(대명률직해에서)

3. 「구역인왕경」에 등장하는 역독 구결(또는 훈독 구결, 석독 구결)은 순독 구결(또는 음독 구결)
   과 어떻게 다른 것인지 본문의 예를 참조하여 파악해 보자.

4. 훈민정음의 28 자모(字母)는 어떠한 원리에 의하여 만들어졌는지 알아 보자.

5. 훈민정음의 자모(字母) 단위와 소리 단위의 차이점에 대하여 알아 보자.

6. 다음과 같은 글자는 15세기와 현대 국어에서 각각 어떻게 발음되는지 알아 보자.
   ㅐ ㅒ ㅔ ㅖ ㅙ ㅚ ㅞ ㅟ

7. 다음의 개념들에 대하여 알아 보자.
   ① 단모음, 중모음, 상향 이중모음, 하향 이중모음
   ② 각자병서(各字竝書), 합용병서(合用竝書), 연서(連書), 부서(附書)
   ③ 전청(全淸), 차청(次淸), 전탁(全濁), 불청불탁(不淸不濁)

8. 표음주의(또는 음소주의) 표기와 형태주의 표기의 차이에 대하여 알아 보자.

한걸음 더!

1. 다음에 열거한 문자에 대하여 세계문자연구회(1993)를 참조하여 알아 보자.
   매듭 문자(結繩文字), 설형 문자(楔形文字), 갑골 문자(甲骨文字), 파스파 문자(八思巴文字),
   실담 문자(悉曇文字)

2. 한글을 사용하기 전에 우리의 조상들은 구어(口語)와 문어(文語)가 다른 언어 문자 생활을 영위하였다. 이러한 언어 생활은 어떠한 점에서 문제가 되는지 토론해 보자. 조선 시대의 선비들은 입으로는 우리말을 사용하면서도 문장 표기는 한문을 이용하는 것이 일반적이었다.

3. 훈민정음을 이용한 표기에는 연철 표기(連綴表記)와 분철 표기(分綴表記)로 그 원리를 나눌 수 있으며, 현대 국어의 맞춤법은 음소주의와 형태주의에 따라 표기 원리를 구분할 수 있다. 표기법의 원리라 할 수 있는 연철, 분철, 음소주의, 형태주의 등의 개념을 구체적인 용례를 통하여 파악해 보자. 이와 같은 내용을 파악하기 위하여 강신항(1990)을 참조할 수 있다.

4. 자모의 순서는 사전의 표제어(또는 올림말) 순서를 결정하는 근거이다. 북한의 사회과학출판사에서 편찬한 『조선말대사전』(1992)의 '일러두기'에서 '자모의 차례'를 찾아 보고, 북한의 국어 사전에 등재된 표제 어휘의 배열 순서가 남한의 그것과 어떻게 다른지 알아 보자.

4.

소리의 세계를 찾아서

　　모태에서 세상으로 나온 아기가 가장 먼저 할 일은 "으앙" 하고 초성을 터뜨리는 일이다. 즉 숨을 밖으로 뱉어야 하는데 그렇지 않으면 아기는 사망하게 된다. 반면 이 세상을 떠날 때, 인간은 숨을 몰아쉬며 마무리한다. 이처럼 인간 생존의 실제와 상징은 호흡이다. 숨을 내쉼(날숨)으로써 탄생하여 숨을 들이쉼(들숨)으로써 하직하는 것이다.　호흡이 인간의 생사 여부를 결정짓는다면, 인간을 다른 동물과 구분지어 만물의 영장으로 만드는 것은 언어이다.　이러한 언어 역시 호흡이 없으면 불가능하다. 허파에서 생성된 날숨이 입 밖으로 나오는 동안 혀와 여러 조음기관(성대, 연구개, 경구개, 잇몸, 이, 입술)과의 상호작용에 의하여 언어음으로 변형되기 때문이다. 인간이 언어음으로 의사 교환을　하는 이러한 과정 자체는 생각할수록 신비하고 오묘한 비밀이다. 이 장에서는 음성의 특질과 구성 자질에 대하여 알아보고, 음운과의 차이점은 무엇인지, 그리고 음운의 기능과 결합방식 및 변화양상과 규칙화 등에 대하여 알아보고자 한다.

1. 음성이란 무엇인가

이 세상에는 수많은 소리들이 있다. 나뭇잎 떨어지는 소리, 물 흐르는 소리, 새 소리, 자동차 소리, 기차 소리 등. 그러나 이러한 소리들은 음성이 아니라 자연음이다. 사람이 아닌 대상에게 '음성'을 사용할 수는 없다(가). 그 뿐 아니라 '음성'을 사람에게 사용한 (나)의 표현도 어색하기는 마찬가지이다. 반면, (다)는 우리가 자연스럽게 쓰는 예들이다.

> 가. 바람 음성(?), 물 음성(?), 새 음성(?), 차 음성(?)
> 나. 아기의 울음 음성(?), 가수의 노래 음성(?), 아버지의 고함 음성(?)
> 다. (말하는) 아기의 음성이 너무 예쁘다, 그 가수의 음성은 허스키다

여기에서 **음성**(phone)에 대한 정의는 일단 "사람의 발음기관을 통하여 생성되어, 실제 말에 쓰이는 소리"로 요약될 수 있으며, 다른 말로 언어음(speech sound)이라고 할 수 있다. 그런데 이 음성은 개인에 따라 달라 사람을 구별하는 하나의 징표가 되며(이것을 음색이라고 함), 같은 사람이 말하더라도 때와 장소, 상황에 따라 다르게 나는 물리적이며 구체적인 개별음이다.

화자(speaker) 청자(hearer)

또한, 음성은 음절상의 위치에 따라서도 다르게 실현된다. '가곡'이란 단어에는 'ㄱ'이 세 번 쓰이고 있다. 이들 'ㄱ'은 표기상으로는 동일하지만 음성학적으로는 각 위치에 따라 다른 소리로 실현된다. 어두 '가'의 'ㄱ'을 발음할 때는 성대가 울리지 않는 무성음 [k], 어중 '-고-'의 'ㄱ'은 성대가 울리는 유성음 [g], 어말 받침 'ㄱ'은 모아진 숨이 풀리지 않은 채 끝나는 내파음[k˺]으로 발음된다. 이처럼 환경에 따라 달라지는 이들 세 소리들을 국어 자모 'ㄱ'의 음성형(이음)이라 한다.

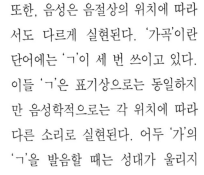

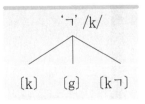

2. 음소란 무엇인가

한 여자를 향하여 다섯 사람이 각각 "사랑해"라는 목소리를 전화기에 남겨 놓았다. 비록 이름은 남기지 않았으나 지혜로운(?) 그 여자는 음색의 차이에 따라 목소리의 주인공들이 누구인지 알 수 있었고, 각 음성은 다르지만 그 음성이 나타내는 의미는 모두 〈I love you〉임도 알 수 있었다. 각기 다른 음성들에서 공통되는 의미 "사랑해"는 어떻게 찾아낼 수 있었을까.

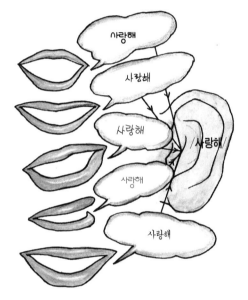

이것은 가변적인 음성들 속에서도 묶일 수 있는 어떤 공통된 추상적인 요소가 있으며, 그것이 있음으로써 언어의 의사전달 기능이 존립할 수 있다는 사실을 보여 주는 것이다. 이때의 추상적인 그 무엇을 우리는 음소(phoneme)라고 부른다.

음성과 음소를 구분하기 위하여 음성은 [ ]로, 음소는 / /로 표시한다.

국어의 자음과 모음 표기는 추상적인 음소 표기이지 구체적인 개개의 음성표기는 아니다. 음성의 바다 속에서 의미 분화의 기능을 가지는 음소를 추출하기란 쉬운 일이 아니다. 다행히 1930년대에 미국 인디언 언어를 연구하던 블룸필드(Bloomfield)와 그 후계자들이 음소 발견을 위한 방법과 순서를 체계화시켜 놓았다. 그들이 음소 발견 과정(discovery procedure)에 혼신의 노력을 쏟을 수밖에 없었던 것은, 그 때까지 문자로 기록된 일이 없었던 아메리카 인디언어를 조사 대상으로 하였기 때문이다. 미지의 언어구조를 새로이 분석해 나가야 했던 그들에게는 의미 분화 기능을 하는 음소의 발견과정이 주요 현안이었고, 그 결과 그것을 체계화시키는 성과를 이룰 수 있었다. 다음은 그들이 제안한 음소 발견 과정이다.

2.1 어떻게 음소를 발견할 수 있을까

최소대립쌍(minimal pair)을 찾아라 ; 최소대립쌍을 이루는 각각은 음소이다.

최소대립이란 둘 이상의 단어가 같은 위치에 있는 오직 하나의 음 때문에 뜻의 차이를 가져오는 경우를 말한다. 이 때 뜻이 달라지게 만드는 두 짝을 **최소대립쌍**이라고 한다.

예를 들어 '갈:달:발'은 의미가 다른 별개의 단어인데, 의미를 다르게 하는 요소는 세 단어에 공통된 '-ㄹ'이 아니라 초성 /ㄱ:ㄷ:ㅂ/의 차이 때문이다. 그러므로 'ㄱ:ㄷ'과 'ㄷ:ㅂ'은 의미를 분화시키는 최소대립쌍이며, 따라서 /ㄱ/ /ㄷ/ /ㅂ/등은 각각 음소로 성립된다. '맛:멋'은 별개의 의미를 가진다. 이 두 단어를 구별 지우는 최소 단위는 최소대립쌍 /아:어/ 이므로, 국어에서 모음 '아'와 '어'는 각각 독립된 음소로 성립한다.

상보적 분포(complementary distribution) 관계에 있는 음을 찾아라 ; 상보적 분포를 이루는 음들은 한 음소의 이음(allophone)이다.

상보적이란 다른 말로 '배타적'이라고도 하는데, 이것은 어떤 음성의 출현 환경이 정해져 있다는 의미이다. 예를 들어 보자.

버거킹과 주차단속요원으로 아르바이트하며 공부하는 대학생 철이를 가정하자. 학교에서의 철이는 일반적인 학생 복장을 하겠지만, 버거킹과 주차단속시에는 각각 그

곳에서 요구하는 유니폼을 입고 있을 것이다. 학생복장과 버거킹복과 주차단속요원복은 정해진 곳에서만 입을 뿐 다른 장소에서 바꾸어 입을 수 없는데, 이런 관계를 상보적 혹은 배타적인 관계에 있다고 한다. 여기서 [대학생]과 [버거킹맨]과 [주차단속요원]은 /철이/라는 한 개인-한 음소의 변이된 모습으로 겉옷만 바꾸어 입은 이음과 같은 존재들이다.

예를 들어 국어의 'ㄱ'음은 환경에 따라 세 종류의 음성형으로 실현된다. 어두에서는(예:'가')

은 무성음 [k]으로, 유성음 사이에서는(예; '아가') 유성음 [g]으로, 어말에서는(예; '악') 불파음 [k˺]으로 난다. 환경과 음성이 바뀌어 나지 않는다. 이것을 상보적 분포라 하며, 상보적 분포 관계에 있는 [k] [g] [k˺]들은 각각 별개의 음소가 아니라 하나의 음소 'ㄱ'/k/의 이음이 된다. 'ㄱ'의 여러 이음들 중에서 /k/를 음소로 잡는 이유는 그렇게 하는 것이 보다 설명력이 있기 때문이다.

> 음성적 유사성(phonetic similarity)이 있는 음을 찾아라 ; 음성적 유사성이 있는 음만이 동일 음소의 이음이 될 수 있다.

그러나 상보적 분포관계에 있지만 한 음소의 이음으로 볼 수 없는 경우가 있다. 예컨대 'ㅎ'과 'ㅇ'은 최소대립을 이루면서(항:앙), 상보적 분포관계에 있으므로('ㅎ'은 어두에만 나타나고, 'ㅇ'은 어말에만 나타남), 이 둘은 한 음소의 이음으로 보아야 할 것이다. 그러나 이 두 음을 한 음소로 보기에는 많은 무리가 따른다. 이 문제를 보완하기 위한 제안이 음성적 유사성이란 조건이다. 'ㅎ'은 음성적으로 '무성음, 마찰음, 성문음'인 반면, 'ㅇ'은 '유성음, 비음파열음, 연구개음'이다. 둘 사이에서 어떤 음성적 공통성을 찾기는 힘들다. 그러므로 이 두 음은 음성적 유사성이란 조건을 만족시키지 못하므로 각각 별개의 음소로 인정함이 마땅하다.

> 블룸필드(Bloomfield)와 비슷한 시기, 유럽의 프라그(Prague) 학파에서는 음소를 '기능(function)'이라는 관점에서 파악하고 있었다. 이 때의 기능이란 변별적 기능, 곧 어떤 단어의 의미차이를 만들어내는 직능을 말한다. 음소란 바로 그러한 의미변별의 기능을 가지는 최소의 음운적 단위로 규정하였다.

예를 들어 '강'과 '방'의 의미 차이는 동일한 'ㅏㅇ'의 환경에서 단지 'ㄱ'과 'ㅂ' 두 음소가 '대립'(opposition)되기 때문에 가능하다는 것이다.

대립이란 최소대립쌍과 비슷한 개념인데, 대립 여부의 판정을 위해서는 치환시험이 효과적이다. 치환시험은 다른 음을 넣어 보아 그 결과 다른 단어가 되면 별개의 음소로 보는 방법이다. 예로 '마리'를 들어 보자. 어두 'ㅁ' 자리에 대신 'ㄷ'을 치환하면 '다리'가 되어 의미가 달라지므로 이 두 음 'ㅁ, ㄷ'은 대립된다. 또한, 첫 음절 모음 'ㅏ' 대신 'ㅓ'를 넣으면 '머리'가 되어 역시 'ㅏ, ㅓ'는 대립된다. 그러므로 대립관계에 있는 'ㅁ, ㅂ', 'ㅏ, ㅓ'는 각각 음소로 선정된다. 이와 같이 대립이라는 개념이 중요하게 부각되는데, 그들에게 있어서 음운체계란 다름 아닌 음운론적 대립의 총체를 말한다. 이러한 관점에서 볼 때 국어 음소체계는 자음 19개, 단모음 10개로 이루어져 있다고 할 수 있다.

국어 자음의 특징은 파열음 'ㅂ, ㄷ, ㅈ, ㄱ'에서의 삼지적 상관속(평음 : 경음 : 유기음)과 마찰음 'ㅅ'에서의 이지적 상관속(평음 : 경음)이라고 할 수 있다. 그리고 입술(ㅁ) 치조(ㄴ) 연구개(ㅇ)에서 조음되는 비음 3개와, 치조에서 조음되는 유음(ㄹ) 1개, 그리고 후두에서 나는 마찰음 'ㅎ'이 있다. 모음체계는 전후관계로 전설, 중설,

자음체계	단모음체계
ㅂ ㄷ ㅈ ㄱ ㅅ	ㅣ(ㅟ) ㅡ ㅜ
ㅃ ㄸ ㅉ ㄲ ㅆ	ㅔ(ㅚ) ㅓ ㅗ
ㅍ ㅌ ㅊ ㅋ ㅎ	ㅐ ㅏ
ㅁ ㄴ ㅇ	
ㄹ	

후설 및 고저관계(고, 중, 저)에 따라 모음이 분화되고 있다. 다만 후설저모음 자리는 비어 있다. 그러나 학교문법에서 단모음으로 인정하고 있는 'ㅟ, ㅚ'가 실제 발음에서는 이중모음으로 동요되고 있어서, 단모음의 수는 관점에 따라 8개에서 10개까지 될 수 있다.

2.2 이중모음이란 무엇인가

'아, 어, 오, 우'를 입술 모양의 변화에 유의하면서 발음하여 보자. 발음의 처음부터 끝까지 입술모양에 아무런 변화가 일어나지 않음을 알 수 있다. 반면, 소위 이중모음이라고 부르는 '야,여, 요,유'와 '와,워'를 발음하여 보자. 이들 모음을 발음할 때의 특징은 발음의 시작과 끝에서의 입모양이 달라진다는 사실이다.

입 모양의 변화가 일어나지 않는 '아, 어, 오, 우' 모음을 단모음이라 하며, '야, 여, 요, 유'와 '와,워'와 같이 입 모양이 달라지는 이러한 모음들을 **이중모음**(diphthong)이라고 부른다. 이중모음은 두 모음이 연속하여 한 음절을 이룰 때, 하나는 주음(主音)이 되고 다른 하나는 부음(副音)이 되는 종속적 관계로 연결되는 모음이다. 그 결과 입모양의 변화가 있게 되는 것이다. 'ㅟ, ㅚ'가 단모음 체계에서 흔들리고 있다는 것은 언중들 대부분이 입 모양의 변화에 의해 조음되는 'ㅟ〔wi〕', 'ㅚ〔we〕'로 발음한다는 뜻이다.

♡ **이중모음의 구조**

상승적 이중모음 (부음+주음)
: 야, 여, 요, 유, 와, 워 (위,외)
하강적 이중모음 (주음+부음)
: 의

'야, 여, 요, 유'의 경우는 'ㅣ + 아, 어, 오, 우'의 결합인데, 'ㅣ'는 뒤에 오는 모음에 미끄러지듯이 흘러들어 간다. '와, 워'에서는 'ㅗ/ㅜ + 아, 어'의 결합으로 'ㅗ/ㅜ'는 '아, 어'에 미끄러져 들어간다. 'ㅗ' 혹은 'ㅜ'의 표기상 선택은 모음조화에 따라 주음이 양성모음이면 'ㅗ', 음성모음이면 'ㅜ'가 선택된다. 'ㅗ/ㅜ'의 특성은 입술을 둥글게 하는 원순성이다. 이처럼 주음에 미끄러져 들어가는 'ㅣ'와 'ㅗ/ㅜ'와 같은 음성을 부음(과도음), '아, 어, 오,

우'를 주음이라고 한다. 국어의 이중모음을 생성시키는 두 부음 ' ㅣ '와 'ㅗ/ㅜ'를 다른 말로 과도음 (glide)이라고 한다. 과도음 ' ㅣ '(경구개과도음)는 /j/로, 과도음 'ㅗ/ㅜ'(원순연구개과도음)는 /w/로 표기한다. 이러한 과도음은 단독으로는 쓰이지 못하고 오직 이중모음을 만드는 것이 그 존재 이유라고 할 것이다.

반자음, 반모음 등으로도 불리는 이들 과도음의 음성적 특성은 모음보다는 자음적인 특성이 보다 강하다. 그 결과 범어적인 히아투스(hiatus) 회피를 위한 방법 중 하나로 과도음 삽입이 있게 된다. 예) 하어〉하여, 치어〉치여(비교; 먹어). 영어의 관사 사용에서 모음으로 시작되는 명사 앞에 a 대신 an을 써야 하는 것도 같은 맥락이다. 예) a book, an apple. 또 영어 union[junion] 앞에는 a를 쓰는데, 이것은 과도음 [j]의 음성 특성이 자음에 가까움을 입증한다.

이중모음은 부음과 주음의 순서에 따라 상승이중모음과 하강이중모음으로 구분된다.
'야, 여, 요, 유, 와, 위'는 부음(과도음)이 앞에 오고 주음이 뒤에 옴으로 구조뿐 아니라 음향학적으로도 상승적인 상승이중모음이다. 반면, '의'는 '으+j'의 구조 즉 '주음+부음'의 구조로 하강적인 이중모음이다. 현재 국어의 이중모음들 중 하강이중모음은 오직 '의' 하나이다. 이 구조상의 불안정 때문에 '의'는 흔들리고 있다. 다음 예를 읽어 보면 '의'가 제 음가를 가지는 환경이 극히 제한적임을 알 수 있을 것이다.

민주주의의 의의[민주주이에 으이]
의사[의사](방언에서는 [으사] 혹은 [이사]라고도 함)

3. 초분절음소란 무엇인가

'초(supra-)'란 "-위에 걸친"이란 의미이므로 **초분절음소**(suprasegment)란 분절음소 위에 걸쳐 있는 음소를 의미한다. **분절음소**(segment)란 무엇인가. 나뉘어진다는 의미로 사용된 분절음소는 자음과 모음처럼 나뉘어지는 음소를 달리 일컫는 말이다. 그러므로 초분절음소란 분절음소 자음과 모음 위에 걸쳐 있으면서 나눌 수 없는 음소를 말하는데, 다른 말로 **운소**(prosodeme)라고 한다. 이 음소와 운소를 합하여 **음운**이라고 한다. 초분절음소에는 장단, 고저,

강약 등이 있는데 이들이 어떤 언어에서 운소로서의 자격을 가지려면 의미분화를 가져오는 최소대립을 이루어야 한다.

다음의 대화에서 우리는 두 "싫다(1)(2)"의 의미가 다름을 알 수 있다.

<억양>　범돌이; 다음 시간이 시험이니 지금은 공부하자.

　　　　빵돌이; 싫다(1). ↘

　　　　범돌이; 뭐? 싫다(2)? ↗

그 의미의 차이는 무엇으로 감지될까? 분절음의 구성은 동일하지만, 억양의 차이에서 비롯된다. 그러므로 억양도 음소가 될 수 있으나, 분절되는 자음 모음과는 다르므로 초분절음이라고 부르는 것이다.

고저가 운소의 기능을 하는 대표적인 언어는 중국어이다. 똑같은 분절음이 성조(tone)에 따라 의미분화하는 이러한 언어를 성조언어(tone language)라고 한다. 예를 들어 '어머니'(媽 상평성), '삼베'(麻 하평성), '말'(馬 상성), '꾸짖다'(罵 거성) 등 의미의 분절음은 모두 마[ma]이지만 성조를 달리 함으로써 의미를 분화시키고 있다.

반면, 영어는 강약에 따라 단어의 의미가 달라지는 강세언어(stress language)이다. 영어의 경우 강세가 오는 위치에 따라 품사가 달라진다. 일반적으로 강세가 앞쪽에 오면 명사형, 뒤에 오면 동사형이 된다. expert, import 등 단어가 그런 예이다. 이에 어긋나는 예외형들은 즐겨 시험 문제의 대상이 되곤 한다.

국어의 경우 고저와 강약은 감정 표현 내지 장단에 따른 부차적 요소로 나타나므로 운소로 인정하기는 어렵다.

♡ <장단>

밤(夜) 눈(眼)

밤:(栗) 눈:(雪)

군밤　함박눈

반면, 〔밤:〕과 〔밤〕은 오직 모음의 길이에 따라 {栗}과 {夜}로 의미분화한다. 〔눈:〕과 〔눈〕 역시 {雪}과 {眼}으로 구분된다. 그러므로 국어의 초분절음소로 장음소를 설정할 수 있으며, 표시는 /:/로 한다. 그런데, 이 장단 구분도 첫째 음절에서만 이루어지며 둘째 음절 이하에서는 변별 기능이 사라진다. 예: 〔밤:〕과 '군밤', 〔눈:〕과 '함박눈' "〔눈〕에 〔눈:〕이 들어가면 〔눈:물〕이냐? 〔눈물〕이냐?"라는 질문이 흥미로운 것도 바로 장단의 차에 따르는 의미차를 이용한 것이기 때문이다. '비행(飛行) 청소년'과 '비:행(非行) 청소년'의 차이도 장단으로 가려진다.

그 외에 범어적인 **연접**(連接 juncture)도 운소에 넣을 수 있다. 연접이란, 말을 할 때 휴지만큼은 아니더라도 약간의 간격을 두고 말을 이어가는 이음새의 특징이다. 연접은 /+/로 표시한다. 어린아이들은 이 연접을 이용하여 말장난을 하곤 한다. 다음 예들에서 연접을 어디에 두는가에 따라 의미가 달라지는 재미있는 현상을 찾을 수 있다.

<연접> 아버지가방에들어가신다.	아버지가(+)방에(+)들어가신다.
	아버지(+)가방에(+)들어가신다.
목사가마귀를쫓는다.	목사가(+)마귀를(+)쫓는다.
	목사(+)가마귀를(+)쫓는다.
제주도산돼지	제주도산(+)돼지
	제주도(+)산돼지

4. 음절이란 무엇인가

인간은 신이 주신 오묘한 조음기관과 조음활동에 의하여 공기로부터 음성을 창출해 내지만, 우리가 실제 말하고 청취할 수 있는 음성의 최소 단위는 음소가 아니라 음절이다. **음절**(音節 syllable)이란 곧 음의 마디를 말한다.

'가'와 '방'은 각각 1음절어이며, '가방'은 2음절어이다. 여기서 유의할 점은 표기상의 분절형과 음절구성이 반드시 일치하지는 않는다는 것이다. 3음절어 '없어서'의 음절구성은 [업서서]이다. 이러한 차이는 국어 표기법이 형태소(원형)를 밝혀 적는 형태주의 표기원리를 주로 하기 때문에 일어난다.

<음절($)의 구조> 자음1+모음+자음2
<국어의 최소음절형> V
<국어의 최대음절형> CVC
<최적 선호 음절형> CV

모음은 혼자서도 음절을 이루지만, 자음은 그렇지 못하다. 이는 어머니와 자식의 관계로 이해하면 쉽다. 어머니는 홀로 살아갈 수 있으나, 자식은 반드시 어머니의 보호 아래서만 생존이 가능하다. 모음(母音)과 자음(子音)이란 명칭이 바로 그것을 상징한다.

자음은 반드시 모음의 앞이나 뒤에서만 발음이 가능하므로 음절의 구성에서 주변적인 요소인 반면, 그 스스로 발음되는 모음은 음절 핵(syllablenucleus)의 위치에 있게 된다. 즉, 음절은 모음을 정점으로 하여 '자음1+모음+자음2'의 구성형태를 가지게 된다. 이 때 자음1을 음절두음(onset), 자음2를 음절말음(coda)이라고 한다.

국어는 모음 하나만으로도 음절을 이루는데, 이 '모음(V)'형이 국어가 허용하는 최소 음절구조형이다. 예; '아, 야, 어, 여, 오, 요, 우, 유' 등.

그렇다면 국어의 최대 음절형은? 여러분은 얼핏 '값, 닭, 없다, 넓다'를 생각하여 '어두자음하나+어중모음+어말자음둘' 이라고 즉 'CVCC' 형이라고 할 수 있다. 그러나 다음 예들의 발음형에서 국어의 최대 음절구조는 'CVC' 형임을 알 수 있을 것이다.

예: 값만[갑만], 닭도[닥도], 없는다[언는다], 넓다[넙다] ....(1)
    값이[갑시], 닭이[달기], 없어[업서], 넓어[널버] ....(2)

(1)의 예는 겹받침 뒤에 자음이 와서 자음이 셋 겹치게 되면 겹받침 중 하나가 탈락됨을 보여준다. (2)의 예는 겹받침 뒤에 모음이 올 때는 겹받침이 탈락되지 않고 모두 발음됨을 보여 준다. 그 결과 두 경우 모두 국어가 허용하는 최대음절형은 'CVC'라는 제약을 지키고 있음을 알 수 있다. 이와 같이 음절초나 음절말에 자음군을 허용하지 않는 것을 국어의 특징으로 들 수 있다. 그러나 영어는 자음군을 허용하는 언어이다(예; Christmas, milk 등). 적어도 언어에 대해서만은 영어의 모음이 한국어의 모음보다 자식을 안을 수 있는 팔이 더 많은 모양이다.

언어에 따른 이러한 차이는 외국어가 차용될 때 해당 언어의 음운체계에 맞게 조정되는 모습을 보여준다.

'milk'는 영어에서 1음절어이다. 그러나 한국어에서는 받침 두 개 모두가 1음절 내에서 발음될 수 없다. 1음절어로 발음하려면 앞의 예처럼 받침 중 하나를 생략하여 [밀] 또는 [믹]으로 할 수밖에 없다. 그러나 그럴 경우엔 원어의 의미가 사라지므로, 모음을 하나 더 넣어 [밀크] 2음절어로 발음하게 된다. 그러나 이 완벽한 [밀크]라는 발음으로는 미국에서 우유를 사 먹기가 거의 불가능한데, 이유는 영어 화자들에게 'milk'는 1음절어이기 때문이다. 또한 영어에서 2음절어인 'Christmas'를 한국인들은 무려 5음절어로 발음하는 것도 같은 이유로 이해된다. 이것은 외국어 학습시 음절차에 대한 고려가 반드시 필요함을 보여주는 좋은 예라고 하겠다.

또 하나의 의문점을 풀어 보자. 만약 자음 하나와 모음 하나로 음절을 이룰 때, '자음+모음'(CV)형이 좋을까, 아니면 '모음+자음'(VC)형이 좋을까? 다음 예를 보자.

예: 옷을 입어서 [오슬 이버서], 꽃이 적어서[꼬치 저거서], 집에서 놀아라[지베서 노라라]

즉 받침 뒤에 모음이 오면 앞 음절의 받침(자음)이 뒤로 내려와 다음 음절의 두음으로 발음되고 있다. 다시 말하면, 음절은 '자음＋모음'(CV)형을 좋아한다고 말할 수 있다. '없어서'가 〔업서서〕로 음절화하는 것도 그것이 국어의 최대음절구조는 CVC, 최적음절형은 CV라는 조건에 부합되기 때문이다.

　흥미로운 것은 같은 자음이라도 음절초와 음절말에서의 의미전달의 비중이 달라진다는 사실이다. 음절초가 보다 강한 위치라는 것은 쉽게 짐작되는데, 이것은 언어사적으로도 밝혀진 사실이다. 대부분의 언어에서 음절말의 자음은 쉽게 탈락하나 음절초의 자음이 탈락되는 예는 드물다. 그 이유는 음절초 자음이 탈락될 경우 그 단어의 의미는 보존되기 어렵기 때문이 아닐까.

　복합어를 형성할 때, 국어에서 음절말음 'ㄹ' 탈락은 보편적인 것도 그것이 말음이기 때문에 가능한 것이다(예; 달＋달이→다달이, 딸＋님→따님, 솔＋나무→ 소나무 등). 또한 국어의 불규칙동사 활용에서 음절두음이 아니라 음절말음인 받침이 변한다는 사실도 동일하게 해석된다(걷다, 걸으니, 걸어서 ; 낫다, 나으니, 나아서 ; 곱다, 고와서, 고우니 등).

　이 음절($)이라는 단위를 사용하면, 음운 기술이 보다 용이해진다. 음절을 고려하지 않을 경우엔 "국어에서 '낫, 낮, 낯, 난, 낱, 낳-' 등은 그대로 끝나거나(-#), 뒤에 자음이 올 경우(예를 들어, '-도, -과'를 붙여 볼 것) 받침들은 모두 'ㄷ'으로 중화된다"라는 복잡한 기술이 불가피하다. 그러나 음절이라는 개념을 이용하면 "음절 말에서 중화된다" 라는 한 마디로 간결하게 기술된다.

　중화되는 경우 ;　　낫$,　낮$,　낯$,　낟$,　낱$,　낳$
　　　　　　　　　　낫$도, 낮$도, 낯$도, 낟$도, 낱$도, 낳$도
　중화되지 않는 경우 ;　나$시, 나$지,　나$치,　나$지(구개음화),　나$치(구개음화)

　여기서 중화는 오직 음절말에서만 일어날 뿐 음절초에서는 일어나지 않음을 알 수 있다. 모음에 대하여 똑같이 주변적 요소이지만, 음절초 자음이 음절말 자음보다 강한 위치이기 때문이다.

5. 음성의 산출 방법과 자질화

5.1 자질이란 무엇인가

> 원자의 결합으로 분자가 이루어지듯이, 하나의 음성은 여러 개의 음성 특성들이 결합한 결과물이다.
> 하나의 음성에서 다양한 변화가 가능하다는 것은 곧 그 음성들을 이루는 특성이 여러 개로 이루어져 있다는 뜻으로도 해석이 가능하다.
> 바꾸어 말하면, 각각의 음성들은 다른 음성들과 공유하거나 구별되는 어떤 특성(이것을 **자질**(feature)이라고 부르자)들로 이루어져 있는 것이다. 따라서 한 음성이란 그것을 이루고 있는 어떤 '자질들의 묶음(bundles of features)'이라고 정의할 수 있다.

자질에 대한 파악은 형태소의 변동뿐 아니라 좀더 섬세하게 이음들의 변화에 대해서도 그 원인을 파악할 수 있게 해 준다. 예를 들어, 'ㄱ'이 어두에 오면 [k], 유성음 사이에 오면 [g], 어말에 오면 [kㄱ]로 발음되는데 이들의 차이는 무엇일까? 그리고 왜 그처럼 다른 이음들로 발음될까? 등에 대한 답을 얻을 수 있을 것이다.

또한, 이 자질은 '+/-'로 표시함(이분법)으로써 자질의 수를 반으로 줄이면서도 상관관계를 명료하게 대비하여 보여준다는 점에서 간결성과 설명력을 겸하게 된다.

예를 들어, 할아버지와 소녀를 자질로 표시하려면, '남/여, 노/소'라는 네 자질이 선택될 것이다. 이 때 네 자질을 모두 사용하여 할아버지는 〔남, 노〕 소녀는 〔여, 소〕로 나타내는 것보다는, '남/여', '노/소' 중 각각 하나를 택하여 '+/-' 값으로 구분짓는 것이 훨씬 간결하면서도 명료해진다.

    할아버지; 〔+남 , +노〕   소녀; 〔-남 , -노〕
     (혹은 〔-여,   -소〕   〔+여 , +소〕)

이러한 이분법의 방법을 음운론의 자질 표기에 이용하면, 보다 간결하면서도 설명력 있는 해석을 가능하게 한다.

5.2. 음성의 산출 방법과 자질 표기화

허파로부터 나오는 공기가 다양한 음성들로 변하여 인간의 의사 전달을 가능하게 하는 모습은 너무나 신비로운 창조의 비밀이다. 지금까지 밝혀진 비밀은 공기가 조음기관을 빠져 나오는 사이에 서로 다른 조음방법과 조음위치의 변화(자음) 및 혀와 입술의 변화(모음)에 의하여 여러 가지 소리로 만들어진다는 것이다.

이 음성을 자질로 세분화함으로써 음운현상의 설명을 보다 명료하면서도 간결하게 할 수 있다. 그러한 음성 산출 기제가 곧 자질 설정의 기준이 된다. 가장 일반적인 음성 분류는 장애 유무에 의한 모음과 자음이라는 분류이다. 모음(vowel)은 허파에서 입 밖으로 공기가 나올 때 아무런 장애도 받지 않고 생성되는 음성을, 자음(consonant)은 구강 내 어디선가 장애나 차단이 수반되면서 나는 음성을 일컫는 개념이다.

5.3 자음과 모음들은 어떤 자질로 이루어졌을까

① [유성성 voiced]

허파에서 나온 소리가 성대를 지날 때, 성대를 진동시키며 나는 소리를 유성음(voiced)이라 한다. 반면, 성대의 떨림없이 나는 소리를 무성음(voiceless)이라 한다.

모든 모음은 유성음이며, 자음 중에서는 비음(ㅁ,ㄴ,ㅇ)과 유음(ㄹ)만이 유성음이다. 나머지 자음들 즉 파열음(ㄱ,ㄷ,ㅂ)과 파찰음(ㅈ), 마찰음(ㅅ) 등은 무성음이다. 자음만으로는 음절이 되지 않으므로 이들 음소에 동일한 모음을 붙여 발음하되, 목의 성대 부분에 손을 대고 그 진동 상태를 느껴보자.

성대의 진동에 따라 유성음과 무성음으로 구분되므로, 〔+/- 유성성〕자질을 찾을 수 있다. 〔+유성성〕은 모든 모음과 유성자음(유음과 비음), 〔-유성성〕은 유성자음이 아닌 자음에 부여하면 된다. 그러나 이럴 경우 모음과 유성자음은 엄연히 다른 음성임에도 불구하고 자질 표기로는

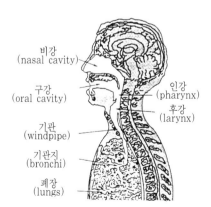

비강
(nasal cavity)

구강
(oral cavity)

인강
(pharynx)

후강
(larynx)

기관
(windpipe)

기관지
(bronchi)

폐장
(lungs)

동일하게 〔+유성성〕으로 표시되어 서로 구분할 수 없는 한계가 있으므로 또 다른 자질이 필요하게 된다.

이는 마치 사람을 구분할 때 '성+이름'(김+은혜, 박+은혜)이 필요한 것과 같다. 그렇게 하고도 같은 반에 동일 성명이 두 명일 경우 다시 키를 기준으로 하여 '큰 김은혜' '작은 김은혜'로 구분하는 방법과 같은 것이다.

이와 같이 음성 자질이란, 음성을 특성에 따라 각각

분류하기 위하여 요구되는 여러 분류 기준이라고 할 수도 있다. 어떤 자질을 사용하는 것이 가장 경제적이면서 가장 효율적일까 그것이 언어학자들의 고민인 것이다.

② [모음성 vocalic]과 [자음성 consonantal]

생성음운론의 초기에 '모음/ 자음'이라는 분류 대신 [모음성]과 [자음성]이라는 두 자질을 설정하였다가, 후에 [모음성]을 버리고 대신 [성절성] 자질을 새로 도입하게 되었다. [+모음성]은 모음과 유음을 한데 묶는 자질이므로, 유음을 제외한 기타의 자음과 반모음 등은 [-모음성]이다. [자음성]이란 혼자서는 발음되지 못하는 자질을 말한다. 이 자질을 사용하면 모음과 유음을 구별할 수 있다. 모든 모음은 [+모음성, -자음성]이나 유음은 [+모음성, +자음성]이다. 유음을 제외한 그 밖의 자음은 [-모음성, +자음성]으로 구분되는 이점이 있다.

③ [성절성 syllabic]

[모음성]은 [성절성]으로 대치될 수 있다. [성절성]은 음절의 정점을 이루는 분절음 즉 모음이 가지는 자질이다. 국어의 경우엔 모음만이 [+성절성]을 받을 수 있으나, 영어에서는 모음뿐 아니라 자음도 성절이 될 수 있으므로 이 자질이 필요하다. 성절자음은 아래에 '.' 으로 표시한다. jungle, bottle 의 'l' 이 성절적 자음이므로 이 두 단어는 2음절어가 된다.

④ [공명성 sonorant]과 [장애성 obstruent]

개구도와 비례하는 공명도 자질도 자질화할 수 있다. 개구도란 입이 벌어지는 정도를 말하며, 공명도는 똑 같은 조건하에서 소리가 멀리 가는 정도이다. 입이 많이 벌어질수록 즉 개구도가 커질수록, 소리가 공명하는 구강내 면적도 넓어져 공명도도 커진다.

저 멀리 가는 친구를 부를 때, '야!'라고 하지 '이!'라고 하지 않는다. 산에 올라 고함을 질러보자. 역시 '야호!'라고 하지 '이호!'라고 하지는 않는다. 왜 그럴까?

바로 공명도의 차이를 알기 때문이다. 모음 중에서 고모음 즉 개구도가 작은 '이' 모음은 개구도가 큰 저모음 '아'에 비해 똑같은 힘으로 소리질러도 멀리 가지 않기 때문이다. 공명도는 곧 개구도와 비례한다. 남이 들어 주길 바라는 호탕한 웃음은 입을 크게 벌려 '하하하'이나, 남 몰래 숨어서 웃는 웃음은 입을 다물며 '히히히'이다. 공명도 차이로 인하여 '하하하'는 멀리까지 들리지만, '히히히'는 옆 사람만 들을 뿐이다.

♡ 공명도(개구도) 크기

파열음 마찰음 비음 유음 고모음 중간모음 저모음

⟵ 소   대 ⟶

모음의 공명도는 저모음일수록 커진다. 또 모음 중에서 가장 공명도가 낮은 모음은 고모음이지만, 이것도 자음보다는 공명도가 크다. 자음 중에서 가장 공명도가 큰 음성은 유음이다. 'ㄹ'이 많이 들어간 소리가 맑고 구르는 듯한 음감을 주는 이유가 여기에 있다. 유음 다음으로는 코에서 울리며 나는 비음이, 비음 다음으로는 마찰음, 그리고 폐찰음의 공명도가 낮으며, 가장 낮은 음성은 파열음이다.

공명도가 높은 모음과 유음, 비음은 〔+공명성〕 음이며 기타 자음(파열음, 파찰음, 마찰음)은 〔-공명성〕이다. 이 때, 〔-공명성〕이란 조음시 높은 장애를 받는 음이므로 〔+장애성〕으로 나타낼 수도 있다. 즉, 〔+/- 공명성〕은 〔-/+ 장애성〕로 '+, -'값에서 반대값을 부여받는다.

	모 음	순수자음	유음 / 비음
유성성	+	-	+
모음성	+	-	+/-
자음성	-	+	+
성절성	+	-	-
공명성	+	-	+
장애성	-	+	-
	아, 으, 오, 우	ㄱ, ㄷ, ㅂ, ㅅ, ㅈ	ㄹ / ㅁ, ㄴ, ㅇ

5.4 자음은 어떻게 분류될까

자음은 공기가 허파에서 입 밖으로 나올 때 기류가 거쳐가는 통로에 따라 크게 비강음(코 속; ㅁ, ㄴ, ㅇ)과 구강음(입 속; 비강음 외)으로 구분되나, 자음의 명칭은 보다 세분하여 조음점과 조음자의 상호 작용에 의하여 붙여진다.

조음자는 조음기관 중 가장 활발하게 움직이는 능동적인 혀(tongue)이며, 조음점은 상대적으로 수동적인 입술, 이, 잇몸, 경구개, 연구개 등을 말한다. 조음자 혀가 목표로 하는 조음점의 위치에 따라 치조음(잇몸;ㄴ, ㄹ, ㅅ, ㄷ, ㄸ, ㅌ), 경구개음(ㅈ, ㅉ, ㅊ), 연구개음(ㄱ, ㄲ, ㅋ, ㅇ) 등이 생성된다. 반면 (양)순음 'ㅁ, ㅂ, ㅃ, ㅍ'는 아래위 입술에 의하여 생성된다.

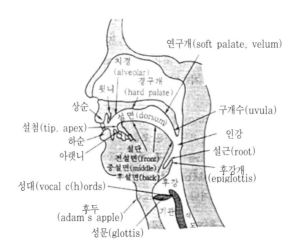

허파에서 나오는 공기에 장애를 주는 조음방법은 다양한데, 조음위치와 조음방법과의 결합에 의하여 음성의 명칭이 붙여진다. 자음의 명칭은 '조음위치명＋조음방법명'의 순서로 불러준다.

1) 흐르는 공기를 막았다가 한꺼번에 터뜨리는 방법 : 폐쇄음 stop, 파열음 plosive (예；k,t,p)

파열음의 3 단계

2) 공기를 막지는 않지만, 대신 공기가 흐르는 공간을 아주 좁게 하여 그 틈으로 공기가 갈려서 나오게 하는 방법 : 마찰음 fricative, spirant (예；s)

3) 흐르는 공기를 막았다가 풀어는 주지만, 마찰음처럼 아주 좁은 공간으로 흘러 가도록 하는 방법. 즉, 폐쇄과정까지는 파열음과 같고 폐쇄 후의 상황은 마찰음과 같은 방법 : 폐찰음 affricate (예；c)

조음 위치 / 조음 방법	양순 (입술)	치조 (잇몸)	경구개	연구개	후두
파 열	ㅂ(ㅁ)	ㄷ(ㄴ)		ㄱ(ㅇ)	
마 찰		ㅅ			ㅎ
폐 찰			ㅈ(ㅊ)		
유 음		ㄹ			

4) 물이 흐르듯이 공기가 흐르도록 하는 방법 : 유음 liquid (예；r,l)

5.5 모음은 어떻게 분류될까

공기가 장애를 받지 않고 입 밖으로 나오며 생성되는 음성이 모음인데, 소리의 분화는 혀의 위치와 입술 모양에 의하여 이루어진다.

  1) 혀의 전후 위치에 따라 - 전설모음(ㅣ, ㅔ, ㅐ), 중설모음(ㅡ, ㅓ, ㅏ), 후설모음(ㅜ, ㅗ)

  2) 혀의 위아래 위치에 따라 - 고모음(ㅣ, ㅡ, ㅜ), 중간모음(ㅔ, ㅐ, ㅓ, ㅗ), 저모음(ㅏ)

  3) 입술 모양의 차이에 따라 - 원순모음(ㅜ, ㅗ)과 평순모음(그외의 모음들)

   모음의 명칭은 '혀의 고저 - 전후 - 입술모양'의 순서로 붙인다.

  (예) 'ㅣ' 고전설평순모음, 'ㅡ'고중설평순모음, 'ㅜ' 고후설원순모음

   'ㅔ' 중전설평순모음, 'ㅏ' 저중설평순모음, 'ㅗ' 중후설원순모음

모음을 생성하는 혀의 위치와 입술모양도 자질화할 수 있는데, 이를 혓몸자질이라 한다.

5.6 혓몸자질의 종류

전설모음; 〔-후설성〕〔-원순성〕
중설모음; 〔+후설성〕〔-원순성〕
후설모음; 〔+후설성〕〔+원순성〕

〔**후설성**〕 혀의 전후 위치인 전설 중설 후설을 구분하기 위하여 〔후설성 back〕이라는 자질을 하나 선택할 수 있다. 이때 전설모음은 〔-후설성〕으로, 중설과 후설은 〔+후설성〕으로 된다. 그럴 경우 중설과 후설은 같은 〔+후설성〕으로 묶이어 구분되지 않는 어려움이 있다.

〔**원순성**〕 입 모양에 의한 원순과 평순모음을 구분하기 위하여 〔원순성 round〕이라는 자질을 세우게 된다. 모든 후설모음은 원순모음이므로 〔+원순성〕이나, 전설과 중설은 평순모음이므로 〔-원순성〕이다. 이 〔원순성〕 자질을 사용함으로써 중설과 후설도 구분된다.

즉 〔후설성〕〔원순성〕이라는 두 자질만으로 '전설모음, 중설모음, 후설모음'의 세 모음의 구분이 가능하므로 노력경제적인 면에서 성공하였다고 할 수 있다.

고모음; 〔+고설성〕〔-저설성〕
중간모음; 〔-고설성〕〔-저설성〕
저모음; 〔-고설성〕〔+저설성〕

〔**고설성**〕 혀의 상하 높이를 자질화한다. 고모음과 저모음을 위하여 〔고설성 high〕을 설정하면, 고모음은 〔+고설성〕 저모음은 〔-저설성〕으로 구분이 가능하다. 그러면 중간모음은 어떻게 나타내어야 할까. 또 다른 자질의 등

장이 불가피함을 알 수 있다.

　〔저설성〕〔저설성〕자질도 함께 사용하면 중간모음도 구분 표기할 수 있다. 중간모음은 "높지도 낮지도 않는 모음"이므로 〔-고설성, -저설성〕으로 표기된다. 그렇다면, 〔+고설성, +저설성〕을 가진 모음은 어떤 것일까? 이 자연계에 "높고도 낮은 모음"은 없으므로 그러한 자질로 표기되는 모음은 없다고 보아야 한다. 왜냐하면 이 세상에 '키다리이면서〔+high〕난쟁이가 아닌 사람〔-low〕'은 있지만, '키다리이면서〔+high〕또 난쟁이인 사람〔+low〕'은 없지 않은가. 중간모음을 〔-고설성, -저설성〕으로 나타내는 것은 키가 보통인 사람을 '키다리도 아니면서 난쟁이도 아닌 사람〔-high, -low〕'으로 표현하는 것과 같다.

	ㅣ(i)	ㅔ(e)	ㅐ(ε)	ㅡ(ɨ)	ㅓ(ə)	ㅏ(a)	ㅜ(u)	ㅗ(o)
후설성	-	-	-	+	+	+	+	+
원순성	-	-	-	-	-	-	+	+
고설성	+	-	-	+	-	-	+	-
저설성	-	-	+	-	-	+	-	-

6. 음운규칙과 변동규칙이란 무엇인가

6.1 표기약조와 음운규칙

　음소들이 결합하여 음절이 되고 단어가 되고 문장이 되어 언어의 주요기능인 의미 전달이 이루어진다. 음소들이 결합될 때 음소들의 음성적 특성, 즉 자질들의 특성에 따라 앞뒤 음소들이 변하게 되는데, 그 관계를 자질과 부호와 기호를 이용하여 나타낼 수 있다. 그 약속을 **표기약조**(表記約條)라고 한다.

　1) A에서 B로 변한 것을 나타내려면, 화살표를 이용하자(예; A →B).
　2) 비음 앞이라든가 'ㄴ' 앞이라고 하는 환경 표시는 ' / '을 그은 다음에 나타내어 보자.
　3) 그리고 표시의 간결화와 변동 조건을 명료하게 보기 위하여 초점의 대상이 되는 형태소를 거듭 적는 것을 지양하고 위치 표시만 하자. 그 표시는 ___로 나타내자.

이러한 표기약조에 따라 음운의 변화를 나타낸 것을 **음운규칙**이라고 하는데, 음운규칙의 장점은 "왜(why)" 그러한 변화가 일어나는지에 대한 의문을 풀어준다는 점이다. 이것을 설명력이라고 하는데, 이 설명력은 음소보다 세분화된 자질을 이용하여 나타내면 설명력이 보다 강화됨을 알 수 있다

첫째, 모음과 모음 사이에서 무성음이 유성음화하는 규칙을 만들어 보자.

　(예) 아가 /aka/ [aga],　　바둑 /patuk/ [paduk ㄱ],　　바보 /papo/ [pabo]

1) 말로 표현할 경우; 무성자음 'ㄱ,ㄷ,ㅂ'는 모음과 모음 사이에서 유성음으로 변한다.

2) 음소로 나타낼 경우; {k,t,p} → [g,d,b] / V ___ V

3) 자질로 나타낼 경우; [-유성성] → [+유성성] / [+유성성]___[+유성성]

---

3)과 같이 자질로 나타낼 경우 무성음이 유성음으로 바뀌는 원인을 알 수 있다. 즉, [+유성성]인 모음 사이에서 [-유성성]이 [+유성성]에 동화되어 [+유성성]으로 바뀐 것이다.

둘째, 'ㄱ,ㄷ,ㅂ' 등이 비음 앞에서 비음 ㅇ,ㄴ,ㅁ로 비음화하는 규칙을 만들어 보자.

　(예) 국민 [궁민],　　닫는다 [단는다],　　밥물 [밤물]

1) 말로 표현할 경우; 파열음 'ㄱ,ㄷ,ㅂ'은 비음 앞에서 같은 조음위치의 비음으로 변한다.

2) 음소로 나타낼 경우; {k,t,p} → [ŋ,n,m] / ___ N　　(N; 비음 nasal 표시임)

3) 자질로 나타낼 경우; [-비음성] → [+비음성] / ___[+비음성]

---

3)의 경우 [+비음성] 앞에 오는 [-비음성]은 후행 자질 [+비음성]에 동화되어 [+비음성]으로 동화되는 이유가 잘 나타나게 된다. 이처럼 음성이라는 덩어리를 해체하여 '자질'들로 보다 세분화함으로써 음운현상의 변화 원인에 보다 높은 설명력을 제공할 수 있다는 점에서 자질화의 필요성을 발견할 수 있을 것이다.

6.2 형태음소와 변동규칙

우리가 귀로 듣는 최소단위는 음절이지만, 그것이 곧 의미를 가지지는 않는다. 하나의 음절 [사] 혹은 [랑]만으로는 어떤 의미도 전달받을 수 없다. 그러나 [사랑]이라는 2음절어는

{love}라는 의미도 전달한다. 여기서 최소의 의미단위는 {사랑}임을 알 수 있으며, 이 최소의 의미단위를 **형태소**(morpheme)라고 한다.

음소가 환경에 따라 여러 이음으로 실현되듯이 형태소 역시 음성적 환경에 따라 여러 변이형태로 실현된다. {eat}라는 의미의 {먹-}은 뒤에 오는 어미의 음성적 조건에 따라 〔먹고〕, 〔멍는〕 등으로 그 모습이 바뀐다. 이 때, '먹-/멍-'을 기본형 {먹-}의 이형태라고 한다.

그리고 이러한 음성적 변이형태 중 음성적으로 서로 비슷한 형태들 사이의, 같은 자리의 음소가 서로 교체하는 모습을 음소의 '변동'이라고 하고, 그 서로 바뀐 음소들의 무리를 **형태음소**(morphophoneme)라고 한다.

국어에서 형태소 {먹-}은 뒤에 오는 음소에 따라 /먹~멍/으로 변동하므로 /ㄱ, ㅇ/은 한 형태음소이다. {흙} 역시 뒤따르는 음성적 조건에 따라 〔흑도〕, 〔흥만〕, 〔흘기〕 등으로 교체하므로 /ㄱ, ㅇ, ㄺ / 역시 한 형태음소이다.

{먹-}의 형태음소가 나타나는 음성적 조건은 비음 앞에서는 /ㅇ/이 오고, 나머지 음의 앞에서는 /ㄱ/으로 실현된다. {흙}의 경우는 뒤에 종속적 모음이 올 때만 'ㄺ'이 모두 실현되고, 자음 앞에서는 겹받침 중 하나만 발음된다. 표준어에서는 'ㄹ'이 생략되고 'ㄱ'이 살아남는다. 비음이 오면 'ㄱ'은 'ㅇ'으로 바뀌고, 비음 이외의 자음이 오면 'ㄱ'으로 실현된다.

이것을 규칙화한 것을 **변동규칙**이라고 한다.

{먹-}의 형태음소 /ㅇ,ㄱ/ 출현
  (가) 먹- → 멍- / ___ 비음 앞   (예; 먹-는, 먹-물)
  (나) 먹- → 먹- / ___ 그 밖의 경우   (예; 먹-고, 먹-어)
{흙}의 형태음소 /ㄺ,ㅇ,ㄱ/ 출현
  (가) 흙 → 흙 / ___ 종속적 모음 앞   (예; 흙-이, 흙-을)
  (나) 흙 → 흥 / ___ 비음 앞   (예; 흙-만)
  (다) 흙 → 흑 / ___ 그 밖의 자음 앞 (예; 흙-도, 흙-보다)

7. 소리는 왜 변할까

소리가 변하는 원인 중 가장 중요한 것은 '노력경제'와 '표현효과' 두 가지이다. 다시 말하면, 소리는 조음시 힘이 덜 드는 방향으로 바뀌거나 아니면 표현효과를 얻을 수 있는 방향으로 변한다는 것이다.

첫째, 노력경제에 의한 변화들

> 1) 가까운 조음위치나 비슷한 조음방법의 소리가 연속된 경우엔 그렇지 않은 경우에 비해 발음할 때 힘이 덜 들게 된다. 상이한 두 소리들이 비슷한 위치나 방법으로 닮는 것을 동화(assimilation)라고 한다. 대부분의 소리 변화는 동화에 의하여 일어난다.

◆ 유성음화는 유성음들 사이에 있는 무성음이 유성음에 닮아 유성음화하는 것으로 이는 동일 조음방법을 통하여 노력을 절감하는 방법이다. (예 : 아가, 수다, 바보, 아주)

◆ 구개음화는 'ㅣ' 앞에 오는 비구개음 'ㄷ,ㅌ'(치조음)이 구개음 'ㅣ'에 이끌리어 구개음 'ㅈ,ㅊ'으로 바뀌는 현상이다. 같은 조음위치에서 발음되므로 혀를 움직여야 하는 노력이 감해진다. (예 : 굳이〔구지〕, 같이〔가치〕)

◆ 모음동화는 주로 'ㅣ' 모음과 이웃한 다른 모음이 'ㅣ' 모음의 특성(전설고모음)에 동화되는 방향으로 일어난다. 'ㅣ'모음 앞의 모음이 전설로 변하는 이 현상을 소위 'ㅣ'모음역행동화(움라우트)라 부른다. (예 : 아비>애비, 어미>에미, 고기>괴기)

◆ 또한 국어에서는 양모음계열(ㅏ,ㅗ)과 음모음계열(ㅓ,ㅜ)의 조화를 보인다. 앞 어소의 모음과 동일 계열의 모음이 뒤에 오는 이 현상을 모음조화라고 한다. (예 : 남아/넘어, 앉아/얹어, 고와/구워, 보아/부어, 깔깔/껄걸, 졸졸/줄줄, 바삭바삭/버석버석)

이러한 동화현상들은 이렇게 발음하는 것이 힘이 덜 드는, 즉 노력경제에 부합하기 때문에 일어난다고 볼 수 있다.

> 2) 음운의 탈락과 축약도 노력경제의 일환으로 볼 수 있다. 왜냐하면 탈락이나 축약의 결과 음운의 수가 줄어드는데, 수가 준다는 것은 그만큼 발음의 노력이 줄기 때문이다. 탈락이란 해당 음운이 완전히 사라지는 것을 말하나, 축약은 두 음운이 하나로 수는 줄어들지만 하나가 완전히 사라지는 것이 아니라 그 특성은 살아 남아 합류한다는 차이점이 있다.

◆ 자음이 축약되는 예로 기음화 현상을 들 수 있다.

　　낙하〉나카 (ㄱ+ㅎ〉ㅋ) ,　　좋고〉조코 (ㅎ+ㄱ〉ㅋ)

◆ 모음과 모음이 이어날 경우(히아투스), 모음이 축약되는 예들도 빈번하게 일어난다.

　　아이〉애, 오이〉외, 보아〉봐, 모이어〉모여

둘째, 표현효과에 의한 변화들

인간이 두 얼굴의 야누스이듯이 음운변화에도 동화와 상반된 심리작용이 작용하고 있다. 비록 힘은 더 들지언정 표현상 강하거나 두드러진 효과를 나타낼 수 있다면, 그 쪽으로 음운을 변화시키는 현상이 그것이다.

> 1) 비슷한 특성을 가진 음소의 연결로 청각 효과가 약하다고 인지될 경우, 오히려 공통성이 적은 다른 음소로 바뀔 수 있다. 이처럼 발음상 힘이 더 들더라도 청각 효과를 높이는 방향으로 변하는 이러한 현상을 이화(dissimilation)라고 한다.

◆ 복합어 형성시의 경음화 현상 ;

안방〔안빵〕 '안방'의 자연스러운 발음은 〔안방〕으로 유성음 사이의 〔방〕의 'ㅂ'이 유성음화 되어야 한다. 그럴 경우 '방'의 의미가 약화되므로 오히려 경음화시켜 청각 효과를 강화시킨 것이다. 복합어 형성시 경음화하는 손등〔손뜽〕, 방바닥〔방빠닥〕, 길거리〔길꺼리〕 등의 예들도 동일하게 이해된다.

◆ 표준발음이 평음인 것을 경음으로 발음하는 젊은이들의 경향도 마찬가지이다.

　　(예; 문법〔문뻡〕, 효과〔효꽈〕, 세련되었어〔쎄련되었어〕, 사랑해〔싸랑해〕)

◆ 자음바뀜 ; 붑〉북(鼓). 중세국어의 '붑'은 'ㅂ,ㅜ,ㅂ' 모두 〔순음성〕 음소로 노력경제라는 관점에서 만족스러운 음소 결합이나, 역사적으로 어말음이 'ㄱ'으로 바뀌었다. 그 원인은 청각 효과를 강화하기 위한 것으로 설명할 수밖에 없다. 또한 그때의 대치음소가 순음과 가장 거리가 먼 연구개음 'ㄱ'이 선택된 사실도 흥미롭다.

　　그 외 '존자리〉잠자리'의 변화도 중세국어에서 모두 설단음이었던 'ㅈ,ㄴ,ㄹ'의 연속을 막기 위해 'ㄴ' 대신 순음 'ㅁ'으로 대치되었다고 볼 수 있다.

◆ 모음바뀜 ; 소곰〉소금(鹽) 중세국어의 '소곰'이 '소금'으로 바뀐 것은 두 음절 'ㅗ' 모음 즉 양모음의 연속을 피하기 위함이었다고 해석된다. 이 역시 청각효과를 위한 이화현상이다. 모음조화의 파괴는 'ㆍ' 탈락이 가장 큰 원인이었겠으나, 이 이화의 심리도 한 몫을 하였을 것이다.

> 2) 단어나 음절들 사이에 어떤 음이 첨가되는 현상이 있다.

◆ '하어〉하여, 개에〉개예' 들에서 첨가되는 과도음 /j/는 그 자음적 특성 때문에 모음과 모음이 연속하여 발음되는 모음충돌(히아투스)을 막는 역할을 한다. /j/로 인하여 CVV연쇄는 CVCV로 재구조화되어 안정된 음절형으로 바뀐다. 음절이 늘어나 발음 노력은 더 하더라도 VV연쇄를 방치하여 하나의 모음이 사라지는 것을 막기 위하여 /j/ 첨가가 일어난 것이므로 이는 표현효과에 의한 것으로 볼 수 있다.

◆ 그 밖에 선행 체언의 받침 유무에 따라 '-로' 혹은 '-으로'가 온다(예; 소로 : 솜으로, 차로 : 박으로). 만약, 이 때 '으'가 첨가되지 않았다면, '솜-로'는 〔솜노〕로, '박-로'는 〔방노〕로 발음되어 조사 '-로'의 형태가 무너지게 되었을 것이다. 이것을 막기 위하여 '으'가 첨가되었으니, 음절이 늘어나 발음상 힘은 들더라도 형태소 보존을 위한 것이므로 청각효과를 위함이라 할 수 있다. '먹-으니, 잡-으니, 찾-으니' 등 어미들의 '-으-' 삽입도 동일하게 설명된다.

1. 다음 단어에 대하여 음소 표기(/ /) 및 음성 표기(〔 〕)를 하시오. 또 그 변화된 모습을 음운 규칙으로 나타내어 보시오.
   'ㄱ' 기도, 아기, 고기   'ㄷ' 다리, 시도, 다독
   'ㅂ' 바가지, 가방, 바보   'ㅈ' 자본, 가지, 지진

2. 국어 'ㄹ'에 대한 다음 발음 분포를 보고 주어진 문제를 풀어보시오.
   (1) 'l'과 'r'은 음소인가? 이음인가?
   (2) 이음이라면 그 상보적 분포관계는?
   (3) 영어에서는 'l'과 'r'이 각각 음소이지만, 국어에서는 왜 'l'과 'r'이 음소로 설정되지 못하는가
       를 설명하시오.
       (예) 달〔tal〕, 들〔t十l〕, 나라〔nara〕, 소리〔sori〕,   실력〔sillyuk ̄〕, 달력〔tallyuk ̄〕

3. 겹받침의 표준발음을 지배하고 있는 비밀을 찾아 보시오(조음위치에 주목할 것).
       닭 〔닥〕   삶 〔삼〕   읽다 〔익다〕   넓다 〔넙다〕

4. 다음 자질로 표시되는 음성을 아래에서 찾으시오.((3),(4),(5),(6)은 '한걸음 더' 참조)
   (1) 〔+자음성, -공명성, -음절성〕
   (2) 〔-자음성, +공명성, +음절성〕
   (3) 〔-지속성, +개방지연성, -조음성, +비음성, -설측성, -장애성 〕
   (4) 〔+지속성, +개방지연성, +조음성, -비음성, 설측성, +장애성 〕
   (5) 〔+전방성, -설첨성〕
   (6) 〔-전방성, -설첨성〕
       《아래》 /ㅁ,ㅂ/, /ㅅ/, /ㅏ,ㅓ,ㅗ,ㅜ/, /ㅁ,ㄴ,ㅇ/, /ㄱ,ㅇ/, /ㄱ,ㄷ,ㅂ,ㅅ,ㅈ/
   (7) 〔-후설성, -원순성, +고설성, -저설성〕
   (8) 〔+후설성, +원순성, +고설성, -저설성〕
   (9) 〔+후설성, -원순성, -고설성, +저설성〕
       《아래》 /ㅜ/,   / l /,   /ㅏ/

5. 다음 음운현상을 음운규칙화하시오.
   (1) 신라〉실라, 전라〉절라, 만리〉말리, 칼날〉칼랄,   찰나〉찰라,   달나라〉달라라
   (2) 국민〉궁민, 먹는다〉멍는다, 반네〉반네, 맏며느리〉만며느리, 법망〉범망, 밥물〉밤물
   (3) 낫〉낟, 낮〉낟, 낯〉낟,   낫과〉낟과, 낮과〉낟과, 낯과〉낟과

6. 다음에 일어나는 음운현상을 말해 보시오.

   (1) 피어>피여, 내어>내여, 기어>기여

   (2) 가아>가: , 서어>서:

   * 모음이 연속되는 히아투스 상황에서는 그것을 회피하려는 작용이 두 가지 방향에서 일어난다. 두 모음 중 하나를 없애거나, 아니면 자음을 삽입하는 방법이다. 이 때 모음 하나가 없어질 경우, 모음은 사라지되 그 흔적을 남기게 되는데 그것을 '보상적 장음화'라고 한다.

   (3) 량심>양심, 녀자>여자

   (4) 가하다>가타, 당하지>당치, 성공하도록>성공토록

한걸음 더 !

1. 여러 이음들 중에서 기저형을 선택할 때 일반적으로 고려해야 할 사항은 다음과 같다.

   첫째, 어떤 음을 기저형으로 했을 때 다른 이음들은 이 기저형에서 자연스럽게 규칙화할 수 있는 예언력(predictability)이 있어야 한다. 둘째, 어떤 음을 기저형으로 했을 때 규칙의 음소나 자질수가 보다 적어지는 경제성(economy)이 있어야 한다. 셋째, 설정된 기저형은 그 언어 전체의 체제에 부응하는 동형성(pattern congruity)에 부합해야 한다. 넷째, 그 기저형을 설정함으로써 도출되는 규칙은 인간언어에서 자연스러운 수긍가능성(plausibility)이 있어야 한다. 다섯째, 그 기저형으로 인한 규칙이 다른 이음을 기저형으로 잡았을 때보다 보다 간결해지는 간결성(simplicity)이 있어야 한다. 국어 'ㄱ'의 이음들 중에서 /k/를 기저형으로 설정하는 근거는 그것이 이들 조건들을 만족시키기 때문이다.

   촘스키와 할레의 표준이론(TGP)이 제안한 이러한 기저형 설정의 추상성 문제는 많은 논란을 가져왔으며, 이후 베네만과 후퍼는 기저형의 추상성을 배제하고자 한 자연생성음운론(NGP)을 제안하기에 이른다. 이에 대한 자세한 내용은 오정란(1997)을 참조할 것.

2. 음절은 공명도가 큰 모음을 핵으로 하고, 주변에 보다 공명도가 작은 자음이 오는 구조로 이루어진다. 음절 경계에 대해서는 소쉬르(F. de Saussure)의 외파와 내파 개념이 유효하다. 외파는 보다 공명도가 큰 음성이 뒤에 오는 경우로, 소리는 점점 커지게 된다. 표시는 '〈'로 한다. 내파는 보다 적은 공명도 음이 뒤에 오는 경우에 일어나며, 소리는 점점 작아지게 된다. 표시는 '〉'로 한다.

   음절 경계는 〉〈의 사이 즉 골짜기에서 이루어지며, 한 음절은 '〈〉'의 구성을 가지게 된다. 국어의 경우 음절핵은 모음만이 될 수 있으나, 영어의 경우는 음절핵이 되는 bottle과 jungle의 자음 'l'을 '성절적 자음'이라고 한다. 앞 뒤 소리의 공명도를 상대적으로 비교하여 음절경계 및 음절수를 파악하는 방법은 다음과 같다(단, 단어의 마지막은 내파이다.)

'공명도' k o ŋ m jə ŋ d o   우유(밀크) m i l k
          〈 〉〉〈 〉〉〈 〉   〈 〉〉〉

3. 본문에서 제시한 〔유성성〕〔모음성〕〔자음성〕〔성절성〕〔공명성〕〔장애성〕의 자질들은 자음과 모음에 공통된 공용 자질로써, 자음과 모음을 보다 구체적으로 세분화할 때는 역부족임을 알 수 있다.

예를 들어 /k/을 구성하는 음성자질을 이들 자질들로 표기하면 〔-유성성, -모음성, +자음성, -성절성, -공명성, +장애성〕이 되는데, 이러한 자질로 구성된 음성은 그 밖에 /t/ /p/ /c/도 있다. 국어의 모든 비음(ㅁ,ㄴ.ㅇ)과 'ㄹ'은 〔+유성성, -모음성, +자음성, -성절성, +공명성, -장애성〕이다. 또한 〔+유성성, +모음성, +성절성, -자음성, +공명성, -장애성〕이라는 음성자질의 총합은 '모든 모음'에 공통되는 자질 조합이다.

따라서 각 음성 표시를 위한 보다 세분화된 자질 분석이 필요한데, 모음에 대한 자질은 본문에서 밝혔으므로 자음에 대한 자질을 살펴보기로 한다.

자음의 자질은 다시 조음방식자질과 조음점자질로 세분화된다.

조음방식자질에 대한 이해를 쉽게 하기 위해서는 파열음의 조음과정에 대한 이해가 전제되어야 한다. 허파에서의 날숨 기류는 'ㄱ,ㄷ,ㅂ' 등의 파열음 조음시에는 일단 막히는 과정 즉 '폐쇄' 과정을 겪게 된다. 이 폐쇄는 뒤에 모음이 올 때 열리게 되는데 이를 '파열' 즉 '개방'이라고 한다. 즉 파열음은 폐쇄와 개방의 과정으로 이루어지는 음성이므로, 보다 정확한 이름은 '폐쇄파열음'이라 함이 좋을 것이다. 또한 파열음의 개방 여부에 따라 개방이 일어나는 경우(모음이 뒤에 올 경우)를 외파음이라 하며, 개방없이 폐쇄 그 자체 그대로 끝나는 경우(받침의 경우)를 내파음 혹은 불파음이라고 한다.

다음은 자음의 조음방식 자질이다.

1) 개방지연성(delayed release) : 이는 개방방식의 자질인데, 소리가 순간적으로 개방되면 〔-개방지연성〕(폐쇄파열음), 천천히 지연된 상태에서 개방되면 〔+개방지연성〕(파찰음 'ㅈ', 마찰음 'ㅅ')이다.

2) 지속성(continuant) : 구강으로 공기가 막힘없이 계속 흐르는(지속되는) 상태에서 나는 소리는 〔+지속성〕(국어 마찰음 'ㅅ'), 구강내 공기가 일단 막혔다가 나는 폐쇄파열음과 비음 등은 〔-지속성〕이다.

3) 조음성(strident) : 발성시 시끄러운 잡음이 느껴지는 소리는 〔+조음성〕(마찰음 'ㅅ', 파찰음 'ㅈ')이다.

4) 비음성(nasal) : 구강은 폐쇄되고 비강으로만 공기가 흐르며 나는 소리로, 비음을 위한 자질이다. 'ㅁ,ㄴ,ㅇ' 등이 〔+비음성〕이다.

5) 설측성(lateral) : 혀의 양쪽으로 공기가 흐르며 나는 소리로 'ㄹ'이 〔+설측성〕이다.

	비음	파열음	폐찰음	마찰음	유음
지속성	-	-	-	+	-
개방지연성	′ +	-	+	+	+
조음성	-	-	+	+	-
비음성	+	-	-	-	-
설측성	-	-	-	-	+
장애성	-	+	+	+	-
	ㅁ, ㄴ, ㅇ	ㄱ, ㄷ, ㅂ	ㅈ	ㅅ	ㄹ

또한 구강 내 조음점에 대한 자질로 전방성 및 설첨성 자질이 있다.

1) 전방성(anterior) : 치조(잇몸)나 그 앞쪽에서 나는 소리를 〔＋전방성〕(입술;ㅂ,ㅁ 잇몸;ㄷ, ㅅ,ㄴ,ㄹ)이라 하며, 나머지 경구개 뒤쪽에서 나는 소리를 〔-전방성〕(경구개;ㅈ 연구개;ㄱ, ㅇ,ㅎ)이라 한다.

2) 설첨성(coronal) : 혀끝을 올려서 내는 소리를 〔＋설첨성〕(ㄷ,ㅅ,ㄴ,ㄹ,ㅈ), 그렇지 않은 나머지 소리를 〔-설첨성〕(ㅁ,ㅂ,ㄱ,ㅇ,ㅎ)이라 한다.

	양순음	치경음	구개음	연구개음
전방성	+	+	-	-
설첨성	-	+	+	-
	ㅁ, ㅂ	ㄴ, ㄹ, ㄷ, ㅅ	ㅈ	ㄱ, ㅇ

음성학에 대한 기초 지식은 다니엘 존스(1918)에서 도움을 받을 수 있으며, 본문의 내용은 야콥슨(1933),촘스키와 할레의 SPE(1968)에 자세히 나타나 있다.

4. 음운의 동화현상은 분류 기준에 따라 다음과 같이 구분된다.
   1) 동화되는 음소에 따라 ; 자음동화(비음화, 측음화, 구개음화), 모음동화('ㅣ'모음동화, 모음조화)
   2) 동화위치에 따라 ; 직접동화(국내>궁내, 감로>감노), 간접동화(아비>애비, 잡혀>잽혀)
   3) 동화정도에 따라 ; 완전동화(반네>반네, 칼날>칼랄), 부분동화(궁내>궁내, 감로>감노)
   4) 동화방향에 따라 ; 순행동화(감로>감노), 역행동화(국내>궁내), 상호동화(백리>뱅니)
   5) 동화범위에 따라 ; 확정동화(비음화,측음화,구개음화), 우발동화('ㅣ'모음동화)
   6) 동화시대에 따라 ; 사적동화(고티>고치, 디며>지며), 횡적동화(사적동화 이외의 동화)

음운 변화는 이러한 여러 기준에 의하여 다방면적으로 고찰되어야 한다. 예를 들어, '국민>궁민'의 경우는 '자음, 직접, 부분, 역행, 확정, 횡적 동화'에 의하여 이루어진 것이다. '아비>애비'의 경우는 '모음, 간접, 부분, 역행, 우발, 횡적 동화'로 분석된다.

THE INTERNATIONAL PHONETIC ALPHABET (revised to 1989)

CONSONANTS

	Bilabial	Labiodental	Dental	Alveolar	Postalveolar	Retroflex	Palatal	Velar	Uvular	Pharyngeal	Glottal
Plosive	p b			t d		ʈ ɖ	c ɟ	k g	q ɢ		ʔ
Nasal	m	ɱ		n		ɳ	ɲ	ŋ	ɴ		
Trill	ʙ			r					ʀ		
Tap or Flap				ɾ		ɽ					
Fricative	ɸ β	f v	θ ð	s z	ʃ ʒ	ʂ ʐ	ç ʝ	x ɣ	χ ʁ	ħ ʕ	h ɦ
Lateral fricative				ɬ ɮ							
Approximant		ʋ		ɹ		ɻ	j	ɰ			
Lateral approximant				l		ɭ	ʎ	ʟ			
Ejective stop	p'			t'		ʈ'	c'	k'	q'		
Implosive	ɓ ɓ			ɗ ɗ		ᶑ ʄ	ɠ ʛ	ɠ ʛ	ɠ ʛ		

Where symbols appear in pairs, the one to the right represents a voiced consonant. Shaded areas denote articulations judged impossible.

VOWELS

Front — Central — Back
Close: i y — ɨ ʉ — ɯ u
(I Y) (ʊ)
Close-mid: e ø — ə ɵ — ɤ o
Open-mid: ɛ œ — ɜ ɞ — ʌ ɔ
(æ) (ɐ)
Open: a ɶ — ɑ ɒ

Where symbols appear in pairs, the one to the right represents a rounded vowel.

OTHER SYMBOLS

- ʍ Voiceless labial-velar fricative
- w Voiced labial-velar approximant
- ɥ Voiced labial-palatal approximant
- ʜ Voiceless epiglottal fricative
- ʡ Voiced epiglottal plosive
- ʢ Voiced epiglottal fricative
- ɕ Simultaneous ʃ and x
- ɞ Additional mid central vowel
- ʘ Bilabial click
- | Dental click
- ! (Post)alveolar click
- ǂ Palatoalveolar click
- ‖ Alveolar lateral click
- ɺ Alveolar lateral flap
- ɕ ʑ Alveolo-palatal fricatives

Affricates and double articulations can be represented by two symbols joined by a tie bar if necessary. k͡p t͡s

DIACRITICS

˳	Voiceless	n̥ d̥	More rounded	ɔ̹	w	Labialized	tʷ dʷ	̃	Nasalized	ẽ
ˬ	Voiced	s̬ t̬	Less rounded	ɔ̜	j	Palatalized	tʲ dʲ	ⁿ	Nasal release	dⁿ
h	Aspirated	tʰ dʰ	Advanced	u̟	ɣ	Velarized	tˠ dˠ	ˡ	Lateral release	dˡ
̈	Breathy voiced	b̤ a̤	Retracted	i̠	ˤ	Pharyngealized	tˤ dˤ	˺	No audible release	d̚
̰	Creaky voiced	b̰ a̰	Centralized	ë	̴	Velarized or pharyngealized	ɫ			
̼	Linguolabial	t̼ d̼	Mid centralized	ẽ	Raised	e̝ ɹ̝ (ɹ̝ = voiced alveolar fricative)		
̪	Dental	t̪ d̪	Advanced Tongue Root	e̘	Lowered	e̞ β̞ (β̞ = voiced bilabial approximant)		
̺	Apical	t̺ d̺	Retracted Tongue Root	e̙			
̻	Laminal	t̻ d̻	Rhoticity	ɚ	̩	Syllabic	ɹ̩	̯	Non-syllabic	e̯

SUPRASEGMENTALS

- ˈ Primary stress
- ˌ Secondary stress ˌfoʊnəˈtɪʃən
- ː Long eː
- ˑ Half-long eˑ
- ̆ Extra-short ĕ
- . Syllable break ɹi.ækt
- | Minor (foot) group
- ‖ Major (intonation) group
- ‿ Linking (absence of a break)
- ↗ Global rise
- ↘ Global fall

LEVEL TONES

- ̋ Extra-high
- ́ High
- ̄ Mid
- ̀ Low
- ̏ Extra-low
- ↓ Downstep
- ↑ Upstep

CONTOUR TONES

- ̌ rise
- ̂ fall
- high rise
- low rise
- rise fall
- etc.

FIGURE 1.

국제 음성 기호

5.

단어로 이루어진 세상

    우리 인간은 수많은 집단과 조직에 속해 있으면서, 그 속에서 그물과 같이 수많은 연결망으로 서로 관계를 맺으면서 사회적 활동을 하고 있다. 이러한 공동체와 인간관계 속에서 서로 주고받는 내용이 바로 '정보'이다. 우리가 오늘날 '정보의 홍수' 속에 살고 있다고 하는 말은, 우리가 많은 공동체 속에서 다양한 인간관계를 형성하며, 그 관계를 통해 필요한 수많은 정보를 서로 교환하고 있다는 뜻일 것이다. 정보를 이루고 있는 것이 다름 아닌 언어이며, 언어를 이루고 있는 근간이 바로 단어이다. 그러므로 우리는 단어 속에 단어와 함께 숨쉬고 살아가고 있다고 해도 과언이 아니다. 이 장에서는 우리와 함께 살아가는 단어의 여러 모습을 살펴본다. 무엇을 단어라고 하는지, 단어는 어떻게 만들어지며, 단어를 이루고 있는 요소는 무엇인지 등에 대해 알아본다.

1. 단어란 무엇인가

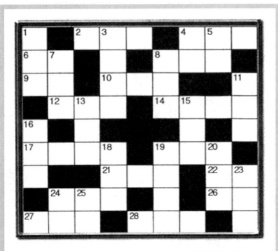

가로 열쇠

(2)미꾸라지를 넣고 끓인 국 (4)터무니없는 요금이나 물건값을 이르는 속어. ~를 씌우다 (6)손도장 (8)잎나무, 마른 나뭇가지, 검불 등을 모아 피우는 불 (9)좋은 일이 있을 징조. ~이 비치다 (10)아기를 재우기 위하여 부르는 노래 (12)음식을 먹고 난 뒤의 그릇을 씻어서 치우는 일 (14)2년마다 열리는 국제적인 미술 전람회. 광주 ~ (17)무슨 운동이든지 다 잘 하는 사람 (19)어린아이의 이불 (21)생활 용품 등을 공동으로 구입하여 조합원에게 싸게 파는 곳 (22)땅이 흔들리는 현상 (24)아기가 난 날로부터 스무하루째 되는 날 (26)도로나 전화 시설을 처음으로 이용함 (27)왕골 등으로 만들어 바닥에 깔고 앉는 것 (28)자동차를 세워두는 곳.

세로 열쇠

(1)관공서에서 어떤 일을 알리는 서류. 납세 ~ (3)제기차기에서 제기를 두 발로 번갈아 가면서 차는 일 □지□□ (4)맨 아래의 평평한 면 (5)기일 전에 미리 지불하는 보수 (7)쓸데없이 장황하게 늘어놓는 말 (8)막벌이꾼·광대·사당패 같은 낮은 패의 우두머리 (11)우물물을 긷는 데 쓰는 그릇 (13)임진왜란 때 혁혁한 공을 세운 세계 최초의 철갑선 (15)컴퓨터와 인터넷에 친하고 능숙한 세대 (16)백두산에서 발원하여 동해로 들어가는 강 (18)쇠가죽 안에서 벗겨낸 질긴 고기 (19)이동식 간이 주점 (20)피곤할 때 몸을 쭉 펴며 팔다리를 뻗는 짓 (23)아픔을 멎게 하는 약제 (24)왕위를 이을 왕자 (25)물고기 수컷의 뱃속에 들어 있는 흰 정액 덩어리.

단어(word)는 형태소들이 결합하여 만들어진 것이다. 그러나 단어가 무엇인가에 대해 정확한 답을 찾기란 쉬운 일이 아니다. 많은 문법가들이 다양한 단어의 정의 내렸지만, 만족할 만한 것은 없다. 그러나 우리는 단어가 무엇인지에 대해 유명한 문법가들보다 더 잘 알고 있는지도 모른다. 우리는 일상생활에서 '낱말'이라는 말을 많이 사용한다. '낱말맞추기, 낱말찾기, 낱말풀이' 등등을 생각해보라. 은연중에 우리는 이러한 말을 하면서 어떤 것이 낱말이고 어떤 것이 낱말이 아닌지를 직관적으로 알고 있다. 그렇다면 우리는 단어가 무엇인지도 알고 있는 것이 된다. 단어는 낱말의 다른 이름이기 때문이다. 예를 들어 '밥, 사랑'은 낱말(=단어)이고, '볶음밥, 짝사랑'도 낱말이다. 그러나 '식은 밥, 몰래한 사랑'과 같은 것은 낱말이 아니며, '바, 랑' 등도 낱말이 아니라는 것을 잘 알고 있다. 그렇다면 여기서 판단기준이 되는 것은 무엇인가?

1차적인 기준은 일반적으로 자립성을 들고 있다. 즉, '밥, 사랑, 볶음밥, 짝사랑' 등은 문장에서 자립하여 홀로 쓸 수 있어 단어(=낱말)가 되지만, '바, 랑' 등은 문장에서 홀로 자립하여 쓰이지 못하므로 단어가 아니다. 그렇다면 '식은 밥, 몰래한 사랑'은 왜 단어가 아닌가? 이때 고려해야 하는 기준은 최소성이라는 개념이다. 즉 단어는 최소 자립성을 가지는 단위이어야 한다는 것이다.

'짝사랑'의 경우 '짝'과 '사랑'이 한데 어울려야만 그 고유한 의미가 나오지만, '식은 밥'의 경우는 '식은'과 '밥'으로 나누어도 원래 의미가 그대로 살아 있게 된다.

♡ 역대 문법가들의 단어의 정의

　전통문법에서의 단어는 대부분 품사론에서 다루어졌으므로 품사의 설정여부로 그 당시의 단어개념을 가늠할 수 있다. 김민수(1954)에 의하면 단어의 구분은 3종류로 나뉜다.

　　(1) 가.　제1유형(분석체계)

　　　　　그/꽃/이/ 활짝/ 피/었다(6단어)

　　　나.　제2유형(절충체계)

　　　　　그/꽃/이/ 활짝/ 피었다(5단어)

　　　다.　제3유형(종합체계)

　　　　　그/꽃이/ 활짝/ 피었다(4단어)

　(1가)는 소위 조사와 어미까지도 하나의 단어로 보는 견해이며(주시경(1910), 김윤경(1948)), (1나)는 어미는 단어로 보지 않고 조사만 단어로 보는 견해(최현배(1937),이희승(1949)), (1다)는 조사와 어미를 단어로 보지 않는 견해(정렬모(1946), 장하일(1947))이다.

---

2. 품사란 무엇인가

　품사하면 우리는 '명사, 동사, 형용사' 등을 쉽게 떠올린다. 바로 이들이 품사이다. 그러나 품사란 무엇인가 물어보면 쉽게 대답하기가 어렵다. 일반적으로 품사는 단어를 문법적인 성질의 공통성에 따라 몇 갈래로 묶어 놓은 것이다. 이것은 우리가 좋아하는 과일을 떠올려 보면 쉽게 이해할 수 있다. 과일에는 종류가 참 많다. '과일'하면 떠오르는 것을 말해보라. 사과, 배, 수박, 참외, 딸기 등 맛있고 싱싱한 과일이 쉽게 떠오른다. 여기서 단어는 바로 과일이라고 할 수 있다. 그리고 각각의 과일이름은 품사라고 생각하면 된다.

　여기서 여러분이 좋아하는 과일의 특색을 말해보자. 아마 색깔, 모양, 맛 등이 그 특색이 될 것이다. 사과는 빨갛고 새콤한 맛이 나며, 배는 누렇고 시원하고 삭삭한 맛이 난다. 또 수박은 초

록색에 줄무늬가 있으며, 속이 빨갛고 가만 씨가 있고... 이러한 특색 때문에 각각의 과일 이름이 다르게 붙여졌을 것이다. 품사도 바로 그렇다. 단어 가운데 각각의 특색을 고려하여 그 종류를 구분해 본 것이 바로 품사다.

♡ 학교문법의 품사분류표

체언-명사/대명사/수사
관계언-조사
용언-동사/형용사
수식언-관형사/부사
독립언-감탄사

그렇다면 품사는 무엇으로 종류를 나눌 수 있을까? 우리는 단어의 형식과 기능이라고 말할 수 있다. 형식이란 어떤 단어가 사물의 이름을 나타내느냐, 아니면 움직임을 나타내느냐 하는 것이다. '밥'은 사물의 이름을 나타내므로 '명사'이고 '가다'는 움직임을 나타내므로 '동사'이다. 기능이란 단어가 문장에서 다른 단어와 맺는 관계를 말한다.

(1) 가. 꽃이 아름답다   나. 강아지가 예쁘다.

위의 예에서 '꽃'과 '강아지'는 문장의 주어로 쓰이므로 기능이 같고, '아름답다'와 '예쁘다'는 모두 서술어로 쓰인다. 따라서 형식과 기능이 서로 공통되면 같은 품사로 묶여질 수 있다.

3. 형태와 형태소는 어떻게 다른가

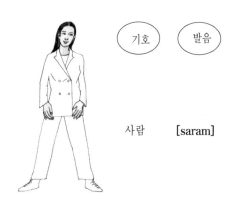

기호　발음

사람　[saram]

'사람'하면 우리 머리 속에 떠오르는 이미지가 있지만, '사'와 '람'으로 떼어서 말하면 '사람〔人〕'의 의미가 없어질 뿐 아니라, 아무런 의미도 갖지 못한다 이처럼 더 이상 분석하면 의미를 잃어버리는 말의 단위를 **형태소**(形態素 morpheme)라고 한다. 따라서 '사람'은 하나의 형태소가 된다. 이 '사람'이라는 형태소는 /사람/이라는 말소리와 '人'이라는 의미로 이루어져 있다. 여기에서 내용을 나타내는 '人'이 바로 '사람'이라는 형태소의 의미가 되고, /사람/이라는 말소리는 형태소 '사람'의 구체적인 형태 (morph)가 된다. 즉, 형태는 소리이미지인 셈이다. 따라서 형태란 어떤 형태소를 나타내는 소리의 묶음이며, 형태소는 이러한 형태들이 모인 집합으로, 형태보다도 조금더 추상적인 형태론적 단위를 말한다.

♡ 형태소의 기원과 주시경의 늣씨

형태소라는 용어는 1880년 폴란드의 언어학자 커트네이(Courtenay)가 맨먼저 사용하였다. 그는 형태소를 위와 같은 개념뿐만 아니라 최소기호의 뜻으로도 사용하였다. 오늘날까지도 이 애매성은 유지되고 있다. 그러다가 그것이 언어 단위로 도입된 것은 블룸필드(Bloomfield 1933)에서 비롯되었다. 그것은 낱말보다 더 작은 기본 단위를 모색하는 과정에서 확립된 것으로서 현대 구조언어학의 중요한 기본 개념이다.

한편, 주시경(1914)의 「말의 소리」에서는 오늘날의 형태소의 개념과 유사한 '늣씨'라는 말을 쓴 바 있어 주목된다. '늣씨'는 낱말보다 더 작은 단위 구성소의 필요성에서 생겨난 것이라 보이는데 이는 현대 구조주의 언어학에서 형태소라는 단위를 도입한 것과 같은 발상이다. 다시 말하면 주시경은 저들보다 20년이다 먼저 언어의 구조적 단위를 고안하였던 것이다. 이는 주시경의 언어학적 통찰력이 얼마나 투철하였는지를 말해 주는 대목이다.

4. 하나의 형태가 되기는 쉽지 않다

소속이 결정되지 않은 어떤 형태가 한 형태소의 형태가 되기 위해서는 **분포**(distribution)와 **의미**(meaning)라는 두 가지 조건을 충족시켜야 한다. 즉 한 형태소의 형태가 되려면 그 형태는 같은 자리에서 같은 의미를 가져야 한다. 다음의 예를 보자.

(2) 가. 철수는 학교에 간다.
　　나. 어디에 가니?
　　다. 철수는 벌써 학교에 갔다.

위의 예에서 '가'는 형태가 동일할 뿐만 아니라 서로 같은 자리(서술어자리)에 나타나므로 분포가 같다고 할 수 있으며, 동사 '가다[行]'라는 공통된 의미를 갖고 있으므로 한 형태소의 형태가 될 수 있다. 그러나 '철수<u>가</u> 어디에 <u>가</u>니?'와 같은 문장에서 나타나는 두 형태 '가'는 서로 형태는 동일하지만 그 분포가 각각 다르고(주어자리와 서술어자리) 그 의미가 서로 같지 않으므로(조사 '가'와 동사 '가다') 하나의 형태소에 속하지 못하고 서로 다른 형태소에 속하는 형태가 된다.

형태소의 형태는 다양하게 나타난다. 단일한 음운, 단일한 음절로 된 형태소도 있고 여러 음절이 이어져서 한 형태소를 이루는 경우도 있다. 다음의 예를 보자.

(3) 가. 할아버지께서 큰 연을 만들어 주셨다.
　　나. 할아버지-께서 크-ㄴ 연-을 만들-어 주-시-었-다

위의 예에서 (3나)는 (3가)를 형태소로 분석한 것인데, '큰'은 '크'와 'ㄴ'으로 다시 갈라진다. 이때 'ㄴ'은 단일 음운이지만 명사를 꾸며 주는 관형적 기능을 보이므로 하나의 형태소가 된다. 이런 단일 음운의 형태소는 그밖에도 많이 있다. '갈 시간'에서의 'ㄹ'이나 '꿈'에서의 'ㅁ' 따위가 그러한 예들이다. 단일 음절로 된 형태소는 (3나)에서 '을', '어', '주', '시', '었', '다' 등과 같은 것이

며, 두 음절로 된 형태소는 '께서', '만들' 등이며, '할아버지'는 네 음절로 된 형태소가 된다.

♡ 동일한 형태와 하나의 형태소는 다르다

이를테면 '배'라는 형태는 '먹는 배' '타는 배' '사람의 배' 따위의 각기 다른 의미를 드러내므로 동일 형태가 서로 다른 형태소로 갈라진다. '저는 갑니다'의 '저'와 '저 사람'의 '저'도 각각 다른 형태소가 된다. 이런 것들은 '동음 이형태소'라 할 수 있는데, 우리말에는 이런 형태소가 많다. 아래는 민요 한토막인데 여기서도 '치다'의 여러 동음 이형태소를 발견할 수 있다.

양반은 상놈치고
상놈은 기집치고   ┌ 때리다
기집은 개똥치고   [치다]─ 제거하다
똥개는 꼬리치고   └ 흔든다

---

5. 형태와 이형태의 관계

유럽의 수녀 | 이집트의 주류상인 | 춤추는 곰파 흥행사 | 남아프리카의 네델란드 병사 | 루마니아의 목동 | 엘리자베스 시대의 조신(朝臣) | 일본의 농부 | 북아메리카 평원의 주민 | 잉글랜드의 성교도 | 독일의 척탄병

이러한 형태소 집합에는 하나 이상의 형태들이 있는 경우가 있는데, 이러한 형태들을 그 형태소의 **이형태**(異形態 allomorph)라고 한다. 즉 이형태란 한 형태소에 속하는 서로 다른 형태들을 가리킨다. 다음의 그림처럼 사람들이 여러 가지의 옷을 입고 다양한 모습을 보여주는 것과 같다고나 할까? 이때 사람이 바로 형태소가 되는 것이고 다양하게 나타나는 모습들은 형태소(=사람)의 이형태(=다른 모습들)가 된다.

예를 들어 형태소 '값'은 '값이'에서는 /값/으로, '값도'에서는 /갑/으로, '값만'에서는 /감/으로 소리가 다르게 나타난다. 이때 /값/, /갑/, /감/을 형태소 '값'의 이형태라고 한다. 이형태를 '**변이형**(variants)', 또는 '**교체형**(alternants)'이라고 부르기도 한다.

이렇게 이형태를 인정하는 이유는 그것이 문법기술에 더욱 편리하기 때문이다. 형태는 같지 않으나 분포와 의미가 서로 같은 형태가 있을 때, 그 형태들을 서로 다른 형태소에 포함하는 것보다 한 형태소에 포함하는 것이 문법기술에서 더욱 효율적이기 때문이다. 예를 들어, 주격조사 '이, 가'나 목적격조사 '을, 를', 과거시제어미 '었, 았' 등은 비록 그 형태는 다르지만 이들 각각이 분포가 같고 서로 같은 의미나 문법기능을 가지고 있으므로 각각 한 형태소에 속하는 이형태들이라고 말할 수 있다. 그리고 이러한 이형태들의 각각이 바로 형태가 되는 것이다. 그러므로 예를 들어, {주격조사}라는 형태소의 이형태는 '이, 가'가 될 것이고, '이'와 '가'는 각각 {주격조사}라는 형태소의 형태들이 된다. 또한 형태 가운데 무형의 형태인 **영형태**(零形態 zeromorph)를 인정하면, 영형태 또한 이러한 이형태에 포함될 수도 있다.

♡ 영형태(零形態 zeromorph)란?

한 형태소의 이형태 가운데 표지가 나타나지 않는 형태를 말한다. 보통 이형태는 유형의 표지를 가지고 있는 것이 보통이지만, 때로는 무형의 표지로 나타나는 일이 있다.

굴절접사: '하늘이' '하늘-Φ(주격조사)'
파생접사: '그가' '그 사람' [[그]명사+[Φ]관형사화접사] → [그]관형사

위의 예에서 '하늘이'에서 '이'가 생략되어도 의미차이가 생기지 않으므로 그것이 'Φ'라는 영형태와 교체되었다고 할 수 있다. 또한 '그'는 같은 형태지만 품사는 명사와 관형사로 나뉘는데, 이때 영형태의 관형사화접사를 인정한다면 이들의 관계를 보다 쉽게 설명할 수 있다.

이렇게 서로 관계 깊은 이형태들을 각기 딴 형태소로 보지 않고 한 데 묶어 한 형태소로 여기는 것은 바람직한 일이다. 만일 그런 관계 깊은 이형태들을 각각 딴 형태소로 독립시키면 비슷한 의미소를 지닌 형태소가 많아져서 오히려 혼선을 빚는다. 또 사전에 비슷한 뜻의 올림말이 너무 많아서 실제 언어생활에도 불편을 주고 낱말의 기억에도 지장을 주게 된다. 그래서 의미적으로 관련이 있는 형태들은 되도록 한 형태소 또는 한 낱말 테두리 안에 묶어 두고 그 쓰임이 다소 달라진 것은 각기 이형태로 처리하는 것이 좋다.

형태와 이형태를 표시하는 방법은 일정한 규약에 따른다. 먼저 한 형태소의 기본형은 중괄호 {}로 나타내는 것이 보통이다. 예를 들어 주격조사 '이, 가' 중 '가'를 기본형으로 택한다면 {가}로 형태소 표시를 하는 것이다. 또한 기본형의 표시는 그 형태소가 거느리고 있는 모든 이형태를 포괄하여 나타내게 된다. 따라서 {가}는 주격조사의 이형태 '이, 가'를 모두 포괄하게 된다. 형태소의 이형태만을 표시하려면 음운표시기호 / /를 사용한다. 즉 /이/, /가/ 등으로 나타낸다. 그리고 이형태를 함께 표시하려고 할 때에는 이형태의 종류에 따라 다르게 표시한다. 음운론적 조건에 따른 이형태는 /~가~이/와 같이 표시하고, 형태론적 조건에 따른 이형태는 /∞거라∞너라∞여라/와 같이 표시한다

6. 기본형이란 무엇인가

대표는 누구일까? 중앙에 있는 모습이 대표적인 얼굴이다

기본형이란 한 형태소에 속하는 여러 개의 이형태 가운데 가장 대표적인 형태를 말한다. 예를 들어 '먹었다', '막았다', '샀다'에서 '었, 았, ㅆ'은 과거시제어미라는 형태소의 이형태들이다. 이 세 가지 이형태 가운데서 어느 하나를 대표 형태로 삼는다면 그것이 기본형이 된다. 일반적으로 한 형태소의 기본형은 중괄호 {}로 표시하고 이때 기본형의 표시는 그 형태소가 거느리고 있는 모든 이형태를 포괄하게 된다. 예를 들어 '었, 았, ㅆ' 중 '었'을 기본형으로 삼는다면 기본형 {었}으로 표시하고, {었}은 나머지 이형태 '았, ㅆ'을 모두 포괄하게 된다.

형태소의 이형태들 가운데서 기본형을 결정할 때에는 다음과 같은 몇가지 기준에 따른다. 첫째, 이형태 가운데 가장 일반적인 형태를 선택한다. 이 말은 기본형에서 다른 형태로 바뀌는 규칙을 설정할 때, 가장 바람직한 규칙을 세울 수 있는 형태를 기본형으로 삼아야 한다는 것이다.

♡ 형태소와 음운의 관계

이형태는 형태소를 이루는 구체적인 요소들이고, 형태소란 이형태들이 모여서 이루는 하나의 추상적인 형태론적 단위이며, 형태는 이형태들의 각각을 일컫는다고 할 때, 이러한 형태소-이형태-형태의 관계는 마치 음운론에서 음운-이음-음성의 관계와 그 맥을 같이 하고 있다. 음운론에서도 서로 다른 **이음**(異音 allophone)들이 모여 추상적인 **음운**(音韻 phoneme)이라는 집합을 이루며, 이때 각각의 이음이 그 음운의 **음성**(phone)이 된다. 예를 들어 '밥'은 'ㅂ, ㅏ, ㅂ'의 세 음운이 모여서 이루어진 단어이다. 그런데 이때 두 'ㅂ'의 소리는 서로 같지 않다. 안울림소리라는 점에서는 서로 같지만 앞의 'ㅂ'은 공기의 흐름을 막았다가 터뜨리는 반면, 뒤의 'ㅂ' 소리는 막기만 하고 터뜨리지는 않는다. 두 'ㅂ'처럼 구체적으로 다른 소리 하나하나를 가리켜 음성이라고 한다. 그러므로 음성은 형태소의 구체적인 소리인 형태와 대립적인 관계를 갖는다. 한편 이들 'ㅂ'은 '물'과 '불'의 'ㅁ'과 'ㅂ'처럼 뜻을 구별시켜 주는 역할은 하지 못하므로 서로 다른 음운에 속하지 못하고 한 음운의 이음이 되는데, 이는 한 형태소의 이형태들과 대립적인 관계를 이룬다. 따라서 음성과 형태가 구체적이며 물리적인 속성을 지닌 것이라면, 음운과 형태소는 추상적이고 심리적인 속성을 지니고 있음을 알 수 있다.

보통 축소형보다는 완전형을 선택하는 것이 좋다. 예를 들어 /값/ → /갑/ → /감/과 같은 변동규칙이 /갑/ → /값/ → /감/이나 /감/ → /갑/ → /값/ 등과 같은 규칙보다 훨씬 설명하기가 쉽다. 따라서 이때는 {값}을 기본형으로 삼는다. 둘째, 이형태 가운데 가장 넓은 분포를 가진 형태를 선택한다. 이는 널리 쓰이는 형태가 그만큼 대표성이 강하기 때문인데, 예를 들어 명령형어미 '어라, 아라, 라, 거라, 너라' 등의 이형태는 일반적인 변동규칙을 세우기가 매우 힘든 경우인데, 이럴 경우에는 분포가 큰 {어라}를 기본형으로 정하는 것이 좋다. 셋째, 이형태들이 서로 평행구조(parallel structure)를 보일 때는 임의로 하나를 선택한다. '막았다-먹었다', '염치-얌치'

등에서 보이는 /아/ → /어/, /어/ → /아/의 변동은 우열을 가리기가 힘들므로, 이때는 임의로 어느 하나를 기본형으로 선택한다.

7. 단어의 구조를 찾아보자

앞에서 단어는 형태소들이 결합하여 이루어진다고 했다. 여기에서는 이러한 형태소들이 어떠한 모습으로 결합하는지를 알아보자. 먼저 '먹이'라는 단어를 살펴보자. '먹이'는 '먹-이'라는 두 형태소가 결합하여 하나의 단어를 만든다. 이 때 그 역할에 따라 두 형태소를 어근(root)과 접사(affix)로 달리 부르기도 한다. 어근이 되는 형태소는 단어에서 보다 핵심적이고도 중심적인 역할을 하는 반면, 접사는 부수적이며 주변적인 역할을 하는 형태소를 말한다. 따라서 '먹이'라는 단어에서 '먹'은 어근이고 '이'는 접사가 된다.

이 때 접사를 좀더 자세히 나눌 수가 있다. 하나는 '먹이'의 '이'처럼 새로운 단어를 만들어 내는 일을 하는 접사가 있고, 다른 하나는 '먹었다'나 '철수가'의 '었', '다', '가'처럼 한 단어의 굴절(inflection)만을 나타내 주는 역할을 하는 접사가 있다. 전자를 우리는 **파생접사**(derivational affix)라고 하고 후자를 **굴절접사**(inflectional affix)라고 한다.

♡ 어근/접사 : 어간/어미				
짓	밟	히	었	다
파생접두사	어근	파생접미사	굴절접미사	굴절접미사
용언어간			용언어미 (선어말어미)	용언어미 (어말어미)

철수	가	
어근	굴절접미사	
체언어간	체언어미(조사)	

한편, 단어를 이루는 형태소들을 **어간**(stem)과 **어미**(ending)로 나눌 수도 있다. 이때 어미는 굴절접사와 일치하며, 어미를 제외한 나머지 부분이 어간이 된다. 따라서 위의 그림에서 알 수 있듯이 어간은 활용어의 중심이 되는 줄기부분을 가리키며, 그 가지부분이 어미인 셈이다. 따라서 어미는 어간과 대응하여 사용되고, 접사는 어근과 대응되어 사용된다는 것을 알 수 있다. 대상은 같은데, 이를 분류하고 지칭하는 차원만 다른 셈이다. 어미에는 어절의 끝에 오는 **어말어미**(final ending)와 어간과 어말어미 사이에 오는 **선어말어미**(prefinal ending)가 있다.

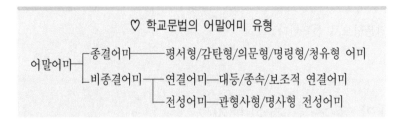

어근과 접사의 결합 유형에 따라 국어 단어의 구조는 다양하게 나타날 수 있다. 한 단어를 이루면서 어근이나 접사가 몇 개씩 겹쳐지는 일도 있고, 어근이 둘 이상 합쳐 한 어간을 이루는 경우도 많으며, 거기에 접사가 어울려 상당히 복잡한 어간 구조를 형성하는 수가 있다.

(4) 가. 어근-어근　　　　　　　봄바람, 논밭, 산짐승, 오가, 검붉

　　나. 어근-어근-어근　　　　콩나물밥, 소고깃국, 밀가루죽

　　다. 접두사-어근-어근　　　외할머니댁, 들깻잎, 헛바퀴돌

　　라. 어근-어근-접미사　　　기름거르개, 고기잡이, 장조림

　　마. 어근-접미사-접미사　　다림질, 울음보, 지게꾼, 새김질

　　바. 접두사-어근-접미사　　헛손질, 헛발질, 짓밟히

　　사. 접두사-어근-접미사-접미사　헛걸음질

　　아. 어근-어근-접미사-접미사　품팔이꾼, 나들이꾼

　　자. 접두사-어근-어근-접미사　군불때기, 외톨박이

　　차. 어근-접미사-어근-접미사　걸음걸이, 살림살이

8. 단어의 유형에는 어떠한 것들이 있나

형태소들이 결합하여 단어가 형성된다고 할 때, 그 결합양상은 매우 다양하기 때문에 단어의 종류도 매우 다양하게 나타난다.

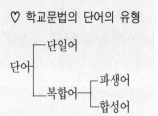

(5) 가. 밤, 돌, 산,

　　나. 먹이, 높이, 모양새

　　다. 논밭, 봄비, 나뭇잎, 올라가다, 떨어지다

　　라. 꽃꽂이, 달맞이, 구두닦이, 고기잡이...

단어를 이루는 형태소들은 크게 두 가지 유형으로 나뉜다. 하나는 **실질형태소**로 단일한 어휘 의미를 가진 형태소이고, 다른 하나는 **형식형태소**로 문법적 관계만을 표시하는 형태소이다. 위의 예에서 '밤, 돌, 산' 등은 하나의 실질형태소가 곧바로 단어가 된 것으로 이를 **단일어**(simple word)라고 한다. '먹이, 높이' 등은 실질형태소 '먹, 높'과 형식형태소 '이, 이'가 결합한 것으로 **파생어**(derivational word)라 하고, '논밭, 봄비'처럼 실질형태소들끼리 결합한 단어는 **합성어** (compound word)라 한다. 그렇다면 '고기잡이'는 어떤 단어의 유형에 속할까? '고기잡이'는 두 개의 실질형태소와 하나의 형식형태소가 결합한 경우지만 실질형태소와 형식형태소가 결합했다는 점에서 파생어라고 할 수 있다. 따라서, 학교문법에서 **복합어**(complex word)는 파생어와 합성어를 아우르는 말일 뿐 이에 해당하는 구체적인 실례가 있는 것은 아니다.

9. 단어들의 형태구조는 어떻게 그릴 수 있을까

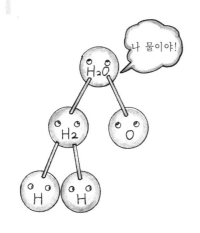

먼저 합성어의 **형태구조**를 알아보자. 합성어는 형태범주(또는 품사)에 따라 여러 가지 종류로 나뉜다. 합성명사, 합성동사, 합성형용사, 합성부사 등이 가능하다. 합성명사는 '명사+명사'의 구성에서부터 '명사+동사+명사'의 구성에 이르기까지 매우 다양한 구조를 띠고 있다. 합성동사는 '동사+동사'의 구성과 '명사+동사' 등의 구성으로 이루어지며, 합성형용사의 대표적 유형은 '형용사+형용사'의 구성을 띤다. 합성부사로는 '명사+명사'의 구성이 다시 부사로 바뀐 경우와 '부사+부사' 구성 등이 있다.

(6) 봄비, 첫날밤, 접칼 / 날뛰다, 붙잡다, 낯설다, 빛나다 / 검붉다, 검푸르다, 굳세다

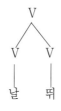
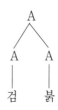

(7) 밤낮, 여기저기, 이것저것, 오래오래, 반짝반짝, 두근두근

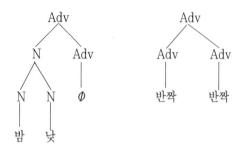

다음으로는 파생어의 형태구조를 생각해 보자. 파생어는 어근에 파생접사가 결합하여 형성된 단어로, 파생접사의 성격에 따라 접두파생어와 접미파생어로 구분된다.

(8) 맏형, 외할머니, 풋고추 / 덮개, 울보, 웃음, 향기롭다, 안기다 / 해돋이, 보물찾기, 몸가짐

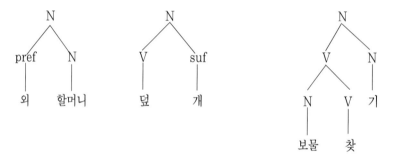

1. 다음의 예에서 단어를 찾아 유형별로 묶어 보라.

　　운전중 휴대폰 사용으로 인한 운전사고 예방책 마련이 금년의 시급한 과제다. 운전중 휴대폰을 사용하면 자신의 안전은 물론 타인의 생명에 위해를 가할 위험률이 매우 높은데도 불구하고 우리는 이에 대한 경각심이나 대책이 별로 없다. 가뜩이나 교통사고 세계 제일의 불명예를 안고 있는 나라에서 휴대폰 보급률이 2000만대를 넘어섰다면, 우리는 언제 터질지 모르는 거리의 「화약고」에 방치된 상태에 살고 있는 것이나 다름없다.(조선일보 2000.1.4일자 사설에서)

2. 다음 예에서 품사를 유형별로 분류하라.

　　문장은 한편의 글속에서 완결된 생각이나 느낌을 표현하는 가장 작은 단위이다. 문장 하나하나가 모여 글이 되는, 문장은 글의 가장 기본적인 요소이다. 따라서 문장 하나하나가 바로 만들어져야 비로소 좋은 글이 된다고 할 수 있다. 아무리 좋은 제재나 주제가 있다고 하더라도 문장이 정확하지 못하다면 글의 의도를 제대로 전달할 수 없을 뿐 아니라 독자에게 어떤 감흥이나 즐거움을 줄 수 없게 된다. (「생각, 짜임, 글」(태학사,1998)에서)

3. 다음 예에서 파생어와 합성어를 밝히고 그 형태구조를 살펴보라.

　　사립대학들이 올해 등록금을 9~15% 인상할 방침을 밝혀 논란이 일고 있다. 사립대의 현 등록금은 대체로 국립대의 2배에 이르는 400만~600만원으로, 계획대로 인상된다면 500만~700만원 수준이 될 것이라고 한다. 여기에 책값을 합하면 매달 100만원 가량 부담해야 하는 꼴이니, 서민은 말할 것도 없고 중산층 가계에도 커다란 주름살이 드리우지 않을 수 없다. 여기저기서 학부모들의 한숨과 분노가 터져나오고, 사립대 총학생회 대표들은 국립대학처럼 등록금 동결이 이뤄져야 한다고 외치고 있다.(한겨레신문 2000.1.10일자 사설에서)

4. 다음에서 형태소를 찾아 실질형태소와 형식형태소로 구분해 보라.

　　결식아동 7백여명이 추운 날씨 속에서 고사리손에 "방학 중 우리에게도 밥을 주세요" 라고 쓴 피켓과 풍선을 들고 국회 앞에서 시위를 벌였다. 배고픔을 호소하는 어린이들의 초롱초롱한 눈망울이 마치 어른들을 원망하는 것 같아 마음이 무겁고 안타깝다. 현재 교육부가 파악하고 있는 결식아동수는 15만3천 명. 97년의 1만1천여 명에서 98년 13만9천여 명, 99년 15만1천여 명

으로 국제통화기금(IMF) 사태 이후 크게 늘었다.(중앙일보 2000.1.19일자 사설에서)

5. 다음의 밑줄친 한자 접미어는 접사로 볼 수 있는가 없는가? 그 타당성을 말해보고 이와 유사한 한자접미어에는 어떤 것들이 있는지 찾아보라.

　　(1) 정치<u>가</u>, 예술<u>가</u>, 전문<u>가</u>, …
　　(2) 과학<u>자</u>, 해설<u>자</u>, 학<u>자</u>, 소유<u>자</u> …

6. 다음의 예에서 어간과 어미를 찾아 유형별로 분류해 보라.

　　우리나라 초등학생 100명 중 15 명은 허리가 심하게 휘는 '척추측만증' 증세를 갖고 있는 것으로 나타났다고 한다. 초등학생은 허리가 휘었다 해도 교정이 가능해 크게 걱정하지 않아도 된다고 하나 그것은 어디까지나 의학상의 관점일 것이다. 어린이의 척추 구부러짐 현상은 교육의 현장에서 나타나는 일이고, 학부모가 신경을 써야 되는 일이라는 점에서 이는 학교나 가정의 교육문제라 할 수 있다. 말하자면 어린이의 척추측만을 예방차원에서 심각하게 여기지 않는 당국이나 학부모의 대응자세가 우려되는 것이다. (동아일보 2000.1.10일자 사설에서)

7. 다음의 예에서 어근과 파생접사를 찾아 보라.

　　습지가 되살아난다. 바닷가 갯벌과 늪은 그 효용가치를 무시한 채 흙으로 메워 농작물을 심거나 아파트를 지어왔던 것이 우리의 환경현실이다. 그러나 정부가 「습지를 보존하지 않고는 뉴밀레니엄에서 환경은 없다」는 점을 뒤늦게 인식하고 습지살리기에 본격 나서 그 결과가 주목된다. 습지의 기능과 역할은 무궁하다. 홍수를 막고 기후를 적정하게 유지하게 할뿐 아니라 어류와 야생동물의 서식지역할도 해내고 오염물질을 여과해내는 능력도 탁월하다. 생태계의 보물인 셈이다. (한국일보 2000.1.11일자 기사에서)

8. 다음은 노래 가사이다. 반복합성어의 형성원리를 생각해보자.

　　시냇물은 졸졸졸졸
　　고기들은 왔다갔다
　　버들가지 한들한들
　　꾀꼬리는 꾀꼴꾀꼴

9. 명사합성어 가운데 사잇소리현상이 일어나는 것과 일어나지 않는 것을 찾아 그 이유에 대해 토론해 보자.

한걸음 더!

1. 단어: 단어를 명확히 정의하기는 쉽지 않다. 본문에서 언급한 대로 단어에 대해서는 자립성이나 최소성 등의 기준이 필요하지만 이러한 기준이외에도 '분포'나 '구성단위'라는 기준이 추가로 필요하다. 자립성의 기준에서 문제가 되는 것은 의존명사이다. 예를 들어 '것'과 같은 의존명사는 명사이기는 하지만 자립성이 없으므로 자립성의 기준으로 보면 단어가 될 수 없다. 그러나 '영희의 책'과 '영희의 것'을 비교할 때 '것'은 '책'이 쓰이는 자리에 똑 같이 쓰일 수 있으므로 비록 자립성이 없다하더라도 단어로 인정할 수도 있다. 이것을 단어의 분포적 기준이라고 한다. 한편, 구성단위라는 기준은 단어는 문장을 구성하는 최소 구성단위로서 역할을 한다는 말이다. 예를 들어, '짝사랑'의 경우 문장을 구성할 때 '짝'과 '사랑'으로 나뉘지 않고 '짝사랑'이라는 전체 낱말이 하나의 구성요소가 되므로 '짝사랑'을 하나의 단어로 간주하자는 것이다.

   단어의 분석기준에 대해서는 호케트(Hockett 1958)을 참조할 수 있으며, 국어에서 단어의 개념과 유형에 대해서는 고영근·남기심(1998), 서정수(1996), 김창섭(1994), 시정곤(1998), 이익섭·채완(1999) 등을 참조할 것.

2. 형태소: 형태소의 개념에 대해서는 블룸필드(Bloomfield 1933), 호케트(Hockett 1958), 글리즌(Gleason 1961) 등과 같은 개설서류를 참조할 수 있다. 국어 형태소의 분석방법과 그 문제점에 대하여는 고영근(1993), 서정수(1996) 등을 참조하라. 한편, 주시경(1914)의 '늣씨'가 언어학사에서 어떠한 위치를 차지하고 있는가에 대해서는 김민수(1977)을 참조할 것.

3. 이형태: 이형태는 그것이 나타나는 환경이나 조건에 따라 크게 세 가지 종류로 나눌 수 있다. 첫째, 음운론적 조건에 따른 이형태(phonologically conditioned allomorph)로, 이형태의 출현이 음운론적인 영향을 받아 자동적으로 결정된다는 특징이 있다. 주격조사 '이, 가', 목적격조사 '을, 를' 처격조사 '로, 으로' 등이 모두 이에 해당하는 이형태들인데, 이들은 서로 분포나 기능은 같지만 음운론적 환경에 따라 자동적인 교체를 보인다. 둘째, 형태론적 조건에 따른 이형태(morphologically conditioned allomorph)로, 이형태가 특정한 형태소와 어울릴 때에 교체되어 나타나는 특징이 있다. 명령형어미 '거라, 너라, 여라' 등은 서로 어울리는 동사어간이 다르므로(가거라, 오너라, 하여라) 이들 모두는 형태론적 조건에 따라 결정되는 이형태들이다. 셋째, 자유이형태가 있다. 이 이형태는 음운론적, 형태론적 환경에서 교체되는 앞의 두 종류와는 달리 동일한 환경에서 조건 없이 서로 교체할 수 있는 형태들이다. 예를 들어, '하늘-이'와 '하늘-∅'에서처럼 '이, ∅'는 서로 같은 환경에서 자유롭게 교체되어 나타날 수 있으므로 자유이형태이다. 또한 '노을/놀', '외우다/외다'와 같은 복수표준어도 자유이형태로 볼 수 있다.

4. 품사: 품사분류의 기준이 처음으로 명시된 연구로는 최현배(1930)이다. 품사체계는 국어연구가 막 시작된 개화기 문법서나 오늘날의 문법서나 그리 커다란 차이를 보이지 않는다. 아래는 주시경(1910)의 「국어문법」의 품사체계와 학교문법의 품사체계를 보인 것이다.

9품사: 임(명사), 엇(형용사), 움(동사), 겻(조사), 잇(접속사), 언(관형사), 억(부사), 놀(감탄
　　　사), 끗(종결사)

　임 : 아이, 젓, 사람, 내, 고기, 그믈, 배, 감, 지금, 아침, 달, 글, 번개

　엇 : 밝

　움 : 먹, 자, 잡, 읽, 있

　겻 : 을, 에, 은, 를, 이

　잇 : 다가, 는데, 고, 나

　언 : 그, 세, 두, 한, 이른

　억 : 잘, 매우, 빠르게

　놀 : 아

　끗 : 오, 소, 어라, 이오, 다

〈학교문법의 품사체계〉

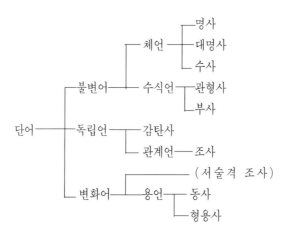

　주시경은 연결어미와 접속조사를 모두 '잇'으로 본다는 사실을 유의할 필요가 있다. 그리고 관
형사형과 보조적 연결어미(부사형) '게'는 분석하지 않고 윗말에 붙여서 한 단어로 책정한다는 점
을 알아야 한다. '이오'를 '끗'으로 본 것은 '이'를 활용어의 어간으로 보지 않았기 때문이다. 현행
학교문법에서도 아홉 개의 품사를 설정하고 있어 구체적인 부분에서는 주시경(1910)과 차이가
있지만 총 품사수에서는 같다. 품사분류 문제를 비롯하여 학교문법 전반에 대해서는 고영근·남
기심(1998)을 참조하고 학교문법의 문제점에 대해서는 이관규(1999)를 참조할 것.
5. 파생어: 파생어에 대한 전반적인 연구는 허웅(1975), 송철의(1989), 하치근(1989), 고영근
　　(1989), 서정수(1996), 구본관(1997) 등을 참조할 것. 국어의 접사체계에 대한 문제점에 대해
　　서는 고창수(1985), 시정곤(1993), 고영근(1993) 등을 참조할 것.

6. 합성어: 복합어와 합성어를 바꾸어 부르는 경우가 많다. 단어 자체의 의미로 볼 때 어근+어근에 해당하는 말로 합성어보다는 복합어가 더 어울린다. 복합(複合)의 '複'은 어근이 둘 이상 중복된 것을 뜻하고, 합성(合成)은 단순히 '합쳤다'는 뜻만 보이기 때문이다. 그러나 이 책에서는 학교문법을 따라 어근+어근의 경우는 합성어로 부르고 단일어에 대응하는 개념으로 복합어라는 용어를 쓴다. 즉 복합어는 합성어와 파생어를 묶어 부르는 통칭어이다. 따라서, 복합어와 합성어란 용어를 우리와 반대로 쓰고 있는 연구서도 많으며, 이러한 혼동을 피하기 위하여 복합어 대신에 혼합어(mixed word)를 쓰는 경우도 있다.

　　복합어(또는 합성어)의 일반적 정의와 유형에 대해서는 허웅(1975), 서정수(1996), 이익섭·채완(1999)을 참조할 수 있고, 복합명사(또는 합성명사)의 형성 규칙에 대해서는 김창섭(1994), 시정곤(1998)을 참조할 수 있다. 반복복합어는 김승렬(1990), 시정곤(1998), 손남익(1995) 등을 참조할 수 있다.

7. 어근과 어기 : 어근(root)의 개념은 학자마다 다르다. 블룸필드(Bloomfield 1933)에서는 어근을 어간의 개념으로 썼으며, 본서에서는 호케트(Hockett 1958)의 것을 따랐다. 이는 「한글 맞춤법 통일안」에서의 어근, 또는 어원적 어근과 일치하는 개념이기도 하다. 한편, 어근과 어간이외에 어기(base)를 설정하는 경우도 있다. 이들 용어에 대해서는 서정수(1996)를 참조할 것.

6.

문장은 어떻게 이루어지는가

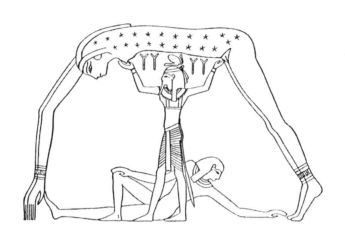

하나의 우주는 대지의 신과 공기의 신과 하늘의 신이 합해져 이루어진다.
하나의 문장은 주성분과 부속 성분과 독립 성분이 합해져 이루어진다.

우리는 머리 속에 있는 생각을 어떻게 표현할 수 있을까?
표정을 통해서? 어휘를 통해서? 분위기를 통해서?
그러나, 완벽한 사고 전달은 문장을 통해서만 가능하다.
문장은 무엇일까?
문장은 무엇으로 이루어지는가? 문장을 형성하는 요소들은 무엇인가?
이 장에서는 문장이 보이는 본질적인 성격부터 시작하여,
구체적인 문법 요소의 특성들을 문제점 중심으로 살펴보도록 한다.

1. 문장은 무엇이고 문법 단위는 무엇인가

나? 순이!

우리는 머리 속에 있는 생각을 다양한 방법으로 표현한다. 그러나 문장만큼 완벽하게 생각을 표현할 수 있는 것은 없다. 문장(文章 sentence)은 완전한 사고 표현의 단위라고 할 수 있다. 완전한 사고 표현이란 일정한 서술 대상과 서술 표현이 함께 나타난다는 것을 뜻한다.

얼굴만으로 그 사람을 완전하게 나타낼 수 없듯이, '순이'라는 단어 하나로는 순이가 어떤 사람인지 알 수 없다. 단어라고 하는 것이 한 개체의 특성을 나타내는 것임에 비해, 문장은 개체가 어떠하다는 것을 나타내 준다.

문장이 나타내는 완전한 사고는 대개 문장 맨끝에 나타나는 종결 어미로 표현된다. 문장 안에 서술 대상과 서술 표현이 여러 개 존재한다고 해도, 종결 표현이 하나만 있으면 그 문장은 분명히 하나이다. 결국 문장이란 의미상으로는 완전한 사고를 나타내며 형태상으로는 맨끝에 문장 종결 표현이 있는 것을 가리킨다.

사람의 몸이 여러 부분으로 이루어져 있듯이 문장도 여러 개의 문법 단위로 이루어져 있다. 눈·코·귀·입 등이 모여서 얼굴이 되고, 가슴·배 등이 모여서 몸통이 되고, 다리·발·엉덩이 등이 모여서 하체가 되고, 이들 모두가 모여서 사람 몸이 되는 것처럼, 문장도 작은 부분들이 모여서 보다 큰 부분이 되고, 이것들이 모여 온전한 문장이 된다.

문장을 구성하는 기본 문법 단위를 어절이라 한다. 어절은 달리 **문장 성분**이라고 한다. 어절은 모두 띄어서 쓴다. 하나의 어절이 하나의 문장 성분이 되는 것은 문장 구성의 기본적인 성질이다.

그런데, 띄어 쓴 어절이 몇 개 모여서 하나의 문장 성분이 되는 경우가 있다. 예컨대, '그 꽃이 매우 예쁘

♡ 문법 단위

① 문법 단위 순서
  음운-음절-형태소-단어-[어절-구-절-문장]-이야기
② 용례 : 그 꽃이 매우 예쁘다
  ------------------------ 문장 1개
  --------- --------- 구 2개
  -- --- --- ----- 어절 4개

다'라는 문장에서 '그 꽃이'는 전체가 주어로서 하나의 문장 성분인데, '그'와 '꽃이'라는 어절이 각각 문장 성분을 구성하는 것을 볼 수 있다. 또 '매우 예쁘다'도 서술어라는 하나의 문장 성분인데 '매우'와 '예쁘다'라는 두 개의 어절로 이루어져 있다. 이처럼 두 개 이상의 어절이 모여서 하나의 문장 성분을 이룬 것을 구(句 phrase)라고 한다. 단, 구는 자체 내에 주어와 서술어 관계를 형성하지 못한 것을 말한다. 이는 절이나 문장이 주어와 서술어를 갖고 있는 것과 대비되는 특성이다.

절(節 clause)은 주어와 서술어를 갖고 있다는 점에서 구와 구별되지만, 독립적으로 사용되지 못한다는 점에서 문장과 구별된다. 예컨대, '선생님은 현규가 모범생임을 아신다'라는 문장에서 '현규가 모범생임'은 자체에 주어 '현규가'와 서술어 '모범생이'를 갖고 있으나 독립적으로 쓰이지 못하고 전체 문장 속에서 있을 뿐이다. 문장은 독립적, 절은 비독립적 성질을 갖고 있다는 것이다. 또한, 홑문장 '꽃이 예쁘다'는 문장이지 결코 절이 아니다. 절은 겹문장 안에서 존재할 뿐이다. 그렇기 때문에 절은 구와 마찬가지로 하나의 문장 성분이 될 수 있다. '현규가 모범생임'이라는 절에 목적격 조사 '을'이 첨가된 '현규가 모범생임을' 전체가 목적어라는 하나의 문장 성분이 되고 있는 것이다.

2. 문장은 무엇으로 이루어져 있는가

우리의 몸은 여러 부분으로 이루어져 있다. 머리·손·발·가슴 등이 모여서 하나의 완전한 몸을 이룬다. 몸을 구성하는 부분들 가운데 어느 것 하나 중요하지 않은 것이 없지만, 그래도 심장 같이 조금만 이상이 있어도 치명적인 것이 있는가 하면, 어떤 부분은 없어도 괜찮다.

마찬가지로 문장도 여러 성분으로 이루어져 있는데, 반드시 있어야 하는 **주성분**(서술어, 주어, 목적어, 보어)과, 임의적인 **부속 성분**(관형어, 부사어), 그리고 문장 구성과는 직접적인 관련이 없는 **독립 성분**(독립어)으로 나뉜다.

일곱 개의 문장 성분 가운데 어느 것이 가장 중요할까. 물론 주성분 가운데 하나일 것이다. **주어**는 사건이나 상태의 주체가 되고, **서술어**는 주어의 동작이나 상태를 서술한다. 주어는 홀로 서술 대상은 될 수 있으나 스스로 서술할 수는 없다. 이에 비해 서술어는 서술 대상으로서의 주어를 서술하는 것은 물론이고 목적어나 보어의 출현 여부를 결정한다. 따라서 가장 중요한 문장 성분은 서술어라고 할 수 있다. 이에 국어는 서술어 중심 언어라고 말할 수 있다.

서술어의 성격에 따라서 문장 성분들이 나타나는 숫자가 다른데, 이를 **서술어 자릿수**라고 한다. (1가)에서 서술어 '피다'는 주어 하나만 요구하는 한 자리 서술어이고, (1나)에서 '같다, 보다, 아니다'는 주어 이외에 필수적 부사어나 목적어나 보어를 하나씩 더 요구하는 두 자리 서술어이다. (1다)에서 '주다'는 주어, 목적어, 필수적 부사어를 요구하는 세 자리 서술어이다. 이처럼 서술어의 성격에 따라서 주성분인 주어, 목적어, 보어가 오는 것이 결정되며, 소위 필수적 부사어가 오는 것도 결정된다.

> (1) 가. 꽃이 피었다
> 　　나. 우정은 보석과 같다 / 그는 연극을 보았다 / 물이 얼음이 아니다
> 　　다. 나는 선물을 그녀에게 주었다
> 　　라. 나는 학교에 갔다 / 정현이는 아빠와 닮았다 / 선생님께서 상을 영현이에게 주었다

문장 성분들 가운데 그 설정에 있어서 문제가 되는 것은 **보어**(補語)이다. 대개 보어는 서술어의 주체인 주어와 동작 대상인 목적어 이외에 문장에서 필수적으로 나타나는 주성분이다. 일반적으로 '되다, 아니다' 앞에 오는 성분만을 보어로 보고 있으나, 본래 불완전 서술어가 필요로 하는 성분이 보어인 만큼 (1라)에서처럼 '가다, 닮다, 주다'가 요구하는 '학교에, 아빠와, 영현이에게' 같은 성분도 보어로 보아야 할 것이다. 마찬가지로 보격 조사로 '-이/-가' 이외에 '-에, -와, -에게' 같은 것도 인정하여야 할 것이다. 결국 소위 '필수적 부사어'는 모두 보어에 해당한다고 보면 될 것이다. 보어는 주어와 목적어 이외에, 서술어의 자릿수에 따라 반드시 요청되는 필수적인 주성분이라고 할 수 있다.

다른 문장 성분과 현격하게 차이를 보이는 것은 **독립어**이다. 독립어는 문장의 어느 성분과도 직접적인 관련이 없는 독립된 성분이다. 따라서 독립어는 문장 성분에서 제외시키고, 따로 소형문(minor sentence)으로 독립시키는 방법도 생각해 볼 수 있다. 물론 완벽한 사고 표현 단위로서 기능했을 때만이다.

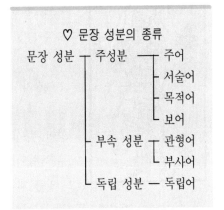

♡ 문장 성분의 종류

문장 성분 ┬ 주성분 ┬ 주어
　　　　　│　　　 ├ 서술어
　　　　　│　　　 ├ 목적어
　　　　　│　　　 └ 보어
　　　　　├ 부속 성분 ┬ 관형어
　　　　　│　　　　　 └ 부사어
　　　　　└ 독립 성분 ─ 독립어

일반적으로, 감탄사, 체언에 호격 조사가 결합된 형태, 또는 접속 부사 등이 독립어가 되는데 (예: 아아 ; 신이시여 ; 그리고), 접속 부사가 독립어라는 데에는 품사 명칭(부사)과 문장 성분 명칭(독립어)의 불일치 문제가 있다. '그리고, 그러면, 그러므로 …' 등은 품사로는 부사이면서 문장 성분으로는 독립어로 처리되고 있는 실정이다. 대개의 경우 품사 명칭과 문장 성분 명칭은 밀접한 관련성을 가진다. 관형사는 관형어가 되고, 부사는 부사어가 되고 있는 것이다. '그리고' 류에 대해 접속사라고 한다면, 문장 성분도 접속어로 명명하여 체계를 맞출 수 있을 것이다.

3. 문장 성분을 나타내는 표지는 무엇인가

문장을 구성하는 문장 성분들은 무엇을 통하여 자신의 정체성을 확보할까. 예컨대, 아래 (2가) 문장에서 '철수'와 '순이'라는 체언은 문장 성분이 무엇일까. 체언이 주어인지 목적어인지를 확인할 수 있는 가장 기본적인 방법은 체언 뒤에 붙은 조사의 성격을 통하는 것이다. **주격 조사** '-이/-가'가 붙으면 주어가 되고 **목적격 조사** '-을/-를'이 붙으면 목적어가 된다. 이와 같이 일정한 체언이 문장에서 어떤 역할을 하는지를 나타내는 조사를 **격조사**라고 한다. 물론 이 때의 **격**(格 case)은 일정한 성분이 문장에서 하는 역할이라는 의미를 갖고 있다.

(2) 가. 철수 순이 사랑한다.
　　 나. 철수가 순이를 사랑한다.
　　 다. 철수를 순이가 사랑한다.
　　 라. 물이 얼음이 되었다. / 물이 얼음으로 되었다.
　　 마. 나는 학교에 갔다. / 정현이는 아빠와 닮았다.
　　 바. 아버지의 어머니가 인자하시다. / 아버지와 어머니가 인자하시다.

일반적으로 격조사는 주격 조사, 목적격 조사를 비롯하여, 보격 조사, 서술격 조사, 관형격 조사, 부사격 조사, 호격 조사가 설정되고 있다. **보격 조사**는 서술어 '되다, 아니다' 앞에 오는 '-이

> ♡ 격조사의 종류
>
> 주격 조사 : 이, 가, 께서, 에서
> 목적격 조사 : 을/를
> 보격 조사 : 이/가
> 부사격 조사 : 에, 에서, 으로서 …
> 서술격 조사 : 이다
> 관형격 조사 : 의
> 호격 조사 : 아/야, 이시여

'/-가'만을 인정하는 경우가 있으나, (2라)에서 보는 것처럼 '-으로' 등 다양한 것들이 설정될 필요가 있다. 이는 보어라고 하는 것이 본래 서술어의 성격에 따라서 다양하게 설정될 수 있는 것이고, 따라서 보격 조사도 '-에, -와' 등 여러 가지가 설정될 수 있기 때문이다(2마).

보격 조사의 범위를 확대하게 되면, 부사격 조사의 정체성이 의심을 받게 된다. 주지의 사실이다시피 부사격 조사는 매우 다양하다. 그러나, 소위 필수적이든 수의적이든 근본적으로는 부사어도 의미상 서술어의 성격에 영향을 받는다고 할 때, 부사격 조사의 존재는 불투명해질 수도 있는 것이다.

소위 서술격 조사는 체언을 서술어로 만드는 역할을 한다고 하여 '-이다'가 설정되고 있으나, '이다' 자체를 용언으로 볼 수 있는 가능성과 '-이-'를 접미사로 볼 수 있는 가능성을 생각해 볼 때 격조사로 인정하는 것은 많은 어려움이 따른다. 서술격 조사가 붙어서 체언이 서술어라는 문장 성분이 된다고 할 수도 있으나, 이 말은 접사설로 충분히 설명 가능하고 또한 서술어는 '-이다' 이외에도 동사나 형용사 자체가 되기도 하기 때문에, 서술격 조사설은 재고될 필요가 있다고 본다.

소위 호격 조사는 '철수야 ; 신이시여'에서처럼 대개 '-아/-야, -이시여' 등이 설정되곤 한다. 앞에서도 살펴본 것처럼 이것 역시 독립어에 대한 소형문 인정 가능성을 생각해 볼 때, 재고될 수 있다고 본다. 물론 독립어를 문장 성분으로 인정하게 되면, 호격 조사는 설정될 수 있다. 주격 조사, 목적격 조사, 보격 조사, 소위 부사격 조사가 서술어의 성격(전문 용어로는 意味役, thematic role)과 밀접한 관련이 있음에 비해서, 관형격 조사는 그렇지 않아 차이를 보인다. 소위 관형격 조사 '-의'는 (2바)에서 보는 것처럼 서술어와 아무런 관련이 없다. 대등 연결 기능을 하는 '-와'도 마찬가지이다. 이런 점에서 관형격 조사를 격조사에서 제외시킬 가능성도 배제할 수는 없다.

체언에 붙는 격조사 이외에 '-ㄴ, -은/-는, -을' 같은 관형사형 어미도 관형어를 구성할 수 있다. 물론 '-게, -도록' 등과 같은 부사형 어미도 부사어를 구성할 수 있다. 본절에서는 체언 뒤에 붙는 격조사의 역할과 형태만을 다루었을 뿐이며, 관형사형 어미나 부사형 어미에 대해서는 제5절에서 다루도록 한다.

한 가지 덧붙일 것은 격의 종류에 대한 것이다. 격은 문장 전체 구조라는 차원에서 파악되는 구조격과, 서술어의 의미에 따라 파악되는 의미격으로 나뉜다. 문장을 입체적인 수형도로 나타내면, 주격은 맨왼쪽에 자동적으로 위치하며, 목적격은 서술부 자체 안에서 역시 맨왼쪽에 위치한다. 이에 주격과 목적격을 구조격이라고 한다. 이에 비해 의미격은 보격이 바로 해당하는데, 여기에는 기존의 부사격도 모두 포함시킬 수 있다. 앞에서 부사격 조사를 보격 조사 속에 포함시킬 수 있다고 한 것은 이에 근거한 것이다〈한걸음 더! 참조〉.

4. 우리말의 기본 문형은 무엇인가

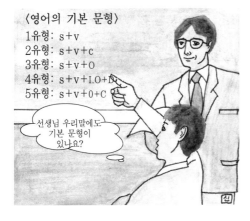

우리말의 기본 문형을 설정하는 방법은 여러 가지가 있다. 흔히 '무엇이 어찌한다, 무엇이 어떠하다, 무엇이 무엇이다'로 나누는 방식이 있는데, 각각 동사문, 형용사문, 서술격 조사문이라고 할 수 있다. 그러나 이는 단지 서술어의 성격에 따른 분류일 뿐 기본적으로 문장을 구성하고 있는 문장 성분들은 전혀 고려하지 않은 것이다.

국어의 **기본 문형**은 기본적으로 문장의 주성분을 통하여 구성된다. 주성분은 서술어, 주어, 목적어, 보어이다. 이들 중 서술어와 주어가 1차 성분이고, 목적어와 보어는 서술어의 성격에 따라서 결정되는 2차 성분이다. 주어는 서술 대상이고, 서술어는 주어를 서술하는 말이기 때문에 가장 기본적인 어순은 '주어 – 서술어' 어순이다. 다음으로 서술어의 성격에 따라서 목적어와 보어의 위치가 결정될 것인데, 서술어의 위치가 문장 맨끝임을 고려한다면, 목적어와 보어는 주어와 서술어 사이에 위치할 것이다.

제1유형은 주어와 서술어로 구성된 것이고, 제2유형은 여기에 목적어가 추가된 것이고, 제3유형은 보어가 들어간 것이고, 제4유형은 목적어와 보어가 모두 들어간 것이다. 여기에서 우리는 보어보다 목적어를 더 중요시하고 있는 것을 보게 된다. 제2유형으로 목적어 구문을 설정하고, 보어 구문은 제3유형으로 설정한 것이 그것이다. 물론 제4유형에 있어서 목적어를 보어 앞에 세운 것도 그런 이유에서이다.

♡ 국어의 기본 문형

1유형 : 주어 - 서술어

2유형 : 주어 - 목적어 - 서술어

3유형 : 주어 - 보어 - 서술어

4유형 : 주어 - 목적어 - 보어 - 서술어

그렇다면 왜 목적어가 보어보다 앞에 나오는가. 그것은 두 가지 이유 때문이다. 하나는 기본적으로 국어의 **어순**은 서술 대상이 앞에 있고 그것을 서술하는 서술어가 뒤에 온다는 것이다. '나는 선물을 그녀에게 주었다'는 '나는 그녀에게 선물을 주었다'로도 가능하기 때문에 목적어가 앞인지 보어가 앞인지 알 수가 없다. 그러나, '나는 그를 학생이라고 생각한다'에서는 반드시 목적어가 앞에 와야 한다. 이 문장은 '나는 그가 학생이라고 생각한다'에서 나온 것으로 보아야 하기 때문이다. 두 번째 이유로 국어 문장을 **형상 언어**(形狀言語, configurational language)로 보는 입장에서 본다면, 목적어를 주어 다음으로 잡아야 구조격으로서의 목적어를 설정할 수 있게 된다. 수형도를 고려한다면, 서술부(VP, verb phrase) 가운데 가장 왼쪽, 그리고 가장 위쪽에 위치하는 것이 목적어가 되는 것이 타당하다. 결국 목적어가 먼저 그리고 보어는 나중에 배열하는 방법이 보다 효율적일 것이다〈한걸음 더! 참조〉.

기본 문형을 중심으로 하여, 관형어와 부사어 같은 부속 성분이 수식어로서 단어를 확대시킨다. 수식어가 피수식어 앞에 오는 것은 물론이다. 수식어가 관형사절과 같은 긴 문장으로 나타나는 경우라 할지라도 이러한 수식어 - 피수식어 어순은 유지된다(3가).

(3) 가. <u>눈이 예쁜</u> 지현이가 집에 간다.

　　 나. 나는 꽃을 그녀에게 주었다 / 나는 그녀에게 꽃을 주었다 /

　　　　꽃을 그녀에게 나는 주었다 / 그녀에게 꽃을 나는 주었다.

그리고 국어는 교착어에 속하기 때문에 조사나 어미와 같은 허사가 매우 발달되어 있다. 특히 조사가 많이 발달되어 있어, 이로 인한 어순이 실제 생활에서 매우 자유롭다. 조사가 그대로 붙어 있는 상태에서 해당 성분들을 비교적 자유롭게 이동시킬 수 있다(3나). 그러나, 다른 성분에 비하여 서술어는 문장의 맨끝에 위치하는 것이 자연스럽다. 만약, 서술어가 맨끝에 위치하지 않는다면 매우 어색한 문장이 되고 만다(예: ??주었다 나는 꽃을 그녀에게). 이러한 현상은 국어가 주어-목적어-서술어(SOV) 언어라는 사실과 무관하지 않다.

5. 문장을 확대하는 방법은 무엇인가

개별 단어는 그 앞에 수식하는 말이 붙어서 확대된다. 그러나, 문장이 확대될 때는 복잡한 양상을 보인다. 단어가 확대되는 것이 친구 한 사람을 사귀는 것이라면, 문장이 확대되는 것은 남자와 여자가 결혼하는 것이라 할 수 있다. 결혼으로 말미암아 두 사람은 물론이고 그로 인해 이질적인 두 집안이 사돈 관계를 형성하는 것처럼, 문장과 문장이 연결되어 확대될 때는 복잡한 양상을 띤다.

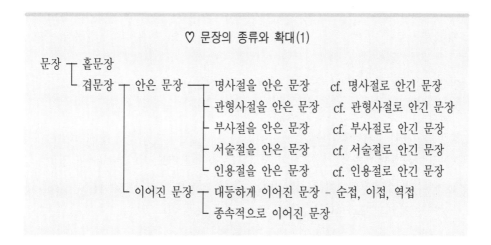

♡ 문장의 종류와 확대(1)

문장 ┬ 홑문장
　　 └ 겹문장 ┬ 안은 문장 ┬ 명사절을 안은 문장　　cf. 명사절로 안긴 문장
　　　　　　　　　　　　 ├ 관형사절을 안은 문장　cf. 관형사절로 안긴 문장
　　　　　　　　　　　　 ├ 부사절을 안은 문장　　cf. 부사절로 안긴 문장
　　　　　　　　　　　　 ├ 서술절을 안은 문장　　cf. 서술절로 안긴 문장
　　　　　　　　　　　　 └ 인용절을 안은 문장　　cf. 인용절로 안긴 문장
　　　　　　 └ 이어진 문장 ┬ 대등하게 이어진 문장 - 순접, 이접, 역접
　　　　　　　　　　　　　 └ 종속적으로 이어진 문장

문장은 주어와 서술어의 개수가 몇 개냐에 따라 홑문장과 겹문장으로 나누어진다. **홑문장**은 주어와 서술어가 한 번 나타나는 문장이고, **겹문장**은 두 번 이상 나타나는 문장이다. 일반적으로 겹문장은 안은 문장과 이어진 문장으로 나누어진다. 안은 문장은 홑문장을 안긴 문장으로 갖고 있는 것이고, **이어진 문장**은 홑문장 두 개 이상이 연결된 것이다. 안은 문장은 안긴 문장의 성격에 따라 명사절, 관형사절, 부사절, 서술절, 인용절을 안은 문장으로 나뉜다. **안긴 문장** 자체로 본다면, 명사절로 안긴 문장, 관형사절로 안긴 문장, 부사절로 안긴 문장, 서술절로 안긴 문장, 인용절로 안긴 문장으로 각각 나누어질 것이다.

(4) 가. 명사절로 안긴 문장 : <u>어린이가 그런 일을 하기</u>란 쉽지 않다.

나. 관형사절로 안긴 문장 : 이 책은 <u>내가 읽은/읽는/읽을/읽던</u> 책이다.

다. 부사절로 안긴 문장 : 비가 <u>소리도 없이</u> 내린다.

라. 서술절로 안긴 문장 : 코끼리는 <u>코가 길다.</u>

마. 인용절로 안긴 문장 : 나는 <u>한결이가 학교에 간다고</u> 말했다. /

　　　　　　　　　　　나는 "<u>한결이가 학교에 간다</u>"라고 말했다.

인용절로 안긴 문장은 넓게 보아 부사절로 안긴 문장의 일종이다. 그리고 서술절로 안긴 문장은 안긴 문장 자체가 전체 문장의 서술어가 된다는 것인데, 전체 문장 자체만으로 보면 '코끼리는'에서처럼 체언 하나만 존재하여 이상한 구조가 된다. '코끼리는'을 주제어나 초점화 현상으로 볼 수 있는 가능성이 있다. 결국, 안긴 문장으로 명사절, 관형사절, 부사절만을 설정할 수도 있는 것이다.

이어진 문장은 두 개 홑문장이 동등한 자격으로 연결되는 **대등하게 이어진 문장**과, 앞의 홑문장이 뒤의 홑문장에 종속적으로 연결되는 **종속적으로 이어진 문장**으로 나누어진다. 대등하게 이어진 문장은 순접 대등문과 이접 대등문, 그리고 역접 대등문으로 나누는 것이 일반적이다. 순접 대등문과 이접 대등문에서는 선·후행절이 서로 위치를 바꾸어도 의미상 차이가 없음에 비하여, 소위 역접 대등문은 선·후행절의 위치를 바꾸었을 경우는 의미상 차이가 나기 때문에 대등하게 이어진 문장에서 제외하기도 한다.

(5) 가. 순접 대등문 : 하늘도 맑고, 바람도 잠잠하다.

나. 이접 대등문 : 산으로 가든지 바다로 가든지 어서 결정합시다.

다. 역접 대등문 : 함박눈이 내렸지만 날씨가 따뜻하다.

　　　　　　　!날씨가 따뜻하지만 함박눈이 내렸다.(!는 의미 차이 있음을 표시)

종속적으로 이어진 문장은 선행절이 후행절에 종속되어 있는 겹문장을 일컫는다. 예컨대, '<u>시간이 다 되어서 나는 일어났다</u>', '<u>내가 일찍 일어나면 아버지께서 칭찬하신다</u>' 같은 문장은 선행절이 각각 《원인》, 《조건》 의미로 후행절에 종속되어 있는 구성이다. 종속적으로 이어진 문장은 이외

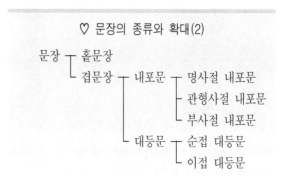

에도 선·후행절의 다양한 의미 관계를 보이고 있다. 종속적으로 이어진 문장은 선행절이 후행절

에 종속되는 것으로, 즉 후행절이 전체 문장의 중심이 된다. 이런 점에서 종속적으로 이어진 문장 가운데 선행절은 부사절로 볼 수 있는 가능성이 있다(앞 도표 참고).

> ♡ 종속적으로 이어진 문장의 선·후행절 의미 관계와 연결 어미
>
> ① 인과 관계 : -으니, -으니까, -어서, -느라고
> ② 조건 관계 : -으면, -거든, -어야, -은들
> ③ 목적 관계 : -으러, -으려(고), -고자
> ④ 평가 관계 : -다시피, -건대
> ⑤ 결과 관계 : -게(끔), -도록, -으라고
> ⑥ 첨의 관계 : -듯(이), -이, -자, -다가, -을수록
> ⑦ 강조 관계 : -고~-고, -으면서~-으면서, -다가~-다가, -으나~-으나,
>   -자~-자, -어도~-어도, -으면~-을수록

홑문장이 여러 개 모여 겹문장이 이루어지게 되는 것을 문장의 확대라고 한다. 문장의 확대와 관련하여 고려해야 할 문제는 겹문장 형성시에 있어서 홑문장과 홑문장을 연결시키는 연결 어미로 무엇을 인정할 것인가이다.

먼저 **대등문**을 형성하는 대등 어미는 순접 어미, 이접 어미, 역접 어미가 설정될 수 있을 것이다. '-고, -으며, -으면서' 등과 같은 순접 대등 어미는 선행절에 후행될 것이나, 이접 어미는 '-든지 ~ -든지, -거나 ~ -거나' 등과 같이 선행절과 후행절 양쪽의 뒤에 나타나는 것이 일반적이다. 역접 대등문이 인정될 경우, 역접 어미로는 '-지만, -으나' 등이 설정될 수 있다.

내포문, 즉 안긴 문장은 안겨 있는 절이 무엇이냐에 따라 다양한 어미를 갖고 있다. 명사절에는 명사형 전성 어미 '-ㅁ, -기', 관형사절에는 관형사형 전성 어미 '-는, -ㄴ, -ㄹ'이 붙는다. 그리고 부사절에는 부사형 전성 어미 '-게, -도록' 등이 붙는다. 부사절을 형성시키는 표지로는 이외에도 파생 접사 '-이'도 인정된다(예: 비가 <u>소리도 없이</u> 내린다). 인용절을 설정할 경우에는 직접 인용 조사 '-라고'와 간접 인용 조사 '-고'가 붙게 된다. '-라고, -고'가 과연 조사인지 아니면 어미인지는 논란이 많다. 부사절 표지 '-게, -도록'도 이것이 연결 어미인지 전성 어미인지 논란이 많다. 한편, 소위 서술절에는 어떠한 표지도 붙지 않아 다른 안긴 문장들과 차이를 보인다.

6. 끝까지 들어봐야 무슨 말인지 안다

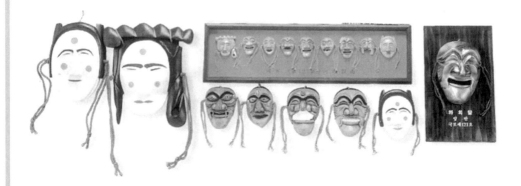

우리들은 얼굴 표정을 통하여 자신의 생각이나 느낌을 표현할 수 있다. 특히 놀라거나 뭔가 의심이 가거나 하면 얼굴 표정이 확 바뀌곤 한다. 문장을 통해서 좀더 확실하게 생각이나 느낌을 표현할 수 있는데, 특히 다양한 종결 어미에 기대어 나타낼 수 있다. 이러한 여러 가지 문장 종결의 방식을 **문장 종결법**이라 한다.

국어의 문장 종결 유형에는 **평서형, 의문형, 명령형, 청유형, 감탄형**이 있다. 평서형 종결 어미 '-다', 의문형 종결 어미 '-느냐', 명령형 종결 어미 '-어라', 청유형 종결 어미 '-자', 감탄형 종결 어미 '-구나'가 사용되고 있다. 이들은 각각의 문장 유형을 결정짓는 어미들이고, 화자와 청자의 관계에 따라서 다양한 형태의 종결 어미로 변화된다.

> ♡ **문장 종결법 예문과 종결 어미**
>
> ① 평서문 : 우리 나라는 사계절이 뚜렷하<u>다</u>
> ② 의문문 : 아버님께서 오셨<u>느냐</u>?
> ③ 명령문 : 철수야, 밥 먹<u>어라</u>.
> ④ 청유문 : 정현아, 유치원에 <u>가자</u>.
> ⑤ 감탄문 : 꽃이 참 예<u>쁘구나</u>.

평서문은 화자가 청자에 대하여 특별히 요구하는 일이 없이, 자기의 생각만을 단순하게 전달하는 문장이다. (6가)에서처럼 약속을 표현하는 문장은 상대방을 염두에 둔다는 점에서 소위 약속문으로 따로 설정하는 경우도 있으나, 자기의 생각을 전달한다는 점에서 평서문의 일종으로 파악된다.

의문문은 화자가 청자에게 질문하여 그 대답을 요구하면서 언어 내용을 전달하는 문장이다. 청자가 하는 대답은 다양한 유형으로 나뉘는데, 구체적인 설명을 요구하는 의문문을 설명 의문문이라 하고(6나 앞), 단순히 긍정이나 부정의 대답을 요구하는 의문문은 판정 의문문이라 한다(6 나 뒤). 또한, 굳이 대답을 요구하는 것은 아니면서 서술이나 명령의 효과를 나타내는 의문문이 있는데 이를 수사 의문문(또는 반어 의문문)이라 한다(6다). 이들 가운데, 구체적인 청자의 답변 을 요구하는 설명 의문문이 가장 전형적인 의문문이라 할 수 있다. 의문형 종결 어미는 '-느냐'로 대표되지만, 형용사문이나 서술격 조사문에서는 (6라)에서처럼 '-냐'로 나타난다.

(6) 가. 나도 네 뜻을 따르마.

　　나. 너 지금 뭐 하니? / 밥 먹었니?

　　다. 그렇게만 되면 얼마나 좋을까?

　　라. 꽃이 예쁘냐? / 그가 학생이냐?

　　마. *집에 갔어라 / *집에 가더라 / *집에 가겠더라.

　　바. 올바른 답을 써라 / 올바른 답을 쓰라.

　　사. *집에 갔자, *집에 가더자, *집에 가겠더자.

　　아. 참, 예쁘구나.

명령문은 화자가 청자에게 어떤 행동을 하도록 요구하면서 언어 내용을 전달하는 문장이다. 명령문의 주어는 반드시 청자가 되며, 서술어는 동사로 한정되고, 시간 표현의 '-었-, -더-, -겠-' 과 함께 나타나는 일도 없다(6마). 명령문은 직접 청자를 보고 명령하는 직접 명령문과 담화 현 장에는 없는 누군가에게 명령하는 간접 명령문으로 나뉜다. 직접 명령문을 구성하는 명령형 종결 어미는 '-어라'를 비롯한 다양한 형태를 취하나, 간접 명령문을 가능하게 하는 명령형 어미는 '- (으)라' 하나만 존재한다(6바).

청유문은 화자가 청자에게 어떤 행동을 함께 하도록 요청하면서 언어 내용을 전달하는 문장이 다. 청유문도 문법적인 제약을 받는데, 즉 주어가 화자와 청자가 함께 하는 표현이어야 하고, 서 술어도 동사에 한정되며, 시간 표현인 '-었-, -더-, -겠-'도 사용되지 못한다(6사). 청유문을 이루 는 청유형 종결 어미는 다양한 형태를 띠지만 가장 대표적인 형태는 '-자'이다. '-자'는 간접 인용 절에서 사용되는 유일한 형태이며, 직접 청유문에서도 물론 사용된다.

감탄문은 화자가 청자를 별로 의식하지 않거나 거의 독백하는 상태에서 자기의 느낌을 표현하 는 문장이다. 감탄형 종결 어미의 대표형은 '-구나'이다(6아). '-구나'는 오직 감탄문에서만 사용 되기 때문이다.

7. 안 하는 것과 못 하는 것은 어떻게 다른가

어떤 일을 하고 싶은데도 못하는 경우가 있고, 또 의지적으로 하지 않는 경우도 있다. 이와 같은 부정 표현은 부정 부사 '안', '못'과 부정 용언 '안하다', '못하다'를 통하여 이루어진다. 부정 부사를 통한 부정을 단형 부정, 부정 용언을 통한 부정을 장형 부정이라고 한다. 의지 부정은 '안, 아니하다'를 통해서 나타나며, 능력 부정은 '못, 못하다'를 통해서 나타난다.

장형 부정은 청유문과 명령문에서는 '못하다, 아니하다'가 사용되지 않고, 대신에 공통적으로 '말아라, 말자'가 쓰인다. 이러한 사실은 (7가)를 보면 잘 알 수 있다. 이처럼 보충되어 쓰이는 것은 보충법(補充法) 현상이라고 한다.

♡ 부정 표현			
	단형 부정	장형 부정(평서문, 의문문, 감탄문)	장형 부정(청유문, 명령문)
능력 부정	못	-지 못하다	-지 말아라, 말자
의지 부정	안, 아니	-지 아니하다, 않다, 안하다	-지 말아라, 말자

국어의 부정 표현은 기본적으로는 이런 방법으로 나타나지만, 몇 가지 예외적인 현상이 보인다. 능력 부정이든 의지 부정이든 간에 형용사문과 서술격 조사문에서는 사용되지 아니한다. (7나)를 보면, 서술격 조사문에서는 '안' 부정이든 '못' 부정이든, 단형이든 장형이든, 보충법이든 아니든 상관없이 부정 표현이 불가능함을 알 수 있다. 형용사문에서도 마찬가지다. (7다)에서 '안, 않다'가 사용되는 것처럼 보이는 것은 이들 표현이 의지 부정이 아닌 상태 부정 표현이기 때문이

다. '영희는 미인이 아니다'라는 문장은 '아니다'를 통해서 부정문을 만든 것인데 역시 상태 부정 표현이다.

> (7) 가. 그를 만나지 {말아라, *못해라, *아니해라} /
>   그를 만나지 {말자, *못하자, *아니하자}
> 나. 영희는 {*안, *못} 미인이다 /
>   영희는 미인이지 {*않다, *못하다} /
>   미인이지 {*말아라/*말자}
> 다. 영희는 {안, *못} 예쁘다 / 영희는 예쁘지 {않다, *못하다}
> 라. 철수가 가지 않았을까 걱정된다 / 철수가 갔지 않을까 걱정된다
> 마. 영희가 갔지 않니?
> 바. 영희가 가지 않았니?

한편, 부정 표현이지만 실제 의미로는 부정을 나타내지 않는 경우도 있다. (7라)에서처럼 상위 서술어가 '걱정되다, 두렵다, 의심스럽다, 무섭다' 등인 경우는 부정 표현이 쓰였다고 하더라도 결국은 수사 의문문으로 사용된 것이기 때문에 부정 의미가 없다. (7마)와 같은 표현도 수사 의문문으로 쓰인 것이기 때문에 '않다'에 부정의 의미가 없다. 그러나, (7바)에서처럼 시제 표현인 '-았-'이 뒤의 부정 표현에 쓰인 것은 부정 의문문이다.

8 당하는 것과 시키는 것은 어떻게 다른가

우리는 어떤 일을 하는 데 있어서 능동적으로 하는 경우와 피동적(수동적)으로 하는 경우가 있다. 또한 직접하는 경우와 누군가를 시켜서 하는 경우도 있다. 전자를 능동과 피동, 후자를 주동과 사동이라고 한다.

피동 표현

국어 문장은 동작이나 행위를 누가 하느냐에 따라 능동문과 피동문으로 나누어진다. 주어가 제 힘으로 행하는 동작을 **능동**(能動)이라 하고, 주어가 남의 행동에 의해서 행해지는 동작을 피동(被動)이라 한다. 이들이 실현된 문장을 각각 능동문과 피동문이라고 한다. 피동문과 능동문을 함께 언급하는 것은 피동문과 능동문이 밀접한 관련이 있다고 전제한 것이나, 모든 관계가 일대일로 대응되는 것은 아니다.

국어 문장의 피동 표현은 두 가지로 나누어진다. '잡히다'에서처럼 피동 접미사가 붙어서 이루어진 **접미사 피동**과, '잡아지다'에서처럼 피동 의미를 나타내는 '-(어)지다'가 붙어서 이루어진 **통사적 피동**이 그것이다. 접미사 피동은 타동사 어근에 피동 접미사 '-이-, -히-, -리-, -기-'가 붙어서 형성되는 것으로, 피동 표현의 가장 대표적인 유형이다. 모든 용언 어간에 '-어지다'가 붙어 형성되는 통사적 피동이 '-어'와 '-지다'라는 두 개의 문법 요소를 요구하고 있음에 비해, 접미사 피동은 접미사만을 필요로 하여 하나의 동사인 피동사를 형성할 수 있기 때문이다.

피동 표현의 길이를 기준으로 하여 흔히 접미사 피동은 단형 피동, 통사적 피동은 장형 피동이라고 말한다. 단형 피동은 타동사에서만 형성되고 있음에 비해서, 장형 피동은 동사든 형용사든 상관없이 모든 용언에서 형성된다. 한편, '잡혀지다' 같은 장형 피동은 단형 피동사인 '잡히다'에 다시 '-어지다'가 붙은 일종의 장형 피동이라 할 수 있다. 이는 피동 의미를 강조하기 위한 표현이다.

♡ 피동문의 형성 방법

단형 피동 : 타동사 어근 + 이, 히, 리, 기 → 피동사 (보이다, 먹히다, 들리다, 안기다)

장형 피동 : 용언 어간 + 어지다 → 피동사 (보아지다, 안아지다, 예뻐지다, 높아지다)

단형 피동 + 어지다 → 피동사 (보여지다, 잡혀지다, 들려지다, 끊겨지다)

한편, 의미적으로만 본다면, '당하다'와 같은 어휘도 피동 표현으로 생각할 수 있겠지만, '{이}', '(어)지다'와 같은 문법 요소를 갖고 있지 않기 때문에 문장론 차원의 피동 표현이 될 수 없다. '당하다, 되다, 받다'와 같은 동사는 그 자체가 피동 의미를 가지고 있는 어휘일 뿐이지 그것으로 인해서 어떤 문장이 피동문으로 만들어지는 것은 아니라는 것이다. 결국 피동문은 《피동》이라는 의미뿐만이 아니라 피동 접미사나 '-(어)지다'라는 문법 요소까지 갖추어야 한다는 것을 알 수 있다.

사동 표현

문장은 동작이나 행동을 자신이 하느냐 남으로 하여금 하게 하느냐에 따라 주동문과 사동문으로 나누어진다. 주어가 직접 동작을 하는 것을 **주동**(主動)이라 하고, 주어가 남에게 동작을 하도록 시키는 것을 **사동**(使動)이라 한다. 이들이 실현된 문장이 바로 각각 주동문과 사동문이다.

　사동 표현도 피동 표현과 유사한 점이 많다. '읽히다'와 같이 사동 접미사를 이용한 **접미사 사동**과, '읽게 하다'와 같이 '-게 하다'를 통한 **통사적 사동**으로 나눌 수 있으며, 각각 단형 사동과 장형 사동이라고도 부른다. 사동 접미사 '-이-, -히-, -리-, -기-, -우-, -구-, -추-'를 통한 접미사 사동은 사동 표현에서 가장 대표적인 유형으로, 용언 어근에 사동 접미사를 덧붙여서 구성한다. 사동 접미사가 이중으로 들어가는 '세우다, 재우다' 같은 특이한 사동사도 발견된다.

♡ 사동문의 형성 방법

단형 사동 : 용언 어근 + 이, 히, 리, 기, 우, 구, 추 → 사동사 (속이다, 들리다, 맡기다)

　　　　　용언 어근 + {이} + {이} → 사동사 (세우다, 재우다)

장형 사동 : 용언 어간 + 게 하다 → 사동문 (속게 하다, 들게 하다, 맡게 하다)

　　　　　단형 사동 + 게 하다 → 사동문 (속이게 하다, 들리게 하다, 세우게 하다)

　용언 어간에 '-게 하다'를 붙여서 만드는 통사적 사동은 단형 사동보다 생산성이 훨씬 높다. '-게 하다'는 '-게 만들다'로도 바꿀 수가 있어, 둘 다 통사적 사동 표현으로 인정해야 할지 하는 어려움이 있다. 그러나 '-게 만들다'를 인정하게 되면, '-게 시키다', '-게 명령하다', '-게 지시하다' 등도 모두 사동 표현으로 인정해야 하기 때문에, '-게 하다' 이외 모든 표현들은 제외시키는 것이 좋다. '-게 하다'가 대동사처럼 모두를 대신하여 사용될 수 있다는 점이 첫 번째 이유이고, 실제로 '시키다, 만들다, 명령하다, 지시하다' 등은 본용언 의미를 그대로 가지고 있다는 것이 두 번째 이유이다.

　의미적으로만 본 '시키다'와 같은 어휘 사동 표현은 어휘 피동과 마찬 가지로, 주동문을 사동문으로 만드는 데 있어서 접미사나 '-게 하다'와 같은 문법 요소가 없기 때문에 사동법에서 제외시키는 것이 일반적이다. 결국 사동 표현은 사동 접미사 및 '-게 하다'와 같은 문법 요소를 통해서 실현된 문장을 가리킨다.

♡ 능동문에서 피동문, 주동문에서 사동문이 나오는 과정에 있어서 어떤 변화가 있는지 알아 보자.

① 사냥꾼이 토끼를 잡았다 ⇒ 토끼가 사냥꾼{에게 / 에 의해}잡혔다

② 얼음이 녹는다 ⇒ (난로불이) 얼음을 녹인다 ;

③ 담이 높다 ⇒ (아저씨가) 담을 높였다

④ 철수가 짐을 졌다 ⇒ (아버지가) 철수에게 짐을 지웠다

9. 누구를 어떻게 높이면 되는가

우리는 일상 생활 속에서 많은 사람들을 만나며 살아간다. 웃사람을 만날 때 사용하는 말과 아랫사람을 만날 때, 또 비슷한 사람을 만날 때 사용하는 말이 다를 수 있다. 이처럼 말하는 사람이 어떤 대상에 대하여 높임의 태도를 나타내는 문법 기능을 **높임법**이라 한다. 높임법은 누구를 높이느냐에 따라 주체 높임법, 상대 높임법, 객체 높임법으로 나누어진다.

주체 높임법

주체 높임법은 화자가 서술의 주체에 대하여 높임의 태도를 나타내는 방법이다. 문장에서 서술의 주체는 대개 주어로 실현되어 나타나지만, '선생님의 말씀이 타당하십니다'에서처럼 주어 아닌 관형어('선생님')를 높이는 경우도 있다.

주체 높임법이 이루어지는 방법은 여러 가지지만, 주체 높임 선어말 어미 '-시-'가 대표적이다. (8가)를 보면, 주체인 '선생'을 높이는 데 있어서, 선어말 어미 '-시-', 주격 조사 '-께서', 높임 접미사 '-님'이 사용되고 있음을 알 수 있다. 주체는 서술어를 통하여 서술되기 때문에 서술어에 나타나는 '-시-'가 주체 높임 표지로 대표적이다. '-께서'도 유정 명사인 주어를 높이는 데 사용되기 때문에 많이 사용된다. 그러나, '-님'은 '나는 선생님을 존경한다'에서처럼 주체 이외(여기서는 객체)를 높일 때도 사용되어 차이를 보인다. '-시-', '-께서', '-님' 뿐이 아니라, '계시다, 잡수시다,

주무시다, 편찮으시다'와 같은 특수 어휘를 통해서도 주체를 높일 수가 있다. 서술어인 이들을 가만히 보면 모두 '-시-'가 들어가 있는 것을 볼 수 있다. 물론 이 때의 '-시-'는 선어말 어미가 아니라 어간의 일부이다.

(8) 가. 선생이 오신다 / 선생께서 오신다 / 선생님께서 오신다.
    나. 할아버지, 아버지가 아직 안 왔어요.
    다. ^{???}할아버지, 아버지가 아직 안 오셨어요.

한편, (8나)와 같은 표현에서는 소위 압존법(壓尊法)이라 하여 주체가 청자보다 낮은 지위에 있는 경우에는 높임 표지 '-시-'를 넣을 수 없다고 알려져 왔다. 즉, 청자인 '할아버지'보다 주체인 '아버지'가 낮기 때문에 (8다)가 비문이 된다는 것이다. 대상보다 더 높은 사람 앞에서는 아무리 다른 사람을 높이고 싶더라도 높여서는 안 된다는 것이다. 회사 생활을 할 때, 말단 부하 직원이 부장님 앞에서 과장님을 높여서 말하면 안 된다는 것도 바로 이런 이유 때문이다. 그러나, 근래 들어 이런 표현이 자주 사용되곤 한다. 즉 어색한 말이나 버릇 없는 말은 될 수 있을지 몰라도 근본적으로 비문까지는 아닐 수도 있다는 것이다. 화자가 갖고 있는 높임 의도에 따라서 '-시-'가 들어가기도 하고 들어가지 않을 수도 있다고 이해된다.

객체 높임법

주체 높임법이 대체로 문장의 주어를 높이는 방법임에 비해서, 객체 높임법은 문장의 목적어나 부사어가 지시하는 대상, 곧 서술의 객체에 대한 높임의 태도를 나타내는 문법 기능이다.

(9) 가. 나는 아버지를 모시고 집으로 왔다.
    나. 나는 그 책을 선생님께 드렸다./ 나는 그것을 선생님께 여주었다.

(9가)라는 문장은 화자이면서 주어인 '나'보다 존귀한 대상인 목적어 '아버지'를 높인 것인데 '모시다'라는 동사를 사용하고 있다. (9나)에서는 부사어 대상인 '선생님'을 높인 표현으로 '드리다, 여쭙다'라는 특수 동사를 사용하고 있다. '아버지'나 '선생님'은 모두 높임의 대상이기 때문에, 높임을 나타내는 서술어를 사용하여 높이고 있는 것이다. 물론 '-님'을 붙인 '아버님, 선생님'이라

는 표현으로 이들을 높일 수도 있다. 그러나 이 방법은 모든 체언에 붙는 방법으로 고유한 객체 표현이라고 볼 수는 없다.

이처럼 객체 높임법은 현대 국어의 높임법 가운데 제일 발달되지 않은 방법인 것을 알 수 있다.

상대 높임법

국어의 높임법 가운데 가장 발달되어 있는 것은 상대 높임법이다. 상대 높임법은 화자가 청자인 상대방에 대하여 높이거나 낮추어 말하는 법을 일컫는다. 상대 높임법은 주로 종결 표현에 의하여 실현되는데, 크게는 격식체와 비격식체로 나뉘고, 높임의 정도에 따라서는 네 단계로 나누어진다.

격식체는 의례적 용법으로 심리적인 거리감을 나타내는데 비해서, 비격식체는 정감적 용법으로 친근감을 나타내 준다. '이 책을 읽으십시오'는 합쇼체, '이 책을 읽으시오'는 하오체, '이 책을 읽게'는 하게체, '이 책을 읽어라'는 해라체 표현으로, 모두 격식체 표현들이다. 이에 비해 '이 책을 읽어요 ; 이 책을 읽어'는 정감적인 표현으로서 각각 높임 표현인 해요체와 낮춤 표현인 해체를 나타낸다.

♡ 상대 높임법 체계				
	높임 표현		낮춤 표현	
격식체	합쇼체 (아주 높임)	하오체 (예사 높임)	하게체 (예사 낮춤)	해라체 (아주 낮춤)
비격식체	해요체 (두루 높임)		해체 (두루 낮춤)	

상대 높임법은 종결 어미로 실현되는 것이 일반적이긴 하지만, 반드시 그렇지만은 않다. 비격식체 중 두루 높임 형태인 '-어요'는 종결 어미 '-어'와 보조사 '요'로 나누어지며, 격식체의 아주 높임 형태인 '-ㅂ시오'도 선어말 어미인 '-ㅂ-', '-시-'와 어말 어미인 '-오'로 형태소 분석된다. 따라서 종래 상대 높임법은 종결 어미로 실현되는 것이 아니라 종결 표현으로 실현된다고 해야 한다.

10. 과거와 현재와 미래는 어떻게 표현할 수 있는가

우리는 타임머신이라는 기계를 타고 과거나 미래를 여행하고 싶어한다. 그러나, 이는 앞으로 꿈꾸는 것이고, 실제 생활 속에서는 상상을 할 뿐이며, 구체적으로는 문장을 통해서 표현할 수 있을 뿐이다. 문장에서 시간은 시제라는 문법 범주를 통하여 실현된다. 시간은 연속적인 자연의 흐름이고, 시제는 시간을 인위적으로 구분한 문법 범주이다. 연속적 시간은 과거, 현재, 미래라는 시제로 나누는 것이 일반적이다.

시간을 표현하는 방법은 몇 가지가 있다. 시간 부사어, 선어말 어미, 관형사형 어미, 관형사형 어미와 의존 명사가 결합된 형태 등 다양하다.

과거 표현은 '어제, 엊그제, 지난' 등의 과거 시간 부사어들이 가장 대표적인 표현이고, '-었-', '-었었-', '-더-'와 같은 선어말 어미도 과거를 나타내는 중요한 표현이다. 관형사형 어미로는 동사에서는 '-ㄴ'이 쓰이고, 형용사와 서술격 조사에서는 '-던'으로 나타난다(10가). 그러나, 이 '-던'은 본래 《회상》의 '-더-'와 관형사형 어미 '-ㄴ'으로 이루어진 것이며, '-던' 자체가 하나의 관형사형 어미인 것은 아니다.

> (10) 가. 그 책을 읽은 사람 / 예쁘던, 학생이던
> 　　　나. 간다, 읽는다 / 예쁘다, 학생이다
> 　　　다. 먹는 / 예쁜, 학생인
> 　　　라. 먹는 중이다
> 　　　마. *예쁜 중이다 / *학생인 중이다
> 　　　바. 내일은 비가 오리라
> 　　　사. 정말 그렇겠다 / 내가 반드시 하겠어 / 중학생도 그 일은 할 수 있겠다.

현재 표현은 '지금, 현재' 등과 같은 시간 부사어가 대표적인 것이며, 동사에서 쓰이는 현재 시제 선어말 어미 '-ㄴ-, -는-'도 중요한 현재 표현이다(10나 앞). 현재 시제 선어말 어미는 형용사와 서술격 조사 표현에서는 영형태(零形態, zero form)로 나타난다(10나 뒤). 관형사형 어미 역

시 서술어에 따라 다르다. 동사에서는 '-는'이지만, 형용사나 서술격 조사에서는 '-ㄴ'이다(10다). '-는 중' 같은 경우도 현재를 나타내는 표현으로 알려져 있는데(10라), 이것은 관형사형 어미 '-는'만으로도 충분하며, '중'이라는 표현을 써서 현재 표현인 것을 보다 확실히 해 준 것일 뿐이다. 그나마 형용사나 서술격 조사에서는 적용되지 않는다(10마).

미래 표현은 '내일, 모레'와 같은 시간 부사어와 '-겠-', '-리-'와 같은 미래 시제 선어말 어미가 대표적이다. '-리-'는 한정된 표현에서만 나타나고(10바), '-겠-'은 많이 나타나지만, (10사)에서처럼 《추측》, 《의지》, 《확신》 의미를 나타내는 경우가 있어서, 미래 표현의 자격에 대해서 의문을 던질 수도 있다. 그러나, '-겠-'의 기본 의미로 《미래》를 설정한 연후에 《추측》, 《의지》, 《확신》 등을 파생 의미로 본다면 아무런 문제가 없을 것이다. '내일은 아마 눈이 올 것이야'에 쓰인 '-ㄹ 것'도 미래 표현으로 쓰이는데, 이것도 문맥에 따라서는 《추측》 의미로 파악되기도 한다. '야영 갈 사람은 신청하세요'에서처럼 관형사형 어미로는 '-ㄹ'이 미래를 나타낼 수도 있는데, 형용사나 서술격 조사 표현에서는 사용되지 않는다.

1. 다음 문장에서 주성분, 부속 성분, 독립 성분을 찾아 보라.

　가. 나는 오늘 그 친구를 좀 만나야겠어.

　나. 아니, 네가 벌써 고등 학생이 되었구나.

2. 다음 문장들에서 주어를 찾아 내고, 그 형성 방법에 대하여 설명하라.

　가. 이번에도 우리 학교에서 우승을 차지했다.

　나. 선생님께서 김치를 잘 드신다.

　다. 나의 희망은 세계적인 과학자가 되는 것이다.

　라. 내가 노래하기가 참 힘들다.

3. 다음 글에서 나오는 서술어들이 각각 몇 자리 서술어인지 하나하나 구분해 보라.

> 지혜가 제일이니 지혜를 얻으라 무릇 너의 얻은 것을 가져 명철을 얻을지니라

4. 다음 문장들을 참고로 하여, 안긴 문장의 종류와 특성에 대하여 설명하라.

　가. 우리는 이제 그가 정당했음을 깨달았다.

　나. 지혜를 얻은 자와 명철을 얻은 자는 복이 있나니

　다. 그들은 우리가 입은 것과 똑같은 옷을 입고 있다.

　라. 우리는 지현이가 모범생이라는 사실을 잘 알고 있다.

　마. 나래는 인호가 축구에 소질이 있다는 것을 아직 모르고 있었다.

5. 다음 문장들을 참고로 하여, 문장 종결법을 설명하라.

　가. 너는 노래도 잘 부르는군.

　나. 이번 일요일에는 반드시 갈께요.

　다. 그 산은 높은가?

　라. 길이 막히니 서둘러 출발하십시오.

　마. 우리 함께 생각해 봅시다.

6. 주체 높임법, 상대 높임법, 객체 높임법에 대하여 다음 예들을 갖고 설명해 보자.

　가. 지금 아버지께서 집에 계신다.

　나. 할머니, 엄마 어디 갔어.

다. 지금부터 주례 선생님 말씀이 있으시겠습니다.

라. 어서 서둘러 가오. 왜 꾸물거리오?

마. 선생님 따님이 전시회를 여신다.

바. 안녕히 주무셨어요?

사. 나는 그 책을 그 분께 드렸다.

아. 게으른 자여 개미에게로 가서 그 하는 것을 보고 지혜를 얻어라.

7. 위(6)에 든 예들을 참고하여, 시간 표현 방법에 대하여 설명하라.

8. 다음 피동문과 관련된 능동문을 찾아 보고, 특히 피동문의 형성 방법을 설명해 보라.

가. 기차가 멀리서 보였다.

나. 오늘은 붓글씨가 잘 써진다.

다. 학술 조사단에 의해 역사의 새로운 사실이 밝혀졌다.

9. 다음 사동문과 관련된 주동문을 찾아 보고, 사동문의 형성 방법을 설명해 보라.

가. 주인이 당나귀에게 짐을 지웠다.

나. 선생님께서 눈높이를 낮추신다.

다. 따스한 햇살이 얼음을 녹인다.

라. 선생님께서 학생들에게 종이 인형을 만들게 하셨다.

마. 언니가 아이에게 옷을 입게 하였다.

10. 다음 문장들을 참고하여, 부정문의 형성 방법과 특성에 대하여 설명하라.

가. 명은이는 아직 민석이를 {만나지 못했다 / 못 만났다} .

나. 명은이는 아직 민석이를 {만나지 않았다 / 안 만났다} .

다. 너무 심하게 다투지는 말아라.

11. 위에 제시된 문장들을 참고로 하여, 국어의 기본 문형에 대하여 논해 보라.

한걸음 더!

1. 변형 생성 문법에 대하여 알아 보자.

　　과거의 전통 문법이나 구조 문법에서는 표층적인 표면 구조만을 연구 대상으로 하곤 했으나, 촘스키 이론으로 대표되는 **변형 생성 문법**에서는 눈에 보이지 않는 심층 구조까지 연구 대상으로 삼았다. 변형 생성 문법에서는 심층 구조에 기저형을 설정하고, 이에 변형을 가하여 표면 구조를 생성해 낸다는 이론을 갖고 있다.

'예쁜 꽃이 피었다' 같은 문장을 대개 겹문장으로 파악하고 있는데, 이의 이론적 근거가 바로 심층 구조를 설정하였기 때문이다. 이 문장은 '꽃이 예쁘다'라는 홑문장과 '꽃이 피었다'라는 홑문장이 동일 명사구 탈락 규칙과 관계화 변형 규칙을 거친 후에 나온 표면 구조라는 것이다. 앞 문장에 있던 명사(구) '꽃'이 탈락하고, 문장 전체에 관형사형 어미 '-ㄴ'이 붙어서, 결국 '예쁜 꽃이 피었다'라는 겹문장이 나왔다는 것이다.

변형 생성 문법은 1960년대 소위 표준 이론이라 하여, 모든 문장의 해석을 심층 구조에 의존하려 했었다. 그러나, 피·사동 문장이나 수량화 문장에서 표면 구조와 심층 구조 의미가 다르게 해석될 수 있는 경우들이 인식되면서 1970년대에 이론 자체가 변화를 하게 되었다. 소위 해석 의미론에서는 심층 구조에서 표면 구조로 변형되는 과정에 의미 해석을 해 주는 장치를 마련하였고, 생성 의미론에서는 심층 구조를 더욱 추상화시키는 방향으로 변화를 하였다.

1980년대 들어와서 변형 생성 문법에서는 소위 지배와 결속 이론(GB 이론 : Government & Binding Theory)이라 하여, 심층 구조는 물론이고 종전의 표면 구조까지 의미 해석 영역으로 설정하고 있다. 그리하여 수많은 변형 규칙들을 하나의 변형 규칙, 즉 알파 이동 규칙(α-movement rule)으로 종합시킨 다음, 여덟 개의 원리(principles)로 설명하고 있다. 변형 생성 문법이 점점 이론화·추상화됨에 따라 1990년대 와서는 소위 최소주의라 하여 문장 분석을 간단히 하는 방법을 제시하고 있다. 이것의 기본 생각은 범주화된 메타 언어를 사용하지 않으면서, 문법 설명력을 최소화한다는 것이다. 현대 언어학은 최소주의 언어학이라고 말하기도 한다.

촘스키가 29세였던 1957년부터 시작된 변형 생성 문법은 촘스키 자신의 연령 변화에 따라 계속적인 변화를, 아니 변형을 해 온 것이다. 변형 생성 문법 이론의 변화 과정을 정리하면 다음과 같다. 표준 이론(1960년대) → 확대 표준 이론(1970년대) → 수정 확대 표준 이론(1980년대) → 장벽 이론(1980년대 중반) → 최소주의 이론(1990년대)

2. 문장을 분석하는 다양한 방법을 제시하고 생각해 보자.

일반적으로 문장은 주어부와 서술부로 나뉜다. 서술부 속에는 목적어, 보어, 부사어 등이 들어 가곤 한다. 문장의 기본 문형을 주어+서술어, 주어+목적어+서술어, 주어+보어+서술어, 주어+목적어+보어+서술어 네 가지로 나누는 방법은 크게 보아 주어부와 서술부로 구분하는 방식이라고 할 수 있다. 이는 전통적 방식으로 현행 학교 문법에서 나누는 방법이기도 하다.

문장을 명제부(P, proposition)와 양태부(M, modality)로 나누는 방식도 있다. 이것은 사태를 나타내는 명제 부분과 화자가 생각하는 양태 부분으로 나누는 방식이다. 명제 부분으로 상기의 네 가지 기본 문형이 들어갈 것이지만, 양태 부분에 어말 어미나 보조 용언이나 보조사 등 화자의 심리 상태를 나타낼 수 있는 문법 단위를 포함시키는 방법이다. 이 방법은 격문법 입장을 반영하고 있다고 할 수 있다.

최근의 변형 생성 문법 이론에서는 문장을 굴절부(IP, Inflectional Phrase)로 보는 방법을 취하기도 한다. 즉 ' S = IP '라는 방식인데, 이는 문법 범주에 있어서 핵심적인 것은 뒤에 온다는 점에 착안하여 조사와 어미와 같은 굴절요소들의 문장 내 역할을 중요시한 입장이다. 특히 굴절요소인 선어말 어미 '-시-'가 문장의 주격을 배당시켜서 주어가 되게 하고, 목적어는 용언(V)이 목적격을 배당한다고 본다. 이 방식은 문장에서 서술어에 큰 비중을 두면서 주어와 목적어를 이론적으로 설명하고자 하는 방식이다.

3. 문장을 입체적인 그림으로 그려 보자.

변형 생성 문법 초창기에 국어 문장 분석 이론에 도입된 것으로 문장을 나무 그림으로 나타내는 방법이 유행하였다. **수형도**(樹型圖, tree diagram)라는 명칭으로 알려져 있는 이 방법은 구조 문법에서도 사용되곤 했었는데, 문장 분석 방법에서 많이 이용되곤 했다. 물론 문장을 '명제 + 양태'로 나누는 방식이나, 굴절부(IP, Inflectional Phrase)로 보는 방식에서도 사용되고 있긴 하다. 여기서는 전통적 방법으로 수형도를 그려 보도록 한다(조사나 어미와 같은 문법 요소는 표시 생략).

(가) 꽃이 아름답다

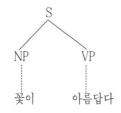

(나) 나는 그녀를 좋아한다

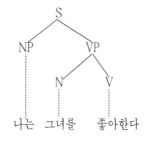

(다) 나는 선물을 그녀에게 주었다.

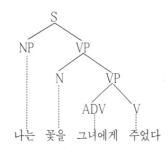

4. 시제와 상(相)의 관계를 알아 보자.

　　시간 표현으로서의 시제는 일반적으로 과거, 현재, 미래라는 삼분법으로 나누어지지만, 시간 표현과 관련된 또 다른 문법 기능으로 소위 **상**(相, aspect)이라는 문법 범주가 있다. 상은 시간의 흐름 속에서 동작이나 상태가 일어난 모습을 나타낸다. 발화시를 기준으로 동작이 일어나는 모습을 나타내는 문법 기능을 동작상(動作相)이라 하는데, 크게 진행상(進行相)과 완료상(完了相)과 예정상(豫定相)으로 나뉜다. 동작상은 시간의 흐름 속에서 동작이 일어난 상태를 나타낸 것이기 때문에, 시제와 동작상은 관련이 있다. 대체로 진행상은 현재 시제와, 완료상은 과거 시제와, 예정상은 미래 시제와 일치한다.

　　시제 선어말 어미들과 달리 동작상 표현으로만 인정되는 표현으로 '-아 있다', '-아 가다', '-어 버리다', '-게 되다'와 같은 것들(예: 나는 밥을 먹고 있다 ; 빨래가 다 말라 간다 ; 밥을 먹어 버렸다 ; 나도 거기에 다니게 되었다)과, 두 홑문장이 이어지는 매개체인 '-면서', '-고서', '-려고' 같은 것들이다(예: 공부하면서 노래를 부른다 ; 종소리를 듣고서 교회로 향했다 ; 거리에 가려고 마음 먹었다). 그러나 이들은 서술어가 두 개 이상 이어진다는 측면에서 과거, 현재, 미래의 시간 표현들과 차이를 보인다. 그러나, 이들도 넓게 보면 시간을 나타내는 표현의 일종임에 틀림없다.

5. 조사와 어미와 접사의 통사론적 성격에 대하여 알아 보자.

　　국어를 교착어라고 하는 것은 조사와 어미 및 접사가 발달되어 있기 때문이다. 이것들은 독립적으로 볼 때 분명히 형태론에서 다룰 내용들이지만, 전체 문장 속에서 볼 때 격조사와 어미는 그 기능이 지대하기 때문에 통사론에서 다룰 필요도 있다.

　　격조사가 문장 성분과 밀접한 관련을 가지고 있음에 비해서, 보조사는 다른 성격을 보인다. 예컨대, '철수가 영희만 좋아한다'에서 사용된 보조사 '-만'은 문장 내 차원이 아니라 문장 밖의 성분이나 내용과 관련이 있기 때문에 화용론 차원에서 다룰 필요가 있다. 물론 접속 조사(내포 접속 조사 '-의'와 대등 접속 조사 '-와')는 성분과 성분을 이어 주는 역할을 하기 때문에 통사론에서 다루어야 한다.

　　한편, 어미는 개별 형태소라는 차원에서 형태론에서 다룰 수도 있으나, 문장에서 가장 중요한 서술어를 구성하는 성분이기 때문에 통사론에서 다루는 것이 편하다. 종결 어미와 연결 어미는 동사나 형용사 어간 맨끝에 붙지만, 실상은 앞에 나온 모든 문장 성분들로 이루어진 명제 내용과 관련되기 때문에, 통사론에서 다루는 것이 훨씬 편하다. 선어말 어미 역시 명제 내용의 서법이나 양태 등을 나타내기 때문에 통사론에서 다루는 것이 나을 것이다.

　　접사는 대개 단어 구성소라는 차원에서 형태론에서 다루는 것이 일반적이다. 그러나, 소위 통사적 접사라고 하는 '-답-' 같은 경우는 명제와 관련되기 때문에 통사론에서 다루기도 한다. 분명한 것은 조사나 어미나 접사들은 실제적 의미를 갖고 있는 실사가 아닌 허사라는 사실이다. 이들 허사가 발달되어 있다는 데서 국어의 교착어(또는 첨가어)적 특성이 드러난다.

6. 국어 문장론에 대한 개설서로는 남기심·고영근(1993), 민현식(1999), 박영순(1985), 서정수 (1996), 왕문용·민현식(1993), 이익섭·임홍빈(1983), 이익섭·채 완(1999) 등을 참조해 볼 수 있다. 특히, 남기심·고영근(1993)은 학교 문법의 해설서 역할을 하고 있다.

문장 성분에 대해서는 이홍식(1996)에서 밀도있는 설명을 하고 있다. 이관규(1999)에서는 학교 문법 차원에서 문장 성분을 비판적으로 소개하고 있다. 문장 성분은 국어의 격조사와 밀접한 관련을 가지고 있는데, 성광수(1999), 이남순(1998), 한국어학회(1999) 등을 참고할 수 있다. 국어의 기본 문형에 대한 연구는 다른 영역에 비해서 미비한 실정이다. 남미혜(1988)에서는 보어가 목적어 앞에 온다고 말하고 있으나, 이관규(1999)에서는 목적어가 보어 앞에 온다고 말하고 있다.

문장의 종류와 확대 문제는 이어진 문장을 어떻게 처리하느냐에 따라 견해가 다양하다. 현행 학교 문법에서처럼 선행절을 그냥 종속절로 보는 방법과 부사절로 보는 방법으로 양분된다. 전자는 교육부(1996), 남기심·고영근(1993)이 대표적이며, 후자는 남기심(1985), 이관규(1992), 서정수(1996)이 대표적이다. 한편, 왕문용·민현식(1993), 고광주(1999)에서는 대등문의 선행절까지 모두 부사절로 보기도 한다.

문장 종결법에 대해서는 한길(1991), 윤석민(1996) 등을 참고할 수 있고, 부정법에 대해서는 성광수(1999), 임홍빈(1998) 등을 참고할 수 있다. 피동법과 사동법에 대해서는 김홍수(1998), 배희임(1988), 성광수(1999) 등을 참고할 수 있다. 높임법에 대해서는 서정수(1984), 성기철(1985), 임동훈(1996), 박영순(1976), 유송영(1996), 이정복(1998) 등을 참고할 수 있다. 시제법에 대해서는 남기심(1978), 최동주(1995), 한동완(1996) 등을 참고할 수 있다.

7.

우리말에 담긴 뜻을 찾아

　우리들이 일상 생활에서 주고받는 말에는 어떠한 뜻과 일정한 소리가 녹아들어 있다. 그 소리와 뜻의 관계에서 보면, 소리는 뜻을 담는 형식이며 뜻은 소리에 담긴 내용이다. 따라서, 소리는 없고 뜻만 있는 말이라든가, 뜻은 없고 소리만 있는 말은 생각할 수가 없다. 우리가 말을 한다는 것은 뜻을 소리에 담는다는 것이고, 말을 듣는다는 것은 소리에서 뜻을 꺼내는 것이라 할 수 있다. 그런데 말이라고 할 때에 그 말은 단어일 수도 있고, 문장일 수도 있으며, 발화일 수도 있다. 따라서, 말의 뜻이라고 하면 그것은 단어의 뜻, 문장의 뜻, 발화의 뜻을 다 포괄하게 되는 것이다. 이 단원에서는 단어의 뜻과 문장의 뜻에 대해서만 알아보고, 발화의 뜻은 다음 단원에서 따로 알아보기로 한다.

1. 뜻을 갖는 말은 어떠한 것인가: 의미 표현의 단위

(1) 멍텅구리 이야긴데 참 숙맥이야. 장가를 보냈는데 그 장모 되는 분이 사위 녀석한테 편 좀 해 줄까 했더니 못 먹어요 했어. 면 좀 해 줄까. 못 먹어요. 약주 좀 줄까. 못 먹어요. 그래 이 사위놈이 동네 아이들한테 가니까 동네 아이들이 편 좀 먹었니. 편이 무엇인지 몰라 못 먹었네. 면은. 약주는. 무엇인지 몰라 하나도 못 먹었네. 에이 바보야 편은 떡이고 면은 국수고 약주는 술 아니냐. 아하 그걸 몰랐군 하며 편, 면, 약주를 외고 가다가 물방아 있는 곳을 건너뛰다 잊어 먹었겠다. 이놈은 물속에 제가 외우던 것이 빠진 줄 알고 그 못을 막고 허우적허우적대는데 조금 있다가 물방아 임자가 올라왔어. 물이 안 내려오니까 올라와 본 거지.

야 임마 뭘 찾아. 이 편에서 잊었니 저 편에서 잊었니. 아 하나 찾았다. 이 자식이 약주를 먹었나 소주를 먹었나 무슨 소리야. 야 또 하나 찾았다. 어 야 임마 너 어느 면에 살아. 미친 자식 같으니. 야 세 개 다 찾았다 하고 좋아하며 장모한테 가서 실컷 얻어 먹었지. 〈장덕순·조동일·서대석·조희웅(1977), 「구비문학개설」, 서울: 일조각, 255면〉

(1)의 글은 충청북도 영동군 심천면 초강리에 전해 오는 이야기를 듣고 옮겨 적은 한 부분이다. 이 글을 보고 그 뜻을 헤아려 보자. 어떤가? 무슨 말인지 모두가 이해하였을 것이다. 이와 같이 어떤 사람이 침묵과 침묵 사이에서 말한 이야기를 **발화**(發話 utterance)라고 한다. 그런데 이 발화의 뜻을 이해하기 위해서는 그 발화를 구성하는 직접적인 단위의 뜻을 이해해야 한다. 그러면 이제는 발화의 직접 구성 단위 몇 개의 뜻을 헤아려 보자.

(2) 가. 그래 이 사위놈이 동네 아이들한테 가니까 동네 아이들이 편 좀 먹었니.
　　나. 멍텅구리 이야긴데 참 숙맥이야.　　　다. 면 좀 해 줄까.
　　라. 면은.　　　　　　　　　　　　　마. 못 먹어요.
　　바. 무엇인지 몰라 하나도 못 먹었네.　　사. 물이 안 내려오니까 올라와 본 거지.

이제는 어떤가? (1)의 뜻을 파악하는 것보다는 좀 망설여지는 부분이 있었겠지만 역시 무슨 말인지 모두가 이해하였을 것이다. 이와 같이 완전한 서술 작용을 가지는 것을 **문장**(文章

sentence)이라고 한다. 좀 망설여지는 부분이 있다는 것은 문장이 사용된 화맥(話脈)이나 문맥 (文脈)을 정확히 알 수 없기 때문이다. 그런데 이 문장의 뜻을 이해하기 위해서는 그 문장을 구성 하는 직접적인 단위의 뜻을 이해해야 한다. 그러면 이제는 문장의 직접 구성 단위 몇 개의 뜻을 헤아려 보자.

(3) 가니까 / 가다가 / 가서   같으니   개   건너뛰다   것이 / 거지
먹어요 / 먹겠다 / 먹었나 / 먹었네 / 먹었니 / 먹었지   멍텅구리
면 / 면에 / 면은   몰라 / 몰랐군   못 / 못을   무슨   무엇인지

이제는 또 어떤가? (2)의 뜻을 파악하는 것보다는 좀더 망설여지는 부분이 있었겠지만 역시 무슨 말인지 모두가 이해하였을 것이다. 이와 같은 최소 자립형을 **단어**(單語 word)라고 한다. 좀 더 망설여지는 부분이 있다는 것은 단어가 사용된 문맥을 정확히 알 수 없기 때문이다. 그런데 이 단어의 뜻을 이해하기 위해서는 그 단어를 구성하는 직접적인 단위의 뜻을 이해해야 한다. 그러 면 이제는 단어의 직접 구성 단위 몇 개의 뜻을 헤아려 보자. 아래 (4)는 그 구성 단위를 '+'로 나누어 표시한 것이다. '+'를 기준으로 하여 왼쪽은 체언이거나 용언 어간이고 오른쪽은 조사이 거나 용언 어미이다.

(4) 가+니까/다가/서   같+으니   건너뛰+다   것+이/이지
먹+어요/었겠다/었나/었네/었니/었지   면+에/은   모르+아/았군   못+을
무엇+인지   물속+에   물+이   무엇+을   미치+ㄴ

이제까지 하나의 발화를 대상으로 하여 그 발화의 뜻을 이해하기 위하여 발화를 구성하는 문장을 살펴보았고, 문장의 뜻을 이해하기 위하여 문장을 구성하는 단어를 살펴보았으며, 단어의 뜻을 이해하기 위하여 단어를 구성하는 체언, 조사, 어간, 어미를 살펴보았다. 그리고 문장의 뜻을 파악할 때나 단어

♡체언·어간의 뜻 ─┐
조사·어미의 뜻 ─┴ 단어의 뜻 ─┐
단어가 사용된 문맥 ─┴ 문장의 뜻 ─┐
문장이 사용된 문맥·화맥 ─────────┴ 발화의 뜻

♡화맥: 발화의 직접 구성 단위인 문장과 언어 외적 상 황 사이의 맥락.
문맥: 발화의 직접 구성 단위인 문장들 사이나 문장 의 직접 구성 단위인 단어들 사이의 맥락.

의 뜻을 파악할 때는 문장이나 단어가 사용된 화맥이나 문맥을 정확히 알 수 없기 때문에 그 뜻을 판정하는 데에서 좀 망설여지는 부분이 있다는 것을 알았다. 그러면 하나의 발화가 지닌 뜻을 이 해하기 위해서는 그것을 구성하는 문장의 뜻과 문장이 사용되는 화맥이나 문맥을 알아야 하고,

하나의 문장이 지닌 뜻을 이해하기 위해서는 그것을 구성하는 단어의 뜻과 단어가 사용되는 문맥을 알아야 하며, 하나의 단어가 지닌 뜻을 이해하기 위해서는 그것을 구성하는 체언·어간의 뜻과 조사·어미의 뜻을 알아야 할 것이다.

2. 내가 한 말은 그런 뜻이 아닌데: 문장의 의미

(5) 옛날에 정승 한 사람이 매우 가난하게 살았다. 이를 긍휼히 여긴 상감께서, "그 정승을 어떻게 도울 길이 없을까?" 하고 곰곰이 생각하시던 끝에 묘안 하나를 내게 되었다. 그리하여 상감께서는, "새벽에 남대문을 열면서부터 저녁에 닫을 때까지 그날 하루 이 문을 드나드는 물건은 모두 그 정승에게 주도록 하라." 는 명을 내리셨다. 그런데 공교롭게도 그
날은 온종일 비바람이 불어 사람들의 왕래가 없었는데 날이 어두울 무렵에야 한 시골 노인이 달걀 한 꾸러미를 가지고 들어왔다. 그리하여 그 달걀을 받은 그 정승이 그것을 가지고 집으로 돌아가서 어떻게 요기나 할까 하다가 삶았더니 그 노인의 품에 온종일 안겼던 달걀이라 뼈가 있어서 결국 한 개도 먹을 수가 없었다고 한다. 〈한국고전신서편찬회 편(1993), 「한국 고사성어」(중판), 서울: 홍신문화사, 25면〉

(5)의 글은 조선 정조 때의 백과 사전인 「大東韻府群玉」(대동운부군옥)에 실려 전하는 '계란유골'(鷄卵有骨)에 관한 고사이다. (5)에서 문장 단위만을 가려 보면 (6)과 같은데, 이들은 모두 '~다'형으로 끝나 있어 화자가 어떤 사실이나 현상을 설명하는 양식의 문장이라는 것을 알 수 있다.

(6) 가. 옛날에 정승 한 사람이 매우 가난하게 살았다.
　　 나. 이를 긍휼히 여긴 상감께서, "그 정승을 어떻게 도울 길이 없을까?" 하고 곰곰히 생각하시던 끝에 묘안 하나를 내게 되었다.
　　 다. 그리하여 상감께서는, "새벽에 남대문을 열면서부터 저녁에 닫을 때까지 그날 하루 이 문을 드나드는 물건은 모두 그 정승에게 주도록 하라."는 명을 내리셨다.

그리고 (6나,다) 안에서 따옴표 부분만을 뽑아 보면 (7)과 같은데, (7가)는 '~까'로 끝나 있어 화자가 청자에게 어떤 지식을 요구하는 양식의 문장이라는 것을 알 수 있고, (7나)는 '~라'로 끝나 있어 화자가 어떤 행동을 요구하는 양식의 문장이라는 것을 알 수 있다.

(7) 가. 그 정승을 어떻게 도울 길이 없을까?
　　나. 새벽에 남대문을 열면서부터 저녁에 닫을 때까지 그날 하루 이 문을 드나드는 물건은 모두 그 정승에게 주도록 하라.

이와 같이 국어의 문장은 진술(statement), 의문(question), 감탄(exclamation), 명령(command) 등의 양태적(樣態的) 의미를 갖는데, 양태적 의미는 이러한 서법(敍法 mood) 외에도 동태(動態 voice), 서상(敍相 aspect), 법성(法性 modality), 부정(否定 negative), 존칭(尊稱 exalted), 시칭(時稱 tense), 겸칭(謙稱 polite) 등도 포함된다.

(8) 가. 철이가 잔다. (진술)　　　　나. 철이가 밥을 먹느냐? (의문)
　　다. 철이가 자는구나! (감탄)　　라. 밥을 먹어라. (명령)
　　마. 고이 잠드소서. (소망)　　　바. 밥을 먹자. (권유)
　　사. 철이는 자고 있으리. (추정)　아. 밥을 먹으마. (약속)
　　자. 이제 그만 자렴. (허락)

위 (8)의 문장들은 다양한 양식을 표현한 것이지만, (8가,다,마,사,자)는 모두 〈(철이가) 자다〉라는 의미를 지니고 있으며, (8나,라,바,아)는 모두 〈(철이가) 밥을 먹다〉라는 의미를 지니고 있다. 다시 말해서 (8가,다,마,사,자)는 〈(철이가) 자다〉라는 서술 내용을 각기 다른 양식으로 표현한 것이고, (8나,라,바,아)는 〈(철이가) 밥을 먹다〉라는 서술 내용을 각기 다른 양식으로 표현한 것이다. 이와는 반대로 아래의 (9)는 (8)의 서술 내용을 각기 다른 방법으로 표현한 것이다.

(9) 가. 철이가 꿈나라로 간다. (진술)　　나. 철이가 식사를 하느냐? (의문)
　　다. 철이가 꿈나라로 가는구나! (감탄)　라. 식사를 하여라. (명령)
　　마. 꿈나라로 가소서. (소망)　　　바. 식사를 하자. (권유)
　　사. 철이는 꿈나라로 가고 있으리. (추정)　아. 식사를 하마. (약속)
　　자. 이제 그만 꿈나라로 가렴. (허락)

이와 같이 둘 이상의 문장이 형태는 다르나 그 의미가 같을 때 이들의 관계를 유의(類意) 관계라 한다. 여기에서 유의라 한 것은 형태가 다르면 그 의미도 다르다는 관점에서 그 의미가 완전히 일치하는 것은 없다는 뜻이다.

(10) 가. 그는 시인이다.   가′. 그는 시를 짓는 사람이다.
　　 나. 둑을 높게 쌓아라.   나′. 둑을 높이 쌓아라.
　　 다. 놀기만 하니까 공부를 못 하지.   다′. 놀기만 하므로 공부를 못 하지.
　　 라. 형이 동생에게 밥을 먹인다.   라′. 형이 동생에게 밥을 먹게 한다.
　　 마. 그가 공부를 안 한다.   마′. 그가 공부를 하지 않는다.
　　 바. 철이가 영이를 쫓는다.   바′. 영이가 철이에게 쫓긴다.

이와는 달리 문장 형태는 하나이나 그 의미가 둘 이상으로 해석될 때 그 문장의 의미는 중의적(重意的)이라 한다. 중의적인 의미는 대체로 문장의 구조가 다른 데서(11가), 동작과 양태가 불분명해서(11나), 단어의 의미가 중의적인 데서(11다) 말미암은 것이다.

(11) 가. 그리운 고향의 친구

　　　　　　　 ① 그리운 고향의 친구　　　　　② 그리운 고향의 친구
　　 나. 그는 신을 신고 있다.
　　　　　　　 ① 그는 신을 신고 있는 중이다.　② 그는 신을 신은 상태에 있다.
　　 다. 철이는 배를 찾는다.
　　　　　　　 ① 영이는 배〔梨〕를 찾는다.　　② 영이는 배〔船〕를 찾는다.

문장은 전달하고자 하는 내용을 현실과 연결시켜서 나타낸다. 그러므로 문장에는 반드시 현실에 대한 화자의 양태적 관계가 표현되므로 문장에는 서술 내용의 **명제적**(命題的) 의

> ♡ 문장 ＝　서술 내용　 ∥　 서술양식
> 　　　동생이 과자를 먹∥어 버리지 않았을까?
> 　　　명제적 의미　 ∥　 양태적 의미

미와 서술 양식의 **양태적**(樣態的) 의미가 있게 마련이다. 문장의 양태적 의미는 서술 내용에 대한 화자의 마음가짐이나 확신, 의혹, 의지, 감흥 같은 양상을 말하며, 문장의 명제적 의미는 이를 제외한 논리적 의미를 말한다. 따라서 문장의 의미는 명제적 의미와 양태적 의미가 결합한 다양한 의미를 가질 수 있으며, 명제적 의미는 동일한 문장 형태에서 둘 이상의 의미로 나타날 수도 있고, 둘 이상의 다른 문장 형태이지만 하나의 동일한 의미로 나타날 수도 있다. 그러므로 문장의 의미에 대해서는 전달하고자 하는 사실적 내용과 화자의 서술 태도를

파악하는 것, 하나의 문장에 들어있는 둘 이상의 의미를 파악하는 것, 형태가 다른 둘 이상의 문장이라도 하나의 같은 의미를 가질 수 있다는 것을 파악하는 것 등이 중요한 과제로 설정된다.

3. 무슨 일을 하려면 뜻이 맞아야지: 문장의 의미 해석

(12) 아주 깜깜한 그믐밤에 사오정의 집에 복면을 하고 칼을 든 강도가 침입하였다. 강도는 사오정이 알아차리지 못하게 살금살금 사오정이 자고 있는 방을 찾아 들어갔다. 강도는 사오정의 목을 왼손으로 휘감고 칼을 든 오른손을 사오정의 턱밑에 대고 이렇게 말했다. "조용히 해! 너는 이제 독 안에 든 쥐다. 내가 들어온 건 쥐도 새도 모른다. 자, 죽을 준비 해!" 이 말은 들은 사오정은 착 가라앉은 목소리로 다음과 같이 대꾸하였다. "밥은 안 되나요?"

(12)의 내용은 엉뚱하게 행동하는 사오정(沙悟淨)의 일면을 특성으로 하는 이른바 '사오정 시리즈'의 하나이다. 강도는 〈죽을 각오를 하라〉는 뜻으로 '죽을 준비 해'라고 말하였는데, 이를 사오정은 〈먹을거리인 죽을 준비하라〉는 뜻으로 해석하여 그에 맞게 응대한 것이다. 이는 상황에 따라 적절히 반응하지 않은 것으로써 웃음을 자아내게 하는 이야기이다. 그러나 주어진 상황을 무시하고 문장으로 나타난 것만을 보면 사오정의 대꾸는 우스운 게 아니고, 단지 문장의 구조를 달리 본 것일 뿐이다. 강도가 내뱉은 말은 (13가)의 구조이고, 사오정이 받아들인 말은 (13나)의 구조이다.

(13) 가. 죽을 준비 해   나. 죽을 준비 해

(13가)와 같은 분석이 가능한 것은 '죽'을 〈죽다(死)〉의 어간으로, '을'을 〈관형사형 어미〉로 보고, '준비'를 '해'의 목적어인 '죽을 준비'의 머리어(head-word)로 보았기 때문이며, (13나)와 같은 분석이 가능한 것은 '죽'을 음식의 하나인 〈죽(粥)〉으로, '을'을 〈목적격 조사〉로 보고, '준비 해'를 동사구가 아닌 하나의 단어로 보았기 때문이다. 아래 (14)는 정상적인 문장의 구조를 갖추

고 있으나 그 구조에 맞는 의미를 지닌 단어로 짜여진 것이 아니기 때문에 의미적 변칙과 모순을
갖는다.

 (14) 가. *국어 교과서가 어린 아들을 읽는다. (변칙)
  나. *외아들인 철이는 형제가 셋이다. (모순)

 (14가)에서 '읽다'는 글을 아는 사람을 주어로, 글이 적힌 것을 목적어로 선택하는데 '국어 교
과서'는 글을 아는 사람이 아니고 '어린 아들'은 글이 적힌 것이 아니므로 이는 변칙적인 문장이
며, (14나)에서 '외아들'은 〈형제가 없이 오직 하나뿐인 아들〉을 뜻하는데 형제가 셋이라 하였으
므로 이는 모순된 문장이다. (14)를 의미적으로 호응되는 단어로 바꿈으로써 (15)는 정상적인
문장이 되었는데, (15가)는 문법적 관계를 나타내는 단어를 바꾼 것이고(가 → 를, 을 → 이),
(15나)는 실질적 의미를 갖는 단어를 바꾼 것이다(셋이다 → 없다).

 (15) 가. 국어 교과서를 어린 아들이 읽는다.
  나. 외아들인 철이는 형제가 없다.

 그러면 문장은 실질적 의미를 갖는 단어와 문법적 관계를 나타내는 단어들이 의미적으로 서로
호응될 때 그 문장의 의미가 정상적으로 해석되는데, 실질적 의미는 **어휘적**(lexical) 의미라고도
하고, 문법적 관계는 **통사적**(syntactic) 의미라고도 하므로, 문장의 의미는 결국 어휘적 의미와
통사적 의미의 해석으로 파악할 수가 있는 것이다. 그런데 어휘적 의미와 통사적 의미가 같은 문
장이라 하더라도 그 문장의 구조가 다를 때에는 그 의미가 달리 해석된다.

 (16=11가) 그리운 고향의 친구

① 그리운 고향의 친구   ② 그리운 고향의 친구

 그러면 한 문장의 통사적 구조에 관한 기술이 주어지면 그 문장을 구성하는 각 어휘에 관한
사전에서의 의미를 통사 구조에 투사시켜 문장의 의미가 해석된다.

(17)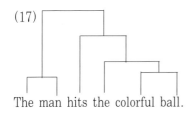
The man hits the colorful ball.

hit : 물체를 목적어로 취한다.
colorful : (1) 갖가지 색깔의, (2) 화려한.
ball : (ㄱ) 무도회, (ㄴ) 공, (ㄷ) 포탄.
colorful ball 결합 가능 : (1)(ㄱ), (1)(ㄴ), (1)(ㄷ), (2)(ㄱ).
hits the colorful ball 결합 가능 : (1)(ㄴ), (1)(ㄷ).

이상에서 본 바와 같이 문장의 의미는 결국 문장을 구성하는 단어의 의미와 그 단어들로 짜여진 구조에 따라 해석된다고 하겠다. 그런데 초점(focus), 화제(topic), 부정(negation), 수량사(quantifier)의 적용 범위에 따라 문장의 의미 해석이 달라지기도 한다.

(18) 가. 어머니가 아들을 사랑하지 않았다.
　　　　 ①　　 ②　　 ③
　　　 초점 ① : 〈아들을 사랑한 사람은 어머니가 아니라 다른 사람이다〉
　　　 초점 ② : 〈어머니가 사랑한 사람은 아들이 아니라 딸이다〉
　　　 초점 ③ : 〈어머니는 아들을 사랑한 것이 아니라 미워한 것이다〉
　　 나. 이 칼은 연필을 깎기 어렵다.
　　　 〈연필을 깎기에 적합한 것은 이 칼이 아니다: '이 칼'에 대한 서술〉
　　 나′. 연필은 이 칼로 깎기 어렵다.
　　　 〈이 칼로 깎기에 적합한 것은 연필이 아니다: '연필'에 대한 서술〉
　　 다. 모든 학생이 두 권의 책을 읽었다.
　　　 ① 〈학생들이 읽은 책을 모두 합하면 세 권 이상이 된다〉
　　　 ② 〈학생들이 읽은 책을 모두 합하면 단 두 권이 된다〉
　　 다′. 두 권의 책이 모든 학생에게 읽혔다.
　　　 〈학생들이 읽은 책을 모두 합하면 단 두 권이 된다〉
　　 라. 자매가 도둑을 용감히 쫓아냈다.
　　　 〈용감한 사람은 자매이다〉
　　 라′. 도둑이 자매에게 용감히 쫓겨났다.
　　　 〈용감한 사람은 도둑이다〉

♡ 격 문법(Case Grammar) : 주어(Subject), 목적어(Object) 등의 통사적 범주가 문장의 의미를 기술하는 데에 한계가 있음을 지적하였다.

♡ 생성 의미론(Generative Semantics) : 어휘 해체(lexical decomposition)를 통하여 문장의 동의 관계나 중의적인 문장을 명시적으로 설명한다.

♡ 형식 의미론(Formal Semantics) : 자연 언어의 의미 해석에 모형론적 의미론을 도입한 것인데, 문장이 어떤 상황에서 참이 되고 거짓이 되는지 그 진리 조건을 정의한다. 이러한 해석은 그 기초 작업으로 두 가지 절차를 필요로 한다. 첫째는 통사 분석의 절차인데 문장들의 도출 과정을 보여 줌으로써 구조적 중의성을 밝히는 작업이고, 둘째는 논리 형식으로의 번역 절차인데 구조 분석된 문장들을 모형론적 의미 체계를 갖춘 기호 논리로 번역하는 작업이다. 몬테규 의미론.

4. 뜻에 맞는 짝을 찾기가 쉬운가: 단어의 의미 관계

(19) 필자가 어느 지방에 방언 조사를 갔을 때의 일이었다. 조사 지점의 마을 어귀에서 할아버지를 모시고 준비해 간 질문을 하기 시작했다. 동행한 한 학생이 자신의 얼굴을 손으로 전체적으로 둥그렇게 그리듯이 가리키면서 이렇게 물었다. "할아버지, 이것을 뭐라고 합니까?" "그야, 두상(頭上)이지." 우리는 모두 어리둥절했다. 학생은 다시 물었다. "아니오, 그 말 말고 다른 말은 없어요?" "두상이 두상이지. 또 다른 무슨 말이 있어?" "할아버지, 그럼 이곳에서는 '머리'라는 말은 안 씁니까?" "그거야 무식한 사람이나 쓰지. '머리'는 소리만 있지 뜻이 없는 말이여." 어안이 벙벙한 우리는 화제를 다른 것으로 돌렸다. 다른 학생이 물었다.

"할아버지, 그럼 자기 아버지의 형을 뭐라고 합니까?" 할아버지는 대답하였다. "응, 그거 백부(伯父)이지. 자기 아버지의 동생은 숙부(叔父)이고." 예상은 했지만 그래도 다시 물었다. "그럼 '큰아버지'란 말도 안 씁니까?" 할아버지는 한심하다는 듯이 학생들을 보면서 친절히 설명해 주었다. "'큰아버지, 작은아버지'라는 말은 소리만 있고 뜻이 없는 말이여. 그리고 학생들처럼 배운 사람이라면 '백부, 숙부'라고 해야지 '큰아버지, 작은아버지'라고 하면 못 쓰는 법이여." 우리는 고마움을 표시하고는 그냥 돌아올 수밖에 없었다.

(19)에서 '머리'와 '두상', '큰아버지'와 '백부', '작은아버지'와 '숙부'라는 말은 각각 같은 지시

대상을 달리 표현한 것이다. 이처럼 둘 이상의 단어가 같은 의미를 지닐 때 두 단어의 의미적 관계를 유의 관계(synonymy)라 한다. 그런데 '같은 의미'라 할 때 보는 모에 따라 그것이 인정될 수도 있고, 그렇지 않을 수도 있다. 엄밀한 의미에서 보면 형태가 다른 두 단어의 의미가 완전히 같을 수는 없다. 형태가 다른 두 단어는 문체적 효과에서 차이를 보이기 때문이다. (19)에서 언급된 '머리-두상', '큰아버지-백부', '작은아버지-숙부'와 같은 짝은 바로 이러한 차이를 보이는 것들이다. 그럼에도 우리는 보통 이들을 같은 뜻을 갖는 단어라고 생각한다. 동의 관계라 하지 않고 유의 관계라 한 것은 이런 측면을 고려한 까닭이다. (20가,나)에서는 '달리다'와 '뛰다'를 바꿔 쓸 수 있어 동의 관계가 성립되나 (20다,라)에서는 서로 교체가 불가능하여 동의 관계가 성립되지 않는다.

(20) 가. 그녀를 향해 곧장 달렸다.   가. 그녀를 향해 곧장 뛰었다.
       나. 우리 집 강아지가 달린다.   나. 우리 집 강아지가 뛴다.
       다. 달려 오는 오토바이에 치었다.   다. [?]뛰어 오는 오토바이에 치었다.
       라. [?]올해 물가가 많이 달렸다.   라. 올해 물가가 많이 뛰었다.

아래의 (21)은 완전한 동의 관계는 아니나 특수한 환경에서 서로 바꾸어 쓸 수 있는 유의 관계에 있는 단어들을 보인 것이다.

(21) 가슴앓이-폐병   가엾다-불쌍하다   간호원-간호사   견디다-참다
       결핵-티비(TB)   기름-지방(脂肪)   기쁘다-즐겁다   깨끗하다-청결하다
       낯-얼굴   눈치-낌새   동무-친구   동아리-서클(circle)

둘 이상의 단어가 맺는 의미 관계에는 유의 관계 외에 **반의 관계**(antonymy)도 있다. 반의 관계는 두 단어 사이에 나타나는 이원적(binary) 반의 관계와 둘 이상의 단어 사이에 나타나는 다원적(multiple) 반의 관계를 구분할 수 있는데, 이원적 반의 관계가 전형적인 반의 관계이다. 반의 관계에 있는 두 단어는 동질성과 이질성을 다 갖고 있는데, 일련의 의미 자질을 공유하고 하나의 대조적인 의미 자질을 갖는다.

(22) 남자-여자   참-거짓   깨끗하다-더럽다   옳다-그르다
       길다-짧다   크다-작다   좋다-나쁘다   쉽다-어렵다
       덥다-춥다   앞- 뒤   꼭대기-밑바닥   가다-오다
       두둑-고랑

또한 둘 이상의 단어가 맺는 의미 관계에는 유의 관계, 반의 관계 외에 **하의 관계**(hyponymy) 도 있다. 하의 관계는 생물의 분류에서 잘 나타나는데, 다음의 동물 분류를 통해 이 관계를 더욱 분명하게 알 수 있다.

(23) 동물의 분류

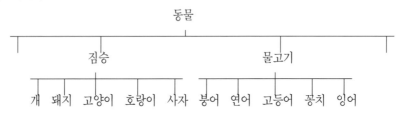

(23)에서 '동물'은 '짐승'이나 '물고기'의 **상의어**(hypernym)이며, '짐승'이나 '물고기'는 '동물' 의 **하의어**(hyponym)이다. 또한 '짐승', '물고기'는 각각 '개'나 '돼지', '붕어'나 '연어'의 상의어이 며, '개'나 '돼지', '붕어'나 '연어'는 각각 '짐승', '물고기'의 하의어이다. 따라서 하의 관계는 상대적 이라 할 수 있다. '짐승'과 '물고기'는 '동물'에 대해 직접적인 하의 관계에 있고, '개, 돼지'나 '붕 어, 연어'는 '동물'에 대해 간접적인 하의 관계에 있다. 또한 '짐승'과 '물고기'는 '동물'의 **자매 하 의어**(co-hyponyms)이고, '짐승'은 '개'를 비롯한 다수의 자매 하의어를 지배하게 된다.

'가는 나이다'의 형식에서 하의 관계에 있는 단어는 (24)에서처럼 '가'의 자리에는 올 수 있으 나, (25)에서처럼 '나'의 자리에는 올 수 없다. 그러나 (26)에서처럼 개별적인 경우에는 '나'의 자 리에 올 수 있다.

(24) 가. 개/돼지/고양이/호랑이/사자는 짐승이다. 가'. 붕어/연어/고등어/꽁치/잉어는 물고기이다.
　　　나. 짐승은 동물이다. 나'. 물고기는 동물이다.
　　　다. 동물은 생물이다.
(25) 가. *짐승은 개/돼지/고양이/호랑이/사자이다. 가'. *물고기는 붕어/연어/고등어/꽁치/잉어이다.
　　　나. *동물은 짐승이다. 나'. *동물은 물고기이다.
　　　다. *생물은 동물이다.
(26) 가. 그 짐승은 개/돼지/고양이/호랑이/사자이다. 가'. 그 물고기는 붕어/연어/고등어/꽁치/잉어이다.
　　　나. 그 동물은 짐승이다. 나'. 그 동물은 물고기이다.
　　　다. 그 생물은 동물이다.

한 단어는 단어들의 집합 속에서 다른 단어와 의미적 관계를 맺고 있다. 이 관계는 의미적 유사성에서 맺어지는 유의 관계일 수도 있고, 의미적 대립성에서 맺어지는 반의 관계일 수도 있으며, 의미적 상하 관계에서 맺어지는 하의 관계일 수도 있다. 단어는 마치 그물의 그물코처럼 다른 그물코와 직접적·간접적으로 연결되어 있으며, 이들의 관계에 따라 단어의 집합인 어휘의 의미적 체계가 수립될 수 있는 것이다. 이는 사람들의 세계에서 한 조상의 후손으로서 서로 멀고 가까운 촌수의 관계를 맺고 사는 것과 비슷하다.

♡ 상보(complementary) 반의 관계 : 두 단어를 동시에 부정하면 모순이 일어난다.

　가. 남자-여자, 남성-여성, 참-거짓, 삶-죽음, 살다-죽다 (순수)

　나. 깨끗하다-더럽다, 옳다-그르다, 맞다-틀리다, 순수하다-불순하다, 완전하다-불완전하다 (정도)

♡ 정도(gradable) 반의 관계 : 두 단어를 동시에 부정해도 모순이 일어나지 않는다.

　가. 길다-짧다, 크다-작다, 높다-낮다, 깊다-얕다, 멀다-가깝다 (척도)

　나. 좋다-나쁘다, 쉽다-어렵다, 선하다-악하다, 영리하다-우둔하다, 아름답다-추하다 (평가)

　다. 덥다-춥다, 뜨겁다-차갑다, 달다-쓰다, 기쁘다-슬프다, 상쾌하다-불쾌하다 (정감)

♡ 방향(directional) 반의 관계 : 맞선 방향으로 이동을 나타내는 의미 관계.

　가. 동-서, 남-북, 오른쪽-왼쪽, 앞-뒤 (역의, converse)

　나. 꼭대기-밑바닥, 출발점-결승점, 남극-북극, 시작-끝 (대척, antipodal)

　다. 가다-오다, 오르다-내리다, 전진하다-후퇴하다, 나타나다-사라지다 (역동, reversive)

　라. 두둑-고랑, 양각-음각, 외향적-내성적 (대응, counterpart)

♡ 하의 관계에 있는 단어는 상의어를 함의하지만 그 반대인 상의어는 하의어를 함의하지 않는다.

　가. 그것은 짐승/물고기이다. ⊐ 그것은 동물이다.

　나. 그것은 개/돼지이다. ⊐ 그것은 짐승이다.

　다. 그것은 붕어/연어이다. ⊐ 그것은 물고기이다.

5. 뜻으로 뭉친 단어의 조직 세계: 단어의 의미 체계

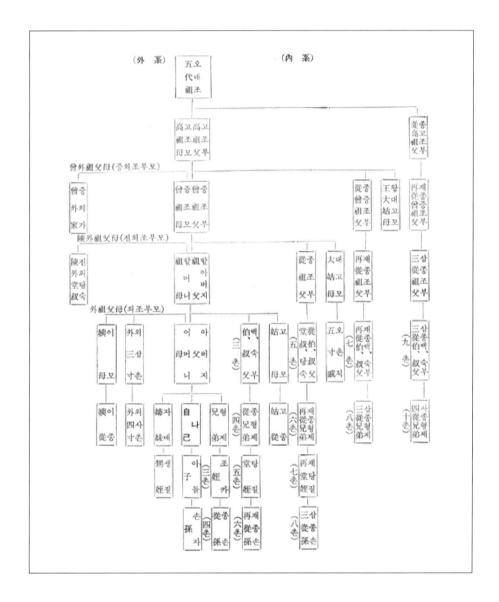

(27) 바람의 종류는 이뿐만이 아니다. 강에서 불어오는 강바람, 바다에서 뭍으로 불어오는 바닷바람과 갯바람, 산꼭대기에서 불어오는 산바람, 골짜기에서 불어오는 골바람, 들에서 부는 들바람, 벌판에서 부는 벌바람, 물 위에서 불어오는 시원한 물바람, 등 쪽에서 부는 등바람, 양쪽에서 마주 불어오는 맞바람, 맞은 편에서 불어오는 맞은바람, 문틈으로 들어오는 문바람, 방향 없이 이리저리 부는 왜바람, 골짜기로 내리부는

재넘잇바람 등이 있다. 〈정주리(1994), 「생각하는 국어」, 서울: 도서출판 도솔, 19면〉

(27)의 글은 우리말 '바람'과 관련하여 어디에서 불어오는가에 따른 바람의 종류를 나열한 것이다. 이들은 우선 바람이 불어오는 지점에 따른 단어와 바람이 불어오는 방향에 따른 단어로 크게 구분되고, 전자는 다시 물에서 불어오는 바람, 산에서 불어오는 바람, 들에서 불어오는 바람 등으로 나뉘고, 후자는 다시 방향이 일정한 바람과 그렇지 않은 바람으로 나뉜다. 이와 같은 방법으로 분류한 이들 바람의 관계를 그림으로 보이면 (28)과 같다.

(28)의 그림에서 (가)는 불어오는 지점에 따른 바람의 영역이고, (나)는 바람이 불어오는 방향에 따른 바람의 영역이며, (다~라)는 다른 기준에 의해 분류될 수 있는 바람의 영역을 표시해 둔 것이다. (가)는 바람이 불어오는 지점이 물인가, 산인가, 들인가, 문(門)인가에 따라서 크게 4부분으로 나뉘고, (나)는 바람이 불어오는 방향이 일정한가 그렇지 않은가에 따라 2부분으로 나뉜다. 물에서 불어오는 '물바람'에는 '강바람, 바닷바람, 갯바람'이 구분되고, 산에서 불어오는 '산바람'에는 '골바람, 재넘잇바람'이 구분되며, 들에서 불어오는 '들바람'에는 '벌바람'도 있다. 일정한 방향이 없는 '왜바람'은 일정한 방향이 있는 바람과 구별되는데, 일정한 방향이 있는 바람에서 앞에서 부느냐 뒤에서 부느냐에 따라 구분되는 '맞은바람'과 '등바람'은 양쪽에서 불어오는 '맞바람'과 구별된다. 그러므로 (28)의 그림은 (29)와 같은 각 단어의 의미적 특성을 고려하여 그린 것이다.

(28) 바람 명칭의 구조

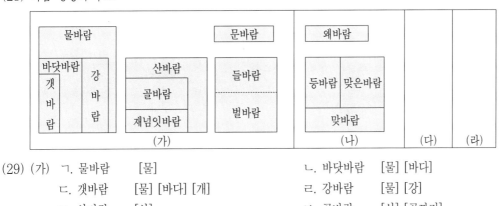

(29) (가) ㄱ. 물바람　　　[물]　　　　　　　　ㄴ. 바닷바람　　[물] [바다]
　　　　 ㄷ. 갯바람　　　[물] [바다] [개]　　　ㄹ. 강바람　　　[물] [강]
　　　　 ㅁ. 산바람　　　[산]　　　　　　　　ㅂ. 골바람　　　[산] [골짜기]
　　　　 ㅅ. 재넘잇바람 [산] [고개]　　　　　ㅇ. 들바람　　　[들]
　　　　 ㅈ. 벌바람　　　[벌]　　　　　　　　ㅊ. 문바람　　　[문(門)]
　　 (나) ㄱ. 맞은바람　 [정향(定向)] [일방(一方)] [앞]　ㄴ. 등바람　[정향] [일방] [뒤]
　　　　 ㄷ. 맞바람　　 [정향] [양방(兩方)]　　　　　　ㄹ. 왜바람　[부정향(不定向)]

같은 내용을 달리 표현한 (28)과 (29)를 비교해 볼 때 (28)은 〈바람〉이라는 개념 영역을 우리말 바람 명칭이 어떻게 구분하고 있는가를 보여 주는 것이며, (29)는 우리말 바람 명칭이 어떠한 의미적 특성을 갖고 있는가를 보여 주는 것이다. 전자는 하나의 커다란 밭에 종류를 달리하는 식물을 부류별로 구획지어 심어 놓은 밭에 비유하여 **낱말밭**(Wortfeld, word field)이라고 하며, 후자는 각 단어를 [물], [바다], [강], [산], [고개], [정향], [일방], [앞], [들] 등과 같은 의미 성분으로 분석하여 단어들을 비교한다는 뜻에서 **의미의 성분 분석**(componential anaysis of meaning)이라고 한다.

하나의 밭을 이룰 수 있는 단어들은 어떤 의미적 공통성을 지니는 것으로 하나의 밭은 그 밭에 속하는 것으로 간주되는 단어들이 공통으로 갖는 의미적 개념을 표현하고 있으므로 단어들은 이 개념이 구체적으로 구현된 것이다. 한 어휘 집단이 밭을 이루고, 그 밭이 다시 **부분밭**(Teilfeld)으로 나뉘고 하는 것은 의미적인 면에 바탕을 두고 이루어지는 것으로 간주되고 있으므로 이를 의미적 밭이라고 한다. **밭이론**(Feldtheorie, Fieldtheory)은 계층적인 성격을 띠게 되고 수많은 단어들이 최하위 계층의 부분밭을 수없이 많이 이룰 것이므로 이 부분밭들은 다시 이보다 더 포괄적인 부분밭들에 의해 통합되고 이러한 작업은 계층적으로 계속될 것이며, 궁극적으로는 최고위 계층의 하나의 밭에 통합될 것이다. 이것은 바로 한 언어의 어휘 전체의 조직적 관계를 한 눈에 보여 준다.

(30)

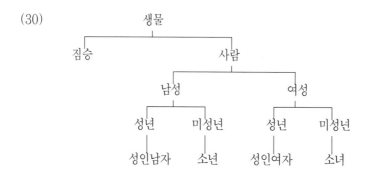

이러한 구조는 어휘의 하의 관계로 표시되는데, 이같은 방법으로 밭과 부분밭 그리고 이를 바탕으로 세워질 수 있는 하의 관계의 개념을 써서 한 언어의 어휘를 총망라시켜 결국 하나의 밭으로 통합시켰을 때 이것은 그 언어 어휘 전체의 구조를 밝히는 셈이 된다. 하나의 밭을 그 밭을 이루고 있는 의미적 부분밭으로 나누는 방법은 한 단어를 그 단어를 이루고 있는 의미적 구성 성분으로 나누어 보는 데에도 적용될 수 있다. 이러한 방법은 성분 분석이라 하며 구조주의 의미론이 얻은 결실 중에 한 가지로 간주되고 있다. 이것은 주어진 한 단어를 이 단어를 구성하고 있는 의미 특성들로 분석하는 것이다.

(30)에서 상의어인 '생물'은 걸치는 영역의 범위가 하의어인 '사람'보다 넓고, '사람'은 '남성'이 걸치는 영역보다 넓으며, '성년'이 걸치는 영역은 '남성'의 영역보다 좁을 것이다. 그러면 '성인남자'는 '성년'에는 직접적으로, '남성'과 '사람'에는 간접적으로 하의 관계에 있다. 이러한 상황을 거꾸로 생각할 때 하의어는 상의어를 의미적으로 함의한다. 바꾸어 말해서 '성인남자'는 의미적으로 '성년'과 '남성'과 '사람'의 의미를 직접·간접으로 함의하고 있으므로 '성인남자'의 의미 중에는 '성년'과 '남성'과 '사람'의 의미가 포함되어 있다고 말할 수 있다. 위의 수형도에서 보는 바와 같이 '성인남자'라는 단어는 상의어로서 '성년', '남성', '사람'을 갖고 있다. 이를 의미적 관계에서 보면 '성인남자'라는 단어의 의미는 '성년', '남성', '사람' 등이 지니는 의미적 성분을 지니고 있다고 볼 수 있다. 따라서 '성인남자, 성인여자'라는 단어의 의미적 성분은 (31)과 같이 분석할 수 있다.

    (31) 가. 성인남자 : [남성], [성년], [사람]
        나. 성인여자 : [여성], [성년], [사람]

(31ㄱ,나)을 비교하여 보면 이제 '성인남자'와 '성인여자'의 의미적 차이가 무엇인지 일목요연하게 알 수 있게 된다. 유사성은 〔성년〕과 〔사람〕의 의미 성분을 공통으로 갖고 있다는 것이며 상이점은 성별(sex)이 서로 다르다는 것이다. 이렇게 볼 때 흔히 동의성이 있다는 두 단어 사이에도 서로 반의적인 면이 없지 않고, 또 흔히 반의어 관계에 있는 것으로 간주되는 두 단어 사이에도 동의적인 면이 없지 않다는 것을 명확히 알 수 있는데 이러한 면을 성분 분석을 통해 확실히 보여 줄 수 있다. 특히 반의 관계는 이원적 성격을 갖는 의미 성분을 '+'와 '-'로 표시하면 더욱 두드러진다.

    (32) 가. 성인남자 : [+남성], [+성년], [+사람]   나. 성인여자 : [-남성], [+성년], [+사람]
    (33) 가. 노총각 : [+남성], [+성년], [+사람], [-기혼] 나. 노처녀 : [-남성], [+성년], [+사람], [-기혼]
    (34) 가. 황소 : [+남성], [+성년], [+소]   나. 아이 : [±남성], [-성년], [+사람]
        다. 송아지: [+남성], [-성년], [+소]

(33)의 경우도 '노총각'과 '노처녀'가 의미적 성분으로 보아 결국 성별(sex)의 차이가 있을 뿐임을 알 수 있다. 이러한 분석 방법은 수많은 어휘 사이의 의미적 관계를 효과적으로 나타내어 줄 수 있다. (32가)와 (34가)를 비교하여 보면 '성인남자'와 '황소'의 유사성과 차이점을, (34나)와 (34다)를 비교하여 보면 '아이'와 '송아지'의 유사성과 차이점을 알 수 있다.

성분 분석은 음소(phoneme)를 특징짓는 성분인 시차 특성을 분석한 음운론에서 시작되었다. 그것은 음향학적 특징에 대한 이항 대립의 구조로서 성분 분석의 일종이다. 이런 방법이 의미 분석에 적용되기 시작하여 의미소(sememe)의 단위인 시차 특성을 분석하게 된 것이다. 이와 같은 의미의 성분 분석은 생성 문법에서 시도되고 밭이론에 채용되었다.

어떤 단어의 의미를 분석하기 위해서는 어떤 한 형태의 의미를 동일한 의미 영역 안의 위치에서 경쟁할 수 있는 다른 모든 형태의 의미와 구별시켜 주는 필요 충분한 특성들을 확인해야 한다. 이런 의미의 성분 분석의 특징은 대립의 배후에 있는 시차 특성에 이끌려 부수적인 특성에 혼동되지 않고, 모호하던 의미 특성이 예상 외로 분명해지며, 그 체계의 작용이 간결한 형식으로 기술되는 점이다. 또한 이는 유의어, 반의어의 규정과 문법에서 일치, 모순, 변칙 등을 자연스럽게 설명해 줄 수가 있다

♡ 어휘의 의미 체계는 특정 의미 영역의 어휘에 대하여 의미의 성분 분석을 통해 의미적 관계인 유의·반의·하의 관계를 명확히 규명함으로써 그 어휘가 자리하는 위치의 종합적인 기술로써 수립될 수 있다.

♡ 밭이론은 개개의 단어는 독립적으로는 아무런 의미도 부여받을 수 없고, 오직 어떤 전체를 전제했을 때 그 속에서 존재 가치를 인정받을 수 있다는 데서 출발하였다.

♡ 의미의 성분 분석은 의미적으로 밀접한 관련이 있는 단어들의 의미를 구분하는 데서 출발하였다. 여기에서 소용되는 의미 성분에는 단어들이 공유하는 공통 성분(common component)과, 다른 단어와 구별되는 시차 성분(diagnostic component)이다.

6. 단어의 뜻에도 개성은 있다: 단어의 의미

(35) 김철수는 슬하에 남매를 둔 어느 회사의 부장이다. 부인도 중학교 교사로 직장을 다니기 때문에 친인척을 방문하려고 해도 서로 시간이 맞지를 않아 차일피일 미루던 것이 벌써 해를 넘기고 말았다. 새해를 맞이하여 부부는 어려운 시간을 내어서 친인척을 두루 방문하기로 하였다. 우선 부모님을 뵈어야 하겠지만 형님 집이 더 가까이 있기 때문에 먼저 들

러서 가기로 하였다. 작은아버지는 부모님과 같은 마을에 계시기 때문에 부모님을 뵈러 갈 때는 늘 작은아버지 집에도 들르게 된다. 고모는 좀 멀리 출가하였기 때문에 시간적 여유가 있으면 들르고 그렇지 않으면 전화로 인사만 하는 정도로 지내왔다. 애들과 부인을 생각하면 처가에 안 들를 수가 없다. 장인은 이미 돌아가셨고, 장모는 큰처남이 모시고 같이 산다. 처제 집은 못 가더라도 처형 집은 안 들를 수 없다. 왜냐하면 처형은 김철수의 대학 선배에게 시집을 갔기 때문에 들르지 않게 되면 대학 선배가 가만 놔두질 않는다. 남동생, 여동생도 모두 결혼하여 잘 살고 있으며, 그들은 명절 때 부모님을 뵈러 가면 자연히 만나게 된다.

(35)는 새해 명절 김철수의 여정 계획이다. '김철수'는 만나는 사람과의 관계에 따라 각기 다른 이름으로 바뀐다.

(36) 김철수

가. 남편(←부인)	나. 아버지(←아들딸)	다. 부장(←회사)
라. 동생(←형)	마. 시동생(←형수)	바. 형(←남동생)
사. 아주버니(←제수)	아. 오빠(←여동생)	자. 아들(←부모)
차. 조카(←숙부/고모)	카. 사위(←장모)	타. 매제(←손위 처남)
파. 자형/매형(←손아래 처남)	하. 제부(←처형)	

'김철수'는 분명 한 사람인데 그에게 붙는 이름은 '김철수' 이외에도 이렇게 다양하다. 그 이름이 이렇게 다양하다고 해서 그 이름마다 각기 다른 사람이라고 말할 수는 없다. 그 이름들은 다른 사람과의 관계에 따라 하나의 '김철수'를 달리 표현한 것일 뿐이다. 단어가 가지는 뜻도 이와 같다. 단어는 각각 뜻을 지니고 있는데 그 수효는 하나에서 둘 이상으로 단어에 따라 다르다. (37)은 국어 동사 '가다'의 의미를 보인 것이다.

(37) 동사 '가다'의 의미

1. 옮겨 움직이다(집에 가다 / 미국으로 가다 / 서울에서 부산으로 가는 기차).
2. 지향점을 가지고 나아가다(민주주의로 가는 길).
3. 복무하거나 종사하기 위하여 다니다(군대에 가다 / 그는 일요일이면 교회에 간다).
4. 자리를 옮기다(그는 모 재벌 회사에 스카웃되어 부장으로 갔다).
5. 전달되다(최종 합격자에게는 낼 모레 사이에 연락이 갈 것이다).
6. 옮겨지다(쟤 손에 갔다 하면 남아 나는 물건이 없다니까).
7. 미치다(흥미가 가다 / 판단이 가다 / 애정이 가다 / 납득이 가다).
8. 미치다(교정에 소담하게 핀 목련꽃에 눈길이 가다).
9. 생기다(주름이 잘 가는 옷 / 땅바닥에 떨어뜨렸더니 그릇에 금이 짝 갔다).

10. 들거나 필요하다(손이 많이 가다 / 네 힘으로 해 봐, 꼭 내 손이 가야 하겠니).

11. 이르다(그 아파트는 시가로 1억은 간다).

12. 해당하다(한석봉은 당대에 으뜸 가는 명필이었다).

13. 경과하다(긴 겨울이 가고 새 봄이 왔다 / 달이 가고 해가 갈수록 그리움은 더해만 갔다).

14. 계속되거나 유지되다(이대로만 간다면 목표 달성은 어렵지 않을 것이다).

15. 이르다(내년에 가서는 수출이 더 어려워질 것이다).

16. 없어지다(한물 가다 / 우리의 청춘도 꿈도 이제 다 가 버렸다).

17. '죽다'를 완곡하게 이르는 말(그는 비록 갔지만 그가 남긴 뜻은 우리의 마음속에 영원히 살아 있다).

18. 변하다(맛이 간 우유 / 하룻밤 지나고 나니 고기 맛이 갔다).

19. 향하여 움직이다(학교를 가다 / 화장실을 가다).

20. 움직이다(바다를 가는 배 / 길을 가다가 우연히 친구를 만났다).

21. 어떤 목적을 위하여 떠나가다(사냥을 가다 / 출장을 가다 / 등산을 가다 / 소풍을 가다).

22. 지속하다(그는 의지가 약해서 결심이 사흘을 가지 못한다).

특정한 단어에 연관 짓지 않고 국어에서 사용되는 개개의 뜻을 의미(seme)라고 하는데, (37)의 22개 뜻은 쓰이는 환경에 따라 달리 해석되는 '가다'의 의미들이다. 우리가 사용하는 '가다'의 의미는 이 가운데 하나인데, 이들 각각을 '가다'의 이의미(異意味 alloseme)라고 하며, 이들의 묶음을 '가다'의 의미소(sememe)라고 한다. 다시 말해서 의미(seme)는 개체 개념으로서 어떤 단어든지 가지는 개개의 의미들이고, 이의미(alloseme)는 개체 개념으로서 특정 단어에 현실적으로 존재하는 개개의 의미들이며, 의미소(sememe)는 집합 개념으로서 특정 단어가 갖는 의미들의 무리이다.

(38) 의미(seme), 의미소(sememe), 이의미(alloseme)의 관계

　　　　의미 : ㄱ, ㄴ, ㄷ, ㄹ, ㅁ, A, B, C, D, E, ㅡ, ㅢ, ㅣ, 四, 五

　　　　의미소1 : ㄱㄴㄷㄹㅁ → 이의미 : ㄱ, ㄴ, ㄷ, ㄹ, ㅁ → 기본 의미 : ㄱ

　　　　의미소2 : A B C D E → 이의미 : A, B, C, D, E → 기본 의미 : A

　　　　의미소3 : ㅡ ㅢ ㅣ 四 五 → 이의미 : ㅡ, ㅢ, ㅣ, 四, 五 → 기본 의미 : ㅡ

(39) 의미(seme)　　　　이의미(alloseme)　　　　의미소(sememe)

　　　음성(phone)　　　이음(allophone)　　　　음소(phoneme)

　　　형태(morph)　　　이형태(allomorph)　　　형태소(morpheme)

여기에서 어떤 한 단어가 여러 의미를 가지고 있음에도 불구하고 우리가 일반적으로 그 단어의 뜻을 이야기할 때 한 의미만을 언급하는 경우가 있는데, 이는 바로 그 단어의 이의미 가운데에서 대표적인 것을 지칭하는 것으로서 기본 이의미 또는 기본 의미라 한다. '가다'의 의미를 이야기할 때 보통 (37)의 1을 가리키는 것이 바로 그것이다. **기본 의미**는 대체로 개념적(conceptual) 의미에 해당되고, 기본 의미를 제외한 **파생 의미**는 내포적(connotative) 의미, 사회적(social) 의미, 정의적(affective) 의미, 반영적(reflective) 의미, 연어적(collocative) 의미로 분류되는 연상적(associative) 의미나 주제적(thematic) 의미에 해당된다.

그런데 문제는 한 단어가 여러 의미를 가지고 있을 때 **다의 관계**(polysemy)로 간주하여 여러 의미를 가지고 있는 하나의 단어로 볼 것인지 아니면 **동음 관계**(homonymy)로 간주하여 같은 형태를 갖춘 다른 단어로 볼 것인지 결정하는 것이 분명하지 못하다는 것이다. 그래서 이들을 구별하는 전통적인 기준으로 제기된 것이 통시적인 어원상의 기준이다. 현대 국어에서 (40가)는 중세 국어에서 (40나)이었으므로 이들은 각각 어원적 기준에 의해 동음 관계로 처리된다.

(40) 가. 말〈斗〉-말〈馬〉, 치다〈打〉-치다〈養〉, 쓰다〈用〉-쓰다〈書〉
　　 나. 말〈斗〉-몰〈馬〉, 티다〈打〉-치다〈養〉, 쓰다〈用〉-쓰다〈書〉

그런데 어원상의 기준은 실제적인 면에서 절대적으로 적용되는 것은 아니다. 우선 대부분의 사람들이 많은 단어에 대하여 그 역사적 변천을 잘 모른다는 것이며, 다음으로는 역사적으로 그 기원이 다른 말임에도 불구하고 동일한 어원을 가지는 것으로 인식하여 하나의 단어로 처리하는 것이 있는가 하면 동일한 어원을 가지는 것인데도 불구하고 의미적인 관련을 쉽게 찾을 수 없어 다른 단어로 처리하는 것도 있기 때문이다. 이에 대해 다른 기준으로 제기된 것이 모국어 화자들의 심리적 느낌이다. 이것은 화자들의 직관에 의지하는 공시적인 고찰로서 어원적 정보를 필요로 하는 통시적인 고찰과는 대조가 된다. 여기에서 비교되는 의미는 이론적으로 기술된 것이 아니고 발화상의 맥락에서 구별된 것이다. 이것이 안고 있는 문제는 직관에 따른 유연성의 정도에 있다. 다의 관계와 동음 관계를 구별하는 어원적 기준과 의미적 유연성이 갖는 문제점으로 인하여 이들의 구별은 결국 모호하고 임의적인 구별이 될 수밖에 없다.

♡ 개념적 의미는 언어적 의사 소통에서 중심적인 요소이며 언어의 본질적 기능에서 필수적인 의미이다. 대조성(對照性, contrastiveness)의 원리와 구성 성분 구조(constituent structure)의 원리는 모든 언어 조직의 바탕에 깔려 있는 구조적인 원리인데, 개개 단어의 개념적 의미는 대조적 특성에 의해 규명된다.

♡ 내포적 의미는 어떤 표현이 지시하는 것에 의해 순수한 개념적 내용 외에 갖게 되는 전달 가치이다. 예컨대 '부인'에 대한 개념적 의미는 [인간, 성인, 여성]의 보편적 속성을 갖지만, 내포적 의미는 [육체적, 심리적, 사회적, 전형적, 추정적] 특질을 갖는다. 이는 개념적 의미에 비하여 상대적으로 불안정하므로 주변적·가변적이고 개방적이다.

♡ 사회적 의미는 어떠한 표현이 사용되는 사회적인 환경에 의하여 전달되는 의미인데 이것은 동일한 언어 사회에 있어서 지역이나 사회적 신분 등의 용법상 다른 차원 또는 계층을 인식함으로써 해독되는 것이다. 이 사회적 의미로 인하여 완전 동의어는 존재할 수 없게 되며 개념적 의미에서의 동의어들의 의미 변별은 사회적 의미로써 대비된다.

♡ 정의적 의미는 화자와 청자의 개인적인 감정이나 태도에 의하여 전달되는 의미로서 개념적·내포적·사회적 의미의 중개에 의존하는 기생적인 범주이다. 일반적으로 감정이나 태도를 표시하는 단어들에 의해서 나타나지만 때로는 중심적 의미 내용이 평가적인 단어에 의해서도 나타나기 때문에 개념적 의미와 중복이 되기도 한다.

♡ 반영적 의미는 복수의 개념적 의미의 경우에 야기되는데, 어떠한 단어에서 하나의 의미가 다른 의미에 대하여 우리의 반응 일부를 형성시킬 때 생성되는 의미이다. 즉 동일한 표현이 다른 의미와의 연합에 의해 전달되는 의미이다. 이는 한 단어의 의미가 비교적 자주 쓰여 친숙해지거나 연상의 강도에 지배적인 암시력을 가질 때만 나타난다.

♡ 연어적 의미는 한 단어가 맥락적 환경에서 공기하는 다른 단어의 의미 때문에 얻게 되는 연상들로 이루어진 의미이다. 연어적 관계에 있어서 어떤 단어에 대한 개념적 의미의 일상적 한계를 벗어날 경우에 이러한 연어적 의미가 검토된다.

♡ 주제적 의미는 어순이나 초점 및 강조에 의하여 전달되는 의미로서 주로 선택적인 문법 구조간의 문제이다.

한편 (37)의 '가다'와 다른 종류의 의미를 가지는 단어가 있는데, (41)은 국어 조사 '가'의 의미이다.

(41) 조사 '가'의 의미
1. 모음으로 끝나는 체언에 붙어, 그 말을 주격이 되게 하는 격조사(나는 네가 좋다 / 제가 하겠습니다).
2. 모음으로 끝나는 체언에 붙어, 어떤 것이 변하여 그것이 됨을 나타내는 격조사. '되다' 앞에 쓰여 앞의 체언을 보어로 만든다(올챙이가 자라서 개구리가 되다).

3. 모음으로 끝나는 체언에 붙어, 그것이 아님을 나타내는 격조사. '아니다' 앞에 쓰여 앞의 체언을 보어로 만든다(박쥐는 새가 아니다).

4. 보조적 연결 어미에 붙어, 그 뜻을 강조하는 보조사(아무리 먹어도 배가 부르지가 않아).

(37) '가다'의 의미는 단어 자체가 가지는 실질적 의미인데, (41) '가'의 의미는 앞에 오는 단어가 문장 안에서 다른 단어와 맺는 관계를 나타내는 문법적 의미이다. 전자를 어휘적 의미라 하고, 후자를 통사적 의

♡ 어휘적 의미 : 어휘적 의미, 지시적 의미
　통사적 의미 : 문법적 의미, 관계적 의미, 구조적 의미
♡ 기본 의미 : 일상적 의미, 일반적 의미, 일차적 의미, 중심적
　　　　　　의미, 인지적 의미, 개념적 의미
　파생 의미 : 임시적 의미, 우발적 의미, 이차적 의미, 주변적
　　　　　　의미, 정의적 의미, 비유적 의미

미라고 한다. (42)에서 '철이가, 영이가'가 주어로 쓰이고, '영이를, 철이를'이 목적어로 쓰이는 것은 '가, 을'이 가지는 통사적 의미에 의한 것이다. 이때 '가, 을'은 '철이'나 '영이'에 어떠한 새로운 뜻을 부여하지 못하고 단지 '철이'나 '영이'가 문장 안에서 갖는 문법적 관계만을 결정해 주는 기능을 한다.

(42) 가. 철이가 영이를 사랑한다.
　　　나. 영이가 철이를 사랑한다.

7. 말에 담긴 뜻을 얼마나 찾았나 : 의미 연구 일반

(43) **뜻** 〔뜯〕 圐 ① 무엇을 하겠다고 속으로 먹은 마음. ¶ ~이 굳다 / ~을 이루다 / 네 ~대로 해라. ② 말이나 글 또는 어떠한 행동으로 나타내는 속내. ¶ 말~ / 글이 어려워 아무리 읽어도 ~을 모르겠다. ③ (어떠한 일이나 행동의) 가치나 의의(意義). ¶ 참가하는 데에 ~이 있다. **뜻과 같이 되니까 입맛이 변해진다** 오래 바라던 것이 이루어지니까 벌써 싫증을 느낀다. **뜻(이) 맞다** ① 서로 뜻이 같다. ② 마음에 들다. **뜻(을) 받다** 남의 뜻을 받아서 그대로 하다. ¶ 아버지의 뜻을 받아 법학을 공부하다. **뜻을 세우다** 장래의 목표를 세우다. **뜻이 있다** 어떤 뜻을 품고 있거나 무엇을 할 마음을 먹고 있다. ¶ 나를 따를 뜻이 있으면 오늘 밤 동구 밖으로 오시오.
　의ː미【意味】 圐 ① 말이나 글의 뜻. ¶ 낱말의 ~ / 여러 가지 ~를 가진 말. ② 행위나 현상에 담겨 있는 뜻. ¶ 정치적 ~가 있는 집회. ③ 사물의 가치나 보람. ¶ 여름 휴가를 ~ 없이

보내다.

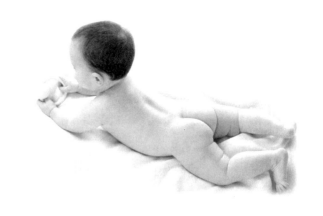

(43)은 국어 사전에 실려 있는 '뜻'과 '의미'라는 단어의 풀이다. 지금까지 우리가 '뜻'이라고 한 것은 **'뜻②'**에 해당된 것이었고, '의미'라고 한 것은 **'의미①'**에 해당된 것이었다. 그렇다면 '말이나 글의 속내'에서 '속내'란 과연 무엇인가? 이 속내에 대한 정체를 규명하기 위한 시도는 많았으나 아직도 그것을 시원스럽게 밝히지 못하고 있는 실정이다. 따라서 이 '의미'의 '의미'를 밝히기 위한 학자들의 논의가 계속되고 있는데, 그 유형은 크게 두 가지로 구분된다. 하나는 단어의 용법을 살펴 일정한 환경에서 쓰인 그 말의 의미를 해명하려는 조작적(operational) 또는 문맥적(contextual) 방법이고, 다른 하나는 의미를 몇 요소로 나누어 그 본질을 파악하려는 분석적(analytical) 또는 지시적(referential) 방법이다. 전자에는 비트겐쉬타인(Wittgenstein)의 구문상 단어의 환치 검사가 해당되며, 후자에는 소쉬르(Saussure)의 **언어 회로도**와 오그덴-리차즈(Ogden-Richards)의 **기본 삼각도**가 해당된다. 소쉬르의 언어 회로도에 의하면, 언어적 기호는 **시니피앙**(signifiant)과 **시니피에**(signifié)로 되어 있다. 전자는 **청각 영상**(image acoustiqe)이며 후자는 개념(concept)으로서 이 둘은 심리적 연합 관계에 있다. 오그덴-리차즈의 기본 삼각도에 의하면, **상징**(symbol)과 **대상**(referent) 사이에 직접적인 연계가 없으며 그 연계는 **사상**(thought) 또는 **지시**(reference)를 통해서 이루어진다.

(44)　　　가. 소쉬르의 언어 회로도　　　　　　나. 오그덴-리차즈의 기본 삼각도

언어 기호　　　　　　　　　　　사상(thought) 또는 지시(reference)

```
         ┌─────────────────────────┐
         │  개념        청각영상      │
  ▲      │ (concept) (image acoustiqe)│
  ▲▲     │ 《나무》  +   /나무/       │     ←[나무]
  ▲▲▲  → │ 시니피에     시니피앙      │
  Ⅱ      │ (signifié)  (signifiant)  │
         └─────────────────────────┘
```

상징(symbol)　　　　　　　대상(referent)

다. 비트겐쉬타인의 구문상 단어의 환치 검사 : ____에는 '개'가 적격.

　① ____가 멍멍 짖는다.

　② ____가 똥을 마다할까

　③ ____같이 벌어서 정승같이 산다.

　④ ____ 팔자가 상팔자.

그런데 분석적·지시적 정의는 내용에 따라 유심적(唯心的) 의미론과 지시적(指示的) 의미론으로 구분된다. 전자에서는 모든 표현에 개념이나 영상 등을 부과할 수 없고, 후자에서는 실재하지 않은 대상이나 동일 지시 대상에 대한 표현의 의미 파악이 힘들다는 점을 지적하

유형	제설	학자	중심점			단위
심리현상형	개념설	Saussure	심리주의	의미 자체	기본적 의미	단어
	심상설	Sapir				
	사상설	Ogden-Richards, Stern				
지시대상형	지시설	Platon	물리주의			
문맥장면형	반응설	Bloomfield	의미 주변		문맥적 의미	
	장면설	Block-Trager				
	분포설	Harris				
	관계설	Lyons				
용법형	용법설	Wittgenstein				
진위형	조건설	Tarski	논리성			문장
의도형	의도설	Austin	소통 과정			발화

여, 의미를 **지시**(指示 reference)와 **의의**(意義 sense)로 구분하기도 한다. '용(龍)'의 지시 대상은 없으나 그 의의가 없다고 할 수는 없다.

그런데 의미란 말은 언어뿐만 아니라 어떤 음악의 의미, 그림의 의미, 신호의 의미 등과 같이 널리 쓰이므로 인간이 생각하는 의미의 세계는 매우 광범함을 알 수 있다. 그러나 의미론이라는 부문이 그와 같이 필요한 학문마다 각기 설정된 것은 아니다. 우리의 의사 전달에 쓰이는 기호의 의미는 심리학의 문제요, 모든 신호의 의미는 주로 논리학의 문제요, 자연 언어의 의미는 언어학의 문제이므로 오늘날의 의미론은 일반 의미론, 기호학의 의미론, 언어학의 의미론으로 나뉜다. **일반**(general) **의미론**은 언어 기호에 대한 인간의 반응과 기호의 자극에 의한 인간의 행동을 연구하여 교육과 사회의 소통 장애를 해결하려는 심리학적 의미론이다. **기호학**(semiotics)**의 의미론**은 기호와 의미를 나타내는 사물과의 관계를 연구하는 기호학의 부문으로서 철학적 의미론이다. **언어학**(linguistics)**의 의미론**은 자연 언어의 의미를 연구하는 언어학의 한 부문으로서 위의 두 의미론과 대비하면 언어학적 의미론이 되는데 일찍이 체계화된 본래의 의미론이다.

언어학의 연구 영역은 그 이론에 따라 달리 규정된다. 라틴 문법에서 시작되어 오늘날 학교 문법으로 정착된 전통 언어학에서는 언어학 그 자체를 문법으로 보고 이를 음운론·형태론·문장론으로 구분하였다. 구조 언어학에서는 언어학의 연구 영역을 음운론·문법론으로 양대별하고 문

법론을 다시 형태론과 통사론으로 양분하였다. 변형 생성 이론에서는 언어학을 통사론으로 보고 이를 내면·표면 구조로 나누었는데, 내면 구조는 의미를, 표면 구조는 음운을 다루는 것으로 생각했다. 그런데 1980년대 이후의 동향은 언어 전달 과정을 기호의 생성 및 해석 과정으로 보고 의미론·통사론·음운론으로 구분하였다.

♡ 일반 의미론 : 언어 기호에 대한 인간의 반응과 기호의 자극에 의한 인간의 행동을 연구하여 교육과 사회의 소통 장애를 해결하려는 심리학적 의미론이다. 실용 의미론의 성격이며 폴란드계 미국인 코르지브스키가 1933년에 수립하였다.

♡ 기호학의 의미론 : 기호와 의미를 나타내는 사물과의 관계를 연구하는 기호학의 부문으로서 철학적 의미론이다. 기호 논리학의 성격이며 미국인 모리스가 1938년에 파스의 기호학을 발전시킨 것이다.

(45) 언어학의 영역

문장론	문법론	통사론	통사론	내면구조 (의미)	음운론 통사론 의미론
형태론		형태론		표면구조 (음운)	
음운론	음운론				
전통 언어학	구조 언어학		생성 언어학		최근 언어학

의미론은 단어의 의미 변화에 주된 관심을 갖고 그것을 기술하는 역사주의 의미론으로서 출발하였는데, 여기에 밭이론으로 독자적인 발전을 계속한 **명의론**(名義論 onomasiology)의 의미 분절 개념이 도입되어 구조주의 의미론이 성립됨으로써 의미론은 통시적인 역사주의 의미론과 공시적인 구조주의 의미론으로 나뉘게 되었다. 언어에서 모든 의미의 차이는 구조적·분포적 차이에서 말미암은 것이라는 가정에서 출발한 구조주의 의미론은 밭이론, 생성주의 의미론, 인지주의 의미론 등의 도움을 받으며 계속 발전하고 있다.

의미 연구의 역사에서 어휘의 의미에 대한 관심은 고대의 어원 탐구에서부터 20세기 전반까지 계속되었고 그 이후의 관심은 문장 및 발화의 의미로 쏠리게 되었다. 어휘의 의미만으로 언어의 의미를 다 밝힐 수 없다는 점을 감안할 때 의미 연구의 관심이 역사적으로 어휘의 의미에서 문장 및 발화의 의미로 전환된 것은 당연한 귀결이라 하겠다. 국어학계에서 1970년대까지의 연구는 의미의 역사적 연구에 바탕을 둔 의미 변화의 문제가 주류를 이루고 있으며 일반 의미론의 방법론이 소개되었다. 1970년대에는 변형 생성 이론의 도입으로 어휘의 의미 연구가 위축된 반면 문장의 의미 연구가 활발히 진행되었다. 1980년대에 이르러서는 구조 의미론, 심리 의미론, 통사 의미론, 형식 의미론, 화행 의미론 등 다양한 이론이 소개되고 이를 국어에 적용하고 심화시키게 되었다. 또한 어휘·문장·발화 층위의 의미에 대한 폭을 넓히고 그 깊이를 더하게 되었다. 1990년대에는 지금까지 이루어진 연구 성과를 반성하는 차원에서 주체적인 연구 풍토가 싹트게 되었고, 전산 언어학과 사전 편찬학의 도입으로 대량의 코퍼스를 이용한 어휘의 의미 연구가 활기를 띠기 시작했다.

의미 연구의 방법론으로는 지시적 의미론, 종합적 의미론, 진리 조건적 의미론, 심리주의 의미론, 행동주의 의미론, 화용론적 의미론 등이 있다. 그리이스·로마 시대부터 주어진 표현(주로 단어)과 이 표현의 의미 사이에 있을 수 있는 관계에 대한 논의가 있었는데, 하나는 이들 사이에 자연스런 관계가 있다고 하는 자연론자의 주장이고, 다른 하나는 이들 사이가 인간의 약정에 의한 관계라는 약정론자의 주장이다. 중세를 거치는 사이에 전자는 **실재론**(實在論)으로, 후자는 **명목론**(名目論)으로 발전하였다. 객관성이 보완된 명목론에서의 의미 개념은 그후 용어로는 지시의 개념으로 일반화될 수 있을 것이며, 실재론에서의 의미 개념은 의의 개념의 일부로 확충되었다고 볼 수 있을 것이다. 이 때 지시(reference)를 중요시하는 것이 지시적 의미론이고, 지시(reference)에 의의(sense)를 보충하게 되는 것이 종합적 의미론인데, 지시적 의미론은 진리 조건적 의미론의 근간을 이루게 된다.

1. 국어에서 뜻을 갖는 언어적 단위에는 어떠한 것들이 있는가?
2. 문장의 의미는 일차적으로 어떠한 의미들이 결합된 것인가?
3. 문장의 의미를 결정하는 것에는 어떠한 것들이 있는가?
4. 유의 관계, 반의 관계, 하의 관계에 있는 단어의 짝을 찾으시오.
5. 특정 의미 영역의 어휘를 골라 각각의 의미를 성분 분석하고 낱말밭을 만들어 보시오.
6. 특정 단어를 골라 변이 의미가 실현되는 환경을 조사해 보시오.
7. 국어의 의미 연구의 역사를 정리해 보시오.

한걸음 더!

1. 의미 표현의 단위

※ 기호(sign) ┌ 자연적 기호: 번개, 구름
            └ 인위적 기호 ┌ 도상(圖象, icon): 그림, 사진
                        └ 상징(symbol) ┌ 유연적 상징: 의성어
                                      └ 무연적 상징 ┌ 몸짓·표지
                                                  └ 언어 ┌ 음성 언어
                                                        └ 문자 언어

※ 이을환·이용주(1975), 김민수(1982), 서정수(1996) 등 참조.

2. 문장의 의미

※ 양태적 의미 : 서술 내용에 대한 화자의 마음가짐이나 확신, 의혹, 의지, 감흥 같은 양상
  동태-서상-법성-부정-존칭-시칭-겸칭-서법
  동태(voice) : 어떤 행동에 대한 화자의 관점.
   사동(-이-, -히-, -리-, -기-, -우-, -구-, -추-, -게 하다, -게 만들다)
   피동(-이-, -히-, -리-, -기-, -어지다, -게 되다)
  서상(aspect) : 동작·상태의 시발·계속·종료 등.
   시발(-러 들다), 계속(-고 있다, -어 있다/가다/오다), 중지(-다 말다/놓다/두다), 종료(-어 버리다/말다/나다/내다/놓다/두다), 반복(-어 쌓다/대다)
  법성 : 소망·가능·추정 등.
   의도(-려 하다, -고자 하다), 소망(-기 바라다/원하다, -면 하다/되다), 시도(-어 보다), 봉사(-어 주다/드리다/바치다), 당위(-어야 하다/되다), 가지(可知:-ㄹ 줄 알다, -ㄴ지 알다), 가능

(-ㄹ 수 있다), 가식(-ㄴ 체하다/척하다/양하다), 요행(-ㄹ 뻔하다), 용인(-기는/기도/기만 하다, -어도 되다), 인용(-고 하다), 욕구(-고/면 싶다), 가당(可當: -ㄹ 만하다/법하다/사하다, -ㅁ직하다), 가합(可合: -어서/어도/니/기/을수록 좋다), 추정(-ㄹ 듯하다/상싶다, -ㄹ까 싶다/보다), 가측(可測: -기 쉽다/어렵다), 의구(-ㄹ까 무섭다/두렵다), 규정(-ㄴ 것이다), 추측(-ㄹ 것이다/모양이다), 소이(-ㄴ 바이다), 처지(-ㄴ 터이다, -ㄹ 노릇이다), 예정(-ㄹ 터이다), 소유(所由: -ㄹ 나름이다/탓이다), 소치(所致: -기 때문이다, -ㄴ 까닭이다), 극한(-ㄹ 지경이다), 일념(-ㄹ 뿐이다/따름이다)

부정: 거부(拒否)·불능(不能). (-지 않다/못하다, 아니, 아니다/모르다/없다/말다)

존칭: 서술의 주체 존대. (-시-)

시칭: 동작·상태의 시간 관계. (-었-, -겠-, -ㄴ-)

겸칭: 청자에 대한 화자의 겸양. (-옵-, -삽-, -잡-, -ㅂ-)

서법: 화자의 전달·물음·감동·의지 등.

평서(-다, -어, -네, -오, -니다, -나이다), 의문(-냐, -어, -ㄴ가, -오, -니까, -나이까), 감탄(-구나, -군, -구료, -군요, -니다그려, -나이다그려), 명령(-어라, -어, -게, -오, -시오, -소서)

※ 격 문법(Case Grammar): 아래 예문에서 '바위가, 철이가, 지렛대가'는 모두 같은 주어이나 (가)의 주어는 동사에 대한 대상(Object)의 관계를, (나)의 주어는 동사에 대한 행위자(Agent)의 관계를 가지며, (다)에서 주어는 도구(Instrument)이고, (라)에서는 행위자와 도구가 동시에 동일 문장에 있는데 주어로 나타나는 것은 행위자다. 따라서 문장의 의미를 해석하는 데에는 주어, 목적어라는 통사적 범주보다는 대상, 행위자, 도구라는 의미적 개념인 의미격(semantic case)이 더 명시적이다.

가. 바위가 움직였다.　　　　　　나. 철이가 바위를 움직였다.

다. 지렛대가 바위를 움직였다.　　라. 철이가 지렛대로 바위를 움직였다.

※ 생성 의미론(Generative Semantics): (1)과 같은 어휘 해체로써 (2)의 문장들이 동의 관계에 있음을 분명히 알 수 있으며, (3)과 같은 중의적인 의미를 파악할 수 있게 된다.

(1) kill = CAUSE BECOME NOT ALIVE　　　die = BECOME NOT ALIVE

　　dead = NOT ALIVE

(2) 가. Max caused a fly to become not alive.　나. Max caused a fly to become dead.

　　다. Max caused a fly to die.　　　　　　라. Max killed a fly.

(3) Max almost killed a fly.　　　① Max almost caused a fly to die.

　　　　　　　　　　　　　　　② Max caused a fly almost to die.

※ 형식 의미론(Formal Semantics)

(1) 진리 조건적 의미론: 문장이 어떤 상황에서 참이 되고 거짓이 되는지 그 진리 조건을 정의하여 주는 일.

(2) 모형 이론적 의미론: 모형의 설정을 기초로 하여 문장들의 진리치를 논하는 의미론 체계.

(3) 가능 세계적 의미론: 실제의 세계뿐만 아니라 가능 세계까지도 고려하여 주어진 문장의 진리
치를 논하는 일. 진명제, 가능 명제, 필연 명제.

※ 김민수(1981), 김민수(1982), 남용우 외 역(1987), 박영순(1994), 박종갑(1996), 심재기·
이기용·이정민(1991), 이익환(1984), 이익환(1991), 임지룡(1995), 천시권·김종택(1984),
최창렬·심재기·성광수(1986) 등 참조.

3. 단어의 의미

※ 생성 문법(Generative Grammar)에서는 한 문장의 통사적 구조에 관한 기술이 주어지면 그 문
장을 구성하는 각 어휘에 관한 사전에서의 의미를 통사 구조에 투사시켜 문장의 의미가 해석된다
는 규칙을 세웠다. 'bachelor'의 의미 를(〈독신 남자〉, 〈젊은 기사〉, 〈학사〉, 〈젊은 물개〉) 아래의
그림과 같이 나타냈다.

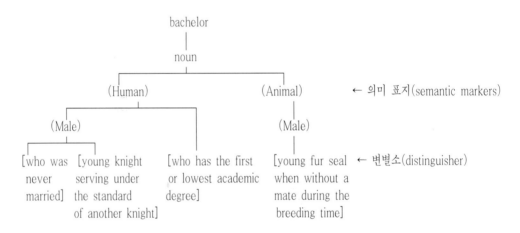

※ 코세리우(Coseriu)는 단어 'Schall(소리), Laut(음성), Hall(음향), Widerhall(반향), Klang
(악음), Geräusch(소음), Ton(음조)'을 6개의 변별적 특성 가청성(hörbar), 자발성(selbsttätig
erzeugt), 전파성(fortgepflanzt), 반향성(zurückgeworfen), 동질성(homogen), 조절성(qualifizirt)
으로 분석하였다.

구 분	가청성(a)	자발성(b)	전파성(c)	반향성(d)	동질성(e)	조절성(f)
Schall	+	+				
Laut(음성)	+	−				
Hall(음향)	+	−	+			
Widerhall(반향)	+	−	+	+		
Klang(악음)	+	−	−		+	
Geräusch(소음)	+		−		−	
Ton(음조)	+		−		+	+

※ 나이다(Nida)의 의미 성분 분석

(1)

구분	whisper	babble	murmor	sing	hum
언어성	언어적	의사언어적	언어적	언어적	비언어적
음악성	–	–	–	+	+
유무성	무성	교체	교체	교체	교체

(2)

구분	남성/여성	세대(-1/0/+1)	계통(직계/+1/+2)	혈족/인척
아버지	남	+1	직	혈
어머니	여	+1	직	혈
아저씨	남	+1	+1	혈/인
아주머니	여	+1	+1	혈/인
형제	남	0	+1	혈
자매	여	0	+1	혈
아들	남	-1	직	혈
딸	여	-1	직	혈
조카	남	-1	+1	혈
질녀	여	-1	+1	혈
사촌	남/여	-1/0/+1	+2	혈

※ 트리어(Trier)는 중세 독일어의 '지성(Verstand)'에 관한 밭을 연구했다. 즉, 1200년대와 1300
년대의 '지성'의 밭의 구조를 공시적으로 조사해서 양자를 비교하고, 100년 동안에 일어난 밭의
내부적인 변화를 통시적으로 명백히 했다.

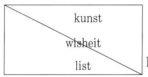

※ 트리어의 밭의 개념이 계열적 관계를 보여 주는 것이라면 포르지히(Porzig)의 밭의 개념은 결합
적 관계를 보여 주고 있다. 그는 의미의 내재적 필연성에 의한 두 단어 사이에 성립하는 본질적
인 의미 관계를 기본적인 의미밭이라 하였다.

gehen(가다)-Fuß(발)   reiten(가다)-Pferd(말)

fahren(가다)-Wagen(차)   greifen(잡다)-Hand(손)

sehen(보다)-Auge(눈)   hören(듣다)-Ohr(귀)

lecken(핥다)-Zunge(혀)   küssen(입맞추다)-Lippen(입술)

bellen(짖다)-Hund(개)   wiehren(울다)-Pferd(말)

fällen(넘어뜨리다)-Baum(나무)   vorsetzen(제공하다)-Speise(음식)/Trank(음료)

※ 코세리우(Coseriu)는 트리어의 계열적 밭 개념과 포르지히의 결합적 밭 개념을 종합한 밭 개념
을 제시하였다. 그것은 '한 언어의 어휘 속에서 확인되는 구조는 계열적인가 결합적인가 하는 어
느 것이다. 계열적인 구조는 낱말밭과 부류라는 1차적인 것과 수식, 전개, 합성이라는 2차적인
것의 어느 것이다. 결합적인 구조는 연대라고도 말하는데, 이것은 유연, 선택, 포함이라는 세 종

류로 나눌 수 있다'라고 말한 것에서 확인된다.

ㄱ. 계열적 밭

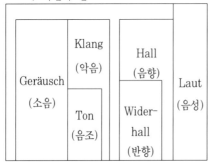

ㄴ. 결합적 밭

tierisch(짐승)-fressen(먹다)/saufen(마시다) 〈유연〉
menschlich(사람)-essen(먹다)/trinken(마시다) 〈유연〉
fahren(가다)-Schiff(배)/Zug(기차)/Wagen(차) 〈선택〉
Hand(손)-greifen(잡다) 〈포함〉

※ 김민수(1981), 남성우 역(1979, 1987), 남성우(1985), 박영순(1994), 박종갑(1996), 배해수(1998), 신현숙(1986), 신현숙(1991), 심재기·이기용·이정민(1991), 양태식(1984), 이을환·이용주(1975), 이익환(1984), 이익환(1991), 임지룡 외 역(1989), 임지룡(1989), 임지룡(1995), 조항범 역(1990), 천시권·김종택(1984), 최석규 역(1963), 최창렬·심재기·성광수(1986), 허발 엮어옮김(1985), 허발 엮어옮김(1997), 허발(1981), 홍사만(1985) 등 참조.

4. 의미 연구 일반

※ 지시적 의미론에서 한 표현의 의미는 그 표현이 지시하는 것이다. 지시를 논의할 때 표현의 지시(주어진 표현 x가 무엇을 지시하는가)와 화자의 지시(주어진 표현 x로서 화자가 무엇을 지시하는가)를 구별하는데, 일반적으로 맥락의 개념을 병합하여 이야기한다. 대응물을 지시하는 지시적 표현에는 단칭적 지시 표현과 총칭적 지시 표현으로 대별된다. 단칭적 지시 표현에는 한정적 표현과 비한정적 표현이 있다. 다음과 같은 것들은 영어의 한정적 표현들이다. 한정적 명사구 (the present Prime Minister, the tall girl over there 등), 고유명사(John, Mary 등), 대명사 (he, she, it 등). 비한정적 표현은 특정 지시와 비특정 지시의 두 가지 기능을 가질 수 있다. Every evening at six o'clock a heron flies over the chalet에서 a heron은 특정 지시로서 특정 새 한 마리나 비특정 지시로서 heron의 속성을 지니는 어떤 개체를 지시할 수 있다. Every boy loves some girls에서는 한 특정 소녀를 모든 소년들이 사랑하는 특정 지시 해석과 소녀마다 사랑하는 소녀가 적어도 하나는 있다는 비특정 지시 해석이 가능하다. 총칭적 지시 표현은 분산적 해석과 집합적 해석을 가질 수 있다. Those pencils cost $ 1의 문장과 The students have the right to smoke in lecture의 문장에서 those pencils와 the students는 두 가지 해석을 가질 수 있다. Each of those pencils / That set of pencils costs ~ . Each of the students / That set of students has ~.

※ 종합적 의미론에서 한 표현의 의미는 그 표현의 지시와 의의로 구성된다. 밀은 처음에는 모든 표현을 '이름'으로 생각하는 지시적 의미론의 입장이었지만 white, long과 같은 어휘를 생각하

면서 외연적 의미와 내포적 의미를 생각한다. 그리하여 나중에는 속성인 내포적 의미를 외연적 의미보다 더 중요하게 여기게 되었다. 그를 뒤따르는 다른 사람들은(Frege 등) 다시 의미의 이 두 가지 국면을 함께 생각하게 된다. Smith's murderer is insane. John was looking for a girl with green eyes의 경우는 화자가 쓰여진 명사구로 구체적으로 지시할 대응물(여기서는 사람)이 없는 단순히 속성적 해석도 가능한데, 의미의 이러한 국면은 지시적 의미론만으로는 설명할 수 없다. 이러한 어려운 점을 극복하기 위하여 프레게는 의미를 두 가지 국면으로 나눈다. The Morning Star is the Morning Star. The Morning Star is the Evening Star에서 지시적 표현인 the Morning Star와 the Evening Star는 둘 다 같은 별 Venus를 지시적 대응물로 갖는다. 그러나 이 두 표현은 지시적 의미 이외에 다른 의미 국면을 가지고 있다. 전자의 문장은 [a=a]로서 항진 명제를 나타내고 있다. 만일 the Morning Star와 the Evening Star가 같은 의미를 지니고 있다면, 후자의 문장 역시 항진 명제를 나타내야 할 것이다. 그러나 전자와는 달리 후자는 잠재적으로 지식을 더 제공하여 주고 있다. 청자가 전에 알지 못했던 사실을 더 알게 해 주고 있다는 말이다. 따라서, the Morning Star와 the Evening Star는 완전한 동의성의 관계에 있다고 볼 수 없으며, 이러한 경우를 지시는 같으나 의의가 다른 것으로 보려는 것이다. 그러므로 의미를 지시와 의의로 나누어 보면 이러한 문제들이 모두 해결된다. 즉, 두 개의 언어적 표현이 있을 때 이 두 표현이 동일 대응물을 지시하더라도 의의는 달라질 수 있다는 가설을 세운다.

※ 행동주의 의미론에서 한 표현의 의미는 그 표현을 야기시키는 자극이나 그 표현이 야기시키는 반응 혹은 이 둘의 병합이다. 영수와 미자가 길을 걸어 가다가 미자가 길가의 사과 나무에 사과가 있는 것을 보고 배가 고파서 영수에게 사과 하나를 따 달라고 한다. 영수는 사과 나무에 올라가 사과를 따서 미자에게 주고 미자는 그 사과를 먹는다. 이 경우에 미자가 배가 고프고 사과를 보는 것은 자극(S)을 형성한다. 이 때 미자는 나무에 올라가는 직접적인 반응(R) 대신에 특정한 표현을 발화하는 대체 반응(r)을 보인다. 이 대체 반응이 영수에게는 대체 자극(s)이 되어 자신이 배가 고프면 했을 반응(R)을 보이게 하는 것이다. 이러한 상황을 블룸필드는 S→r···s→R와 같이 나타냈다. 여기서 소문자로 되어 있는 부분(r···s)이 발화된 표현이며, 이 표현의 의미는 직접 자극과 반응의 부분(S—R)으로 나타내진다. 여기에서 중요한 점은 행동주의 의미론에서는 발화된 표현의 의미가 객관적으로 관찰될 수 있는 행동이라는 것이다. 이에 따르면, 많은 단어들은 그 대체물이라고 할 수 있는 것을 쉽게 정확히 기술할 수 있을 것이다. 그러나 이와 못지 않게 많은 단어들에 대해 관찰할 만한 대체물을 과학적으로 기술할 수 없게 되는 것도 사실이다. 예를 들어, '책상, 연필' 같은 단어는 이들과 연합시킬 수 있는 관찰할 수 있는 물건들을 손쉽게 보일 수 있지만, 관찰이 불가능한 물건을 나타내거나 속성을 뜻하는 어휘의 의미에 대하여는 만족스런 설명을 줄 수 없다.

※ 화용론적 의미론에서 한 표현의 의미는 그 표현이 맥락 내에서 사용되는 현상이거나 그 사용에 의해서 결정되는 국면이다. 이는 학자에 따라서 여러 가지로 정의되고 있다. 따라서 화용론적 의미론은 이른바 사용론, 맥락론, 기능론, 화행론 등을 포괄적으로 나타내는 용어로 사용된다. 사용론적 의미론을 주장하고 발전시킨 이는 비트겐쉬타인이다. 비트겐쉬타인에 의하면 한 단어의

의미는 그 단어의 사용법을 관찰하여 결정자을 수 있다. 그래서 그는 한 단어의 의미란 그 단어의 사용법이라고 주장한다. 이 이론의 장점은 'if, at, for, to' 등의 의미에 대한 설명을 다른 이론보다 더 잘할 수 있겠다는 점과 우리가 어휘의 의미를 배우는 과정의 설명에 적절히 이용될 수 있다는 점이다. 그러나 이 이론에서도 몇 가지 문제점들이 지적될 수 있다. 첫째로, 의미를 설명할 수 있는 '사용'이라는 용어 자체에 대한 명확한 정의가 필요하다. 사실상 의미 문제에 직접 관련이 없는 언어적 사용도 많이 있기 때문이다. 둘째로, 용도상의 어떤 차이가 동의성을 얘기하는 데에는 문제되지 않을 수 있는가를 결정하는 것이 중요하게 된다. 이는 퍼드의 맥락론과 유사성을 보이는데, 그에 있어서 언어의 중요한 점은 언어의 사회적 기능이다. 어떤 표현이 의미를 지닌다는 것은 맥락 속에서 적절히 쓰여 거기에 적절한 기능을 갖게 된다는 것을 뜻한다. 사용론이 정당성을 갖기 위해서는 주어진 표현의 중심적이고 전형적인 사용을 결정할 수 있는 기준이 설정되어야만 할 것이다. 최근에 와서 화용론적 의미론은 크게 두 가지 방향으로 발전되고 있다고 본다. 하나는 화행론으로서 문장의 사용과 관련되고, 다른 하나는 기능론으로서 문장을 구성할 수 있는 특정 형태소의 사용과 관련된다. 이 두 방향 모두 언어의 사용면을 중요시하고 있다는 점에서 화용론적 의미론의 범주에 드는 것이다.

※ 김봉주 역(1986), 김봉주(1988), 김영준 역(1982), 김영준 역(1982), 오원교 역(1983), 허광일・이석주・박양귀 공역(1980), 현대언어학연구회 옮김(1984), 홍승우(1988) 등 참조.

8. 분위기를 파악하자

　　인간은 사회적 동물이다. 이 말은 인간이 혼자서 살 수 없다는 의미와 함께 늘 다른 사람들과 만나 대화를 나누면서 삶을 영위한다는 것을 의미하기도 한다. 그러므로 사람들은 어떻게 하면 의사소통을 잘 할 수 있을 것인가 하는 점에 대해서 매우 신경을 쓰고 있다. 그런데 우리는 그런 의사소통의 과정에서 어려서부터 배운 언어지식만으로는 부족함을 느끼곤 한다. 그래서 자신이 무의식중에 자신의 귀에 들리는 말의 내용 외에 다른 것들을 고려하여 이해하고 있음을 알 수 있다.

1. 눈치가 빠르면 절간에서도 젓국을 얻어 먹는다

〈그림 1〉 저마다 각자의 입장에서 말을 이해하게 된다

속담에 눈치빠르면 절에서도 젓국을 얻어먹는다는 말이 있다. 원래 절에서는 고기 음식을 먹지 않게 되어 있기 때문에 새우젓 같은 것도 얻어먹을 수가 없다. 그러나 그것도 눈치가 빠르면 얻어먹는 수가 있다는 것이니 어디 가나 눈치만 빠르면 궁색한 일을 면할 수 있다는 뜻이다. 우리의 실제 언어생활에서도 그런 경우에 해당하는 일들이 많이 있을 뿐만 아니라 그런 것들을 재빨리 간파하지 못하면 대화에서 계속해서 소외되고 사회생활에 지장마저 생긴다.

달리는 전철 속에서 예쁜 여자가 혼자 서있는 잘 생긴 남자에게 용감하게 다가왔다.

"저 다음에서 내려요."

그런데 이 남자가

"아, 그러세요?"

하고 답하거나 그냥 눈만 꿈벅꿈벅하고 있다면 이 남자는 둔한 사람이거나 그렇지 않으면 그 여자에 대해서 관심이 없는 사람이라고 말할 수 있다.

그런데 남자가,

"그래요? 저도 다음에 내려요."

하고 같이 내리면 이야기는 아주 흥미진진하게 진행될 것이다.

위의 경우에 남자가 여자의 말을 알아듣고 재빨리 응수한 것은 여자의 말에 함축된 의미를 알아차린 때문이다. 즉 '이번에 내릴 테니 생각 있으면 따라오세요' 의 의미가 숨어 있음을 알아차린 것이다. 이와 같이 우리는 일상생활에서 말소리로 표현된 것 이상의 의미를 평범한 한 마디의 말로써 전달하거나 알아듣는다.

또 '이제 방금 그가 도착했습니다.'와 같은 **발화**는 말하여진 상황의 시간을 정확히 알고 있지 않는 한, 말만으로는 '그가 도착한 시각을 알 수 없다. 또 다른 예를 보자. 다음과 같은 대화도 가까운 사람들이 스쳐 지나가면서 흔히 나누는 대화이다.

"재미있어?"
"별로야. 넌 어때?"

이런 말들은 그 말만으로는 내용을 알 수 없는 것들이다. 재미있는 것이 무엇인지에 대하여 아무런 언급도 없지만 사람들은 별로 신경을 쓰지 않는다. 이런 대화에서 내용을 알아들으려면 그 말소리와 함께 그 사회에서 통용되는 이런 사교적 표현들을 알고 있어야 하고 주변 상황이나 분위기를 같이 고려할 때 비로소 무리없이 이해될 것이다.

이렇게 실제 언어생활에서 발화된 말소리의 의미를 화자나 청자를 포함하는 주변의 상황까지를 고려하여 연구하는 방식을 **화용론**이라고 한다. 그러므로 화용론은 언어를 사용자의 관점에서 연구하게 된다.

화용론은 말이 실제로 쓰이는 여러 상황 즉 **화맥**과 관련하여 문장의 의미를 체계적으로 분석하려는 입장의 의미론이다. 앞에서 다룬 음운, 형태, 통사, 의미 등의 연구 분야는 한 문장 내에서의 언어단위를 대상으로 하는 연구이다. 그러므로 그런 연구들에서 찾아낸 의미들은 실제 언어생활 속에서는 다른 의미양상을 보일 수 있다. 사실상 문장에서 실제 화자가 표현하고자 하는 의미나 청자가 이해하는 의미는 상황에 따라 그 진리치가 달라지고 그 표현되는 의미도 달라진다.

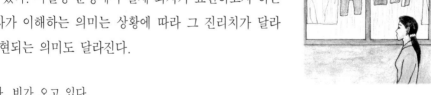

  (1) 가. 비가 오고 있다.
      나. 어제 그 사람이 저기 온다.

그림 2〉 동일한 발화도 상황에
    따라 다른 의미로 전달된다

위 문장의 의미는 문법적으로는 한정된 의미를 포함하고 있지만 실제로 문법적인 의미로만 사용되는 경우는 별로 없다. 즉 실제 발화 상황에서는 화자와 청자가 말할 때의 상황과 앞뒤의 문장에서 이어지는 문맥과 관련하여 해석되게 된다.

(1 가)의 경우 방안에서 창 밖을 내다보고 있던 엄마가 소리를 질렀을 때 방안에 있던 사람들에게는 다양한 의미로 전달될 수 있다. 말소리의 억양과 어조를 듣거나 그 말을 듣기 전에 어떤 상황에 있었느냐에 따라 각자 다르게 해석할 수 있다. 집안 일을 거들지 않는다고 나무람을 듣고 있던 첫째 딸은 '빨리 나가 빨래 널은 것을 걷으라'는 뜻으로 해석할 수 있고, 밖에서 놀다 막 집으로 들어온 둘째 아들은 밖에 세워 둔 자전거를 안으로 들여놓으라는 말로 알아들을 것이다. (1 나)의 경우도 억양과 어조에 따라 누구인지 궁금해하며 쳐다볼 수도 있고 어떤 경우는 들키지 않으려고 숨는 경우도 있을 수 있다.

이와 같이 우리는 실제 언어생활에서 상황을 고려하지 않을 때는 드러나지 않던 의미가 구체적인 상황을 고려했을 때에야 비로소 확실히 드러나는 경우를 많이 경험한다. 바꾸어 말하면, 문장 그 자체의 의미만으로는 의사소통이 어렵다는 말이 된다.

발화상황에서 문장은 앞뒤의 문장과 일정한 문맥을 형성하면서 이어진다. 실제 발화에서는 한 문장만 고립되어 나타나는 일은 드물고 앞뒤의 문맥이나 상황에 맞추어 문장 단위의 발화가 이어진다. 그리고 사람이 여러 사람과 어울려 있을 때 주위의 환경이나 분위기에 따라 성격이나 행동이 달라지듯이 문장들도 앞뒤의 문장 간에 이어지는 문맥에 따라 그 의미가 달라지게 된다. 이렇게 실제의 언어생활에서 문장의 의미는 상황과 관련되어야 비로소 생생한 의미를 갖게 된다.

화용론이라는 것은 원래 기호와 기호체계를 다루는 학문으로서 기호간의 관계를 분석하는 통사론과 기호와 현실 간의 관계를 분석하는 의미론과 더불어 기호론의 한 분야 를 이룬다. 학문으로서의 화용론은 화행의 분석, 일반적으로 커뮤니케이션 과정에 있어서의 언어적 발화의 기능분석 및 그 발화의 자질분석을 다룬다. 화용론은 **직시소**, 회화상의 **함의와 전제, 발화행위** 및 **담화구조** 등을 포함하여 다양한 문제들이 관련되어 해결되어야 할 부분이 많은 분야이다.

2. 화용이란 무엇인가

2.1. 발화

컴퓨터를 통하여 대화를 하는 채팅의 경우 이쪽에서 한 번 글을 보내면 거기에 답해서 저 쪽에서도 글을 보내온다. 그런데 한 번에 한 개의 문장을 보내는 수도 있고 여러 개의 문장을 보내는 수도 있다. 상대방의 경우도 한 문장을 보내오는 수도 있고 여러 개의 문장을 보내올 수도 있다. 이때 화자가 의사를 전달하기 시작하여 마칠 때까지의 문들이 각각 하나의 발화를 형성한다. 가령, 채팅에서 화자가 "안녀세요?"라고 말한 것도 하나의 발화를 한 것이고 상대방이 대답한 "안 뇽?"도 하나의 발화이다. 그리고 뒤에 "이 쪽은 대학생인데.... 그 쪽은? "라고 한 것도 한 토막 의 발화이다.

위에서는 통신상에서 일어나는 일을 예로 들었지만 언어실제에서도 이렇게 어떤 사람이 입을

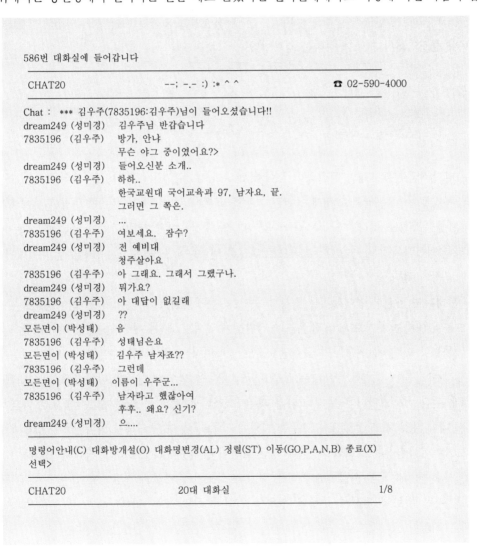

〈그림 3〉 P.C 통신에서의 채팅

열고 자신의 생각을 전달하기 시작해서 끝마칠 때까지 한토막의 말을 **발화**라고 한다. 그러므로 발화는 하나의 문장으로 이루어질 수도 있지만 여러 개의 문장이 연속적으로 합쳐져서 이루어질 수도 있다.

여기서 말하는 **문장**이란 글을 이루는 작은 문법적 단위를 말하는데 '가장 짧은 언어단위로서 완전한 언어행위를 수행할 수 있는 언어적 표현'을 말한다. 이러한 정의는 문장을 두 가지 점에서 다른 언어기호와 구별하게 한다. 그 하나는 완전한 언어적 발화를 할 수 있는 가장 짧은 언어단위라는 점인데 그것은 언어적 발화로서 더 긴 언어단위들이 존재하기 때문이다. 이를테면 논증처럼 텍스트나 문장연쇄의 형태를 취하는 경우이다.

(2) 가. 사람은 동물이다.
    나. 동물은 죽는다.
    다. 고로 사람도 죽는다.

(2)의 문장들은 세 개의 문장들이 모여서 하나의 논리를 내세우고 있는 경우이다. 그러므로 각각의 문장들은 이 논리의 과정에 동원된 부분들일 뿐이다. 이럴 경우는 세 문장이 모여 하나의 언어행위를 수행하고 있다. 그러나 (2 가, 나, 다)의 문장들이 각각 독립되어 있을 때는 독자적으로 완전한 언어수행을 하고 있다. 그러므로 완전한 언어수행을 할 수 있는 가장 짧은 언어단위는 각각의 문장이 된다.

다른 하나는 완전한 언어행위를 수행할 수 있는 문장이라고 하는 점이다. 언어행위를 수행한다고 하는 면에서는 문장보다 더 짧은 언어단위들이 있기도 하다. 예를 들어 '도둑이야' 같은 간단한 감탄문들이 이에 속하는데 이 표현만으로도 명령이나 요구행위를 수행할 수 있기 때문이다. 그러나 그런 경우는 잠재적으로 다른 보충표현의 도움을 받아야 상황에 따른 정확한 의미해석이 가능하게 된다. 즉 '그러니 모두 일어나라' 혹은 '그러니까 모두 몸조심하고 방 밖으로 나오지 말라'든가 '내가 제일 처음 보았으니 모두들 그렇게 알아라' 등의 구체적인 의미해석은 상황과 관련시켜 보아야 할 것이다. 그러나 '이 집에 지금 도둑이 들어왔다'라고 하는 문장에서는 도둑이 집에 들어온 사실을 청자에게 **전달**하고자 하는 화자의 의도가 분명하게 전달되고 있다. .

한편 이런 발화에 의해서 수행된 행위를 언어적 행위 또는 **화행**이라고 부른다. 설(Searl 1969)은 화행이 효과적으로 수행되기 위한 조건으로 네 가지 규칙을 설정했다.

♡ 설(Searl 1969)의 화행조건

첫째, 명제내용규칙(propositional content rule): 발화의 명제부분에 의하여 표현된 의미를 명시한다.(보기: 약속하다는 반드시 화자의 어떤 미래의 행위를 지시한다.)

둘째, 예비규칙: 언어행위의 수행에 요구되는 조건을 명시한다.(보기: '감사'의 행위에 있어서 화자는 청자가 화자에게 유익한 일을 했다는 것을 알아야 한다.)

셋째, 성실규칙(sincerity rule) ; 언어행위가 성실히 수행되기 위해서 갖추어야 할 조건을 명시한다.(보기: '사과하다'가 성실한 말이 되기 위해서는 화자가 앞선 행위에 대하여 유감을 가져야 한다.)

넷째, 필수규칙(essential rule) : 관습적으로 언어행위가 간주되어져야 하는 것을 명시한다.(보기: 경고에 대한 필수규칙이란 미래의 사건에 대하여 청자가 관심을 갖고 있지 않다는 것이 간주되어져야 한다.)

2.2 발화행위

화용적 능력(pragmatic competence)

우리가 실제로 말을 할 때는 3가지 능력이 같이 작용하게 된다. 즉 그 언어에 대한 문법적인 지식과 그 언어를 실제의 상황에 적용하여 알맞게 쓰는 능력 그리고 기타 언어외적 능력으로서 기억력, 주의력 등이 필요하게 된다. 그 중 우리가 알고 있는 문법적인 지식을 발화하는 실제의 상황에 적용하여 사용하는 능력을 **화용적 능력**이라고 한다.

수행문

사람들이 무언가 말을 할 때는 결과적으로 상대방에게 대해 어떤 행위를 수행하게 된다. 즉 어떤 내용을 설명하든지 혹은 어떤 사항을 물어보든지 또는 무엇을 하자고 권유 내지는 요청함으로써 상대방에 대해 어떤 행위를 수행하고 있는 것이다. 가령 "언제 집에 왔니?"와 같은 발화를 했다면 물음의 행위 즉 '나는 너에게 (~ 을/를) 묻는다'는 행위를 하고 있는 것으로 상대방에 대하여 이와 같은 자신의 질문의 의도를 달성하고 있는 것이다. 또 "내일 우리 영화 보러 가자."고 했을 경우는 '나는 너에게 (~ 을/를) 권유한다'는 행위를 수행하고 있는 것이다. 또 '저 물건을 주시오.'라고 하면 상대에게 자신에게 물건을 주는 행위를 할 것을 요구하는 것이다. 혹은 그냥 '어제 나는 집에 없었다.'라고 말해도 그 사실을 진술하는 행위를 하고 있다.

이와 같이 우리의 언어행위는 화자가 어떤 발화를 청자에게 전달하는 행위이며, 이때 발화는 일정한 행위를 **수행**하는 것이다. 그 언어행위의 결과로 무엇인가 달성되도록 하는 표현을 **수행문** (performative sentence)이라 한다. 텍스트와 맥락 사이에서 의미적, 화용적인 여러 관계를 이루는 것은 '약속하다, 명령하다, 추천하다' 등의 수행동사들이다. **수행동사**라는 것은 수행문에서 수행되는 행위를 표현할 수 있는 일인칭, 단·복수 현재의 동사를 말한다. 만약 어떤 사람이 '내가 네게 부모님께 편지 쓸 것을 권한다.' 라고 말하면 이 문장의 발화는 말함과 동시에 권고의 화행이 된다. '약속하다'(promise), '경고하다'(warn), '주장하다'(assert), '요구하다'(request) 따위의 동사들은 수행동사의 전형적인 것들이다. 그러나 실제로 모든 발화는 일종의 화행으로서 수행동사가 없더라도 함축된 수행을 담고 있다고 볼 수 있다.

(3) 가. 그 사람이 온다   → 가′. 나는 그 사람이 온다고 말한다.
　　나. 그 사람이 오니?   → 나′. 나는 그 사람이 오느냐고 묻는다.
　　다. 그 사람을 불러라.   → 다′. 나는 너에게 그 사람을 부르라고 명령한다.

(3가,나,다)의 문장들은 (3가′,나′,다′)의 '말한다, 묻는다, 명령한다'와 같은 진술, 질문, 명령의 수행동사들을 함축하고 있다.

"광화문으로 가는 길을 아세요?"

"네, 압니다.?"

〈그림 4〉 상대방의 의도를 알아야 제대로 답할 수 있다.

간접화행

발화의 수행이 문장의 동사와 반드시 일치하는 것은 아니다. 가령 '차를 조심해'라고 말하면 그 발화에는 경고의 뜻이 들어있지만 문장 안에 '나는 너에게… 을/를 경고한다.'의 말은 들어있지 않다. 보통의 언어생활에서 군이 수행동사를 써서 발화하는 경우는 그리 많지 않을 것이다.

일반적으로 예의바른 부탁을 할 때는 간접적으로 표현하는 것이 보통이다. 다음 예를 보자.

(4) 이 자리 비었습니까?⋯⋯⋯   (비었다면) 나는 여기 앉고 싶습니다.
　　시간 있으세요?⋯⋯⋯   (시간이 있다면) 만나 주시오.
　　길을 비켜주시겠습니까?⋯⋯⋯ (그럴 의향이 있다면)길을 비켜주십시오.

위의 예들은 요구를 하는 내용인데 동사에서 그런 직접적인 요구의 동사는 쓰이지 않았다. 이와 같이 간접적으로 수행의 뜻이 표현되는 것을 **간접화행**이라고 한다.

오스틴은 한 문장을 발화할 때 일반적으로 상이한 세 가지 행위를 포함하게 된다고 하였다. 즉 **언표적 행위**(locutionary act)와 **언표내적 행위**((illocutionary act), **언향적 행위**(perlocutionary act) 등이다. 언표적 행위는 어떤 의미를 가진 문장을 발화하는 행위로서 예를 들면 "날씨가 덥구나"라고 말하는 행위이다. 언표내적 행위는 화자가 청자에게 발화로써 이루려는 행위로 '날씨가 덥다'는 것을 강조하는 행위이다. 언향적 행위는 화자가 발화를 통하여 청자로부터 어떤 결과적인 반응을 얻어내려고 발화하는 행위로서 '창문을 열어 주렴' 정도의 의미에 해당한다. 만약 청자가 화자의 말을 곧이곧대로 듣고 "네, 덥군요."라고만 한다면 의사소통이 이루어지지 않았을 뿐만 아니라 화자가 간접적으로 표현한 의미를 알아채지 못한 눈치없는 사람이 된다.

> ♡ 수행절의 특징
>
> 수행술어는 그 말로써 달성되는 행위를 표시한다.
> 다른 문의 보문이 되지 않는다.
> 주어는 있건 없건 화자를 가리킨다.
> 보어는 청자를 가리킨다.
> 현재시칭을 취한다.
> 의문형을 취하지 않는다.
> 부정형을 취하지 않는다.

2.3 이야기

담화와 텍스트

실제 언어생활에서 우리는 혼자서 수십 개의 문을 말할 수도 있고 단 하나의 문장으로 의사를 전달할 수도 있다. 전자의 경우는 연설이나 강연 혹은 연극무대에서 배우가 독백을 하는 경우가 해당될 것이지만 실제 일대일로 말을 주고받는 대화에서는 대개 후자의 경우가 될 것이다. 이런 발화가 모여서 어떤 이어지는 맥락을 가지고 줄거리를 형성하게 되면 **이야기** 혹은 **담화**(discourse) 라고 하는 의미적 또는 언어사용상의 단위가 된다. 이야기 혹은 담화는 정보전달을 주목적으로 하는 일련의 문장들을 가리킨다. 이들 문장들은 문법적으로가 아니라 의미적인 면에서 또는 어떤 상황적인 면에서 내용적으로 이어지고 있다. 이렇게 의미적으로 연결되는 성질을 **결속성**(cohesion)이라고 하는데 담화의 결속성이란 곧 의미적인 결합관계라고 할 수 있다.

(5) 가. 영호는 아프다. 그래서, 그는 오늘 일을 못했다.

　　 나. 영호는 아파서 오늘 일을 못했다.

    (6) 가. 은혜: 안녕하세요? 어디 다녀오세요?

        나. 이웃노인: 잘 있었니? 이웃 마을에 다녀온다.

    (7) 가 : 이 집은 누구의 집입니까?

        나 : 이 집은 주인이 없습니다.

        다 : 그러면 어떻게 집이 이렇게 깨끗하지요?

        라 : 글쎄, 이상하군요.

    (5가) 는 형식상 두 문장으로 이루어진 담화인데 (5나) 와 같이 한 문장형식으로 나타낼 수 있다. 이것은 두 문장의 결속성을 보여주는 것이다. (6가) 나 (6나) 도 서로 의미적 결속성을 보여 주는 문장들이며 (7)의 대화는 여러 사람의 대화가 내용적으로 연결되어 한 묶음의 담화를 이루고 있는 것이다. 다음의 문장들을 보자.

    (8) 가. 어머니는 또 한 번 후유 한숨을 쉬면서 함지박을 들고 부엌으로 들어갔다.

        나. 밀가루 수제비를 뜨는 것이었다.

        다. 어머니의 손끝에서 똑똑 떨어져서 부글부글 끓어오르는 물 속으로 들어가는 수제비를 바라보자 동길이는 배에서 꼬르르 소리가 났다.

        라. 꿀꺽 침을 삼켰다.

        마. 아버지의 팔뚝 생각 같은 것은 이미 없었다.

    위의 문장들은 소설의 한 대목이다(하근찬 작, 흰 종이 수염). (8가~마)까지 동길의 생각을 중심으로 의미적으로 결속되어있다. 그러나 (8가~마)의 문장 중에서 (8마)는 비교적 앞의 문장들과 연관성이 떨어진다. 그러므로 (8마)를 이해하려면 더 큰 단위의 의미적 맥락을 추적해야 한다. 만약 이 문장들 사이에 '여기서 서울은 매우 멀다' 같은 문장이 끼어 들면 독자나 청자들은 이 문장과 위의 문장들과의 의미적 결속이 끊어져서 이에 대한 보완책이 필요하다. 그렇지 않으면 새로운 이야기의 시작으로 이해하여 다음 정보가 제공될 때까지 기다려야 할 것이다. 그러므로 이런 종류의 문장이 난데없이 끼여들면 이해에 장애가 생기는 것이다.

    화자는 이러한 담화 혹은 문장의 단위로 의사표현을 하는데, 청자의 측면에서 그 의미분석은 문장과 문장 사이의 의미관계를 파악하는 것이 된다. 그래서 담화는 발화단위로 구성된 구조이고, 언어행위는 그 문장의 구조와 불가분의 관계에 있다.

    담화 또는 이야기의 분석은 대부분 구어를 대상으로 하지만 문자언어도 그 분석대상이 된다. 그러므로 대상이 문헌자료나 소설작품, 광고선전, 언론매체의 홍보물, 논평, 일상실용문 등 매우 넓은 범위가 이에 해당하게 된다. 구어적 언어형식은 담화, 문어적 언어형식은 텍스트라고 구분하기도 하는데 그럴 때 이야기는 이것들을 모두 포함하는 상위의 개념이 된다.

〈그림 5〉 광고 그 자체가 고도의 긴밀성을 보이는 텍스트이다.

3. 자다가 봉창 두드리는 소리를 하지 않으려면

대화를 하다보면 앞 뒤 생각없이 얘기 중간에 끼어들어 이야기의 흐름을 끊는 사람들이 있다. 그럴 때 '자다가 봉창 두드리는 소리를 한다'고 한다. 이 말은 자다가 깨어나서 잠결에 봉창을 두드린다는 뜻으로, 갑자기 얼토당토 않은 딴 소리를 불쑥 내놓을 때 이르는 말이다. 그러므로 누군가 이야기의 앞뒤 흐름과 전혀 맞지 않는 것을 이야기에 끼워 넣음으로써 대화에 참여하고 있는 사람들 간에 이어지고 있는 맥락을 방해한 경우를 두고 하는 속담이다. 즉 **결속성**이 깨어진 경우이다. 이

〈그림 6〉 이야기 도중에 다른 내용이 끼어들면 이야기의 흐름이 끊어지게 된다

때에 대화를 하던 나머지 사람들은 이야기의 흐름을 정상적으로 공유하고 있었다고 말할 수 있다.

이와 같이 우리가 대화를 할 때는 서로 같은 맥락에서 말하고 있고 이를 방해하지 않도록 서로 협조하여 이야기를 이어나가게 되는 것이 보통이다. 또 대화를 하는 중에는 자신의 발화 속에 상대방으로 하여금 이야기의 내용을 파악하는데 도움이 되는 문법적 장치들을 마련하고 상대방은 그 장치들을 통하여 맥락을 놓치지 않도록 노력한다. 그런 문법적 장치들 중에서 문장과 문장 사이의 논리적 연결을 보여주는 연결사들이나 지시어 혹은 다른 문장들에 결속되어진 단어들이 그런 역할을 많이 하지만, 그 외에도 의식적 혹은 무의식적으로 상대에게 전달되어 그런 기능을 하는 것들이 있다. 특히 우리 국어는 문법 형식적이기보다는 상황 중심적인 측면이 많아서 중요한 문법성분이 생략되는 경우가 많고 어떤 경우는 오히려 그런 성분이 명시되면 어색한 경우도 있다. 다음의 경우를 보자.

(9) 가. 다 먹었니?
     나. 다 먹었어.

위의 경우 물어보는 사람이나 대답하는 사람이 '누가', '무엇을' 먹었는지에 대한 아무런 표시가 없는데도 서로 이해하는데 지장이 없다. 오히려 실제 대화상황에서는 그런 표시가 의사소통에서 어색한 표현이 되어 장애가 되기까지 한다. 또 우리말은 주어나 목적어같은 문법적인 요소가 생략되는 경우가 많은데 그런 경우는 상황적 의미가 그런 요소들을 대신하기 때문이다. 이런 경

우, 화자와 청자의 공유된 지식이나 정보 따위를 바탕으로 생략된 대상을 회복할 수 있는데 이렇게 화자와 청자의 언어외적 지식이나 장면에 따라 회복 가능한 것은 화용론적 측면이라고 말할 수 있다.

그런 경우에 우리들은 어떻게 그 상황을 알게 되고 또 그런 수단들은 어떤 것들인가?

3.1 화맥

화맥(context)이란 발화가 실현되는 구체적인 맥락을 말한다. 발화가 동일한 진리치를 지니더라도 맥락에 따라 상이한 표현 가치를 지니게 된다. 예를 들면 아이가 엄마에게 '나 밥 줘'라고 말했을 때 같은 말을 다 큰 어른이 음식점에서 했을 때와는 커다란 표현의 차이가 있다. 전자의 경우는 아이가 엄마에게 어리광을 부리는 것으로 아무런 문제가 없지만 후자의 경우는 싸움을 걸려는 의도이거나 아니면 친한 관계에 있는 음식점 주인에게 하는 친근감의 표시로 생각된다. 이와 같이 우리의 언어생활에서 맥락을 짐작하게 하는 요소들에는 화자와 청자에 관련된 것, 발화 장면에 관련된 것 그리고 발화의 흐름에 관련된 것들이 있다.

가. 화자와 청자에 관련된 요소

일상대화에서는 화자와 청자의 지위와 친밀도, 성별에 따라 발화의 형식이 바뀌게 된다. 특히 우리말에서는 화자와 청자의 사회적 관계의 서열이 세분화되어 있고 청자와 화자간의 심리적인 거리에 따라 격식체와 비격식체의 선택이 이루어진다. 또 성별에 따라서도 화자, 청자 간의 발화 형식이 구별되기도 한다.

대화를 할 때 우리말에서 반드시 고려해야 할 사항 중의 첫 번째가 상대에 대한 대접을 어떻게 표현할 것인가이다. 만약 이런 표현을 잘못하게 되면 대화상 큰 문제가 야기된다. 그래서 청자와 화자 사이에 오고 간 대화 내용을 보면 두 사람간의 상하관계와 친밀도 등을 짐작할 수 있다. 그러나 어쨌든 우리의 대화과정에서 화자와 청자의 지위에 따라 어말어미에 표시되는 청자대우체계는 한번 정해지면 계속 유지되게 된다. 그러므로 여러 사람이 참여하는 대화 도중에 청자대우 형식이 갑자기 바뀌게 되면 대화의 방향을 다른 사람에게로 바꾸는 신호로 인식될 수도 있다. 또 친한 사람에게 쓰는 문장의 길이는 비교적 짧지만 거리가 먼 사람이나 격식을 차려야 하는 사람에게는 긴 문장이 쓰이기 쉽다. 이것은 청자에 대해 화자가 정중하게 격식을 차려 대우하는 방법일 수도 있고 동시에 심리적 거리를 표시하기도 한다. (10)의 예문들은 위에서 말한 내용들을 보여 주는 것들이다.

　(10) 가. 나 좀 볼래?
　　　나. 나 좀 보자.
　　　다. 나 좀 보오.
　　　라. 나 좀 보아주시오.
　　　마. 나 좀 보아주시면 좋겠습니다.
　　　바. 나 좀 보아주시지 않겠습니까?

〈그림 7〉 같은 인사말이라도 상대방에 따라
다르게 주고 받는다

　한편 화자의 성별에 따라 다른 형식이 구별되어 쓰이기도 한다. 일반적으로 여성들의 화계(話階)는 남성들의 화계에 비해 '-요'체를 많이 쓰는 특징이 있다. 경상북도 일부 지역의 방언에서는 상하관계와 함께 청자의 성별 여하까지 고려하여야 하는 경우도 있다. 그러나 그런 경우도 결국은 친밀도의 정도에 따른 것이라고 생각하면 크게 혼동되는 경우는 아니다. 이런 친밀도나 격식성, 성별에 따른 표현형식들은 대화에서 화자와 청자간에 맥락을 고려할 때 요구되는 요소들이다.

나. 장면과 관련된 요소들

　직시소는 우리가 발화를 할 때 **발화장면**에서 참고되어야 할 요소들이다. 즉 발화시 청자와 화자 및 제 3의 참여자가 이루는 장면을 바탕으로 담화가 이루어지게 되는데 시간과 공간까지 포함하여 정보 전달의 상황적 장면을 형성하게 된다.

　11) 가. 철수야, 어제 그녀가 우리 집에 왔다.
　　　나. 나는 벌써 어제 만났어.

　위의 대화에서 말하고 있는 '나', 청자인 '철수', 제 3의 참여자인 '그녀'와 함께 '우리 집', '어제' 등은 각각 처소에 대한 지시와 시간적 지시가 드러나 있다. 이와 같이 발화장면을 이루는 요소를 **직시소**(deixis) 혹은 **화시소**(話示素)라고 하는데 일반적으로는 '직시소'라는 명칭이 많이 쓰고 있다. 이들 요소들은 발화에서 청자

〈그림 8〉 청자와 화자가 서로 지시하는 것이
일치할 때에 대화가 원활해 진다

가 대화장면을 이해하고 이야기의 흐름을 놓치지 않는데 중요한 역할을 한다. 만약 이들 요소들이 빠진다면 대화를 이어나가는데 큰 장애가 될 것이다.

이들 대화장면을 형성하는 요소들은 대체로 다음과 같이 나뉜다.

① **인칭 지시(person deixis)**: '나, 너, 그, 우리, 너희, 그들.....'등 화자를 중심으로 발화에 등장하는 사람들을 대상으로 지적하는 가리킴말을 말하는데 이들 표현이 지시하는 바를 청자가 이해하기 위해서는 화용적 정보가 필요하다. 대체로 다음과 같은 문법적 형식이 지시 기능을 갖는다.

1인칭 단수- 화자,　1인칭의 복수- 화자를 포함하는 청자들이나 제삼자.
2인칭 단수- 청자,　2인칭 복수- 청자들이나 제삼자들.
3인칭 단수- 제삼자, 3인칭 복수- 제삼자들.

② **시간 지시(time deixis)**: "지금"을 기점으로 해서 그 앞뒤의 시점을 가리킨다. 대개 그 언어의 시제 체계나 시간 부사어 등 시간 관련 표시로 시간적 위치를 설정하는데 역시 이들 표현이 지시하는 특정한 시간을 알기 위해서는 발화시간을 알아야 한다. '아까, 방금, 어제, 그제, 내일, 지난 주, 일 주일 전....' 등.

③ **공간 지시(place deixis)**: 발화 지점을 기점으로 하여 원근의 처소등을 가리킴으로써 정보 전달의 구체적인 장소를 한정한다. "여기, 저기, 거기, 그 곳, 이 곳, 이 마을, 저 마을, 이 섬...." 또는 구체적 지명 등.

이외에도 사회적 지시표현으로서 상대에 대한 대우법체계와 공적, 사적장면에서의 격식체, 비격식체 사용 등이 장면지시표현에 해당된다.　이들 지시요소들의 중심은 어디까지나 화자이다. 화자를 중심으로 시간, 공간, 청자나 제삼자와의 관계가 설정된다. 특히 국어에서는 경어법에서 사회적 지시기능이 두드러지게 나타난다.

다. 발화의 흐름과 관련된 요소들

① 시점

시점이란 말하는 이가 정보를 파악하거나 기술하는 관점과 각도 또는 태도를 말한다. 가령 방송하는 아나운서가 축구 경기장에서 "선수교체로 김 아무개 선수가 나왔습니다."라고 했을 때 두 가지의 경우로 해석될 가능성이 있다. 즉 그 선수가 경기장 선 안으로 들어가서 경기에 참여하는 경우와 반대로 밖으로 빠져 나와서 경기에 참여하지 못하는 경우가 있게 된다. 또 극장에서 비어 있는 자리를 보고 "자리 있어요?"라고 물었을 때 청자 쪽에서의 해석과 화자 쪽에서의 해석은 서로 다를 수가 있다. 이런 경우들은 화자의 시점과 관련되어 화용적 지식이나 정보를 통해 판단해야 하는 경우들이다. 그러므로 화자의 시점도 이야기 전체의 맥락을 구성하는 하나의 요소가 된다.

② 정보

정보와 관련된 요소들로서 **신정보**와 **구정보**가 있다. 구정보란 청자가 이미 알고 있을 것으로 추정되는 정보이다. 화자가 청자에 대하여 자기와 같이 공유하고 있을 것으로 기대하는 것이므로 그러한 추정이 맞을 수도 있고 틀릴 수도 있다. 신정보는 화자가 발화를 통하여 청자에게 새롭게 전달하는 것이라고 여기며 전해주는 것으로서 담화활동의 중심내용이 된다. 우리말에서 신정보를 제시하는 문법적 수단으로 '-이/가'가 쓰이고 구정보를 제시하는 수단으로는 '-은/는'이 쓰이고 있다. 다음의 예문을 보자.

(12) 가. 한 사람이 이리로 오고 있다.
     나. 한 사람은 이리로 오고 있다.

위에서 (12가)의 '한 사람이'는 신정보로서 새로운 사실을 제시하고 있고 (12나)의 '한 사람은'은 이미 청자가 알고 있는 '한 사람'에 관련된 정보를 제시하고 있는 것이다.

③ 화제와 논평

언어활동을 전달기능면에서 말할 때 화자의 발화는 '화자가 말하려는 무엇'과 '그것에 관하여 화자가 말하려는 것'으로 구분된다.

(13) 그 여자는 아름답다

(13)에서 '그 여자'는 화자가 말하려는 대상에 대하여 언급한 것으로서 화제에 해당하고 뒤의 서술부에서 '아름답다'는 화자가 대상에 대한 상태나 활동에 대하여 **논평**을 가하는 것이 된다. 화제는 화자와 청자가 함께 알고 있는 구정보로 나타난다.

3.2 대화의 원리

〈그림 9〉 대화를 잘 하려면 서로
협력해야 한다.

사람들이 대화를 하는 목적은 의사소통에 있다. 그러므로 화자와 청자는 서로 협력을 해야 의사소통이 차질없이 이루어진다. 대화의 원활한 성립을 위해 그라이스(Grice 1975)는 다음 몇 가지 화자와 청자가 협력하여야 할 원리를 제시하였다.

우선 일반적인 **대화의 원리**로서, 발화에 대한 화자의 기여는 요구되는 적절한 정보를 많지도 않고 적지도 않게 제공하는 것이다. 그리고 그 하위 원리로서 네 가지 격률을 제시하였다.

첫 번째 질의 원칙은 거짓이라고 생각되는 것을 말하지 말라는 것과 충분한 증거가 없는 것을 말하지 말라는 것이다. 두 번째 양의 원칙은 현재 대화상의 목적에 필요한 만큼만 정보를 제공하여 부족하거나 과잉의 정보를 제공하지 말라는 것이다. 세 번째 관계의 원칙은 대화의 내용이 주제와 관련되도록 하라는 것이고 네 번째 태도의 원칙은 대화의 방식이 명료하고 구체적이 되도록 하여 모호하거나 중의적으로 해석되는 일이 없으며 간략하고 순서에 맞도록 하라는 격률이다.

(14) 가. ㄱ. 선 보러 나온 노처녀: 나는 절대로 결혼할 생각이 없어요.

　　　ㄴ. 당신은 머리가 크니 틀림없이 공부를 잘 할겁니다.

　　나. ㄱ. 사는 주소를 말해 주세요. 서울입니다.

　　　ㄴ. 저 여자는 언제 들어왔지? 이번에 들어왔는데 회장 딸이고 미혼이래요.

　　다. 이 그림에 대해서 평을 해 보세요. 이 그림을 그리고 작가는 곧 죽었습니다.

　　라. 어제 읽은 책을 다 이해했니? 읽긴 했는데 중간에 잠이 들어서……

(14가)의 예들은 질의 원칙을 위반한 경우인데 ㄱ 은 거짓말이기 때문에 ㄴ은 증거가 없다는 것 때문에 원칙을 위반한 경우이다. 그리고 (14나)의 ㄱ, ㄴ은 각각 부족한 정보나 과잉정보의 제공 때문에, (14다)는 주제와 관련없는 내용 때문에, (14라)는 물음에 대해 명료한 대답을 하지 못해서 대화가 순조롭지 못하게 진행되어 다시 묻거나 추가적인 설명이 필요한 경우들이다.

♡ 대화협력의 일반원리; 대화에서의 적절한 기여

하위원칙
가. 질의 원칙: 참된 기여
나. 양의 원칙: 요구되는 만큼만
다. 관계의 원칙: 적절하게
라. 태도의 원칙: 분명하고 구체적으로

3.3 변칙에 의한 함축

대화의 협력원리는 화자와 청자가 서로 충실할 것이라는 믿음이 있어야 대화가 원활하게 이루어질 것이라는 사실을 말해 주는 것이다. 그러므로 이러한 원리를 어겼을 경우, 대화는 서로 어긋나게 되는 결과를 가져오게 된다. 그러나 이런 원리를 의도적으로 어김으로써 청자에게 함축된 의도를 전달하는 경우가 있는데 이를 **대화의 함축**이라고 한다.

(15) 갑: 오늘 본 시험 어땠니?
    을: 술 좀 사주라.

(15)에서 갑의 물음에 대하여 을이 관련없는 내용을 말함으로써 의도적으로 협력을 거부하였는데 이는 결과적으로 하고 싶지 않은 말을 함축적으로 표현하고 있는 것이다. 변칙에 의한 함축적 의사표현은 일상 언어생활에서 말하기 거북한 상태에서 많이 활용된다.

4. 말 속의 말

문장의 참과 거짓을 결정하기 위해서는 문제의 정보가 참이 되어야 하는 조건이 보장되어야 한다. 이러한 조건을 논리적 전제 또는 의미적 전제라고 한다. 곧 화자가 어떤 발화를 제시할 경우, 그 발화에 덧붙여서 다른 많은 정보도 함께 전달하는데 전제는 그 발화에 더불어 전해지는 의미정보의 하나이다. 전제와 함의는 주로 문장의 의미와 관련해서만 언급되지만 넓게 보면 화용적인 측면에서도 다룰 부분이 있다. 왜냐하면 청자의 지식을 화자가 미리 가정하는 화법을 사용한다는 의미에서 본다면 사전 가정이 올바를 때 청자가 화자의 뒤따르는 화행을 받아들일 수 있다는 점 때문이다. 따라서 먼저 문장 차원에서 살펴본 다음 화용적 측면도 생각해 보도록 한다.

4.1 전제와 함의

우리는 하나의 문장을 보고서 그 문장 속에 숨어 있는 다른 의미도 파악할 수 있는데, 이에는 **전제**(前提)와 **함의**(含意)가 있다. (16가,나)에서 우리는 (16가′,나′)과 같은 또다른 의미를 파악할 수 있다.

(16) 가. 철이는 영이가 석이의 애인이라는 것을 안다. 가′. 영이는 석이의 애인이다.
　　나. 그 사람은 처녀다.　　　　　　　　　　나′. 그 사람은 여자다.

그런데 (16가)를 부정한 (17가)에서도 (16가′)의 의미는 파악되지만, (16나)를 부정한 (17나)에서는 그 사람이 결혼한 여자일 수도 있고 남자일 수도 있으므로 (16나′)의 의미로만 파악되는 것은 아니다.

(17) 가. 철이는 영이가 석이의 애인이라는 것을 모른다.
　　나. 그 사람은 처녀가 아니다.

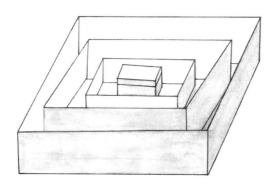

〈그림 10〉 말 속에는 또 다른 말들이 들어 있다

이와 같이 하나의 문장을 통해 전해지는 의미 가운데에서 주문장의 부정에 대해 영향을 받지 않는 것이 전제이고, 주문장의 부정에 대해 영향을 받아 그 의미가 소멸되는 것이 함의이다. 따라서 (16)의 문장에서 (16가)는 (16가′)를 전제하고, (16나)는 (16나′)를 함의한다.

전제의 특징은 주명제가 부정되어도 아무런 영향을 입지 않는다. 따라서 주명제를 부정하여 그 정보가 보존되는지를 살펴봄으로써 해당 정보가 전제인지 아닌지를 검증할 수 있다. 전제와 함의의 관계를 간략히 정리하면 (18), (19)과 같다.

(18) 가. 그냥 가기 섭섭한데 술 한 잔 더하고 갑시다.　　가′. 바로 전에 술을 마셨다. (전제)
　　　나. 철이는 영이에게 돈을 갚았다.　　　　　　　　나′. 철이는 영이에게서 돈을 빌렸다. (전제)
　　　다. 철이가 영이를 일으켰다.　　　　　　　　　　다′. 영이가 넘어졌다. (함의)
　　　라. 그 사람이 우리 집을 샀다.　　　　　　　　　라′. 우리 집이 팔렸다. (함의)

(19) 전제와 함의

S1		S2		S1		S2
T	→	T		T	→	T
F	→	T		F	→	T∨F
~(T∨F)	←	F		F	←	F
〈S1은 S2를 전제한다〉				〈S1은 S2를 함의한다〉		

4.2 화용적 측면에서의 전제와 함의

앞에서 살펴본 바와 같이 논리적 전제는 분명하고 일원적이다. 하지만 화용론적 전제는 불확실하고 포괄적이며 다원적이다. 말하는 이가 문장 속에 전제된 명제를 사실로 인정하고 들어가며, 듣는 이도 그것을 안다는 가정을 할 때, 그 명제는 화용론적 전제가 된다. 실제 언어생활에서는 화용론적 전제를 바탕으로 대화를 하는 것이 일상적이다. 만약 화용론적 전제가 화자와 청자 간에 일치하지 않는다면 서로 엇갈린 주장을 할 것이다.

(20) 가. 영희의 남편은 멋쟁이다.
　　　나. 영희의 남편은 멋쟁이가 아니다.
　　　다. 영희는 결혼했다.
　　　라. 멋쟁이가 된다는 것은 좋은 일이다.

(20다)는 (20가, 나)의 논리적 전제이다. 따라서 (20가)와 (20나)는 (20다)를 전제로 해야 성립하는데 (20라)는 청자와 화자간의 화용론적 지식으로서 명시적으로 제시되지 않아도 의사소통에 지장이 없다. 이런 경우 (20라)는 화용론적 전제가 되어 자연스러운 대화를 하는데 기여한다.

만약 '멋쟁이는 멋만 부리는 사람이다'라는 화용론적 전제를 화자와 청자 중에 누군가가 가지고 있다면 '영희의 남편은 멋만 부리는 사람'이라는 의미가 되어 부정적 진술이 될 것이다. 그럴 경우 화자와 청자 간에 의사소통이 원만히 이루어지지 않게 된다.

    (21) 가. 나는 오늘 드디어 영이의 돈을 갚았다.

          나. 나는 영이의 돈을 빌렸다.

          다. 돈을 갚는 일은 좋은 일이다.

(21나)는 (21가)의 논리적 전제이다. 그리고 (21가)의 화용적 전제는 (21다)가 된다.

    (22) 가. 그가 이 물건을 훔쳤다.

          나. 그는 절도 전과자이다.

(22나)는 (22가)의 사실을 증명해 주는데 보충적이긴 하나 (22나)는 (22가)의 사실을 항상 보장해 주지는 않는다. 그가 전과자이긴 하지만 '이 물건을 훔친' 것은 아닐 수가 있기 때문이다. 이런 경우 함의가 되는데 우리들이 남에 대한 평가를 할 때 사회적 편견에 사로잡혀 이런 식의 억측을 할 때가 가끔 있다. 그런 경우 화용적 함의를 의도적으로나 무의식적으로 반영하게 된다. 이를테면 우리 사회에서 지연, 학연, 가문 등의 사회적 배경들이 화용적 지식으로 변형되어 우리의 삶에 여러 가지 영향을 끼치게 되는 것들은 바로 그런 경우들이다. 예를 들면, 우리의 일상 언어 생활 가운데 "○○는 ○○대학 나왔다면서 그런 사람이 왜 그래" 등의 대화 속에서 발견할 수 있다.

이와 같이 어떤 발화에 대한 이해와 의사소통에는 논리적인 면도 작용하지만 화용론적 맥락도 작용하게 된다.

1. 다음의 예문에서 맥락을 형성하는 요소들을 있는 대로 찾아보시오.
   가. 네가 말한 그 사람을 나는 그 때 처음 거기서 보았단다.
   나. 철수는 절대로 그런 사람이 아닙니다.
   다. 지금 열차가 들어오고 있으니 안전선 밖으로 물러나십시오.

2. 다음의 글을 통하여 보았을 때 보충설명하지 않아도 알 수 있는 것들을 지적해 보자.
아버지는 생전에 술을 너무 즐기셨다. 그래서 오늘 제사상에 여러 종류의 것을 준비했다.

3. 다음의 대화에 숨어 있는 함축의 의미를 그라이스의 협력의 원리에 입각하여 설명해 보시오.
   가. 갑: 의미론 시험 잘 봤니?
      을: 시험보러 올 때 재수없는 애를 만났어.
   나. 갑: 어제 소개팅 어땠니?
      을: 그런데 희중이한테 말하지 말아.
   다. 갑: 요즘 사귀는 여자하고는 잘되니?
      을: 술좀 사주라.
   라. 갑: 도대체 돈을 언제 갚을 거요?
      을: 안 갚겠다는 건 아니고.

4. 다음 문장은 어떤 화행조건을 어김으로써 의미 이탈적인 것이 되는가?
   가. 이 가방을 네가 들어 줄 것을 바라지 않지만, 이 가방을 들어 다오.
   나. 네가 이긴 것이 기쁘지 않지만, 이긴 것을 축하한다.
   다. 그 작자의 직업이 무엇인지 알고 싶지 않지만, 도대체 그 작자의 직업이 무엇이냐?
   라. 내겐 네게 명령할 권위가 없지만, 당장 나가.

한걸음 더

1. 화용론(pragmatics)
전통적으로는 의미론(semantics), 기호통합론(syntactics)과 함께 기호학의 주요한 세 영역 중의

하나를 이루고 있다. 현대 언어학에서는 사용자의 관점에서 본 언어연구의 한 방식을 가리키는 것으로서, 언어사용자가 선택한 항목들, 사회적인 상호작용 속에서 언어를 사용할 때 직면하는 제약 (constraints), 언어사용이 의사소통의 행위 속에서 다른 참여자들(participants)에게 미치는 효과들을 주로 연구한다. 따라서 의미론, 사회언어학, 언어외적인 상황의 매개영역에 초점을 맞춘다. 그러나 아직까지 이러한 다른 영역들에 대한 경계가 엄격하게 정의될 수 있는 것은 아니다. 현재로서는 특히 직시소(deixis)나 회화의 함의(implicature), 전제 (presupposition), 발화행위[화행](speech act) 및 담화(discourse) 구조를 포함하여 이 분야가 설명해야 할 논제의 다양성 때문에 어떤 일관성있는 화용론은 정립되지 않았다(자세한 것은 이경남(영어학사전 1980; 942)을 참조할 것).

후에 화용론이란 용어는 두 가지 의미로 사용되었다.

1) 넓은 의미의 화용론 ; 사회언어학 심리언어학 등을 포함하는 넓은 의미. 기호체계와 특정 언어에 포함된 광범위한 심리적 사회논리적 현상들에 대한 연구는 이 용어의 대륙적 의미라고 할 수 있다.

2) 분석철학에서의 화용론 ; 만약 어떤 연구에서 화자, 즉 그 언어의 사용자가 분명하게 언급되면 그 연구는 화용론 분야에 속하게 된다. 만약 사용자를 떠나서 단지 표현과 그들의 지시물 사이의 관계만을 분석한다면 그것은 의미론 분야에 속하게 된다. 그리고 마지막으로 지시물을 떠나서 표현들 사이의 관계만을 기술한다면 그것은 통사론에 속하게 된다.

화용론 영역의 입문을 위해서는 썰(Searle 1969), 오스틴(Austin 1962)의 저서를 참고할 것. 썰은 오스틴에 많이 의지하고 있다. 발화행위에 대하여는 반 다이크(van Dijk 1978)을 참조할 것. ·

2. 발화

블룸필드(Bloomfield 1926)는 '말하는 행위' 실제로는 말하는 행위의 결과로 생긴 것을 발화 (utterance)라고 하였다. 구조적인 관점에 있는 사람들은 언어자료의 분석에 있어서 발화의 단위를 출발점으로 삼았다. 왜냐하면, 객관성을 존중하여 아무런 주관적인 판단을 섞지 않고 언어자료에 직면하려 할 때 단위로서 다룰 수 있는 것은 문(sentence)도 어(word)도 아니고 발화라는 단위였기 때문이다. 프라이(Fries 1952,ch 3)는 회화의 분석에 있어서 어떤 화자가 말을 시작해서 마칠 때까지의 연속을 발화라고 부른다(윤만근, 영어학 사전(1990; 1301)).

언어분석의 차원에서 생각한다면 발화는 단위분석의 일차대상으로 한 사람의 대화상대가 말을 받기까지의 사이나 침묵과 침묵과의 사이에서 말한 제한 없는 길이의 이야기다. 가장 높은 단위로서 한 편의 시나 한 권의 작품에 해당한다. 이 발화는 발화단위를 기준으로 단일발화와 복합발화로 나뉘나, 어떤 발화든지 최소자립발화를 단위로 한다. 단위라 함은 그 구성에 적어도 하나는 있어야 한다는 뜻이다(김민수 1983: 9).

3. 화용적 능력(pragmatic competence)

촘스키(1980)는 우리가 실제로 말을 하는 행위, 즉 언어수행(linguistic performance)은 다음 3가지 능력이 복합적으로 작용하여 이루어진다고 본다. (1)문법적 능력(grammatical competence), (2)화용적 능력, (3) 기타 인지적 기능(other cognitive faculties).

문법적 능력은 문자 그대로 그 언어에 대한 문법적 지식 능력을 뜻하고, 화용적 능력은 그 언어를 실제 상황에 맞게 쓰는 능력을 뜻하고, 기타 인지적 기능은 말을 하고 듣는 데 필요한 기억력, 주의력 등을 말한다(양동휘, 영어학사전 1990: 942).

4. 담화(discousre) 와 텍스트(Text)

한 개 이상의 문장으로 구성된 문장의 연속체가 독립적인 하나의 화행(Speech Act), 예컨대 회화나 이야기(narrative)로 인지될 수 있을 때, 이를 담화(discourse)라고 부른다.

텍스트 언어학에서는 텍스트를 상위개념과 하위개념으로 나뉘는데 상위의 통합적 텍스트 개념을 '화문(話文)', 구두적 텍스트를 '말문, 대화/담화(Discourse)', 문자적 텍스트를 '글문'으로 번역하기도 한다. 이야기는 각종 기록이나 문헌자료 또는 교육용 교재, 일상발화 등의 형태로 표현될 수 있다. 이에 대하여는 남기심·고영근(1993)의 '이야기'와 '텍스트' 또는 '담화'의 정의를 참조할 것. 또 장석진(1994)에서는 '텍스트', '서문(書文)', '글말'과 '이야기글', '글줄'의 용어를 참조할 것.

5. 결속성

담화에서 결속관계를 이루는 장치들은 문법적인 요소로서 지시(reference), 대치(substitution), 생략(ellipsis), 접속(conjunction) 들이고 어휘범주로는 단어(word)가 해당된다. 이것들은 앞 뒤 발화들을 잇는 고리역할을 함으로써 결속관계를 다진다. 이와 관련해서는 할리데이와 하산(Halliday & Hasan 1976)을 참조할 것.

6. 화행(Speech Act)

화행은 언어철학자 오스틴(Austin 1975)이 모든 발화는 행위를 수행한다고 하여 언어의 수행적 측면을 강조하면서부터 그 중요성이 부각되기 시작한 개념이다. 논리실증주의나 촘스키 언어학이 언어의 기술적 측면을 강조하고 언어표현을 문맥에서 고립시켜 논리적으로 분석한 것에 비해 화행론은 모든 발화는 행위의 수행이라는 관점에서 언어의 사용에 초점을 두고 실제 상황 속에서 구체적인 언어의 미를 파악하려고 한다. 화행론의 주요 과제는 모든 발화의 중심행위로 간주되는 발화수반행위를 분류하고 각각의 발화수반력과 통사적 특질간의 관계를 규칙으로 체계화하여 언어사용의 규칙을 정립하는 일이다.

발화행위는 표현행위(locutionary act)뿐만 아니라 발화수반행위(illocutionary act)와 발화효과행위(perlocutionary act)를 수반하는데, 발화수반행위는 발화행위의 핵심이 되며, 발화로써 수행되는 의도적 행위이다. 따라서 표현행위는 발화수반행위의 수단이 되는 행위로 볼 수 있으며 발화수반행위는 발화행위와 같은 개념으로 사용되기도 한다. 발화효과행위는 꼭 의도된 것은 아니지만 발화에 의해 듣는 이에게 미치는 효과에 의해 부수적으로 나타나는 행위로서 발화수반행위가 상례적, 확정적인 것이라면, 발화효과행위는 꼭 의도한 것이 아니라도 특정 상황과 관계되어 나타나는 비확정적 행위이며 항상 수반되는 것은 아니다. (영어학사전 1150 ; 김경애)

9. 우리 말은 어디서 왔을까

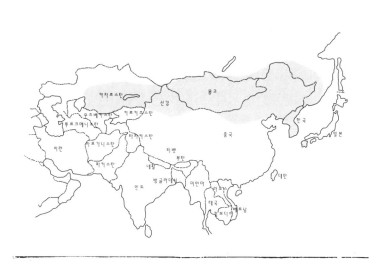

　우리는 고구려, 백제, 신라를 우리 직계 조상들이 세운 나라임을 의심하지 않는다. 그렇다면 당시 조상들은 현재의 우리들과 같은 언어를 사용하고 있었을까? 물론 신라가 삼국을 통일한 7세기를 기준으로 하더라도 1,300여 년 전의 언어는 지금의 우리말과는 상당한 차이를 가지고 있었으리라는 것은 당연하지만, 만일 같은 언어이었다면 우리는 상당 부분을 이해할 수 있을 것이다. 각기 다른 지역을 발판으로 역사상 때로는 협력하고 때로는 전쟁을 하면서 살아온 고구려, 백제, 신라인들은 서로 말이 통하였을까? 말이 통하였다면 하나의 언어를 사용한 같은 조상을 가지고 있었다고 가정할 수 있는데, 이 조상은 누구이며 어디에 살고 있었을까? 이 조상에게서 갈라져 나온 다른 언어들은 없었을까? 그런 언어들이 있었고, 지금도 남아있다면 우리말과는 친척간이라고 할 수 있는데, 어떻게 알아낼 수 있을까? 이 장에서는 우리말과 친근 관계에 있는 언어들은 어떤 것들이 있는가를 살핌으로써 우리말의 계통을 알아보고, 현재의 우리말은 어떻게 형성되었는가를 알아본다. 이에 앞서 우선 언어들간의 친근 관계를 찾아내는 방법에 대해 개괄적으로 알아본다.

1. 말들 사이에도 친근 관계가 있다

현재 세계에는 구조도 다르고 분포지역도 다양한 수천의 언어들이 존재하고 있다. 이런 수많은 언어 가운데에서 어떤 언어들은 서로간에 친근 관계를 가지고 있으며, 이 친근 관계에 의해 어족(language family)으로 분류할 수 있다. 아주 오랜 옛날에 하나의 언어를 사용하는 민족 집단이 어떤 연유로 인하여 둘 또는 그 이상의 집단으로 나뉘어져 각기 다른 지역으로 이동하여 오랜 세월 동안 서로 격리되어 살아 왔다면 각 집단의 언어들은 다른 환경에서 독자적인 변화를 거치면서 발전하여 나중에는 상당한 정도의 차이를 보이게 된다. 이 차이가 작아서 서로간에 상당 부분 의사소통이 가능하다면 각 집단의 언어들은 단지 한 언어의 방언에 불과한 것이지만, 차이가 커서 의사소통이 어렵다면 하나의 언어를 조상으로 가진 각기 독립된 언어, 즉, 개별언어(individual language)들로서 친근 관계를 형성하는 것이다. 이와 같이 언어가 분화 발달한다고 보는 이론을 **계통수**(系統樹)설(family tree theory)이라 하고, 이를 보완한 이론이 파동(波動)설(wave theory)이다.

> ♡ 계통수설과 파동설
>
> 1871년 슐라이허가 주장한 계통수설은 나뭇가지가 하나의 뿌리에서부터 분열하여 자라면서 갈라진 가지끼리는 서로 상관없이 독자적으로 성장하는 것과 같이 언어도 하나의 공통조어에서 각각의 방언으로 분화하여 상호영향 없이 개별언어로 발달한다고 보았다. 그러나 1872년 슈미트는 언어는 나뭇가지와 달리 인접해 있는 방언끼리 서로 영향을 미친다는 점에서 계통수설은 언어 분화 이후의 혁신이나 차용을 설명할 수 없음을 비판하고, 수면에 돌이 떨어지면 파문이 생기고 사방으로 전파되는 것처럼 한 지역에서 발생한 언어 혁신도 교통로를 따라 확산되고 확산 도중 큰 산이나 강에 이르면 멈춰지며 다른 언어 혁신과 만나기도 한다는 파동설을 주장하였다.

2. 어떻게 말들의 친근 관계를 밝힐 수 있을까

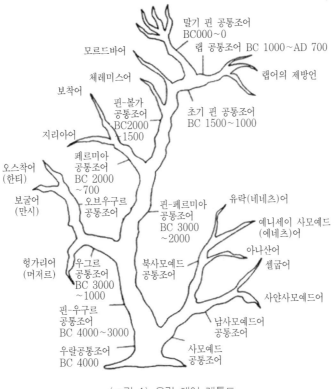

〈그림 1〉 우랄 제어 계통도

    그렇다면 이러한 언어 들 사이의 친근 관계는 어떻게 밝힐 수 있을까? 위에서 본 것처럼 하나의 언어에서 분화된 언어들이 있다면 독자적인 변화를 거쳐 발전했더라도 이들 언어에는 공통점이 남아 있게 마련이며, 변화도 같은 경향을 지닐 가능성이 있다. 따라서, 언어들 사이의 공통 요소들을 찾아낸 다음, 분화 과정을 설명하고 나아가 그 원형을 추정해볼 수 있다. 이 때 분화된 언어들의 근원이 되는 하나의 언어를 **공통조어**(parent language)라 부른다.

> ♡ 비교언어학(comparative linguistics) : 계통을 같이하는 여러 언
> 어들의 비교를 통하여 그 유사점과 차이점을 검토함으로써 그들의 사
> 적 변천 관계를 밝히고 나아가서 근원이 된 언어와 여기서 분화한 여
> 러 언어의 사적 변천 관계를 연구하는 역사언어학의 한 분야.

그러나 처음부터 계통이 분명한 언어를 연구하는 경우는 없다. 따라서, 계통이 불분명한 언어
의 경우에는 우선 언어적 유사성이 있거나 역사적·문화적·인류학적 관계를 고려하여 대상이
되는 다른 언어를 찾은 다음, 이들 언어가 같은 계통임을 가정하고 비교언어학의 방법을 통해 그
가정을 증명하면 된다. 이들 언어의 어형이나 문법형태소 사이에서 대응하는 것이 발견되면 이
대응형은 한 기원형에서 분화된 것으로 볼 수 있다. 그런데 다른 어떤 언어 구성성분보다 어휘는
차용되거나 대체되기 쉽기 때문에 어휘 비교는 간단한 일이 아니다. 어휘 비교에 있어서는 차용
이 아닌, 조어에서 사용되었을 만한 단어들을 선택하여야 한다. 이런 면에서 차용에 대해 보수성
이 강한 기초어휘(basic vocabulary)가 주요 비교 대상이 된다. 여러 대응하는 어형들을 바탕으
로 음운대응(sound correspondence)의 규칙성이 증명되면 친근 관계를 가진 언어들에서 반사
형(reflex)이 겪게 된 변화들을 충분히 설명하고 조어형을 재구하기 위해 더 많은 어휘들의 비교
를 시도하면 된다. 이런 과정을 거쳐 조어형에서부터 그 반사형까지의 변화의 규칙을 설명하여야
만 한다. 다음의 예들(김방한 1983)은 알타이 제어의 어휘들에서 대응하는 어형들을 비교하여
알타이 공통조어의 어두 $*p$-에까지 소급하는 음운대응 규칙 $p->f ~h-~x-> \phi$-을 설정할 수 있
는 가능성을 보여준다.

(1) 몽골문어 *ulaɤan*, 중기 몽골어 *hulān*〈$*pulagān$ '赤', 몽구오르어 *fulān* '赤' = 만주어 *fulgi
yan* '赤', 에벤키어 *hulama* '赤' = 한국어 *pūrk-* '赤'

(2) 몽골문어 *utasan*, 중기몽골어 *hutasan* '糸', 몽구오르어 *sdāӡe*〈$*ftasu$〈$*futasu$〈$*putasun$
'糸' = 만주어 *futa* '綱'

(3) 몽골문어 *üker*, 중기몽골어 *hüker* '牛', 몽구오르어 *fuguor* '牛', 고대튀르크어, 터키어, 차가
타이어 *öküz* '牛' 우즈벡어 *hükiz* '牛'

그러나 단어들은 음형(sound)에서만 아니라 의미에서도 계속적으로 변하기 때문에 **동원어**
(同源語 cognate)를 찾아내는 것을 어렵게 만든다. 한 단어가 다른 단어와 합리적으로 연결시키
기 어려울 정도로 의미들이 변했을 때도 이들의 비교는 어렵다. 이런 이유로 동원어의 기준에 대
해서도 많은 논쟁이 있다. 이 때에 외면적인 유사성이 없는 어휘에서 음운 대응의 규칙성이 발견

되면 친근 관계의 증명에 유력한 증거가 되는 것이다. 문법형태소의 대응에서는 불규칙형의 대응이 가장 중요한 증거라 여겨지기는 하나, 이런 문법형태소의 대응도 음운 대응에 기초하여야만 한다.

♡ 조어형의 재구

인도유럽 제어의 '아버지'를 의미하는 어휘들을 바탕으로 대응 규칙에 근거하여 조어형을 재구할 수 있다. 재구형은 실제 존재한 사실이 문헌자료를 통해 입증된 것이 아닌 재구성되어졌다는 점에서 항상 어형 앞에 * 표시를 한다.

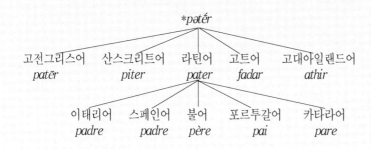

분화된 언어들 사이에서 음운·형태의 대응을 발견하면 기원적 원형을 추정할 수 있는데, 이러한 작업을 **조어형의 재구**(reconstruction)라 한다. 결국, 재구된 조어형은 분화된 여러 언어에서 밝혀진 공통된 음운이나 형태소의 최대공약수를 나타내는 것으로, 언어 사이의 대응 관계를 설명할 수 있어야 한다. 또한, 재구형은 현실적 자료에 입각한 것이므로, 새로운 자료가 발견되면 수정될 가능성을 내포하고 있다.

여기서 주의할 점은 언어 사이에 발견되는 유사성이 공통 기원에서 분화됨으로써만 생기는 것이 아니라는 것이다. 우연한 유사성(chance similarity)일 수도 있고, 많은 언어들이 공통적으로 지니는 언어보편성(language universal)에서 기인한 것일 수도 있다. 그러나 가장 큰 가능성은 다른 언어와의 접촉에 의해 외래적 요소를 **차용**(borrowing)한 경우이다. 따라서, 이러한 요소들을 공통 기원에서 비롯된 유사점들과 구별하는 것이 매우 중요하다. 비교 연구에 있어 비교 대상인 단어가 수천 년 이상 독자적 방향으로 변화한 점을 고려한다면, 그 음형이 다른 언어의 해당 단어와 너무 유사할 경우에는 차용 어휘이거나 우연한 유사성일 수 있다. 물론, 이러한 차용은 어휘에서 가장 많이 일어나는데, 다른 계통의 언어로부터 차용되기도 하지만 공통 조어에서 분화된 다음 각자 발전하는 과정에서의 동계어로부터 이루어지기도 한다. 더욱이 차용일 개연성이 크지만 차용 시기가 오래 되어 식별이 불가능하다면 공통 조어에 소급되는 것으로 인정할 수 밖에 없다.

언어간 접촉에 의한 상호 영향은 어휘 차용뿐만 아니라 어순(word order)을 비롯한 언어의 구조까지 변화시키기도 한다. 이런 언어간의 강력한 상호 영향에 주목하여 기존의 어족 개념을 부정하는 대신, 친근 관계가 없는 여러 언어끼리 오랜 동안의 상호 영향에 의하여 서로 닮은 언어 형으로 변화하여 하나의 언어 연합(Sprachbund)을 형성한다고 보는 견해도 있다. 이러한 상호 영향에 의한 차용과는 달리 다른 지역에서부터 침입해온 민족의 언어가 원주민의 언어를 대체하는 경우도 있다. 이런 경우, 피정복민인 원주민의 언어는 사라지지만, 어휘를 비롯한 여러 언어 습관을 정복민의 언어에 남기게 되는 것이다. 이 때에 바탕을 이루는 원주민의 언어를 **기층언어**(substratum)라 한다.

3. 우리말의 옛 모습은 어떻게 알 수 있을까

백제 귀면   신라귀면   고구려 귀면

〈그림 2〉 고대 삼국의 귀면들

우리말의 계통을 밝히기 위해서는 우선 우리말의 옛 모습이 어떠했는지를 알아야 한다. 비교 방법을 통하여 언어끼리의 친근 관계를 연구함에 있어 각 언어들의 가장 오래된 모습을 보여주는 문헌 자료들을 이용해야 하는 것은 당연하다. 우리말의 모습을 정확하게 보여주는 자료들은 15세기 초 훈민정음이 창제된 후에 간행된 한글 문헌들이다. 그러나 이런 자료들이 보여주는 우리말의 모습은 우리말의 긴 역사에 비하면 일부에 불과하다. 다행히 7세기 통일 신라 시기부터 14세

기 말 내지 15세기 초 조선왕조 초기까지의 우리말의 모습은 한자를 빌어서 적은 문헌에 등장하는 어휘 자료 나아가 문장 표기 자료까지를 통하여 알 수 있으나, 한자로 적혀 있는 관계로 정확한 모습을 파악하기에는 한계가 있다.

더욱이 삼국 시기와 그 이전의 모습은 자료의 부족으로 단편적으로밖에 알 수 없다. 중국 옛날 역사 문헌의 기록을 통해 당시 언어들의 분포와 상호 관계를 추리할 수 있고, 삼국사기 지리지에 있는 옛 지명을 통해 언어의 성격을 알 수 있는 정도이다. 고사서의 기록에 대한 연구들은 대체로 한반도와 만주 지역에 분포했던 언어들을 북부의 예(濊), 옥저(沃沮), 부여(夫餘), 고구려(高句麗)의 부여계 제어들과 한반도 남부의 마한(馬韓), 변한(弁韓), 진한(辰韓)의 한계 제어 및 고구려 북쪽에 위치한 숙신(肅愼), 읍루(挹婁), 물길(勿吉), 말갈(靺鞨)의 숙신계로 분류하고, 숙신계는 우리말의 조상인 부여계와 한계 제어와는 계통을 달리 하는 언어들로 보았다. 삼한은 후에 백제(百濟), 신라(新羅), 가야(伽倻)로 나뉘는데, 이 시기에 고구려는 한반도의 중부까지 영토를 확장하게 된다. 사서의 기록에 북부의 부여계 언어와 남부의 한계 언어와의 관계에 대한 언급이 없음으로 인하여 두 언어 집단 사이에 언어차가 있었을 가능성이 제기되기도 하였으나, 고지명의 분석을 통하여 한반도 북부의 언어와 남부의 언어는 방언적 차이를 가진 동일한 언어라는데 다수의 의견이 모여지고 있다.

7세기 후반 신라의 삼국 통일은 경주를 중심으로 한 언어, 정확히는 신라의 언어가 지난 날 백제 전역과 고구려의 남부 지역, 즉 한반도 중북부 지역에까지 영향을 미쳐 점차적인 언어적 동화가 이루어졌으리라 보여진다. 그후 10세기 초 개성을 중심으로 한 고려 왕조의 건설은 언어적 중심지가 한반도의 동남부인 경주에서 중부인 개성으로 옮겨진 것을 의미한다. 따라서, 고려의 건국과 더불어 개성 중심의 언어가 중앙어로 되었고, 조선 왕조에 들어와서도 개성과 근거리인 서울이 중심이 됨으로써 중앙어에 변함이 없이 이어져 오늘날의 우리말을 형성하게 된 것이다. 이기문(1998)의 도식은 우리말의 형성과 변천 단계를 보이고 있다.

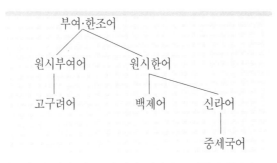

〈그림 3〉 이기문(1998)에서 제시한 우리말의 형성과
변천 단계

4. 우리말의 계통 연구 역사

이제 앞에서 살핀 비교 방법과 삼국 시기의 언어 상황과 어휘들을 바탕으로 우리말과 친근 관계를 가진 언어들을 찾아야 한다. 그러나 친근 여기서 관계의 가능성을 지닌 언어들을 선정하고 적절한 어휘, 문법형태소 등을 추출하는 방법을 일일이 제시할 수는 없다. 따라서 우리말 계통 연구의 역사를 통하여 우리말의 계통을 살피는 방법을 택한다.

우리말의 계통에 대한 연구는 19 세기말부터 시작되었는데, 친근 관계가 있다고 연구되어진 언어들은 크게 알타이(Altaic) 제어, 일본어, 드라비다어(Dravidian), 인도유럽(Indo-European) 제어 및 길약어(Gilyak)로 나눌 수 있다. 이 가운데 드라비다어와 인도유럽 제어는 어휘와 문법형태소의 비교를 통한 연구가 이루어졌으나 음운 대응 규칙의 증명을 비롯한 여러 면에서 동계설을 주장하기에는 문제가 많다는 점에서 제외할 수 있다.

5. 우리말과 알타이 제어

알타이 제어는 언어 구조와 어휘상의 현저한 유사성에 근거하여 일찍부터 우리말 계통 연구의 대상이 되어왔다. 기존의 우랄-알타이 어족설은 우랄(Uralic) 제어와 알타이 제어가 하나의 어족을 이룬다는 개념이다. 그러나 핀-우구르(Finno-Ugric) 제어와 사모예드(Samoyedic) 제어가 하나의 언어 단위, 즉, 우랄 어족을 이룬다는 강력한 증거가 제시됨에 따라 튀르크(Turkic), 몽골(Mongolian), 퉁구스(Tungusic) 제어는 별개의 단위를 형성한다는 개념이 생겨났고 이를 람스테트(Ramstedt)와 뽀뻬(Poppe)를 비롯한 여러 학자들이 음운 대응과 어휘적 그리고 형태적 동원어에 대한 연구를 통하여 알타이 어족(語族 Altaic Language Family)설을 주장하게 되었다.

람스테트는 우리말도 알타이 어족에 포함을 시키고, 알타이 어족의 고토(故土 Urheimat)를 홍안령(興安嶺) 산맥 근처라는 가정 아래 알타이 공통 조어 시기에 네 어군의 선조들의 분포도 〈그림 5〉를 제시한 다음, 그 관계를 고려할 때 더 바람직하다고 보는 분포도 〈그림 6〉를 제시하였다.

〈그림 4〉

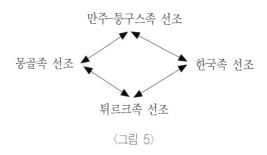

〈그림 5〉

그런 다음 〈그림 5〉에 근거하여 〈그림6〉과 같이 언어끼리의 분포도를 제시하였다.

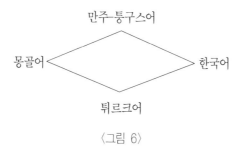

〈그림 6〉

람스테트의 견해를 계승한 뽀뻬는 초기에는 우리말을 알타이 어족에 포함시키되 알타이 공통 조어에서 가장 먼저 분리된 것으로 추정하는 도표 〈그림 7〉를 제시하였으나, 후에는 우리말의 위 치가 확실하지 않다고 전제하고 1) 한국어는 다른 알타이 제어와 친근 관계일 수 있고, 2) 원시 한국어는 알타이 통일체가 존재하기 이전에 분기했을 수 있으며, 3) 한국어는 고대 알타이어를 흡수했던가 혹은 알타이어를 말한 어떤 중간 층위에 얹힌, 기원적으로 비(非)알타이어로, 알타이 어의 기층 이외에는 갖고 있지 않을 수 있다는 세 가지 가능성을 주장하였다.

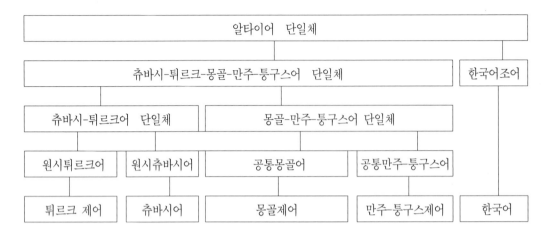

〈그림 7〉 뽀뻬(Poppe 1965)의 계통도

우리말이 알타이 제어와 친근 관계를 가지나 알타이 공통조어 이전의 단계에서 분화된 것으로 보는 견해를 제시한 스트리트는 일본어와 아이누어까지를 포함하는 도식을 제시하였다.

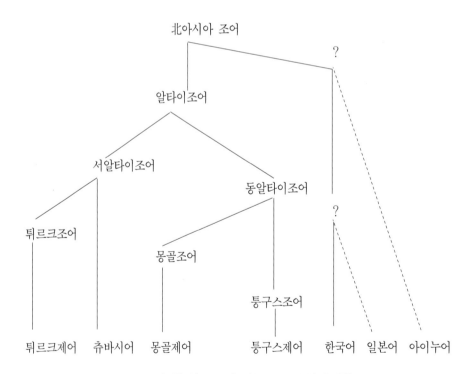

〈그림 8〉 스트리트(Street 1962)의 계통도

　　이기문 교수는 구조의 유사는 동계의 언어들 사이에서도 발견되지만 그렇지 않은 언어들 사이에서도 발견된다는 점에서 친근 관계의 증명에 결정적 증거로 이용될 수 없다는 점을 인정하면서도 그런 공통 특징들이 어떤 언어들에만 발견되어 이웃 언어들로부터 뚜렷이 구별시켜 줄 때 단서가 될 수 있다고 보면서, 한국어와 알타이 제어 사이에 보이는 특징들을 제시하고 이 특징들이 현저한 일치를 보여 준다고 주장하였다. 그러나 알타이 제어의 고대 자료의 부족, 같은 어군에 속하는 언어들 사이의 적지 않은 차이점, 아무런 자취 없이 소멸된 다수의 언어 등의 요인으로 연구에 어려움이 있음을 지적하였다. 특히, 우리말의 조상 중 북부에 분포하였던, 고구려어가 포함되는 부여계 제어의 소멸은 퉁구스 제어, 남부에 분포했던 한계 제어, 일본어를 연결하는 고리라는 점에서 우리말 계통 연구의 한계를 제공하는 원인으로 보면서, 우리말과 알타이 제어의 친근 관계는 의심할 수 없는 것이지만, 자못 소원한 것이라고 결론을 내리고 있다.

　　우리말을 알타이 어족에 포함시키느냐 여부에 대한 견해는 인정, 증명되지 않은 가설, 부정의 세 가지로 나눌 수 있다. 다음의 인칭대명사가 보여주는 알타이 제어와 우리말과의 불일치 내지는 비유사함은 위의 두 번째와 세 번째 견해에 대한 설명의 예가 될 수 있다(김방한 1983).

	단수 1인칭	복수 1인칭	단수 2인칭	복수 2인칭
고대튀르크어	*ben*	*biz*	*sen*(⟨*si*)	*siz*
몽골문어	*bi*	*ba*	*či*(⟨*ti*)	*ta*
퉁구스어	*bi*	*be*	*si*	*suwe*
한국어	나(/저)	우리(/저희)	너	너희

　　그런데 알타이 제어 사이에는 음운과 의미에 있어 유사성이 있는 어휘와 문법형태소들이 상당수 존재하지만 수사 같은 기초어휘에서조차 차이점이 나타나며, 음운 대응 규칙을 증명하는 많은 연구가 이루어졌지만 기초어휘의 규칙적 음운 대응 관계를 설정하는 데에 어려움이 많은 것이 사실이다. 이런 이유로 알타이 어족설을 증명되지 않은 가설로만 인정하거나, 이들 언어 사이의 유사성을 오랜 기간의 접촉에서 발생한 차용의 결과로 보고 알타이 어족의 존재 자체를 부정하는 견해도 있다. 19세기초에서부터 본격화된 인도유럽어족의 계통에 대한 연구에서 확립되기 시작한 비교언어학의 연구방법은 햄-셈 제어, 즉 아시아-아프리카 제어와 우랄 제어의 계통 수립에 공헌하였다. 알타이 제어의 비교 연구도 인도유럽어 비교 연구의 발전 과정에서 고안되고 또 효용성이 증명된 비교 방법을 따르고 있다.

　　그러나 알타이 제어는 문헌 자료의 역사가 인도유럽 제어에 비해 매우 짧고, 그 표기 체계도 해당 언어의 초기 모습을 밝히는 것을 어렵게 한다. 더욱이 많은 알타이 제어들이 옛 모습을 보여줄 어떠한 기록도 안 가지고 있어서 현재의 언어만을 가지고 연구를 하여야 하는 어려움이 있다. 또한, 알타이 제어의 문법적 구조가 지닌 여러 특징들은 인도유럽 제어의 그것과는 다르기 때문에 언어 변화의 면에서도 두 언어 집단은 틀릴 수 있다. 따라서, 인도유럽어족 계통 연구에서 확립된 연구방법을 다른 계통의 언어들 연구에 그대로 적용하는 데에는 적지 않은 문제점이 있음이 드러났다. 즉, 조건이 다른 언어들의 비교 연구에 있어서는 새로운 방법의 수립이 필요하다.

6. 우리말과 일본어

　우리말과 일본어의 친근 관계에 대한 연구도 구조상의 현저한 일치에 근거하여 활발히 이루어졌으나, 두 언어 사이의 대명사, 시상, 선어말어미나 어말어미의 문법기능, 경어 표현, 우리말 피동태와 일본어 수신(受身)표현의 차이 등 어휘와 문법적 요소에 있어 상당한 차이가 있고 정밀한 음운 대응 규칙을 설정하기가 어렵다. 다만, 고지명에서 추출된 고구려어의 수사가 고대 일본어의 수사와 일치하고 이중 7은 퉁구스계 어휘들과도 일치하는 것을 비롯하여 몇몇 어휘들의 유사성은 이들 언어간의 친근 관계 가능성을 보여주는 것이다(〈돌아보기〉 2번 참조).

　이외에 우리말과 고대 일본어에서만 유사성이 보이는 다음과 같은 어휘들이 있다.

고대 일본어	*sima* '島'	*nata* '鉈'	*fata* '田'	*wata* '海'
중세 한국어	셤	낟	밭	바탕

　그러나 이렇게 친근 관계의 높은 개연성에도 불구하고 동계임을 증명하기에는 많은 난관이 존재하고 있다. 일본의 일부 학자들이 주장하는 것처럼 일본어가 말레이폴로네시아계로 추정되는 남방계의 언어가 기층을 이루고 퉁구스계로 추정되는 북방계의 언어가 상층을 형성함으로써 이루어진 혼효어란 점이 원인일 수도 있다. 이런 이유로 일본어가 우리말과, 또 퉁구스 제어와 구조 및 어휘에 있어 상당한 유사점을 가지고 있음에도 불구하고 현재로서는 이들 사이의 친근 관계는 상대적으로 먼 것으로 볼 수밖에 없다.

7. 우리말과 길약어

길약어(Gilyak)는 러시아의 아무르강 입구와 그 대안인 사할린섬의 북부 일부에 사는 4천여 명의 길약인들 중 약 반 수 가량이 사용하는 언어로, 길약인들은 스스로를 방언에 따라 '사람'을 뜻하는 nivx 또는 niɣvx라고 부르는데, 이를 따라 러시아학계에서는 니브흐어(Nivkh)라고 칭하고 있다. 길약어는 고(古)아시아(Paleoasiatic) 제어의 하나로 분류되고 있지만, 고(古)시베리아어(Paleosiberian)로도 불리는 고아시아어는 소속된 언어들간에 옛부터 상호 접촉이 있었던 것으로 추정은 되나 계통적 친근 관계에 의한 것이라기보다는 지역적, 역사적 배경에 따라 불리워지게 된 명칭이다.

이 길약어의 몇몇 어휘가 우리말과 유사성을 보이고 있다. 이중에는 차용 관계로 보이는 것들이 있는 반면, 알타이 제어에서는 비교할 만한 것을 찾기 어려운 것들과 분명치는 않으나 차용이 아닐 가능성이 있는 것들도 있다. 몇 예를 보이면 다음과 같다.

길약어	중세한국어
kyl(-*d*) '長'	*kir*- '長'
ka(-*d*) '(강 하류로) 가다'	*ka*- '行'
n-, *ny*-, *nu*- '4'	*nəi* '4'
t'o-, *t'u*- '5'	*ta*(-*sʌs*) '5'
ni- '나'	*na* '나'
-(*n*)*t*~*d* (동사의 종결형 어미)	-*ta* (종결형 어미)

8. 우리말과 친근 관계에 있는 언어는 무엇일까

이제까지 살핀 것처럼 우리말과 친근 관계를 가지고 있을 개연성이 가장 큰 언어는 알타이 제어이지만, 친근 관계가 확정된 것은 아니다. 친근 관계를 가정하고 이를 증명하는 수많은 연구들이 있었고 지금도 계속되고 있으나, 여러 난관으로 인하여 확립의 단계에는 이르지 못하고 있다. 아마도 이러한 어려움은 이미 앞에서 언급된 연구의 한계를 제공하는 원인들 이외에 우리말이 지니고 있는 비알타이어 요소에서 기인하는 것으로 생각된다.

그렇다면 이런 비알타이어 요소들은 어떻게 생겨난 것일까? 이에 대해 김방한 교수는 중국의 위서 동이전 당시의, 즉 한반도의 중부 지역을 차지하기 이전의 고구려의 언어를 퉁구스계가 아니면 퉁구스어와 밀접한 관계에 있는 언어로 추정한 다음, 한반도 중부의 지명에서 추정되는 언어에는 남하하기 전의 고구려의 언어와는 계통적으로 틀린 언어층이 반영되어 있다고 보았다. 이 불명의 언어층이 우리말 형성의 기층언어로 작용하였다고 추정하면서 이를 원시 한반도어라 지칭하고 있다. 이 언어가 길약어 혹은 길약어와 밀접한 관계가 있는 어떤 고아시아어일 수도 있고, 우리말과 길약어의 접촉 혹은 방층(傍層 adstrat)의 영향의 결과로 생겨난 공통 요소가 보이는 것이라 볼 수도 있으며, 심지어 일찍 소멸해버린 어떤 알타이어계의 언어일 가능성도 있다고 보았다.

또한, 한반도 중부의 지명에서 추출된 어휘 가운데 일본어와 유사성을 보이는 어휘 중에서 수사를 포함한 몇몇은 원시 한반도어로 추정되는 언어층에 속한다고 보고, 크게 나누어 원시 한반도어와 알타이계 언어의 물결이 계속적으로 고대 한반도에서 일본으로 유입되었으며, 이 원시 한반도어는 일찍 소멸하였으나 일본어 및 한국어의 형성 과정에서 다소 흡수되었을 것으로 추정하고 있다.

앞에서 살핀 바와 같이, 알타이 제어와 일본어가 우리말과 친근 관계에 있을 개연성이 큰 언어이기는 하나, 현재의 연구 상황으로서는 우리말의 계통이 확정적으로 밝혀진 것은 아니다. 그렇다면 우리말의 조상을 찾기 위해서 앞으로 하여야 할 과제들은 무엇일까? 첫째, 지금까지 연구되어진 대응 예의 타당성을 검토하는 한편, 더 많은 대응 예들을 발견하여야 한다. 이때에 전제가 되어야 할 것은 비교되어지는 개별 언어에 관한 가장 오래 된 자료를 이용하여야 한다는 점이며, 이런 자료의 정확한 이해와 이용을 위하여 해당 언어에 관한 연구자의 공시적·통시적 지식이 필요하다. 비교하려는 언어에 관한 단편적인 지식만으로 이루어진 연구 결과가 지닌 한계와 허점들은 국내학자들의 기존 연구에서 많이 찾아낼 수 있다. 또한 외국인 학자들은 그동안 축적되어온 한국어의 통시적 연구 성과를 이해하고 이용하여야만 좀더 타당한 비교연구가 이루어질 것이다. 둘째, 대응의 가능한 예가 발견되었을 때에도 차용일 가능성은 없는지 우선은 비판적 시각에서 재분석하여야 한다. 알타이 어족설이 지닌 가능성과 타당성에도 불구하고 알타이 제어 사이의 유사성들은 차용에 의한 것이라고 보는 반대의 견해가 여전히 상당수 학자들의 지지를 얻고 있다는 점을 우리는 기억해야 한다.

1. 다음에 비교 제시된 어휘들에서 자음 대응의 예를 찾아내시오.

　(1) 몽골문어 *dulaɣan* '溫', 중기몽골어 *dula'an* '溫', 에벤키어 *dul-* '더워지다', 중기튀르크어 *jïlïɣ* '溫'
　　　중세한국어 *tŏr-h* '石', 몽골문어 *čila-ɣun* '石', 추바쉬어 *čul⟨*t'al* '石', 고대튀르크어 *taš⟨*tās* '石', 야쿠트어 *tās* '石'

　(2) 몽골문어 *ere* '男子', 추바쉬어 *ar⟨*är* '男子', 고대튀르크어 *är* '男子'

　(3) 중세한국어 *nyər-im* '夏', 몽골문어 *nir-ai* '新, 綠', 추바쉬어 *šur⟨*yār⟨*ñār* '夏', 고대튀르크어 *y az* '春', 투르크멘어 *yāz* '春'

2. 다음 언어들의 수사를 비교하고, 유사성이 있는 어휘들을 찾아내시오.

의미	고대튀르크어	몽골어	만주어	에벤키어	중세한국어	고구려어	고대일본어
'1'	bir	nigen	emu	amun/umun	hʌnah		
'2'	iki	qoyar	juwe	ʒur	turh		
'3'	üč	ɣurban	ilan	ilan	səyh	密	mi
'4'	tört	dörben	duin	digin	nəyh		
'5'	biš	tabun	sunja	tunŋa	tasʌs	于次	itu
'6'	altï	jirɣuɣan	ninggun	nuŋun	yəsïs		
'7'	yiti	doloɣan	nadan	nadan	nirkup	難隱	nana
'8'	säkiz	naiman	jakun	ʒapkun	yətürp		
'9'	toquz	yisün	uyun	yəgin	ahop		
'10'	on	arban	juwan	ʒan	yərh	德	töwo

3. 다음 두 어휘의 조어형을 재구해 보시오.

　　중세한국어 syəm '島' 고대일본어 sima '島'

4. 우리말에서 몽골어 차용 어휘를 찾아 보시오.

5. 삼국사기 지리지의 고지명을 분석한 이기문(1968), 박병채(1968) 등의 논문에서 성(城)과 물 (水)또는 내(川)를 나타내는 표기를 각각 찾아보자.

한걸음 더!

1. 언어의 분화 발달을 설명하는 계통수설과 파동설에 대해서는 김방한(1988)을 참조할 수 있다.

2. 언어의 발달을 언어 접촉에 따른 상호 영향의 관점에서 설명하고 있는 기층, 상층(superstratum), 방층(傍層 adstratum)과 언어연합에 대해서는 김방한(1988)과 레만(Lehmann 1992)를 참조할 수 있다.

3. 고대 한반도의 언어 상황을 보여주는 중국 고사서의 관련 기록에 대한 자세한 사항은 김방한(1983)과 박병채(1989)를 참조할 수 있다.

4. 우리말 계통 연구의 역사에 대해서는 김방한(1983)과 정 광(1990)을 참조할 수 있다.

5. 알타이 제어에 속하는 언어들의 이름과 분포 지역 및 역사에 대해서는 뽀뻬(Poppe 1965)와 김방한(1983)을 참조할 수 있다.

6. 알타이 어족설을 부정하는 소위 반알타이학자들의 견해와 이에 대한 알타이설 찬성론자들의 반박 견해에 대한 상세한 내용은 뽀뻬(Poppe 1965)와 김방한(1983)을 참조하기 바란다.

7. 음운, 형태, 어휘 면에서 우리말과 알타이 제어 사이의 유사성에 대해서는 람스테트(Ramstedt 1949), 김방한(1983), 그리고 이기문(1998) 등을 참조할 수 있다.

8. 우리말과 일본어 사이에 유사성에 대해서는 이남덕(1985-1988)를 참조하기 바란다.

9. 우리말과 길약어 사이에 유사성을 보이는 어휘들에 대한 논의로는 김방한(1983)이 있다.

10.

조상들은 어떤 말을 했을까

조상들과 우리들은 말이 통할까? 조상들과 우리들이 아무런 불편 없이 말이 통한다면, 같은 말을 사용한다고 생각할 수 있고, 조상들과 우리들이 말이 잘 통하지 않는다면, 다른 말을 사용한다고 보아야 한다. 물론, 여기에서 말하는 '같음'과 '다름'은 언어의 계통론에서 논하는 차원의 것은 아니다. 동일한 한국어 내에서 시대에 따른, 음운·어휘·문법 등의 변이형을 의미한다. 이 장에서는 우리 조상들이 어떤 말을 사용했으며, 그 말이 어떻게 변화해 왔는가를 살피고, 언어 변화의 유형, 시간과 언어의 관련성, 시간에 따른 언어 변화체를 나누는 이유와 방법, 각 시대별 언어 특성 등에 대해 알아본다.

1. 조상들과 우리들은 말이 통할까

〈대화 1〉

야그친구 : 안냐세요. 넘 덥져.

번개돌이 : 무지무지 덥네요...

***아침바다님이 들어오셨습니다.

야그친구 : 방가~~

아침바다 : 하이^^

번개돌이 : 어솨요

(중략)

야그친구 : 아이씨는 어디 살아요?

아침바다 : 저요...남포동에 삽니당^^

야그친구 : 그게 어딧어요?

아침바다 : 부산에 있어요

야그친구 : 음..글쿠나

번개돌이 : 근데여...궁금한게...영퀴가 모야요?

아침바다 : 영화퀴즈방이져

번개돌이 : 뜨아...그런거였군여^^

야그친구 : 넵..마자여

(중략)

야그친구 : 그럼 20000~

번개돌이 : 네..빠이..즐팅하세요^^

아침바다 : 빠빠~안뇽~~

〈2000년 대화, 통신언어〉

〈대화 2〉

중국상인 : 술·풀·리·여·스·므:낫 :돈앳술가·져·오·라

술집주인 : 나·그·내·네·이·스·므:낫:돈앳수·리·라

중국상인 : 수·리:됴·흐·녀

술집주인 : :됴:훈수·리니:네머·거보·라수울·옷:됴·티아·니커·든·갑·슬갑·디:말·라

중국상인 : :둘워먹·져므·슴:됴훈늑므·새잇·거·든:져·기가·져·오·라

술집주인 : ·이·러·면·근·틴:외잇ᄂ·니·이·제·즉·재가·져·오·마

　　(중략)

중국상인 : ·큰형·님몯져흔·잔:자·쇼

고려상인 : ·큰형·님몯져·례받·조

중국상인 : 네·나히한·둧ᄒ니어·ᄂ내·슈·례홀·고

고려상인 : 형·님네·나·히:언·몐·고

중국상인 : 小人·은·나·히셜·흔다·숫:셜

고려상인 : 小人·은앗가·ᄉ셜·흔:두·셜큰형·님네·나·히·하·도·다·슈·례·ᄒ
　　　　·쇼·셔

〈1547년 대화, 번역노걸대 상 63, 64〉

　　우리는 말을 사용하여 자신의 생각을 다른 사람에게 전달하고 다른 사람의 생각을 말을 통해서 이해할 수 있다. 동시대를 살고 있는 우리들은 서로 말이 통한다. 물론, 경우에 따라 동시대의 언중들끼리도 말이 안 통할 때가 있다. '엄마하고는 말이 안 통해.', '말이 통해야 일을 하지.', '그래도 내 말을 못 알아듣겠니?' 등과 같이 의사소통이 안 되는 답답한 상황이 없는 것이 아니지만, 이 때의 말은 언어(한국어)가 아니라 사고방식, 의미 등과 같은 다른 차원이다.

　　동시대의 언중들이 서로 말이 통한다는 사실은 그들이 '어느 정도 동일한 말'을 사용하기 때문에 가능한 것이다. 여기에서 '어느 정도 동일한 말'이라는 표현을 쓴 것은 동시대의 언중이라도 '완전히 동일한 말'을 사용하지 않기 때문이다. 말은 시간·지역·사용자 등에 따라 서로 다른 변이형이 존재한다. 여기에서는 의사소통이 가능한 범위 내에서의 동일성을 강조한다(이에 대한 자세한 내용은 '2장 말에는 계급도 있다'를 참조할 것.). 앞으로 이 장에서 사용하는 '동일한 말'이라는 의미는 '어느 정도 동일한 말'이다.

2. 언어는 시간이 흘러감에 따라 고정되지 않고 변화한다

〈그림 1〉 시간과 아인슈타인

오늘 우리가 바라보는 하늘이 어제의 그 하늘이 아니고, 어제 발을 담갔던 계곡 물이 오늘의 그 물이 아니듯이, 언어도 시간과 함께 변화한다. 그러나 어제의 한국어와 오늘의 한국어가 하루 아침에 변화되어 전혀 다른 것만은 아니다. 언어도 다른 것들과 마찬가지로 변화를 겪기는 하지만, 그 변화가 상대적으로 완만하고, 규칙적이며, 지속적이다. 여기에서 우리가 상기할 것은 시간이 의미하는 바가, 짧은 시간대(순식간, 하루아침, 열흘, 서너 달, 1년 등)가 아니라, 어느 정도의 긴 시간대(적어도 30년이나 100년 정도 등)라는 점이다.

언어 변화(linguistic change)는 시간이 흘러감에 따라 해당 언어가 변하는 것을 의미한다. 흔히, 언어 변화를 단어의 변화라고만 생각하기 쉬운데, 이는 음운ㆍ 어휘ㆍ의미ㆍ문법 등 언어의 모든 부분에 걸쳐서 일어난다. 언어의 이러한 역동성은 미래의 언어가 지금의 언어와는 다를 것이라는 추정을 가능하게 한다(100년 후의 한국어를 상상해 보라! 그래도 상상이 잘 안 된다면, 1,000년 후는 어떠한가?).

다음의 두 예는 언어의 변화를 인정하지 않고 당대의 언어를 기준으로 앞선 시대의 언어를 이해한 경우이다.

첫째의 예로, 우리들은 텔레비전에서 방영하는 사극을 볼 때, 오늘날의 언어와 그리 다르지 않음을 느끼게 된다. 이러한 사실을 바탕으로 옛 조상들이 사용한 말과 지금의 우리가 사용하는 말이 별로 차이가 나지 않았다고 단정하기도 한다.

그러나 이러한 추정은 잘못된 것이다. 사극에서 사용되는 언어들은 그 시대의 언어를 아주 일부분만 보여 준다. 즉, 몇몇 어휘나 종결어미에서 옛스러움을 느끼게 해 줄뿐이다. 한 예로, 15세기 국어에는 주격조사 '-가'가 존재하지 않는데, 조선 초를 시대 배경으로 한 대화에서도 주격조사 '-가'가 오늘날처럼 버젓이 사용되고 있다. 현재 방영되고 있는 사극에서 사용되고 있는 언어를 조사하여 보면, 과연 그 시대의 언어를 제대로 반영하고 있는 지를 알 수 있다.

둘째의 예로, 신라시대의 향가를 15세기 국어의 시각에서 풀이한 경우이다. 헌화가의 '花肹折叱可 獻乎理音如'라는 구절에 대해서 '곶훌 것가 받즈봇리이다=꽃을 꺾어 바치겠습니다'로 별 의심 없이 읽어 왔다. 그렇지만 이는 15세기 국어에 '-리이다'형에 이끌린 잘못된 해독으로 판명되었다. 다행히도 몇몇 향가 해독가들에 의해 '-ㅁ다'라는 형식으로 풀이되기도 했다. '받즈호리미다, 받즈보림다, 바도림다=바치오리다' 등의 예가 그것이다. 이와 같은 해독은 '-리이다' 형식에 비해서 중세국어에서 발견되지 않은 점 때문에, 학계에서 그다지 주목하지 않았었다. 그런데 성종판 삼강행실도에 '뵈움짜'라는 어형의 발견으로 인해 이러한 형식에 대한 오해가 풀리게 되었다. 우리는 당대적 시각에서 이전 시대의 언어 자료를 취급했을 때 범하기 쉬운 오류에 대해서 다시 한번 생각해 볼 필요성을 느낀다.

그런데 여기에서 우리가 주의해야 될 부분은 앞 선 언어와 뒤에 오는 언어 사이에 우월성을 논할 수 없다는 점이다. 이는 진보의 개념으로 언어를 바라볼 수는 없기 때문이다. 단지 그들간에는 차별성만이 존재할 뿐이다.

이와 같은 언어 변화를 음운 변화·어휘 변화·의미 변화·문법 변화 등으로 나누어 설명하면, 다음과 같다.

음운 변화(phonological change)는 조건 변화(conditioned change)와 무조건 변화(unconditioned change)로 나뉜다. **조건 변화**는 어떤 음이 그 인접음에 영향을 받아서 변하기 때문에 연음 변화(combinative change)라고도 하며, **무조건 변화**는 어떤 음이 아무런 조건 없이 변하기 때문에 고립 변화(isolative change)라고도 한다. 조건 변화의 예로는 동화(assimilation), 이화(dissimilation) 등이 있다. 전자의 예로는 인접음의 영향을 받아서 그 성질이 같은 것으로 변하는 것('믈〉물', '플〉풀')이고, 후자는 인접음의 영향을 받아서 다르게 변하는 것인데('하야로비〉해오라비'), 그 예가 드물다. 무조건 변화로는 15세기 국어의 'ㆍ', 'ㅿ', 'ㅸ' 등의 음이 시간이 흐름에 따라 변화되어 현대국어에서는 찾아보기 어려우며(경상 방언 '더버서'), 고대국어에서는 찾아보기 힘든 경음이 시간이 흐름에 따라 새롭게 생성되어 현대국어에서는 경음이 실현될 조건이 아닌 어두에서도 과도하게 사용되고 있다('/꽈대표, 꽈방/', '/쏘주, 쐬주/').

어휘 변화(lexical change)는 언어 변화 중에서 가장 많은 변화를 보여 주는 부분이다. 예전에 사용된 어휘가 없어지거나, 언어 생활의 필요에 따라 없는 어휘를 빌려오기도 하고, 새로운 표현을 위해 어휘를 만들기도 한다.

의미 변화(semantical change)는 의미 확대, 의미 축소, 의미 전용 등으로 나뉜다.

① 사어 : '구위실<관리>', '오래<門>', '항것<上典>', '둣다<愛>', '괴다<寵>'
② 차용어/외래어 : '간<중국어肝>', '편안<중국어便安>',
　　　　　　　　　'열반<범어nirvanna>', '찰나<범어ksana>',
　　　　　　　　　'가라몰<몽골어黑馬>', '보라매<몽골어>',
　　　　　　　　　'담배<포르투칼어tabacco>', '망토<프랑스어manteau>',
　　　　　　　　　'미사<이탈리아어missa>', '올림픽<그리스어olympic>',
　　　　　　　　　'토치카<러시아어tochka>', '맘보<스페인어mambo>',
　　　　　　　　　'빵<포르투칼어pão>', '가방<네덜란드어kabas>',
　　　　　　　　　'구두<일본어〈つ〉>', '컴퓨터<영어computer>'
③ 신어 : '영순위', '돈세탁', '분리수거', '인턴사원'
④ 의미 확대 : '겨레 친척>민족', '세수 손 씻기>얼굴 씻기', '온 백>모든'
⑤ 의미 축소 : '얼굴 형체>顔', '스랑 思>愛', '삐 時>식사 시간'
⑥ 의미 전용 : '어리다 愚>幼', '이바디 宴>공헌', '싸다 高價>低價'

문법 변화(grammatical change)는 형태 변화(morphological change)와 통사 변화(syntactic change)로 나뉜다. **형태 변화**는 조사, 전성어미, 연결어미, 선어말어미, 어말어미 등에서 나타난다. 15세기에 사용되지 않던 '-가'가 후대에 나타나거나, 현대국어에 사용되는 과거 시제 선어말어미 '-었-'이 15세기에는 그 형태소가 존재하지 않는다거나, 15세기 명령문 종결어미 '-쇼셔'가 현대국어의 '-소서'로 바뀐 것 등을 들 수 있다. **통사 변화**는 문법 범주가 새로 생기거나, 기존에 있던 문법 범주가 없어지거나, 새로 그 내용이 바뀐 경우 등에서 나타난다. 15세기의 객체경어법이 선어말어미 '-습-'에 의해서 실현되던 것이 오늘날에 와서는 아예 객체경어법이라는 문법 범주가 없어졌다든지, 상대경어법의 등급이 15세기의 3등급에서 오늘날 5등급이나 6등급 등으로 변화된 것 등을 들 수 있다.

이와 같이 논의한 언어 변화는 모두 시간이 흘러감에 따라 일어나는 현상이다. 시간이란 조건이 개입되지 않고 언어의 모습이 달라질 수도 있는데(예: 동일한 시간에 발화된 경상 방언과 전라 방언, 공식 회의에서 발언할 때와 뒷풀이에서 잔을 돌리며 떠들 때, 집에서 동생과 깔깔거리고 수다를 떨고 있다가 낯선 사람의 전화를 받을 때 등을 상상해 보자.), 이들은 시간 요인에 따른 언어 변화가 아니고 다른 요인에 따른 언어 변이형(variety of language)일 뿐이다.

언어는 시간에 따라 변화할 수 있다. 언어학에서는 이러한 변화를 두 가지로 구분한다. 즉, 시간이 흘러감에 따라 변화하는 것은 변천이라 하고, 동일 시간대 내에서 변화하는 것은 변이라고 한다. 따라서, 변화라는 용어는 변천과 변이를 아우르는 포괄적인 용어임을 알 수 있다. 변화라는 용어는 변천이라는 제한된 의미로 사용되기도 한다.

♡ 통시언어학과 공시언어학

통시언어학(diachronic linguistics)은 시간이 흘러감에 따라 변화하는 말의 모습을 연구하는 언어학의 한 부문이다. 따라서, 옛말을 연구한다고 모두 통시언어학이라고 할 수 없다. 통시언어학은 여러 시기에 있어서 앞뒤로 이어지는 말의 변화된 모습을 연구한다. 고대국어부터 근대국어까지 자음의 변천, 15세기부터 18세기까지 격조사의 변천, 고대국어부터 현대국어까지 수사의 변천, 16세기부터 20세기까지의 시제선어말 어미의 변천, 중세국어부터 근대국어까지 어휘 의미의 변천 등이 그 연구 대상으로 될 수 있다.

공시언어학(synchronic linguistics)은 시간을 고정시켜 놓고 그 구간 내에서 관찰되는 말의 모습을 연구하는 언어학의 한 부문이다. 공시언어학의 연구는 어느 지역의 말, 어느 화자의 말이라도 시간대를 동일하게 설정하면 된다. 6세기에 경상도 지역에서 사용한 모음 체계, 15세기에 중부 지역의 양반 계층에서 사용한 종결어미 체계, 17세기에 역관들이 사용한 경어법 체계, 19세기에 언중이 사용한 차용어의 모습, 오늘날 제주도 지역에서 사용되고 있는 의식주에 관련된 어휘 의미 등이 그 연구 대상으로 될 수 있다.

언어에 대한 이러한 두 연구 방법은 상호보완적이다. 공시언어학에서 관찰된 언어 사실은 그러한 사실의 유래나 원인을 밝히기 위해서는 통시언어학의 정보를 의지해야 될 경우도 있다. 즉, 공시적 현상이 통시적 현상의 도움을 받아 설명될 수 있다.

3. 국어 역사를 어떻게 나눌 수 있을까

〈그림 2〉 국어의 시대구분

　　우리는 이제까지 조상들과 우리들이 서로 다른 말을 사용한다는 점에 대해서 대략적으로 살펴보았다. 그런데 이러한 조상들이 사용한 언어를 세분해서 나눌 필요가 있다. 막연하게 옛날에는 이런 말을 사용했다고 진술하기보다는 '어떤 시대'인지를 구체적으로 밝혀 줄 필요가 있다. 우리는 신라인이나 조선인이 동일한 말을 하지 않았을 가능성에 주목한다. 신라인이나 조선인이 모두 옛날 사람이지만 이들이 서로 다른 말을 했다면, 이들을 구분하는 방식이 각 시대에 사용된 언어의 특징을 파악해 내는 데 도움을 주기 때문이다.

　　국어 역사에 대한 연구 성과가 음운·어휘·의미·문법 등의 분야에서 정밀하게 이루어진다면, 국어사의 시대구분은 한결 수월해진다. 그러나 현실적으로 이러한 전제가 충족되지 못했기 때문에 국어 역사에 대한 시대구분은 한계를 가질 수밖에 없다. 사정이 그러함에도 불구하고, 우리는 국어 역사에 대한 시대구분을 하지 않을 수 없다.

　　자, 그러면 어떻게 우리말의 역사를 나눌 것인가? 나누는 방법에서 근본적으로 생각해야 될 사항은 나누는 기준이다. 국어 역사의 시대구분은 연구자에 따라 다양하다. 일정한 구간을 갖고 있는 것을 몇으로 나눈다는 것은 기준에 따라 달리 나뉜다. 예를 들면, 1부터 2,000까지의 수를 넷으로 나누는 방식에 대해서 생각해 보자. 우리는 다음과 같이 나눌 수도 있다. 1부터 500까지, 501부터 1,000까지, 1,001부터 1,500까지, 1,501부터 2,000까지 넷이 그것이다. 이러한 구분은 넷을 균등하게 나눈 결과이다. 그러나 1부터 2,000까지를 나눌 수 있는 방식에 균등함을 전제로 하지 않는다면, 실로 다양한 방식으로 구분될 수 있다. 우리 국어의 역사를 1년부터 2,000년까지로 가정한다면, 이를 넷으로 구분하는 방식에는 어떤 것이 있을까. 가장 무난하고 일반적인 방식은 균등하게 나누는 것인데, 이는 수의 세계에서만 균등한 것이지 국어 역사에서 볼 때는 그리 믿음직스럽지 못하다. 국어의 역사를 나눈다는 것은 앞에 것과 뒤에 것이 서로 언어적 차별성이 있을 때 가능하다. 따라서, 국어사의 시대구분으로 고려되어야 할 사항으로 언어적 차별성이 나눔의 기준이 됨을 알 수 있다.

이 교재에서는 **국어사의 시대구분**을 고대국어(~15세기 이전), 중세국어(15세기~16세기), 근대국어(17세기~19세기), 현대국어(20세기~)로 나누기로 한다.

4. 각 시대별 언어의 특징은 어떠했는가

언어는 시대에 따라서 그 모습이 바뀐다. 이곳에서는 고대국어, 중세국어, 근대국어, 현대국어 등으로 나누어 각 시대의 언어가 갖고 있는 모습을 살펴본다.

4.1 고대국어

고대국어의 사용자는 주로 고구려인, 백제인, 신라인, 고려인 등이다. 이외에도 부여인, 옥저인, 예인 등이 존재하지만, 이들이 사용한 언어 자료의 기록은 아직 발견되지 않았고, 진한인, 마한인, 변한인, 가야인 등의 언어 자료도 그 시대의 언어적 특징을 찾아낼 만큼 우리에게 알려지지 않았다. 다만, 삼국지 위지 동이전에 이들 언어에 대한 단편적 기록이 있을 뿐이다. 고대국어의 모습을 밝히기 위해서는 이들이 사용한 언어 자료를 바탕으로 검토하면 되

〈그림 3〉 오늘날의 언어 모습

설총, 이두 정리에 심혈
한자의 음과 뜻을 번갈아 차용, 생명력은 미지수

〈그림 4〉 신라시대의 교실

는데, 현존하는 자료는 신라인이 사용한 것들이 대부분이기 때문에 대표성에 문제가 있을 수 있다. 또한, 한자를 빌어 표기한 차자표기 자료로써 이 시대의 언어 모습을 재구해야 되기 때문에 한계를 가질 수밖에 없다. 고대국어는 이런 면에서 우리에게 그 전모가 제대로 드러나지 않고 있다.

고대국어의 언어 자료는 삼국사기(三國史記 1145), 삼국유사(三國遺事 13세기 후반) 등에 실린 인명('奈物, 琉璃, 乙巴素, 異斯夫'), 지명('駕洛, 達句火, 比斯伐, 周留城'), 관명('角干, 尼師今, 麻立干, 莫離支') 등의 고유명사 표기와 삼국유사에 실린 신라 향가 14수와 균여전(均如傳 1075)에 실린 보현십원가(普賢十願歌) 11수 등의 향가에 실린 문장 표기가 주종을 이룬다. 이 외에도 돌이나 종에 새겨진 금석문에서 이두 자료를 얻을 수 있다.

이러한 자료를 바탕으로 그 동안 연구된 음운·어휘·문법 등에 대해서 살펴보자.

고대 한국어의 음운체계를 자음과 모음으로 나누어 살피기로 한다. 먼저, 자음 체계에 평음, 경음, 유기음의 3지적 상관속이 존재했는가가 문제된다. 자음 체계에 평음이 존재하며 경음은 이 시대에 나타나지 않았다고 추정된다. 유기음의 존재는 이 시기에 나타나지 않은 듯하다.

	순음	설음	치음	아음	후음
파열음	ㅂ	ㄷ		ㄱ	
마찰음			ㅅ		ㅎ
파찰음			ㅈ		
비음	ㅁ	ㄴ		ㆁ	
유음		ㄹ			

〈고대국어 10자음〉

유기음이 존재했다고 보는 견해는, '居柒夫〈삼국사기 지리지 권 44〉'에서 '柒(ㅊ)', '佛體〈예경제불가〉'에서 '體(ㅌ)' 등과 같은 자료에서 그 가능성을 추정한다. 그런데 15세기 국어에서도

'갏(刀), 고ㅎ(鼻), 고키리(象), 숋돕(瓜), 밠ㅎ(臂)' 등과 같은 어휘가 사용된 것으로 보아 고대 국어나 중세국어 시기의 유기음의 성격이 현대국어와는 달랐음을 알 수 있다.

다음으로, 모음 체계는 7모음(ㅣₐ/ㅡ/ㅓ/ㅜ/ㅗ/ㆍ/ㅏ)이나 8모음(ㅣₐ/ㅓᵦ/ㅡ/ㅓ/ㅜ/ㅗ/ㆍ/ㅏ)으로 추정된다. 중세국어나 근대국어에 모음조화가 있었기 때문에 이를 바탕으로 고대국어에서도 모음조화가 있었을 것으로 추정하기도 한다. 자료를 통해서 명확하게 확인되지 않기 때문에 이 부분은 좀더 검토가 필요하다. 후대에 모음조화가 있었다고 앞 선 시대에도 반드시 모음조화가 있었으리라는 보장은 할 수 없기 때문이다.

고대국어의 어휘는 단편적인 모습만 알 수 있다. 그 중에서 삼국사기 지리지를 통해서 밝혀진 고구려어, 백제어 일부를 소개하면, 다음과 같다.

고구려어	백제어	현대국어	비 고
買		물	고대 일어 mi(水)
達		산	고대 일어 take(嶽)
內/那/奴/惱		흙, 땅	고대 일어 na(地)
密		셋	고대 일어 mi(三)
于次		다섯	고대 일어 itu(五)
難隱		일곱	고대 일어 nana(七)
德		열	고대 일어 töwo(十)
	夫里	벌	
	熊	곰	고대 일어 kuma(熊)
	珍惡	돌	
	勿居	맑-	

신라인이 사용한 어휘를 향가 자료를 중심으로 살펴보면, 다음과 같다. 12세기 자료는 계림 유사, 15세기 초 자료는 조선관역어에서 각각 뽑은 것이다.

향가	12세기	15세기 초	15세기	20세기	비고
一等/一等隱	河屯	哈那	ᄒ나ᇹ	하나	
二肹/二尸	途孛	都卜二	둟ㅎ	둘	
千隱	千	展害	즈믄	천	현대국어에 한자어
花	骨	果思	곶	꽃	향가에 말음표기 없음
雲音	屈林	故論	구룸	구름	
心/心音	心	墨怎	ᄆᆞᅀᆞᆷ	마음	
人/人音	人	撒論	사ᄅᆞᆷ	사람	
道/道尸		吉二	길ㅎ	길	
春		播妹	봄	봄	향가에 말음표기 없음
秋察/秋察尸		格自	가ᅀᆞᆯ	가을	
佛體	孛		부텨	부처	
夜/夜音			밤	밤	
衆生			즁ᄉᆡᆼ	중생	한자어
彗星			혜셩	혜성	한자어

고대국어의 문법은 어휘보다도 더 단편적인 모습만 알 수 있다. 주로 향가 자료를 통해서 격조사, 선어말어미, 어말어미 등을 확인할 수 있다.

격조사에서는 주격, 목적격, 관형격, 부사격, 호격 등이 확인된다. 이른바 공동의 부사격조사는 향가 자료에서 확인되지 않는데 이는 자료상의 제약으로 이해된다.

경어법은 주체존대, 객체존대, 상대존대 등의 삼

> ♡ 고대국어 선어말어미
> 경어법선어말어미 賜, 白, 以
> 의도법선어말어미 乎/烏/屋/奴
> 시제상선어말어미 內, 等, 去/在, 理/里

분 체계가 각각의 선어말어미에 의해 실현된다. 이는 중세국어의 경어법과 동일하다. 기존에 경어법선어말어미 중 상대존대선어말어미로 '곱'을 설정하기도 하였으나, 이 차자가 '-이-'와 대응된다는 것은 많은 전제를 필요로 한다. 헌화가의 '獻乎理音如'의 '音'은 'ㅁ'을 표기한 것으로 견해가 수정되고 있다. 상대존대선어말어미 '-이-'에 해당되는 차자는 우적가의 '安支尙宅都乎隱以多'에 사용된 '以'가 그러한 기능을 하였을 것이다.

이른바 의도법선어말어미의 사용이 확인된다. 이는 중세국어의 현상과 동일하다.

♡ 고대국어 어말어미와 첨사

체언화형어미	尸/乙, 隱, 音
관형사형어미	尸/乙, 隱/因/仁/焉
연결어미	米/彌/旀, 如可, 古, 遣, 良
종결어미	如/羅/多, 馬, 也/耶, 羅/良, 賜立, 齊/制
첨사	古/故/遣/過, 去, 沙

시제에는 현재시제, 과거시제, 미래시제 등이 각각의 선어말어미에 의해 실현되는데, 중세국어, 근대국어 현대국어 등의 시제선어말어미와는 그 형태소에서 차이를 보인다.

부정법은 이른바 장형부정문이 나타나지 않고, 단형부정문만 보인다.

♡ 고대국어 격조사와 특수조사

<격조사>

주격	是/理/史/靡/米
목적격	乙/肹
관형격	矣/未/米/煙/衣, 叱
부사격	
처소	矣/衣/良/也/中/乃/希/良中/衣希/也中/惡希/良衣/惡中/阿希/惡之叱
도구	留
호격	良/也, 下

<특수조사>

隱/焉, 刀/都/置, 沙, 念丁, 每如, 馬洛/馬落

체언화형어미나 관형사형어미 앞에 '乎/烏/屋'가 선행되었는데, 중세국어의 '-오-'에 대응된다. 한편, 체언화형어미로 '音'외에 '尸/乙'과 '隱' 등이 사용되는데('迷火隱乙〈항순중생가〉', '修叱賜乙隱〈수희공덕가〉') 이는 중세국어까지 그 용법이 확인되며 현대국어에서는 찾아보기 어려운 용법이다.

연결어미에는 현대국어의 '-며', '-다가', '-고', '-아' 등에 해당되는 형태들이 발견된다.

서법은 종결어미와 첨사로 실현되는데, 평서문, 감탄문, 의문문, 명령문 등의 어미가 사용된다. 이중에서 의문문은 첨사로 실현되는데, 이러한 현상은 중세국어에서도 동일하다. 한편, 첨사 '沙'는 강세를 나타내는데, 중세국어 '아'에 대응된다.

4.2 중세국어

중세국어의 사용자는 조선인이다. 여기에서는 훈민정음 창제 이후의 언어 자료를 중심으로 중세국어를 살펴보기로 한다.

중세국어 표기법의 특징은 붙여쓰기·이어적기[連綴]이다. 현대국어의 띄어쓰기·끊어적기[分綴]와 비교된다. 근대국어에는 이어적기에 거듭적기[重綴]가 함께 쓰인다. 이 시대에 문장부호법은 사용되지 않았다.

> 이어적기 [連綴] : 말ᄊᆞ미 <훈민정음언해, 1가> ᄇᆞᄅᆞ매 <용비어천가, 2>
> 끊어적기 [分綴] : 말쏨이   ᄇᆞ롬애
> 거듭적기 [重綴] : 말쏨미   ᄇᆞ롬매

중세국어 음운 체계를 15세기를 중심으로 자음과 모음으로 나누어 살피기로 한다. 자음은 훈민정음에서 기본자 17자로 규정된다.

아음(牙音)	설음(舌音)	순음(脣音)	치음(齒音)	후음(喉音)	반설음(半舌音)	반치음(半齒音)
ㄱ	ㄷ	ㅂ	ㅅ, ㅈ	ㆆ		
ㅋ	ㅌ	ㅍ	ㅊ	ㅎ		
ㆁ	ㄴ	ㅁ		ㅇ	ㄹ	ㅿ

이러한 기본자 17자에 각자병서 'ㄲ, ㄸ, ㅃ, ㅉ, ㅆ, ㆅ'의 6자가 포함되어 23자음 체계를 갖는다. 각자병서에 대한 음가는 두 가지 견해로 학설이 나뉜다. 첫 번째 견해는 현대어와 같이 경음으로 보는 것이고, 두 번째 견해는 중국의 전탁음 표기자로 보는 것이다. 중세국어의 자음 체계는 고대국어와는 달리 평음, 경음, 유기음의 3지적 상관속을 이루게 된다. 그러나 유기음이 완

전히 자리를 잡은 것은 아니다. 현대국어에서 '코(鼻)', '칼(刀)', '손톱', '탓(원인, 구실)', '팔(臂)', '풀(膠)' 등이 15세기의 경우, '고ㅎ', '갏', '솑돕', '닷', '볼', '블' 등으로 쓰였다. 중세국어의 자음 체계를 보이면, 다음과 같다.

	순음	설음	치음	아음	후음
파열음	ㅂ ㅍ ㅃ	ㄷ ㅌ ㄸ		ㄱ ㅋ ㄲ	
마찰음			ㅅ ㅆ		ㅎ
파찰음			ㅈ ㅊ ㅉ		
비음	ㅁ	ㄴ		ㆁ	
유음		ㄹ			

〈중세국어 19자음〉

중세국어의 자음 체계는 고대국어에 없던 파열음 'ㅍ/ㅌ/ㅋ/ㅃ/ㄸ/ㄲ', 마찰음 'ㅆ', 파찰음 'ㅊ/ㅈ' 등에서 각각 새로운 음운이 형성되어 19자음으로 변화된다.

중세국어의 모음 체계는 7모음(ㅣ/ㅡ/ㅓ/ㅜ/ㅗ/ㆍ/ㅏ)으로 구성된다. 자음 체계에 비해서 큰 변화를 겪지 않았음을 알 수 있다.

중세국어 어휘에는 한자어 이외에도 차용어가 많이 늘어난다. 몽골어 차용어는 말(馬)과 매(鷹)에 관한 것들이 대부분을 이룬다. 말에 관해서는 '아질게물(兒馬)', '악대(去勢馬)', '졀다물(赤馬)', '가라물(黑馬)', '고라물(土黃馬)', '구렁물(栗色馬)' 등이 있으며, 매에 관해서는 '보라매(秋鷹)', '갈지게(黃鷹)', '궉진(白角鷹)', '튀곤(白黃鷹)', '숑골(海靑)' 등이 있다. 여진어의 '土滿(tüman 萬)'이 차용되어 '두만강(豆滿江)'의 지명에 남아 있게 된다. 이외에 중국을 통한 범어의 간접 차용으로 '보살(菩薩〈 Bodhisattva)'과 같은 유형의 어휘들이 있다.

중세국어의 문법은 고대국어에 비해서 그 모습을 구체적으로 살펴볼 수 있다.

주격조사는 15세기에 '-이/-ㅣ/-∅'만 존재하다가 16세기 이후에 '-가'가 나타나기 시작한다. '-∅'는 주격조사 '-가'가 출현하면서 그 기능을 상실하게 된다. 새로운 형태소 '-가'의 기원은 아직도 국어사 연구에서 의문점을 남기고 있다. 이에 대한 많은 연구가 있지만, 모두를 만족할만한 견해는 아직도 제시되지 않은 듯하다. 향가 자료에서는 발견되지 않았던 공동의 부사격조사 '-과/-와'는 마지막 명사에도 이 형태소가 실현된다('나모와 곳과 果實와는 〈석보상절 6 40〉').

특수조사는 고대국어에서 그 대응형을 찾을 수 있는 '-은', '-도', '-만' 외에, 다른 문법 범주에서 기원한 것이 많이 나타난다. '-ᄀ장'은 명사에서, '-두고'는 동사 '두(置)-'에서, '-브터'는 동사 '븥(附)-'에서, '-조차'는 동사 '좇(隨)-'에서 각각 기원한 것이다.

♡ **중세국어 격조사와 특수조사**

〈격조사〉

주격	이/ㅣ/ø/가
목적격	ㄹ/을/올/를/롤
관형격	의/익, ㅅ
부사격	
처소	에/익
도구	로/으로
공동	과/와
호격	아/야, 여, 하

〈특수조사〉

ㄴ/은/ㄴ/는/ᄂᆞᆫ, 도, 만, ᄀ장, 두고, 브터, 조차

경어법은 주체존대, 객체존대, 상대존대 등의 삼분 체계가 각각의 선어말어미에 의해 실현된다. 이는 고대국어의 경어법에서도 동일한 현상을 확인한 바 있는데, 음운론적 조건에 따라서 고대국어에 비해서 다양한 이형태가 출현된다.

이른바 의도법선어말어미의 사용이 확인된다. 이 선어말어미는 근대국어나 현대국어에는 없는 것이다.

시제에는 현재시제, 과거시제, 미래시제 등이 각각의 선어말어미에 의해 실현되는데, 15세기에는 과거시제선어말어미 '-엇-'이나 미래시제선어말어미 '-겟-'이 출현하지 않았다. 과거시제선어말어미 '-엇-'은 부동사어미

♡ **중세국어 선어말어미**

경어법선어말어미 시/샤, 습/줍/ᅀᆞᆸ/ᄉᆞᇦ/줍/ᅀᆞᇦ, 이
의도법선어말어미 오/우
시제상선어말어미 ᄂ, 니, 더, 엇, 거, 리

'-어'와 동사 어간 '잇(有)-'의 통사적 구성에서 형태적 구성으로 바뀌어 가는 과정에서 출현된 형태소이다. 따라서, 15세기에는 단일 형태소인 '-엇-'은 나타나지 않고, '-어 잇-'과 '-앳-'형이 발

견된다. 오늘날과 같은 과거시제 형태소는 근대국어에 가서야 널리 쓰이게 된다. 미래시제선어말어미 '-겟-'의 경우도 이와 유사하다. 한편, 시제형태소 '-더-'는 현대국어와 달리 모든 인칭에 두루 사용된다('내 롱담ᄒ다라 〈석보상절 6 24〉').

♡ 중세국어 어말어미와 첨사

체언화형어미	ㄹ/을/올, ㄴ/은/온, ㅁ/음/옴
관형사형어미	ㄹ/을/올, ㄴ/은/온
연결어미	며, 고, 아, 면, 나, 디, 려, 든/돈, 거니와, 건마른, ㄴ대, 란디, ㄹ씨, ᆞ과뎌, 과뎌여, 귓고, 디옷, 디ᄫᅵ
종결어미	다/라, 마, 고나, 라, 고려, 고라, 어쎠, 쇼셔, 져, 사이다,
첨사	고/ㅅ고, 가/ㅅ가, ᄶ/야, 곳, 곰/옴

부정법은 단형부정문과 장형부정문의 두 유형이 공존한다. 중세국어에 와서 장형부정문이 생성된 것으로 보인다. 체언화형어미나 관형사형어미 앞에 '-오-'가 선행된다. 이러한 선어말어미 '-오-'는 15세기에는 비교적 엄격하게 그 기능을 수행한다. 연결어미에는 고대국어에 비해서 다양한 형태가 출현된다.

서법은 종결어미와 첨사로 실현되는데, 평서문, 감탄문, 의문문, 명령문 등의 어미가 사용된다. 이중에서 의문문은 종결어미가 아닌 첨사로 실현되는데, 현대국어의 의문문 종결어미와 차이를 보인다. 기존에 청유문을 따로 독립시키기도 하였으나, '1인칭 복수에 대한 명령'이라는 사실로 미루어 보아 명령문에 포함하여 처리하는 것이 문법 기술에 편의를 기할 수 있다. 한편, 첨사에는 '-ᄶ/-야', '-곳', '-곰/-옴' 등의 강세를 나타내는 형태소가 있다.

4.3 근대국어

ㄱ

假 [명] 가. 거짓. 가짜

【假ᄅᆞᆯ】 다ᄅᆞᆫ 사ᄅᆞᆷ으로 ᄒᆞ여 뵈면 곳 眞이며 假ᄅᆞᆯ 보리라〈朴通上:64b〉

加 [명] 가. 항렬이 높은 사람이나 나이가 어린 사람이 부귀함을 믿고 예의를 따르지 않는 것

【加ᄂᆞᆫ】 加ᄂᆞᆫ 닐온 富貴호ᄆᆞᆯ 미더 卑幼의 禮ᄅᆞᆯ 좃디 아니호미라〈家禮2:10a〉

嫁 [명] 가. 시집감. 출가(出嫁)

【嫁ᄅᆞᆯ】 嫁ᄅᆞᆯ 許ᄒᆞ니와 밋 二十애 笄ᄒᆞᄂᆞ니〈家禮6:13a〉

家 [명] 가. 집. 집안

【家로】 家로 習ᄒᆞ며 戶로 誦ᄒᆞ면〈女訓上:29b〉 【家ᄅᆞᆯ】 家ᄅᆞᆯ 齊ᄒᆞ며 俗을 範ᄒᆞ매〈女訓上:29b〉 【家며】 將ᄎᆞᆺ 身으로브터 家며 國이며 天下에 ᄒᆞ야〈女訓上:20b〉 【家애】 儉박홈으로ᄡᅥ 家애 處ᄒᆞ며〈女訓上:41a〉 【家의】 家의 隆替ᄂᆞᆫ 몸애 ᄆᆡ엿ᄂᆞ니라〈女訓上:37a〉 니건ᄒᆡ 여긔 陳시 家의 墳墓ㅣ 파 내믈 만나기ᄂᆞᆫ〈家禮7:21b〉 德은 몸의 主ㅣ오 몸은 家의 本이니〈女訓上:37a〉

架 [명] 가. 시렁

【架】 酒甁을 架 조차 ᄒᆞᆫ나흘 靈座 東南의 ᄒᆞ고〈家禮9:2a〉 【架ㅣ】 臺며 架ㅣ 인ᄂᆞ니ᄂᆞᆫ 西의 이시니〈家禮1:24b〉 東의 치ᄂᆞᆫ 盆의 臺 이시며 巾의 架ㅣ 잇고〈家禮9:2a〉 【架ᄅᆞᆯ】 그 西의 치란 臺와 架ᄅᆞᆯ 두라〈家禮10:6b〉

가 [접] 가(哥). 성을 낮추어 부를 때 성 밑에 붙이는 말

【가】 孫가 더 더러온 놈이〈朴通中:30b〉 히 가 히(嵇)〈七千:29b〉 【가ㅣ아】 王가ㅣ아 오라〈朴通上:52b〉 【가든】 애 또 王가든 형이로괴야〈老乞上:15b〉 【가아】 孫가아 混堂에 목욕 ᄀᆞᆷ으라 가쟈〈朴通上:46b〉 【가야】 張가야 이바〈朴通上:16a〉 【가의게】 孟가의게 두 油紙帽ㅣ 이시니〈朴通上:58a〉 【개】 뎨 아니 李개 오ᄂᆞ냐〈老乞下:2b〉 이 뎜에 모시뵈 ᄑᆞᆯ 高麗ㅅ 나그내 李가 잇ᄂᆞ냐〈老乞下:1a〉 【개니】 이ᄂᆞᆫ 姓이 金개니〈老乞上:14a〉 【개로라】 내 셩이 王개로라〈老乞上:7a〉 【王개니】 셩이 王개니 王 아뫼라 쓰라〈老乞下:14a〉 【王개로니】 小人의 셩은 王개로니〈老乞上:40a〉 【張개라】 내 姓이 張개라〈老乞上:40a〉

가 [접] 시가(媤家)

【가】 뉵촌누의 가 싀마〈家禮圖:14b〉 뉵촌대고 가 무〈家禮圖:14b〉 뉵촌손녀 가 무복〈家禮圖:14b〉 동ᄉᆡᆼ누의 가 대공〈家禮圖:14b〉 삼촌고 가쇼공〈家禮圖:14b〉 삼촌딜녀 가 대공〈家禮圖:14b〉 ᄉᆞ촌누의 가 싀마〈家禮圖:14b〉 ᄉᆞ촌대고 가 무복〈家禮圖:14b〉 ᄉᆞ촌손녀 가 싀마〈家禮圖:14b〉 오촌고 가 싀마〈家禮圖:14b〉 오촌딜녀 가 싀마〈家禮圖:14b〉 증대고 싀마 가 무복〈家禮圖:14b〉 증딜손녀 가 무복〈家禮圖:14b〉 칠촌고 가 무〈家禮圖:14b〉 칠촌딜녀 가 무〈家禮圖:14b〉 팔촌누의 가 무〈家禮圖:14b〉

가 [명] 가(歌). 노래

【가라】 ᄆᆞᆯ이 병 잇ᄂᆞᆫ 가라〈馬經上:33b〉 오장의 얼굴 증을 명ᄒᆞᆫ 가라〈馬經上:34a〉 【개라】 ᄆᆞᆯ이 병 업ᄉᆞᆫ 개라〈馬經上:32b〉

가 [명] 가(榎). 인명

【가로】 그 아ᅀᆞ 가로 ᄒᆡ여곰 븟드러 가게 ᄒᆞ고〈東新孝8:16b〉

家間 [명] 가간. 온집안. 집안

【家間애】 家間애 더녁 ᄒᆡ예 居喪ᄒᆞᆯ 제〈家禮9:32b〉

가감홍면산 [명] 가감홍면산(加減紅綿散). 한약 이름

【가감홍면산은】 가감홍면산은 마황 형개슈 전갈 텬마〈痘瘡上:64b〉 【가감홍면산을】 가감홍면산을 달혀 가미뉵일산을 프러 머겨 발표ᄒᆞ고〈痘瘡上:64a〉 【가감홍면산이】 승마갈근탕과 가감홍면산이 맛당ᄒᆞ니라〈痘瘡上:61b〉 이ᄂᆞᆫ 외감이 겸ᄒᆞᆫ 디니 가감홍면산이 맛당ᄒᆞ고〈痘瘡上:64b〉

가감ᄒᆞ다 [타] 가감(加減)하다. 더하고 덜다 ☞ 加減ᄒᆞ다

【가감ᄒᆞ라】 아ᄒᆡ 크며 쟈그믈 혜아려 가감ᄒᆞ라〈痘瘡上:43a〉

加減ᄒᆞ다 [타] 가감하다. 더하고 덜다 ☞ 가감ᄒᆞ다

【加減ᄒᆞ여】 文字로 加減ᄒᆞ여 ᄒᆞᄂᆞᆫ 혈잇말(俏語)〈譯語下:46b〉

가개 [명] 가게(棚, 凉棚)

1

〈그림 5〉 17세기 국어사전

근대국어의 사용자는 조선인이다. 근대국어에 대한 연구는 고대국어·중세국어·현대국어 등에 비해서 상대적으로 활발하지 못하였다. 근대국어를 중세국어나 현대국어의 중간 단계의 언어라고 보는 암묵적인 전제가 있었기 때문이다. 그러나 이러한 시각의 접근은 온당하지 못하다. 최근 들어, 근대국어에 대한 독자적인 연구가 진행되는 것은 그나마 다행스런 현상이다.

근대국어 표기법의 특징은 중세국어와 동일하게 붙여쓰기·이어적기〔連綴〕이다. 다만, 이어적기에 거듭적기〔重綴〕가 혼합된 표기 방식을 보여 준다. 현대국어의 띄어쓰기·끊어적기〔分綴〕와 비교된다.

근대국어의 음운 체계를 자음과 모음으로 나누어 살피기로 한다. 근대국어의 자음 체계를 보이면, 다음과 같다.

	순음	설음	치음	아음	후음
파열음	ㅂ ㅍ ㅃ	ㄷ ㅌ ㄸ		ㄱ ㅋ ㄲ	
마찰음			ㅅ ㅆ		ㅎ
파찰음			ㅈ ㅊ ㅉ		
비음	ㅁ	ㄴ		ㅇ	
유음		ㄹ			

〈 근대국어 19자음 〉

근대국어의 자음 체계는 중세국어와 차이가 없다.

근대국어의 모음 체계는 8모음(ㅣ/ㅡ/ㅓ/ㅜ/ㅗ/ㅏ/ㅔ/ㅐ)으로 구성된다. 중세국어의 'ㆍ'가 소실되고 'ㅔ'와 'ㅐ'가 단모음화를 겪어서 모음 체계에 새로 편입된다.

근대국어 어휘의 특징은 한자어와 차용어의 증가를 손꼽을 수 있다. '뫼〉山', 'ㄱ름〉江, 湖', '아숨〉親戚', '오래〉門', '노연〉官人, 官長' 등으로 고유어가 한자어로 대체된다. 여러 분야에 걸쳐서 차용어가 사용되는데, 중국어 차용어로 '다홍(大紅)', '비단(匹段)', '탕건(唐巾)', '대패(大牌)', '사랑(斜廊)', '무명(木棉)' 등, 만주어 차용어로 '소부리:안장', '널쿠:소매와 섶이 없는 비옷', '쿠리매:섶이 없고 소매가 짧은 겉옷' 등, 일본어 차용어로 '조총(鳥銃)' 등이 들어 왔다. 서양 문물의 전래와 더불어 '야소(耶蘇)', '성탄(聖誕)', '천주교(天主敎)', '복음(福音)', '성모(聖母)', '천주(天

主)', '담배(tabacco)', '자명종(自鳴鐘)', '천리경(千里鏡)' 등의 용어도 함께 국어의 어휘로 자리 잡았다.

근대국어의 문법은 중세국어의 문법 체계에 비해서 단일화되어 가는 모습을 보인다.

주격조사는 15세기에 '-ϕ'가 '-가'의 출현과 더불어 그 기능이 소멸된다. 존칭주격조사 '-ᄭᅴ셔' '-겨셔'형이 17세기 들어 나타난다. 다른 격조사에서는 중세국어와 큰 차이를 보이지 않는다.

♡ 근대국어 격조사와 특수조사

<격조사>

주격	이/ㅣ/가, ᄭᅴ셔/겨셔
목적격	ㄹ/을/ᄋᆞᆯ/를/ᄅᆞᆯ
관형격	의/ᄋᆡ, ㅅ
부사격	
처소	에/ᄋᆡ/
도구	로/으로
공동	과/와
호격	아/야, 여, 하

<특수조사>

ㄴ/은/ᄋᆞᆫ/는/ᄂᆞᆫ, 도, 만, ᄀᆞ장, 두고, ᄇᆞ터, 조차

♡ 근대국어 선어말어미

경어법선어말어미	시, ᄉᆞᆸ/ᄌᆞᆸ/ᅀᆞᆸ/ᄉᆞᆼ/ᄌᆞᆼ/ᅀᆞᆼ, 이
시제상선어말어미	ᄂᆞ, 니, 엇, 더, 거, 리, 겟

경어법은 고대국어와 중세국어에서 삼분 체계로 뚜렷하게 구분되던 것이 근대국어에 이르러서는 이러한 체계의 흔들림을 겪게 된다. 객체존대 경어법의 기능이 약화되고 어미에 녹아들어 상대존대 경어법과 어우러져 나타난다('먹ᄉᆞᆸᄂᆞ이다 〈첩해신어 2 6,7〉'). '-ᄉᆞᆸᄂᆞ이다'의 표현이 현대국어에 와서 '-습니다' 표현으로 변하게 된다. 상대존대선어말어미는 'ㆁ'의 소실로 인해 '-이-'로 바뀐다. 한편, 중세국어에서 철저하게 나타나던 의도법선어말어미 '-오-'는 그 기능을 상실한다.

시제에는 현재시제, 과거시제, 미래시제 등이 각각의 선어말어미에 의해 실현되는데, 과거시제선어말어미 '-엇-'과 미래시제선어말어미 '-겟-'의 기능이 확립된다.

부정법은 중세국어와 큰 차이가 없다.

체언화형어미는 '-음'으로 단일화되어 간다. 체언화형어미나 관형사형어미 앞에 '-오-'가 선행되는 모습은 이 시기에 지켜지지 않는다.

♡ 근대국어 어말어미와 첨사

체언화형어미	ㅁ/음/ᄋᆞᆷ
관형사형어미	ㄹ/을/ᄋᆞᆯ, ㄴ/은/ᄋᆞᆫ
연결어미	며, 고, 아, 면, 나, 려, 니, 매, 도록, 디옷, 디위
종결어미	다/라, 마, 고나, 라, 소서, 쟈, 사이다,
첨사	고/ㅅ고, 가/ㅅ가, ᅀᅡ/야, 곳, 곰/옴

연결어미는 중세국어의 그것과 큰 차이를 보이지 않는다.

서법은 종결어미와 첨사로 실현되는데, 평서문, 감탄문, 의문문, 명

령문 등의 어미가 사용된다. 명령문 종결어미 '-고려', '-고라', '-어쎠' 등은 이 시기에 들어 소멸된다. 또한, '겨'형태가 '-쟈'형태로 바뀌게 되는데, 이 시기의 음운론적 특질을 반영한 것이다.

4.4 현대국어

현대국어의 사용자는 조선인, 대한제국인, 대한민국인 등이다. 고대국어·중세국어·근대국어 등의 언어 자료가 문어 자료만 있는 것과는 달리 현대국어에서는 구어 자료도 있다.

현대국어 표기법의 특징은 띄어쓰기·끊어적기〔分綴〕이다. 앞선 시대의 표기법과 비교된다. 문장부호법을 사용하여 글말이 갖고 있는 제한성을 극복하고 있다.

현대국어의 음운 체계를 자음과 모음으로 나누어 살피기로 한다.

현대국어의 자음 체계를 보이면, 다음과 같다.

	양순음	치경음	경구개음	연구개음	후음
파열음	ㅂ ㅍ ㅃ	ㄷ ㅌ ㄸ		ㄱ ㅋ ㄲ	
마찰음		ㅅ ㅆ			ㅎ
파찰음			ㅈ ㅊ ㅉ		
비음	ㅁ	ㄴ		ㅇ	
유음		ㄹ			

〈현대국어 19자음〉

현대국어의 자음체계는 근대국어의 자음체계와 기본적으로 동일하다. 다만, 표기문자에서 각자병서 'ㅃ, ㄸ, ㅆ, ㅉ, ㄲ' 등이 경음의 표기자로 확립되고 합용병서는 표기문자로서의 기능을 상실하게 된다.

현대국어의 모음 체계는 10모음(ㅣ/ㅡ/ㅓ/ㅜ/ㅗ/ㅏ/ㅔ/ㅐ/ㅚ/ㅟ)으로 구성된다. 근대국어에서 이중 모음이던 'ㅚ'와 'ㅟ'가 단모음화를 겪어서 모음 체계에 새로 편입된다.

현대국어의 어휘는 한자어가 반 이상을 차지하며, 외래어의 비율이 점차 높아지고 있다. 외래어 표기법이 존재한다는 것은 외래어가 국어에서 차지하는 비중을 짐작하게 한다. 현대국어의 문법은 중세국어나 근대국어에 비해서 새로운 범주가 나타나지 않고 대체적으로 간소화된다. 특히, 경어법에서 이러한 현상을 찾아볼 수 있다.

격조사는 '·'음의 소실로 인해 형태소가 단일해진다. 주격조사는 음운론적으로 조건된 '-이'와 '-가'만 남고, 근대국어 존칭 주격조사 '-끠셔'는 '-께서'로 바뀐다. 관형격조사의 경우 '-의'만 남게 되며, '-ㅅ'은 그 기능을 상실한다. 존칭을 나타내는 호격조사 '-하'는 소멸되고, '-이시여'형이 그 자리를 대신하게 된다.

경어법은 현대국어에 와서 주체존대경어법과 상대존대경어법의 이분 체계로 바뀐다. 상대존대경어법은 고대국어·중세국어·근대국어 등에서는 선어말어미 '-이-'나 '-이-'로 실현되던 것이 어말어미에 통합되어 실현된다. 객체존대경어법은 문법 범주의 기능을 잃고 일부 어휘에만 화석화되어 남아 있을 뿐이다('여쭈다, 드리다, 모시다').

♡ 현대국어 격조사와 특수조사	
<격조사>	
주격	이/가, 께서
목적격	ㄹ/을/를
관형격	의
부사격	
처소	에
도구	로/으로
공동	과/와
호격	아/야, 여, 이시여
<특수조사>	
ㄴ/은/는, 도, 만, 까지, 부터, 조차, 마저	

♡ 현대국어 선어말어미	
경어법선어말어미	시
시제상선어말어미	ㄴ/는/ø, 었, 더, 리, 겠

시제에는 현재시제, 과거시제, 미래시제 등이 각각의 선어말어미에 의해 실현된다. 현재시제의 경우, 동사인 경우에 '-ㄴ/-는'으로, 형용사나 명사에 용언화접미사 '-이-'가 후행된 경우에 '∅'로 실현된다. 과거시제의 경우, '-었-'으로 실현되는데, 이 형태소는 중세국어에서 살펴보았듯이, 통사적 구성에서 형태적 구성으로 바뀐 형태소이기 때문에 과거로만 해석되지 않는 경우도 있다('엄마 닮았다', '거의 다

♡ 현대국어 어말어미	
체언화형어미	ㅁ/음
관형사형어미	ㄹ/을, ㄴ/은
연결어미	며, 고, 아, 면, 나, 려, 아서, 니까,
종결어미	다/라, 마, 느냐, ㄴ가/는가, ㅂ니까/습니까, 라, 어/아, 게, 오,
	소서, 자, 세, ㅂ시다

왔어', '너는 이제 죽었다'). 한편, '-더-'는 과거에 경험한 일을 나타내기 위하여 사용되는데, 1인칭 화자에는 그 사용이 제약된다(비교 : '꿈에 보니 내가 울고 있더라.').

부정법은 근대국어와 큰 차이가 없으며 '-디'가 '-지'로 변화된다. 부정명령문의 경우, 단형부정문이 존재하지 않는다. 이는 국어사 전 시기에 걸쳐서 동일하다.

체언화형어미는 '-음'으로 단일화되어 가고 관형사형어미도 '-을'형과 '-은'으로 간소화된다. 연결어미는 현대국어에 들어 다양한 종류가 나타난다. 서법은 종결어미로 실현된다. 이전 시기에는 의문문의 경우 첨사의 성격을 갖고 있었는데, 이 시대에 와서는 종결어미의 지위를 갖게 된다. 명령문 종결어미 '쟈'형태가 '-자'형태로 바뀌게 되는데, 이 시기의 음운론적 특질을 반영한 것이다.

1. 다음의 (1)은 고려가요의 처용가 일부와 (2)는 향가에 나오는 처용가 일부이다.

　(1) 東京 불긴 드래　　　　(2) 東京 明期 月良
　　　새도록 노니다가　　　　　　夜入伊 遊行如可
　　　드러 내 자리롤 보니　　　　入良沙 寢矣 見昆
　　　가르리 네히로새라　　　　　脚烏伊 四是良羅

　(2)에 대한 해독이 (1)의 영향을 받은 부분이 없는 지를 (3)과 (4)를 보면서 생각해 보자. (3)은 小倉進平(1929), (4)는 양주동(1965)의 해독이다.

　(3) 東京 붉ᄋᆫ 둘애　　　　(4) 시ᄫᅳᆯ 볼긔 드래
　　　밤드리 노녀다가　　　　　　밤드리 노니다가
　　　들어사 자리에 보곤　　　　드러ᅀᅡ 자리 보곤
　　　가롤이 네허러라　　　　　가로리 네히어라

2. 다음 언어 자료들이 표기법, 음운, 형태, 통사, 의미적인 면에서 현대국어와 차이가 나는 부분을 생각해 보자.

　(1) 어린 百姓이 니르고져 홇 배 이셔도 〈훈민정음언해 2가〉
　(2) ㄱᄂᆫ 엄쏘리니 君ㄷ 字 처ᅀᅥᆷ 펴아나는 소리 ᄀᆞᄐᆞ니 〈훈민정음언해 4가〉
　(3) 님그미 나갯더시니 〈용비어천가 49〉
　(4) 내 太子롤 셤기ᅀᆞᄫᆞ듸 하ᄂᆞᆯ 셤기ᅀᆞᇂᄃᆞᆺᄒᆞ야 〈석보상절 六 4가〉
　(5) ᄌᆞ식 업스실ᄊᆡ 몸앳 필 뫼화 그르세 담아 남녀를 내ᅀᆞᄫᆞ니 〈월인천강지곡 上 2가〉
　(6) 네 지비 어듸셔 사는다　내 遼陽잣 안해셔 사노라 〈번역노걸대 上 8가〉
　(7) 셔울 물 갑시 엇더ᄒᆞ고 요ᄉᆞᅀᅵ예 사괴는 사ᄅᆞ미 와 닐오듸 물 갑시 요ᄉᆞᅀᅵ 됴ᄒᆞ모로
　　　〈번역노걸대 上 8나, 9가〉
　(8) 츤 구드리 자니 빗가 세 ᄂᆞ리셔 ᄌᆞ로 ᄃᆞ니니 〈정철의 어머니 편지〉
　(9) 자네ᄂᆡ도 이제란 이ᄀᆞ치 다 자ᅌᆞ소 〈개수첩해신어 三 14나〉
　(10) 先生아 내 니롤 열어 니롬을 기드리쇼셔 〈오륜전비언해 一 27가〉

3. 다음은 광주천자문(1575)과 주해천자문(1804)에 나타나는 한자의 음과 훈이다. 앞선 것이 광주천자문이고 뒤에 것이 주해천자문의 것이다. 이들 자료들에서 보이는 음과 훈의 공통점과 차이점을 살펴보고, 현대 한자의 음과 훈과의 관련성을 비교해 보자.

(1) 天 하놀 텬/한을 텬　　　(6) 宙 집 듀/집무로 쥬
(2) 地 짜 디/따 디　　　　　(7) 洪 너블 홍/넙을 홍
(3) 玄 가물 현/감을 현　　　(8) 荒 거츨 황/거츨 황
(4) 黃 누를 황/누로 황　　　(9) 辰 미르 진/별 신
(5) 宇 집 우/쳠하 우　　　　(10) 秋 ᄀᆞ술 추/ᄀᆞ을 츄

4. 다음은 독립신문(1896)에 실린 논설이다. 오늘날 우리가 사용하는 국어와 차이가 나는 점을 맞춤법, 문장부호법, 어휘, 격조사, 종결어미 등으로 나누어 살펴보자.

　　　　죠션 셔울 건양 원년 ᄉᆞ월
　　　　　　초칠일 수요일
　우리가 독닙신문을 오늘 처음으로 출판ᄒᆞᄂᆞᆫ디 조션속에 잇ᄂᆞ니외국 인민의게 우리 쥬의를 미리 말ᄉᆞᆷᄒᆞ여 아시게 ᄒᆞ노라
　우리는 첫지 편벽 되지 아니ᄒᆞᆫ고로 무ᄉᆞᆷ당에도 상관이 업고 샹하귀쳔을 달니디졉아니ᄒᆞ고 모도죠션 사름으로만 알고 죠션만 위ᄒᆞ며공평이 인민의게 말 홀터인디 우리가 셔울 빅셩만 위홀게아니라 죠션젼국인민을 위ᄒᆞ여 무ᄉᆞᆷ일이든지 디언ᄒᆞ여 주랴홈 졍부에셔 ᄒᆞ시ᄂᆞᆫ일을 빅셩의게 젼홀터이요 빅셩의 졍셰을 졍부에 젼홀터이니 만일 빅셩이 졍부일을 자셰이알고 졍부에셔 빅셩에 일을 자셰이 아시면 피ᄎᆞ에 유익ᄒᆞᆫ 일만히 잇슬터이요 불평ᄒᆞᆫ무ᄋᆞᆷ과 의심ᄒᆞᄂᆞᆫ 싱각이 업서질 터이옴

5. 삼국사기 지리지 권34~권37에서 우리 지역(군, 도)과 관련된 지명 표기에 대해서 찾아보고 현대 지명과의 관련성에 대해서 토론해 보자.

6. 갑오경장을 전후해서 우리말에 들어온 차용어나 외래어를 찾아보고 그들의 언어적 특성에 대하여 논의해 보자.

7. 20세기 전반기 신소설에 나타난 언어적 특성을 오늘날의 국어와 비교해 보자(조별로 1권씩을 선정하여 조사, 발표).

한걸음 더!

1. 국어사에 대한 전반적 연구는 이기문(1972가), 박병채(1989), 김동소(1998), 이기문(1998) 등을 참조할 것. 북한에서 연구된 것으로는 김영황(1978), 류 렬(1990)와 류 렬(1992) 등이 있으며, 중국에서 연구된 것으로는 안병호(1983)가 있다. 고구려어에 대한 논의는 이기문(1968), 정 광(1995), 백제어는 도수희(1984) 등을 참조할 것. 역사언어학에 대한 연구는 김방한(1988)을 참조할 것. 국어사 자료에 대한 안내는 서울대 대학원 국어연구회 편(1993), 홍윤표(1993) 등을 참조할 것.

2. 국어사 시대구분에 대한 최근 논의는 김광해(1993가), 김무림(1995), 홍윤표(1995), 홍종선(1995), 박영준(1999) 등을 참조할 것. 전면적 시대구분이 아닌 분야별 시대구분과 기존 시대구분에 대한 반성을 볼 수 있다. 국어사 시대구분에 대해서는 다양한 학설이 제시된 바 있다. 그동안 이루어진 국어사의 대표적인 시대구분은 다음과 같다.

   김형규(1989) : 상고어(~934), 중고어(935~1391), 중기어(1392~1591), 근대어(1592~1893), 현대어(1894~)

   이기문(1972가) : 고대국어(~10세기), 중세국어(10세기 초~16세기), 근대국어(17세기 초~19세기 말), 현대국어(20세기 초~)
   　　　　　　　* 전기중세국어(10세기 초~14세기), 후기중세국어(15세기~16세기)

   박병채(1989) : 고대국어(~1443), 중기국어(1443~1598), 근대국어(1598~1894), 현대국어(1894~)
   　　　　　　　* 전기고대국어(~1103), 후기고대국어(1103~1443)

   김형규(1989)의 시대구분은 왕조사를 중심으로 한 시대구분이다. 통일신라까지를 상고어, 고려시대를 중고어, 조선시대를 임진란을 전후로 중기어와 근대어 등으로 나누고 있다. 이는 우리가 앞에서 살펴 본 바 있듯이, 언어적 차별성이 나눔의 기준이 되어야 함에도 불구하고 정치사적 측면을 많이 염두에 둔 구별이기 때문에 바람직하지 못하다.

   이기문(1972가)과 박병채(1989)는 이러한 문제점을 인식하고 언어적 차별성을 기준으로 국어의 역사를 구분해 본 시도들이다. 이들의 논의에서 핵심이 되는 부분은 중세국어 또는 중기국어의 기점을 언제로 잡느냐에 있다. 전자의 경우는, 경주 지역에서 개성 지역으로 중심 세력이 이동하여 이 방언을 토대로 우리 나라의 새로운 중앙어가 성립되어 오늘날까지 이어지기 때문에 이 시기를 중세국어의 기점으로 삼은 것이다. 후자의 경우는, 훈민정음의 창제로 비로소 우리말을 전면적으로 표기하여 한글문화를 창출하는 시발점이 되기 때문에 중기국어의 기점으로 삼고 있다. 우리는 이러한 국어사 시대구분의 대표적 논의들에서조차도 여전히 언어적 차별성이 엄밀한 기준으로 적용되지 못함을 볼 수 있다. 언어 사용 세력의 지리적 이동이나 새로운 문자 체계의 출현이 언중들의 언어 생활에 어느 정도 영향을 미치기는 했겠지만, 그 시대의 음운, 어휘, 문법 등에 과연 이러한 요인들이 직접적인 인과관계가 있는지는 더 따져 보아야 할 문제인 것이다.

앞선 연구들의 이러한 결점을 지금은 어느 누구도 명확하게 수정할 수 없다. 이는 국어의 역사에 대한 우리의 연구가 아직 모든 시대, 모든 분야에서 정밀하게 이루어지지 않았기 때문이다.

　　이론적으로 어느 것이 더 타당한 시대구분인지는 유보해 둔다. 한 시기를 전, 후기로 구분하는 것이 유용한 것인지도 좀더 검토가 필요한 부분이다. 이기문(1972가)은 중세국어를, 박병채(1989)는 고대국어를 각각 둘로 나누고 있다. 박영준(1999)에서는 국어의 역사를 무표적으로, 세부적으로 나누기 위하여 1기, 2기, 3기, 4기 등의 명칭을 사용하여 시대구분을 하고 있다.

3. 고려인이 사용한 언어 자료는 구결 표기로 남아 있다. 최근 들어 이에 대한 연구가 본격화되고 있으나, 아직까지 고려인이 사용한 언어는 투명하게 그 모습을 드러내지 않았다. 이 시기의 언어 자료에 대한 면밀한 분석을 통하여 국어사의 시대구분이 새롭게 제시될 가능성이 있다. 좀더 많은 언어 자료들에 대한 음운·형태·통사 등의 분석을 종합해서 고려인이 사용한 언어의 특성이 밝혀지면, 고려시대의 언어를 고대국어나 중세국어 중에서 어디에 편입시킬 지가 결정될 것이다. 이 책에서는 잠정적으로 고대국어에 속하는 것으로 본다.

4. 고대국어의 음운에는 박병채(1971), 박창원(1995), 어휘에는 이병선(1982)과 천소영(1990), 형태에는 최남희(1996), 중세국어의 전반적 연구는 국립국어연구원 편(1996), 형태와 문법에는 허 웅(1975)와 고영근(1987), 근대국어의 전반적 연구는 국립국어연구원 편(1997), 형태와 문법에는 홍윤표(1994), 홍종선 편(1998) 등을 참조할 것.

　　고대국어 유기음의 존재에 대해서는 학계에서 합의된 결론을 내리지 못하고 있다. 유기음의 존재를 인정하는 견해는 이기문(1972가), 인정하지 않는 견해는 박병채(1989)가 대표적이다. 이기문(1972가)의 견해를 표로 보이면, 다음과 같다.

	순음	설음	치음	아음	후음
파열음	ㅂ ㅍ	ㄷ ㅌ		ㄱ ㅋ	
마찰음			ㅅ		ㅎ
파찰음			ㅈ ㅊ		
비음	ㅁ	ㄴ		ㅇ	
유음		ㄹ			

〈고대국어 14자음 : 이기문(1972가)〉

5. 중세국어의 자음 체계에서도 이설이 존재한다. 이기문(1972가)에서는 유성마찰음 'ㅸ', 'ㅿ', 'ㅇ' 등과 'ㅎ'의 경음 'ㆅ' 등을 자음 체계로 인정한다. 박병채(1989)의 후음 파열음 'ㆆ'과 'ㅈ'의 경음 'ㅶ'을 이기문(1972가)에서는 자음 체계로 인정하지 않는다.

	순음	설음	치음	아음	후음
파열음	ㅂ ㅍ ㅃ	ㄷ ㅌ ㄸ		ㄱ ㅋ ㄲ	
마찰음	ㅸ		ㅅ ㅆ ㅿ		ㅎ ㆅ ㅇ
파찰음			ㅈ ㅊ		
비음	ㅁ	ㄴ		ㆁ	
유음					

〈중세국어 22자음 : 이기문(1972가)〉

6. 근대국어의 자음 체계에서도 이설이 존재한다. 이기문(1972가)에서는 중세국어의 자음 체계에서 유성마찰음 'ㅸ', 'ㅿ', 'ㅇ' 등이 없어지고 'ㅈ' 경음이 새로 생긴 것으로 본다. 또한 'ㅎ'의 경음은 17세기 문헌에 'ㆅ'으로 표기됨으로 보아 17세기까지 'ㅎ' 경음이 존재했다가 그 이후에 없어진 것으로 이해한다. 박병채(1989)는 중세국어의 자음 체계에서 후음의 파열음 'ㆆ'만 없어진 것으로 본다.

7. 국어 음운사는 김완진(1967)과 이기문(1972나)과 도수희(1987), 어휘사는 이숭녕(1967)과 유창돈(1971)과 리득춘(1988)과 이기문(1991)과 심재기 편(1998), 형태사는 이승욱(1997), 문법사는 안병희(1967), 의미사는 전재호(1980)와 전재호(1983) 등을 참조할 것.

11. 이제 컴퓨터에도 말을 가르치자

"태초에 말씀이 계셨다. 그 말씀은 하나님과 함께 계셨다. 그 말씀은 하나님이셨다." (요한복음 1: 1)

과학은 인간이 어떻게 말을 하게 되었는지 명백하게 입증할 수 없다. 그것은 특정한 과학을 가능하게 하는 신념 체계의 문제이기 때문이다. 그러나 인간은 인간이 아닌 존재에게 인간의 말하는 능력을 부여할 수 있을까? 또 그것이 가능하다면, 그 범위는 어느 정도일까? 이에 대한 연구는 우리의 미래를 어떻게 바꿔놓을까? 언어 과학은 이제 새로운 질문과 새로운 도전에 직면하였다. 과연 컴퓨터는 얼마나 말을 잘하게 될까?

1. 컴퓨터가 말을 한다

순이 : 안녕히 주무셨습니까, 영호 씨?

영호 : 아, 잘 잤다. 지금 몇 시지?

순이 : 오전 7시 30분입니다. 아침 드셔야죠? 어제 밤에 콩나물국 백반을 준비하라고 하셨죠? 30
분 후에 식탁에 올려 놓겠습니다. 어서 샤워하십시오.

영호 : 알았어. 어제 콩나물국은 좀 짰어. 소금을 조금만 적게 넣도록 해.

순이 : 예, 알겠습니다.

컴퓨터는 어디까지 발전할 수 있을까? 위의 대화는 가까운 미래의 지능형 원룸에 거주하는 '영호'와 그의 전자 비서 '순이'가 나눌 수 있는 내용을 상상해 본 것이다. 이런 편리한 기능의 전자 비서를 둘 수 있다면… 누구나 상상할 수 있는 환상적인 미래의 모습일 것이다. 아마 컴퓨터는 이러한 미래가 구현되는 방향으로 부단히 발전할 것이다. 이른바 **인공지능**(AI, artificial intelligence)이란 이와 같이 사람이 할 수 있는 일을 그대로 대신할 수 있는 컴퓨터를 의미한다.

'블레이드 러너'나 '에이리언 3'과 같은 공상 영화에서는 사람과 잘 구별할 수 없는 인조 인간들이 등장한다. 인공지능이란 바로 사람과 잘 구별할 수 없는 컴퓨터이다. 이와 같은 컴퓨터를 개발하기 위해서 가장 중요한 일은 무엇일까? 그것은 바로 사람의 말하는 능력을 이해하여 그 과정을 컴퓨터가 수행하도록 기호화하는 일이다. 만약, 어떤 컴퓨터가 사람과 비슷한 언어 능력을 가지게 된다면, 그 컴퓨터는 사람의 지능적 활동을 수행하게 될 것이다. 그러면 지금의 컴퓨터는 사람과 어떤 점에서 다를까?

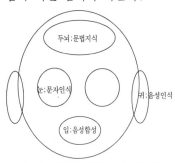

〈그림 1〉 인체와 컴퓨터의 대응관계

컴퓨터는 사람보다 반복적인 계산을 빨리 한다. 또한 저절로 잊어버리는 일이 결코 없다. 배우지 않은 일은 할 수 없으며, 따라서 유연한 사고를 할 수 없다. 사람의 귀는 동시에 들리는 수많은 소리를 구별해 내며, 구별된 소리에서 정보를 알아낸다. 사람은 전화를 통한 음성만 듣고도 아는 사람일 경우, 누가 어떤 기분으로 무슨 내용을 말하는지를 안다. 모르는 사람의 경우에도 목소리만 듣고도 성별과 나이, 성격 등을 추론할 수 있다. 사람의 눈은 수많은 사물이 겹쳐 있거나, 훼손되어 있거나, 혹은 위치가 바뀌어도 각 사물들을 구별할 수 있다. 보이는 사물에 의해 감정이 달라지기도 한다. 사람마다 목소리가 천차만별로 다르다. 한 마디 말을 할 때에도 소리의 강약이나 완급을 유연하게 조절할 수 있으며, 소리에 감정을 실어 전할 수 있다.

사람의 언어 능력에서는 사실 사람의 아이로 태어나서 말하는 사람들과 접촉하게 되면 자동적으로 그 사람들의 말을 습득하게 되는 언어 습득 능력이 가장 놀라운 것이다. 기계가 이런 능력을 가지게 된다는 것은 상상하기 어렵다. 그러나 제한된 범위 내에서 특정 업무를 수행할 수 있는 정도의 언어 능력을 부여하는 일은 가까운 미래에 현실이 될 수 있다. 이를 위하여 사람이 말을 할 때 어떤 지식을 알고 있는지를 먼저 알아야 한다. 사람과 컴퓨터는 왜 이렇게 능력이 다를까? 분명하게 말할 수 있는 것은 컴퓨터는 사람이 만든 것이기 때문이다.

2. 사람과 컴퓨터는 무엇이 다를까

사람은 말하는 존재이다. 사람은 말을 통해 자신을 자각할 뿐 아니라 외계를 지각한다. 데카르트가 "나는 생각한다. 그러므로 존재한다"라고 추론한 것은, 바로 이러한 지각이 사람다움의 주요한 징표가 된다는 것을 설파한 것이다. 지각과 사고의 원천인 말은 사람을 다른 생물과 구별해 주며, 사람과 사람 사이의 의사 소통을 유지해 주는 가장 확실한 수단이다. 그래서 말은 사람의 정신이기도 하고, 존재 그 자체로 인식되기도 한다.

인류 문명의 발전은 말의 확장과 그 표현 수단의 개발과 다르지 않다. '말하는 사람'은 글을 발명함으로써 본격적인 문명 시대로 접어들었다. 세계 4대 문명이 모두 문자를 기반으로 성립되었다는 사실만 보아도 이를 알 수 있다. 이러한 문명의 발달을 크게 3기로 나누어 살펴 보자. 제1기는 말을 어떻게 형상화하는가에 대한 모색과 정착의 시기이다. 이 시기에 그림 문자로부터 오늘날과 같은 음소 문자가 출현하였다. 제2기는 문자를 어떤 매체로 전달하고, 문서를 어떤 방법으로 복제하는가를 개발한 시기이다. 이 때 종이가 보급되고, 활자를 이용한 대량 인쇄가 보편화되었다. 제3기는 컴퓨터를 이용한 사이버 의사 소통이 가능하게 된 오늘의 시기이다. 그러나 아직까지 이러한 의사 소통은 매우 제한되어 있다. 컴퓨터와 사람의 의사 소통에 사용되는 언어는 사람이 구사하는 언어와 비교할 때, 이중 의미의 표현과 같은 문제에서 그 체계가 질적으로 다르기 때문이다.

〈그림 2〉 컴퓨터의 발전

컴퓨터는 이름 그대로 계산하는 기계이다. 이 기계는 원래 제2차 세계대전에서 탄도의 거리를 정확하게 계산하기 위해서 발명되었다고 한다. 최초의 컴퓨터는 1946년에 개발된 에니악(ENIAC)이다. 사실 에니악이 단순한 전쟁을 위한 도구로 개발되었다고는 보기 힘들다. 왜냐하면, 당시 미국의 인구는 이미 1년 내내 국민의 세금을 계산하기 벅찰 정도로 팽창해 있었기 때문이다. 만약 컴퓨터가 개발되지 않았다면, 오늘날과 같은 거대 자본 국가의 출현은 물론 세계

♡ 튜링 머신 : 오른쪽이나 왼쪽으로 돌아갈 수 있는 테이프의 한 부분을 제어장치가 지시하고 있다. 이 제어 장치는 읽고, 쓰고, 지우고, 오른쪽이나 왼쪽으로 이동할 수 있다. 오늘날 우리가 접하는 컴퓨터는 모두 이와 같은 튜링 머신이다.

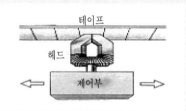

튜링머신

♡ 튜링테스트 : 밖에서 보이지 않는 두 개의 방에 각각 지능적 사고를 하는 컴퓨터와 사람이 있다. 밖에서 시험자가 두 개의 방에 몇 개의 질문을 한 후 어느 쪽에 사람이 있는지를 알 수 없다면, 이 기계는 튜링테스트를 통과한다.

기구를 통한 협력은 생각도 못했을 것이다. 더구나 60억 세계 인구를 감당하지 못하고 자연 인구 조절을 위해 세계적인 대전이 끊일 날이 없었을지도 모른다. 핵무기의 개발이 역설적으로 세계 대전을 외형적으로 억지하고 있었다면, 컴퓨터는 알게 모르게 인류의 대전쟁을 무용하게 만든 공신의 역할을 묵묵히 수행하고 있었던 셈이다.

컴퓨터가 인류 문명사에 중요하게 된 것은 단순한 계산 기능에 있는 것은 아니다. 20세기 후반에 컴퓨터는 사람의 생각을 보조해 주고, 상상하는 내용을 모의해 주는 기계로 발전했다. 그뿐 아니라, 사람의 인식 능력, 학습 능력, 사고 능력 등을 모의하는 단계로 발전하고 있다. 이러한

능력을 지닌 컴퓨터가 앞에서 언급한 인공지능이다. 컴퓨터가 지능적 활동을 모의할 수 있다는 것은 튜링(Alan Turing)이 처음 제안하였다. 튜링은 사고하는 기계로 **튜링 머신**이라는 것을 고안하고 이 기계가 사람처럼 주어진 문제를 논리적으로 해결할 것으로 예상하였다. 그는 또한 이 기계가 얼마나 사람의 지능적 활동과 유사하게 작동하는지를 테스트하기 위한 **튜링 테스트**를 제안하기도 하였다.

20세기의 컴퓨터 혁명으로 인간의 정보 환경은 과거와 비교할 수 없을 만큼 복잡해졌다. 21세기에는 이 복잡화가 더욱 가속화될 것으로 기대되며, 이는 결국 사람과 컴퓨터와의 자유로운 의사 소통 환경의 보장, 인간의 지능적 활동을 흉내낼 수 있는 컴퓨터의 등장을 요구하는 것으로 이어지고 있다. 결국 컴퓨터에게 사람의 말을 가르쳐야 할 시기가 된 것이다. 무엇보다도 한국어를 능통하게 구사하는 컴퓨터를 빨리 개발하여야 할 것이다.

3. 지능의 인공적 구현이란 무엇인가

"하나를 들으면 열을 안다"는 속담이 있다. 대개 총명한 사람을 표현할 때 이 말을 사용한다. 컴퓨터와 사람을 비교해 보면 사람은 누구나 이 속담의 주인공이 될 수 있다. 컴퓨터는 한마디로 '낫 놓고 기역자도 모르는' 사람에 비유될 정도이다. 인공지능이란 바로 '하나를 들으면 열을 아는' 사람의 지능적 활동을 모의하는 컴퓨터이다.

사람의 지능은 한마디로 '지식을 체계적으로 정보화할 수 있는 능력'이며, 이를 바탕으로 '경험하지 못한 사실에 대응하는 활동'을 의미한다. 이는 구체적으로 눈으로 보고, 귀로 듣고, 입으로 맛보고, 코로 냄새 맡고, 감촉 되는 모든 사실들을 학습하고, 체계화하고, 추론하여 반응하는 일 등이다. 즉, 고추를 먹고 맵다고 감각한 사람이 김치에 든 고추를 보고 김치가 맵다고 추론하는 일은 모두 지능적 활동에 의존한다. 지금의 컴퓨터에서는 이 능력이 극히 제한적으로 응용되고 있을 뿐이다. 앞으로 이 능력을 어떻게 극대화하여 인간 생활을 보다 윤택하게 이끄는가가 미래 컴퓨터 관련 과학의 과제가 된다.

인공 지능을 구현하는 방법은 크게 인간의 두뇌 활동을 모의하는 **신경망 방식**과 인간의 논리적 절차를 수학적으로 모의하는 **기호 처리 방식**이 있다. 현재 인식 관련 모의에는 신경망 방식이 유효하며, 사고 관련 모의에는 기호 처리 방식이 유효한 것으로 알려져 있다. 어떤 방식도 인간의 지능을 효과적으로 모의하기에는 매우 제한적이다. 이러한 이유로 과연 인간의 지능을 완전히 모의할 수 있는가가 철학적 과제가 되기도 하였다. 이렇게 지능을 모의하는 일이 힘겨운 단 하나의 이유는 인간은 인간의 지능적 배경이 되는 두뇌가 어떻게 구현될 수 있었는지 그리고 또 어떤 절차로 작동하는지에 대해 잘 알 수 없기 때문이다. 지능 활동의 모의에서 가장 중요한 것은 인간의 지능적 활동이 언어를 기반으로 성립되고, 표현되며, 인간과 인간 사이에 공유된다는 사실이다. 이러한 이유로 인간의 언어 활동을 기호 처리 방식으로 효율적으로 구현하는 문제는 독립적으로 접근할 필요가 있다.

4. 컴퓨터가 말을 한다는 것은 어떤 뜻일까

사람의 언어 능력을 컴퓨터에 부여하기 위한 응용과학을 **자연언어처리**(Natural Language Processing)라고 한다. 자연언어처리는 기계가 사람들이 구사하는 말(즉 자연언어)을 이해하고 반응하도록 하기 위하여, 사람이 갖고 있는 언어에 대한 지식, 즉 문법을 기계에 구현하는 총괄적인 기술을 의미한다. 이 기술은 언어학적으로 혹은 전산학적으로 접근할 수 있다.

자연언어처리에서 먼저 연구되어야 할 것은 사람이 말할 때 필요한 절차적인 지식이다. 즉 사람이 어떤 특정 언어를 통달했다고 할 때, 그가 알고 있는 말에 대한 지식이 무엇인가를 추구하고 이를 명세화하는 것이다. 언어는 사람과 분리된 객관물로 파악되지만, 그 지식은 사람의 두뇌에 전모를 알 수 없는 불가사의한 방법으로 각인되어 있다. 사람은 자유자재로 말을 구사할 수는 있어도, 그 말이 어떤 구체적 과정을 통해 생성되고 발화되는지를 알지 못한다. 예를 들어, 글을 읽을 수 없을 정도로 교육을 받지 못한 사람이 있다고 하자. 그 사람은 주어니 목적어니 하는 문법 술어들을 모를지라도, 주어에 '-를'과 같은 조사를 잘못 대입하는 실수를 하지 않을 것이다. 이는 사람에게, 교육으로 획득된 문법 지식과 관계 없는 언어에 대한 지식이 있기 때문이다.

언어에 대한 지식을 충분히 명세화할 수 있다면, 사람은 자신의 존재에 대해 보다 명확한 깨달음을 갖게 될 것이다. 또한 이러한 명세화가 기계의 논리, 보다 구체적으로는 튜링 기계의 연산 논리 안에서 충분히 구현할 수 있다면, 사람과 기계의 자유로운 의사 소통이 보장될 것이다. 그러나 우리는 아직 이러한 구현이 가능한 것인지에 대해서 충분히 답할 수 없는 처지에 있다. 이러한 문제를 해결하기 위해서는 언어학뿐 아니라 심리학이나 철학과 같은 인접 학문의 발전이 보조를 같이 해야 한다. 우리는 과연 기계가 사람과 똑같은 지능적인 존재로 성장할 수 있는가에 대한 근본적인 문제를 비껴서, 사람과 기계 사이에 존재하는 의사 소통의 간격을 어떤 식으로든지 최소화할 수 있는 실제적인 방법을 제시하는 문제부터 다루어야 할 것 같다.

컴퓨터가 사람의 말을 어느 정도 이해하고 사람의 지능적인 활동을 몇 가지 패턴에 있어서 충분히 모방할 수만 있다면, 우리는 정보 폭발로 야기되는 여러 가지 문제들을 해결할 수 있을 것이다. 이러한 점에서 부분적으로나마 사람의 말로 기계와의 의사 소통을 추구하는 자연언어처리 기술은, 21세기를 앞 둔 인류가 해결해야 하는 시급한 과제들 중의 하나이다. 따라서, 자연언어처리 기술 및 이를 위한 문법 이론은 인공지능의 다른 분야들과 보조를 함께 하여 더욱 발전될 것으로 기대된다. 이러한 컴퓨터를 개발함으로써 이미 활용되고 있는 일반적인 소프트웨어의 활동 영역을 넓힐 뿐 아니라, 새로운 개념의 소프트웨어의 출현을 촉진할 수 있다. 또한, 컴퓨터의 적극적인 활용을 주저해 온 사람들도 일반 가전 제품을 다루듯이 컴퓨터를 쉽게 다룰 수 있을 것이다.

```
[[그렇게 하려고 해도 웃사람 눈치를 보면 그렇게 할 수 없는 상황이다.]]
그렇게
        (Z "그렇게")〈A:10〉
        (V "그렇")〈Jh:20〉 + (e "게")
하려고
        (V "하")〈KTV:24〉 + (e "려고")〈13〉
        (N "하")〈N:29〉 + (c "이")〈1〉 + (e "려고")〈15〉
해도
        (N "해도")〈N:20〉
        (V "하")〈KTV:24〉 + (e "어도")〈9〉
        (N "해")〈NMX:27〉 + (j "도")
웃사람
        (N "웃사람")〈N:20〉
눈치를
        (N "눈치")〈N:20〉 + (j "를")〈1〉
보면
        (V "보")〈KTV:24〉 + (e "면")〈13〉
        (N "보")〈NX:29〉 + (c "이")〈1〉 + (e "면")〈15〉
그렇게
        (Z "그렇게")〈A:10〉
        (V "그렇")〈Jh:20〉 + (e "게")
할
        (V "하")〈KTV:24〉 + (e "ㄹ")〈13〉
        (N "할")〈X:27〉
수
        (N "수")〈NX:27〉
없는
        (V "없")〈J:20〉 + (e "는")
상황이다
        (N "상황")〈N:9〉 + (c "이") + (e "다")
        (N "상황")〈N:20〉 + (j "이다")
```

〈그림 3〉 형태소 분석의 실예(강승식, HAM)

5. 컴퓨터가 한국어를 배운다

컴퓨터가 한국어를 배운다는 점을 구체적으로 생각해 보자. 한국어 정보 처리는 바로 컴퓨터와 사람이 한국어를 기반으로 원활한 의사소통을 할 수 있도록 한국어를 가공하는 절차이다. 즉 한국어 정보 처리는 컴퓨터가 특정한 한국어의 표현으로부터 정보를 획득하는 논리적 절차를 의미한다. 이는 인간이 의사 소통을 위해 발화를 인지하고 이해하여, 그가 필요로 하는 정보를 획득하는 절차와 유사하다.

어떤 사람이 "총각은 남자이다."와 같은 발화를 인지했을 때, 이 발화를 분석하여 명제 내용이 참임을 이해하는 과정이 존재할 것이다. 컴퓨터도 같은 한국어 표현으로부터 마찬가지의 결론을 내릴 수 있다면, 우리는 이 컴퓨터가 특정한 한국어 표현을 이해했다고 말할 수 있다. 더 나아가 이 컴퓨터가 모든 한국어 표현에 대해서 사람이 획득할 수 있는 정보를 동일하게 획득한다면, 이 컴퓨터는 사람과 동일한 언어 능력을 가지는 것으로 간주할 수 있다. 이는 사람의 언어 능력을 컴퓨터의 논리로 환원시킴으로써 가능할 것이다.

한국어 정보 처리는 이와 같이 한국어의 생성·전달·이해에 필요한 언어 능력을 **디지털 논리**로 환원하는 작업을 목표로 한다. 물론 여기에는 과연 인간의 전 언어 능력을 디지털 논리로 환원할 수 있는가에 대한 근본적인 물음이 제기될 수 있다. 그러나 현재의 정보 처리 연구에서는 이 물음에 대한 직접적인 대답을 추구하지 않고 있다. 다만 인간의 언어 표현 가운데 어떠한 영역에서 어떠한 효용성 있는 정보를 획득하여 어떻게 기능하도록 처리하는가가 주된 관심이다. 이를 위하여 관련된 언어 사실들을 수집·조사하여 정보 처리에 적합하도록 범주화하는 작업이 선행되어야 할 것이다.

한국어 정보 처리는 크게 세 가지 관점에서 분류할 수 있다. 첫째는 한국어 분석 단위를 중심으로 분류하는 것이다. 이는 일반 한국어학의 분류와 거의 동일하다. 즉, 한국어를 형태소 단위로 분석하는 형태소 분석과, 한국어 문장으로부터 구문 구조를 생성하는 구문 분석, 한국어의 형태소와 어절 그리고 문장으로부터 특정한 의미를 추출하는 의미 분석, 문장 이상의 단위로부터 특정 의미를 추출하기 위한 텍스트 분석 등으로 나누는 것이다.

형태소 분석

구문 분석

의미 분석

텍스트 분석

〈그림 4〉 분석 단위에
의한 분류

둘째는 한국어의 분석과 생성이라는 관점으로 나누는 것이다. 이 분류에서는 첫 번째 관점에 의한 분류를 유효하게 사용하기도 하지만, 이들을 통합적으로 다루기도 한다. 한국어 분석은 결국 어떤 한국어의 표현 혹은 표현의 집합으로부터 특정한 응용 프로그램이 요구하는 정보를 추출하는 일련의 과정을 의미한다. 반대로 한국어 생성은 어떤 디지털화된 정보로부터 한국어를 생성하는 일련의 과정을 의미한다. 이렇게 생성된 결과는 단어일 수도 있고, 문장일 수도 있다.

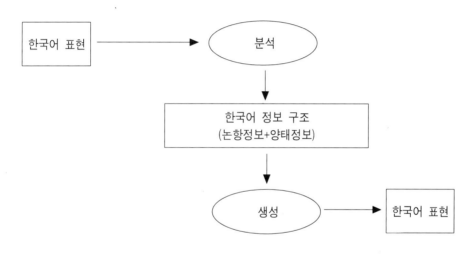

〈그림 5〉 한국어의 분석과 생성

셋째는 자연언어 처리 응용 프로그램을 중심으로 분류하는 것이다. 한국어 정보 처리가 쓰이는 분야는 다양하다. 현재 사용되고 있는 것으로 대표적인 것은 맞춤법 검사기와 자연언어 검색기, 기계번역 시스템, 자연언어 대화 시스템 등을 들 수 있다.

맞춤법 검사기는 대상 한국어 표현으로부터 형태소 분석을 시도하여, 대상 한국어가 한국어 맞춤법 통일안의 규정과 같이 쓰여졌는가를 판단하고 올바른 형태를 제안해 주는 역할을 수행한다. **자연언어 검색기**도 주로 형태소 분석을 시도하여, 주어진 문장들에서 사용자가 원하는 단어를 찾아주는 역할을 수행한다. 예를 들어, 사용자가 어떤 텍스트에서 '아름답다'라는 단어가 몇 번 사용되었는가를 알고 싶다고 할 때, 자연언어 검색기는 '아름답다, 아름답고, 아름다운, 아름다우니' 등 '아름답'을 어간으로 하는 모든 어절을 검색해 준다. 여기에 의미 분석을 더하면, '예쁘다'와 같은 유의어까지 검색해 줄 수도 있다. 이 시스템은 사용자의 요구가 특정 검색어가 아니라 문장 형태로 이루어진 경우도 수용할 수 있다. 즉 "아름다운 바다를 소개해주는 홈페이지를 찾아 줘."

와 같은 요구에 반응하여, 관련 홈페이지를 검색해 주는 일이 그것이다.

기계번역 시스템은 말 그대로 대상 언어를 목표 언어로 번역하는 프로그램이다. 이는 대상 언어를 분석하고 목표 언어를 생성하기 위한 전 과정을 요구하는 종합적인 정보 처리 시스템에 속한다. 현재 우리 나라에는 영/한, 일/한과 같이 목표 언어가 한국어인 제품이 주류를 이루고 있다. 한국어가 대상 언어가 되는 것으로는 형태소 분석 기술을 이용한 한/일 번역기가 있으며, 한국어 구문을 분석하는 번역 시스템은 아직 상용화되지 않았다.

자연언어 대화 시스템은 시스템과 사용자가 특정한 주제를 가지고 대화하는 프로그램이다. 이 또한 종합적인 정보 처리 시스템의 일종으로, 한국어 형태소 분석과 구문 분석, 그리고 의미 분석이 모두 필요하다. 여기에 대화를 이끌어 나가기 위한 대본 지식이 더 필요한 점이 기계번역 프로그램과 다른 점이다. 이 대화 시스템은 컴퓨터와 사람이 마치 사람과 사람이 대화하는 것과 같이 대화할 수 있는 것을 목표로 한다. 예를 들어 사용자가 "나는 꽃을 좋아한다"고 입력하면, 시스템은 "저도 꽃을 좋아해요. 그런데 당신은 무슨 꽃을 좋아하나요?"와 같이 응답하는 식이다.

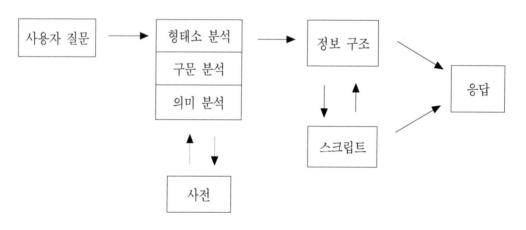

〈그림 6〉 대화 시스템의 구성

〈그림 6〉에서 보듯이 대화 시스템은 한국어 정보 처리의 모든 기술을 망라하고 있다. 스크립트는 사람의 대화나 행동의 정형성을 기술하는 것으로, 언어학적 지식을 넘어서 인간 지식 자체를 바탕으로 연극의 대본과 같은 짜임새로 구성한다. 처음 만나면 인사를 나눈다거나 질문을 하면 해당하는 대답을 해준다는 원칙적인 문제부터, 구체적으로는 사용자가 "꽃을 좋아한다."는 의미의 발화를 했을 때 어떤 유형의 대답을 해야하는지를 적시한다.

> 봄비약속: 재원이는 **무슨 음식을 좋아하니?**
>
> 재원: 으흠.....**고기예요.**
>
>   봄비약속님은 어떻게 생각하셨는데요?
>
> 봄비약속: 난 소고기를 좋아해.
>
> 재원: 봄비약속님이 소고기를 좋아한다구요?
>
>   아하..새로운 걸 알았어요.^^
>
>   푸히히..
>
> 봄비약속: 넌 **고기를 싫어하지?**
>
> 재원: 제가 고기를 싫어한다구요?
>
>   이런..저는 음식을 좋아해요.
>
>   그러니 **고기를 싫어하는 건 당연히 말이 안되죠.**

〈그림 7〉 지능형 대화 시스템과의 대화 예(고창수, 사이버　H.O.T.)

6. 지식 공학자가 되자

　한국어 공학은 한국어 연구를 오늘날의 컴퓨터 발전을 중심으로 한 정보 산업 환경에 효율적으로 응용하려는 응용 과학이다. 인류의 역사를 정보 환경 개선의 역사로 본다면, 한국어 공학의 역사는 향찰과 같은 차자 표기의 사용과 한글 창제, 그리고 이들을 인쇄하는 데에 따르는 제반 기술을 포괄할 수 있을 것이다. 그 중에서 한글 창제는 우리 역사상 한국어 연구의 가장 빛난 성과일 뿐 아니라, 한국어 공학 발전에 있어서도 가장 뛰어난 응용 성과라고 할 만하다. 이 외에도 근대화와 더불어 한글 기계화에 바쳐졌던 많은 연구 성과들이 있었다. 그러나 불행히도 그러한 노력들은 한국어 연구의 중심에서 너무 먼 거리에서 이루어져 왔으며, 그 중에는 한국어를 전공하는 사람들 중에게조차 낯선 연구자들이 존재하기도 한다. 또한 일제 강점 하에서 한글과 한국어를 사용함에 있어 표준적인 규범을 만들어, 오늘날 우리가 사용하고 있는 맞춤법 통일안의 기초를 확립한 분들의 노고를 잊을 수 없을 것이다. 그 동안 한국어와 한글에 바쳤던 애정과 노력 덕분에 한국어의 전산화는 빠르게 촉진되었으며, 컴퓨터에서 한글을 자유롭게 사용할 수 있게 되었다는 사실을 잊어서는 안될 것이다.

컴퓨터의 발전은 이제까지 인류가 이루어 놓은 발전 중에서 가장 빠르고 가장 놀라운 발전이다. 이는 앞으로도 우리 인류가 받은 놀라운 축복 중의 하나로 연속적으로 발전해 나갈 것이다. 이 점에 있어 한국어 공학의 중요성은 날을 더하여 더욱더 강조될 것으로 기대된다. 특히 기계 번역이나 지능형 대화 시스템과 같은 인공 지능 프로그램의 제작에 있어 한국어 공학은 가장 핵심적인 부분을 차지하게 될 것이다.

한국어 공학의 발전과 더불어 한국어 및 문화를 지능적으로 표현하기 위한 지식 공학의 발전이 예상된다. **지식 공학**은 인공 지능 시스템을 구현하기 위한 지식 표현을 다루는 응용 기술이다. 그 구체적 내용은 언어학적 지식과 비언어학적 지식의 표현으로 양분할 수 있는데, 이들의 조화로운 결합은 지능 시스템의 유연성과 친숙성을 보장한다. 지식 공학의 예를 설명하기 위하여 컴퓨터와 인간이 대화를 주고받을 수 있는 지능형 대화시스템을 소개하겠다.

대화시스템의 지식 기반은 인간의 연역적 추론을 가능하게 하는 근본 요인을 모의하여 이루어진다. 이 지식 기반은 백과사전과 같은 정보의 양을 다루는 것이 아니다. 그것은 지식을 저장하고 이를 활용하는 체재가 얼마나 인간과 유사한가를 묻는 것이다. 즉, 시스템에게 "나는 지금 밥을 먹었다"와 같이 진술할 때, "그렇다면 배가 부르시겠군요?"라고 반응한다거나, "나는 순이를 좋아하지만, 사랑하지는 않아."와 같은 진술에 대한 적절한 대응을 원하는 따위이다. 시스템에 대한 인격적 요구를 충족하기 위하여 인간의 언어학적 능력과 비언어학적 능력에 대한 연구가 동시에 진행되어야 한다. 이러한 통합 과학적 요구는 최근 인지 과학의 발전으로 그 필요성이 증대되고 있는 실정이다. 그러나 오늘 더 심각하게 받아들여야 하는 통합 과학적 요구는, 인간 언어 사용의 다각적 관찰 아래에서 보다 세심하게 인간의 언어학적/비언어학적 능력에 대한 통합적 연구가 이루어져야 한다는 것이다. 왜냐하면 인간의 비언어학적 능력이 어떠한 것이든 결국 언어로 표현되어야 하는 것이고, 언어로부터 추론되어야 하기 때문이다. 지식 공학의 연구에 어문학의 연구가 통합적으로 기대되는 까닭이 여기에 있다.

지식 표현에 관련된 비언어학적 능력은 실세계를 오감으로 감지하고 이를 체계화하는 지식의 표현으로부터 시작한다. 이를 위하여 지식 기반의 구축이 문제된다. 지식 기반은 입출력되는 선언적 지식을 추론하기 위한 저장된 지식의 형태를 의미한다. 일반적으로 지식의 형태는 선언적 지식과 개념적 지식으로 나눈다. 이는 대본 지식과 그물 지식으로 불리기도 한다.

그물 지식은 각 개념이 그물과 같이 복잡한 관계를 형성하고 있는 틀로 표현된다.

복잡한 관계망으로 표현된 지식은 경제적이라기 보다는 잉여적이다. 이 그물 지식은 실제의 신경망 구조와 닮아 있다. 문제는 존재하는 하드웨어가 얼마나 복잡한 그물 지식을 수용할 수 있느냐와 복잡한 그물 지식의 설계에서 최초 동인이 될 수 있는 끌개(혹은 다수의 끌개들)를 제시하는 논리적 근거에 어떻게 도달하느냐에 달려 있다.

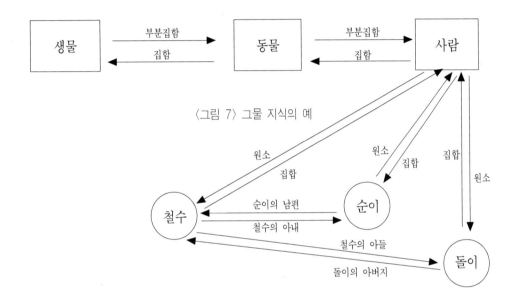

〈그림 7〉 그물 지식의 예

〈그림 7〉과 같은 그물 지식으로부터 '철수'가 '사람'이면, '생물'이라는 것이 추론되며, '철수'가 '순이'의 남편이며, '순이'는 '철수'의 아내라는 사실이 추론된다. 또 이를 확장하여 '돌이'가 '철수'의 아들이라는 사실에서 '순이'가 '돌이'의 어머니라는 사실까지 추론할 수 있으며, 이로부터 새로운 그물코가 생성될 수 있다. 이와 같이 **그물 지식**은 인간의 논리적 지식을 다루는 일차적 지식 기반을 형성하는 것

〈그림 9〉 대본지식은 어떻게 표현될까?

지식 표현의 형태로 알려진 것 가운데, 의미 그물(semantic network) 지식과 틀(frame) 지식, 그리고 대본(script) 지식이 있다. 이러한 지식은 고정된 지식이며, 역동적 지식은 주로 문장 형태의 선언적 지식으로 표현된다.

이다. 이를 활용하면 '사람은 죽는다'와 같은 진술로부터 '소크라테스는 죽는다'를 추론하는 등 명제의 참·거짓을 판단할 수도 있다.

대본적 지식은 주로 선언적 지식을 사용하여 요구되는 배경과 절차를 명시한다. 예를 들어 '철수가 밥을 먹었다'와 같은 진술에 대해 가능한 대화 전개의 양상으로 '언제 먹었는지, 누구와 먹었는지, 어떤 밥을 먹었는지' 등의 정보를 채우려는 정보적 욕구를 충족하는 대본과 '기분이 좋겠다, 나도 먹고 싶다, 나중에 같이 먹자' 등의 정서적 욕구를 충족하는 대본이 가능하다. 이러한 대본은 시스템이 인간적이기를 요구하는 대화형 시스템에서는 필수적인 것이다. 그러나 자연언어처리를 기반으로 하더라도 단순한 컨설팅 시스템에서는 대본적 지식에 대한 요구가 강하지 않다.

이제 우리는 지식 표현과 관련한 비언어학적 능력에 초점을 더하여, 인간의 문학적 활동 혹은 문학에 대한 체계적 이해로부터 획득된 지식이 앞으로 어떻게 활용될 수 있는지에 대해 살펴보자. 문학적 행위는 하나의 문예물을 산출하고 이에 반응하는 행위를 포함한다. 이러한 행위는 크게 정서를 교감하고 정보를 획득하는 지능적 객관물을 대하는 행위와 크게 다르지 않다. 우리는 앞서 범용 대화 시스템은 최소의 요구로 인간과의 근접성을 논하였는데, 이는 잘 된 소설에서 주인공의 성격에 대한 공감이 우선적으로 요구되는 것과 유사하다고 하겠다.

소설을 특정한 인물의 성격과 그의 외계에 대한 반응의 진술이라는 관점에서 이해한다면, 대화 시스템 자체도 특정한 성격의 대본이며, 사용자와의 모든 대화가 비록 소설에 비해 역동적이라고 하더라도 결국은 대본적 진술에 의존하고 있는 것이다. 인공 지능의 구현에 문학 연구로부터 획득된 지식이 요구되는 이유는 바로 대화 시스템과 소설 혹은 희곡 사이의 유추가 성립하기 때문이다.

♡ 문학적 지식의 표현 내용

- 어휘 사용에 대한 확대 의미를 표현하는 문제
- 하나의 텍스트로부터 주제를 탐색하는 문제
- 연역적 사고틀로부터 파생되는 각종 상황에 대한 대본적 문제
- 성격 창조 및 성격과 성격의 충돌로부터 파생되는 각 상황에 대처하는 문제

어휘 사용과 주제 탐색에 대한 문제는 의미론이나 텍스트 언어학과 같은 언어학의 분과에서 다루기는 하지만, 문학적 지식으로부터 이들이 요구되는 것은 시스템과 인간의 교감을 훨씬 정서적으로 만들 필요로부터 제기되는 것이다. 예를 들어 '곶감'이 단순히 '감'의 변형체로 그물 지식으로 존재하는 것이 아니라, '호랑이'보다 무섭다는 해학을 환기하는 개념으로서도 그물 지식을 형성할 필요가 있다.

또한 범용 대화 시스템은 단순한 기계가 아니라 사용자의 대화 상대자로서 인격적인 존재로서 간주된다. 시스템에 대한 사용자의 신뢰를 제고하는 일은 무엇보다도 시스템에 대본적 인격을 충실히 부여하는 일이다. 이 때 부여되는 인격은 일관적이며 세밀하게 제어되어야 할 것이다. 인격적 요구를 만족하는 시스템이 사용자와 충분히 정서적으로 교감될 것이라는 것은 예상 가능한 일이며, 바람직한 결과이기도 하다. 곧 다가올 미래의 지식 공학을 위하여, 한국어문학 전공자들을 중심으로 관련된 연구가 통합적으로 이루어질 필요가 있다. 또한 앞으로 개발된 시스템의 성격이 한민족의 정서에 부응할 것을 기대하기 때문에, 지식 공학의 발전에 한국어문학의 기여가 보다 이른 시기에 이루어 질 것을 요구한다. 미래에 출현한 대화 시스템이 영어나 일어만을 이해하며 저들의 정서에만 교감하는 것이라면, 오늘 우리가 당면하고 있는 외래 문화의 부정적 양상을 뛰어 넘는 심각한 문제들이 야기될 것이다.

1. 지능적 활동의 예를 구체적으로 들어 보자.

2. 인공지능의 발전으로 상상할 수 있는 미래의 생활을 토론해 보자.

3. 현재 자연언어처리를 연구하고 있는 연구자나 연구 단체를 홈페이지를 방문하여 알아보자. 또 궁금한 점을 직접 전자우편으로 질의해 보자.

4. 위에서 조사한 사이트에서 제공하는 자연언어처리 제품이나 상용화되어 있는 제품을 직접 사용해 보고 앞으로 어떤 발전이 필요한지 토론해 보자.

5. 한국어 공학과 지식 공학의 발전이 21세기 한국 문화에 끼칠 영향을 토론해 보자.

한걸음 더!

1. 말하는 컴퓨터란 사람과 같이 음성을 인식하고, 발화하며, 내용을 이해해야 한다. 이 가운데 음성 인식을 위해 필요한 자료로는 어떤 것들이 있을까? 컴퓨터가 사람의 인지 구조를 모의하기 위하여 사람의 인지 구조를 이해할 필요가 있다. 인지과학은 이를 위한 정보를 알아내기 위한 통합 학문이다. 인지과학을 구성하는 학문으로는 무엇 무엇이 있을까? 소설이나 대본 쓰기, 성격 묘사 등이 인공지능의 개발에 어떤 도움을 줄까? 한국어의 연구를 말하는 컴퓨터 개발에 직접 응용하기 위해서는 이에 적합한 문법을 정립해야 한다. 이러한 문법 이론은 이제까지의 언어 이론과 어떤 점에서 달라야 할까? 다음의 책들을 읽으면 이와 같은 물음에 어느 정도 답할 수 있을 것이다. 고창수(1999), 글리크(1993), 김명원 외 (1992), 김민수 외(1997), 나가오(1998), 서정수(1994), 송도규(1996), 오길록 외(1995), 와타다 사쿠이치로 (1991), 윈스톤(1990), 이초식(1993), 최종수(1986), 페이겔스(1991), 홍종선 외(1993).

또한 한국어학회 홈페이지(www.koreanlinguistics.or.kr)의 관련 사이트에서 필요한 정보를 더 얻을 수 있다.

전세계로동자들은 단결하라!

위대한 수령 김일성동지의

주체사상으로

튼튼히 무장하자!

일편단심 김정일동지ᄃ

굳게 믿고 따르ᄅ

참된 충신이 되자

로동신문

조선로동당중앙위원회기관지

제365호 [누계 제19299호] 주체88(1999)년 12월 31일 (금요일)

위대한 령도자 김정일동지께서

신천군 명사리 산리용반 성원들에게 선물을 보내시였다

경애하는 최고사령관 김정일동지께

군민일치의 전통적미풍을 높이 발양한 일군들과 근로자들, 군인들에게 감사를 보내시였다

위대한 령도자 김정일동지께

우리 나라 주재 경제 및 무역참사단이 축하편지를 드리였다

《위대한 김일성대원수각하의 뜨거운 은혜를 영원히 잊지 말아야 한다》

캄보쟈왕국 국왕이 강조

주체사상은 인류가 나아갈 앞길을 밝혀주는 위대한 지도사상

올해 여러 나라들에서 주체사상연구조직들 결성

남북통일이 언제 이루어질 것인가? 이는 이제 시간 문제 또는 통일비용 문제라고 말하는 사람이 많아졌다. 그만큼 남북간의 교류가 점차 활발하게 진행되고 있다는 말이다. 남북적십자 회담을 비롯해서, 최근 금강산 관광이 이루어지고 남북 농구대회나 통일 음악회 같은 활동이 남북통일의 물꼬를 트고 있다. 따라서, 이 장에서는 북한의 언어에 대해서 살펴보고, 남북한 언어도 비교해 보아, 그 차이를 분명히 인식하고 극복하여 장차 단일한 민족언어를 올바로 확립하는데 목적을 두고 있다.

1. 왜 남북한의 표준말이 다른가

언어는 사회 구성원 사이의 의사소통의 수단이다. 따라서 모든 언어에는 그 언어가 쓰이는 사회마다의 독특한 전달의 체계가 있고 의미의 체계가 있게 마련이다. 또한 언어는 사회변화에 대단히 민감하게 반응하여 사회가 변동하면 따라서 언어도 변화하게 된다.

남과 북이 분단되어 서로 왕래를 하지 못하고 살아온 지 벌써 55년여의 세월이 지나갔다. 그동안 남과 북은 서로 다른 이념과 정치체계로 인해 상호간의 왕래는 물론 문헌이나 방송 등 모든 인적, 경제적, 사상적 교류가 중단되어 있었다. 따라서 남과 북에는 서로 다른 언어 체계가 형성되었고 이는 남북분단 이전에 방언적 형태로 존재하였던 언어 차이가 더욱 심화 발전되는 양상을 보인다.

그러나 20세기 후반 10여 년간에 나타난 세계사적 조류와 남북한간 관계의 변화는 점차 우리 민족의 통일 가능성을 높여 주고 있다. 이런 시점에서 우리는 남북한의 언어적 차이에 대해 정확히 이해하고 이를 바탕으로 정치적 통일과 아울러 민족어의 통일을 위한 대비를 하여야 할 것이다.

먼저 남한과 북한의 공용어의 차이에 대해 알아보자 남한에서는 그 표준이 되는 말을 **표준어**라 하여 남한의 공용어로서 사용한다. 서울말을 기준으로 현대의 교양있는 사람이 쓰는 말이다. 이에 대하여 북한에서는 **문화어**라 하여 평양말을 바탕으로 만들어진 말을 표준으로 삼으니, 북한의 표준어는 곧 문화어라고 할 수 있다. 따라서, 남한에서는 서울말 중심의 표준어가, 북한에서는 평양말 중심의 문화어가 각각 공용어 구실을 하고 있는 셈이다. 같은 한 민족으로서 두 가지 말이 대립되어 쓰이고 있는데, 어떻게 북한에서 문화어가 형성되었는지 그 배경에 대하여 살펴보겠다.

김일성은 1966년 5월, 북한의 언어학자들에게 한 교시에서 처음으로 문화어라는 용어를 사용한다. 이에 따르면 북한의 표준어인 문화어는 "인민대중의 교양과 혁명적인 생활 기풍을 세우는 데 적극 이바지하는 말"이 된다. 즉 문화어는 사회주의적 애국주의 교양에 크게 이바지하도록 온갖 낡은 언어적 요소, 외래적 요소를 정리한 언어이고, 노동계급의 지향과 요구에 맞게 발전시킨 언어이며, 혁명성과 인민성, 문화성이 높이 발양된 새로운 형태의 민족어라고 규정한다.

이와 같이, 북한에서는 사회주의 혁명과 건설의 힘있는 무기로서의 기능을 수행하는 언어로서 평양말을 택하여 표준말을 만들었다. 북한으로서는 정치적 이념과 체제가 다르고, 언어를 하나의 투쟁의 도구로 이용하는 정책에 따라, 남한의 표준어와 대립되는 문화어를 내세운 것이다.

북한에서는 문화어를 새로 만든 까닭을 남한의 언어가 잡탕말이고 민족어의 고유성이 파괴되었기 때문이라고 주장한다. 즉, 남한의 언어는 미국과 일본, 남한의 민족문화 말살정책에 따라 영어와 일본어, 한자어가 절반 이상이나 섞인 잡탕말로 변질되었고, 외래어가 홍수처럼 밀려들어와 민족어의 고유성이 파괴되고 있기 때문이라고 한다. 그래서, 병들고 이질화된 우리말을 수습하고 민족어를 통일적으로 발전시키기 위하여서는 민족어 발전의 유리한 조건이 충분히 마련된 북한에서 문화어를 건설하고 그것을 발전시켜야 한다고 주장한다.

과연 이 말이 사실이라면, 남북한 공용어를 실현하는데 앞으로 걸림돌이 아닐 수 없을지도 모른다. 그러나, 표준어와 문화어는 방언으로서의 차이를 보일 뿐 다 같은 우리의 민족어임에 틀림없으므로, 그 실상을 살펴보고 이질화를 극복하는 방안을 생각해 보아야 할 것이다.

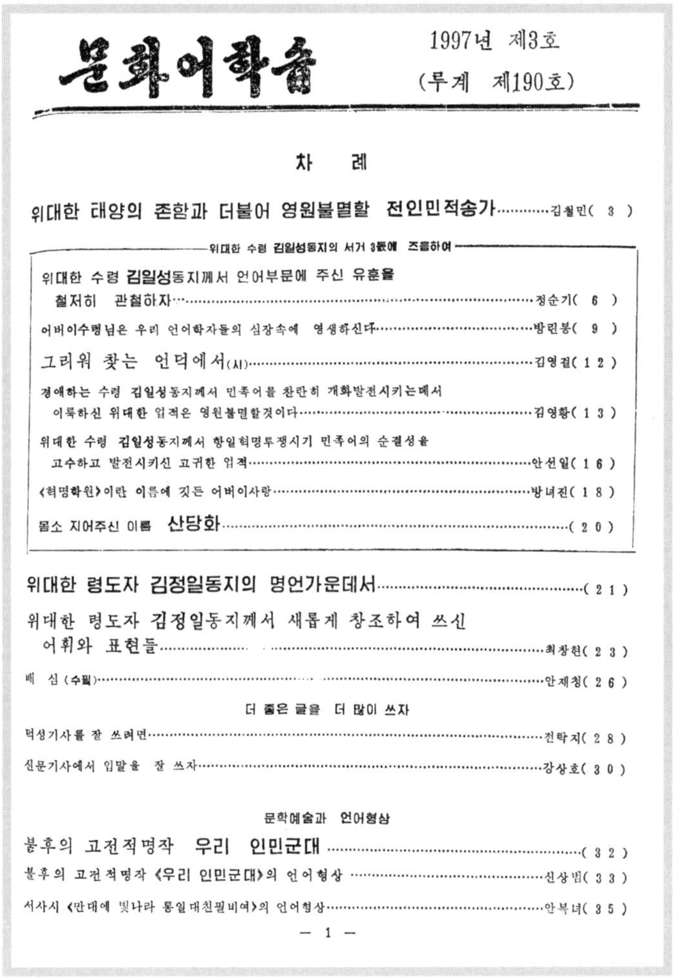
문화어학습 1997년 제3호 (루계 제190호)

차 례

— 1 —

〈그림 1〉
문화어학습 표지

2. 북한에서는 말을 다듬어 쓴다

국어 순화 운동과 같이 말을 가꾸어 쓰는 것은 우리말을 바르고 아름답게 쓰도록 하는 것이니 참으로 중요한 일이다. 말을 가꾸어 쓰는 일을 북한에서는 어휘정리 사업이라 하는데, 당의 주도로 언어 정책을 수립하고 강력하게 추진한 결과 단기적인 효과를 거두었던 사업이다. 북한의 어휘정리는 말다듬기운동과 문화어운동으로 전개되어 상당한 진전이 이루어졌는데, 이 결과로 나타난 다듬은 말이 5만 단어를 넘고 있다.

♡ 북한이 주장하는 어휘정리의 의의

어휘정리사업은 우리 말 발전에서의 기본문제로서 오늘 우리 당의 중요한 언어정책으로 되고있다. 조선말은 오늘 우리 나라에서 혁명과 건설의 힘있는 무기로서 매우 중요한 역할을 하는 만큼 우리 인민은 조선말의 발전에 대하여 깊은 관심을 가지고 있다. 낡은것을 변혁하고 새로운것을 만들어내면서 자연과 사회를 개조해나가는 우리 인민은 조선말의 우수성을 살려나가는것과 함께 부족점을 고쳐나가기 위하여 적극 힘쓰고 있다. … 중략 …

조선말에서 가장 큰 부족점으로 되는것은 중요한 언어단위인 어휘부문에 외래적인것이 많이 들어와있는것이다. 그러므로 오늘 어휘정리는 우리 말 발전에서 기본문제로 되고있다.

(「우리나라에서의어휘정리」 머리말에서 발췌)

북한은 어휘정리의 방향을 대체로 네 가지로 제시하고 있다. 첫째 같은 뜻의 단어로서 고유어와 한자어의 두가지가 있을 때에는 될 수 있는 대로 고유어를 쓰자고 한다. 어휘정리의 주요한 대상은 한자어와 외래어이다. 특히 한자어는 '낡은 사회'의 봉건적. 권위적 잔재를 지니고 있는 대표적인 어휘라고 지적하였다.

예를 들어 뽕밭, 돌다리, 남새, 닭알, 명주실 등의 고유어와 이에 해당하는 상전(桑田), 석교(石橋), 채소(菜蔬), 계란(鷄卵), 잠사(蠶絲) 등의 한자어가 있을 경우 앞의 고유어를 일상생활에서 사용하고 한자어는 쓰지 말아야 한다는 것이다. 이럼으로써 어려운 말을 써야 권위가 있는 것처럼 생각하던 인습을 과감히 버려 모두가 평등한 사회 건설을 앞당길 수 있다고 한다.

둘째, 한자말과 외래어를 일정한 범위에서 국한시켜 놓고 그 사용을 제한하여 굳어진 것만을 쓰기로 했다. 즉 이미 일상화된 한자어는 어쩔 수 없이 그대로 사용하자는 것이다.

한자말과 외래어를 우선적으로 정리하자는 어휘정리의 방향은 한국어의 고유하고 순수한 어휘체계 만으로 언어생활을 꾸려 가겠다는 의도를 보여 준 것으로 이는 우리 민족의 입장에서 보면 매우 이상적인 방향이라고 생각된다. 그러나 한국어에는 많은 한자어가 고유어와 함께 자연스럽게 쓰이고 있다. 또 개화기 이후 들어온 외래어들도 사회 구석구석에서 일정한 자리를 잡고 쓰여지고 있음도 부인할 수 없는 사실이다.

북한의 정책 당국자도 한국어의 이런 한계를 인정할 수밖에 없었을 것이며 그런 바탕 위에서 나온 것이 두 번째의 방향이다. 예를 들어 '방, 학교, 과학기술, 삼각형'과 같은 말은 다 우리말로 되었기 때문에 이를 다시 고쳐서 학교를 배움집으로, 삼각형을 세모꼴로 고칠 필요는 없다는 것이다. 가장 역설적인 예로 북한은 종래 '말다듬기'라고 지칭되어 오던 것을 '어휘정리'라는 한자어로 바꿔 부르고 있음을 보아도 이러한 인위적인 언어혁명의 어려움을 감지할 수 있다.

셋째 고유어근에 따라 새말을 적극 만들어 쓰는 방향으로 말을 다듬고 있다. 즉 재연(再演)은 '되일기'로, 복귀(復歸)는 '되돌이'로, 순환(循環)은 '되돌림'으로, 소생(蘇生)은 '되살다' 등으로 고유어의 어근을 이용하여 새로운 말을 만들어 가자는 것이다.

네번째의 방향은 인민들 속에 널리 쓰이는 좋은 말들을 적극 찾아 쓴다는 것이다. 이는 특히 방언에서 좋은 말을 찾아 널리 쓰도록 하자는 제안이다. 이에 따라 다음과 같은 어휘들이 문화어로 인정된다. 괄호 안에 있는 말은 남한의 표준어이다.

고기리툭(고기국물)　　동살 (겨울)　　자짠지(장아찌)　　노라리(건달)
번대머리(대머리)　　정지(부엌)　　점심곽(도시락)　　까박(말대꾸)
허거프다 (속이 비고 어이없다)　개잘싸하다 (너절하다)　　말째다(거북하다)
망탕 (마구)　　인차(곧)　　걸씨(어서, 빨리)　　지어 (더 나아가)　무중(갑자기)

북한은 소위 문화어 운동을 하면서 남한의 표준어가 서울지방의 언어를 중심으로 하고 있음에 반하여 평양말을 문화어의 중심으로 정하였다. 그리고 다른 지역의 방언들도 일상생활에 널리 소개하여 사용하도록 하자는 것이다. 그런데 북한은 남한에 비해 방언적 차이가 그렇게 두드러지지 않는다. 북한의 경우는 평안, 함경 등 2개의 방언권으로 대별되고 있을 뿐이므로 방언적 차이에 의한 언어의 분화는 그다지 심한 편이 아니라고 볼 수도 있다.

또한 이를 추진하는 방법으로 첫째, 대중의 힘과 지혜를 적극 조직 동원하여 이 사업을 진행한다. 둘째, 섬멸전의 방법으로 점차적으로 어휘정리 사업을 밀고 나간다. 셋째, 말다듬기와 다듬은 말의 보급과 통제를 밀접히 결합시켜 하나의 연관된 사업으로 밀고 간다고 하여 매우 체계적이고 거국적이며 전국민적 사업으로 추진한 사실은 놀랄 만한 일이다.

그러나, 아무리 강력하게 말 다듬는 일을 추진한다 하더라도 언어라는 것은 모든 사람의 공통적인 약속이므로 하루아침에 익숙하게 쓴다는 것은 불가능한 것이다. 여하튼 이를 통해 남북한 언어차를 느끼게 하는 말들이 생겨났으나, 전반적으로 볼 때 아주 이질감을 느낄 정도로 차이가 나는 단어는 일부에 지나지 않는다. 북한의 국어사정위원회에서 「다듬은 말」을 살펴보면 전문용어와 일반용어 등 여러 가지가 있는데, 이 중 일반용어 가운데 다듬은 말을 일부 간추려 보면 다음과 같다.

가로 → 거리·거리길   가축 → 집짐승   갈색 → 밤색
거수하다 → 손들다   건조 → 마르기·말리기   결박하다 → 묶다·묶이다·동여매다
경사 → 비탈·물매·경사   곡가 → 낟알값·곡식값   공방 → 빈 방
공한지 → 빈 땅   기립하다 → 일어서다   개폐하다 → 여닫다
매양 → 늘·언제든지·번번이   다방 → 차집   농번기 → 바쁜 농사철
난해하다 → 알기 어렵다·어렵다 만신 → 온 몸   분말 → 가루
광견 → 미친개   맹아 → 움·싹   미온수 → 미지근한 물·미적지근한 물
소실되다 → 타버리다   소아 → 애기·어린아이   호반 → 호수가

이러한 어휘정리 작업의 결과 현재 달리 쓰이고 있는 남북한의 어휘 가운데 몇몇 예를 고유어, 한자어, 외래어로 나누어 표로 정리하여 보인다.

남 한	북 한	남 한	북 한
위	우	지긋한	지숙한
아내	안해	구름다리	허궁다리
도시락	곽밥	고기국물	고기리특
한솥밥	한가마밥	곧	인차
단짝친구	딱친구	마구	망탕

〈남북한에 차이 나는 고유어의 예〉

남 한	북 한	남 한	북 한
화장실	위생실	저서	로작
기상대	기상수문국	공무원	정무원
상호	호상	진열대	매대
수업시산	상학시간	농가	농호
대중가요	궁중가요	보증하다	담보하다

〈남북한에 차이 나는 한자어의 예〉

남 한	북 한	남 한	북 한
젤리	단묵	로울러	로라
시럽	단물	마이너스	미누스
노크	손기척	라디오	라지오
카스텔라	설기과자	트랙터	뜨락또르
리본	리봉	그룹	그루빠

〈남북한에 차이 나는 외래어의 예〉

특히 외래어의 경우는 남한이 영어를 위주로 하는 외래어인데 반하여 북한이 러시아어를 중심으로 하였던 데에서 오는 차이도 나타나고 있다.

3. 남북한의 맞춤법이 어떻게 다른가

북한에서는 언어가 투쟁의 무기, 혁명과 건설의 무기이며, 말과 글에는 사회성과 계급성, 규범성과 문화성이 있어야 한다고 강조한다. 이는 언어도구관의 관점으로, 문화어가 혁명과 건설의 강력한 무기로서 비혁명적이고 비문화적인 요소를 대담하게 정리하여야 한다는 입장이다. 북한의 언어이론은 한마디로 **주체사상**을 구현한 주체적 이론이라고 할 수 있다. 주체적인 언어이론은 주체사상을 기초로 하고 주체사상의 요구를 전면적으로 구현한 언어이론의 체계이다. 현행 북한의 모든 언어정책, 언어규범, 언어 연구는 이를 바탕으로 한다.

이러한 북한의 언어관과 이론에 따라 어휘를 정리한 것은 물론 맞춤법도 나름대로 규범을 정하여 표기하였다. 북한의 규범 중 「조선말규범집」에서 남북한간 차이를 보이는 것을 중심으로 살펴보되, 남한의 맞춤법과 비교하면서 정리해 보겠다.

3.1 남북한 맞춤법은 어떻게 변천했나

남북한이 사용하고 있는 현재의 맞춤법은 출발에서는 서로 같았으나, 교류가 없이 수십년간 각각 시행해 온 결과로 지금은 차이가 나게 되었다. 북한의 언어 규범은 맞춤법, 띄어쓰기, 문장

일 러 두 기

1. 사전의 올림말과 그 배렬

1) 올림말

① 이 사전에는 오늘날 조선말에서 쓰이고있거나 지난날 쓰이던던 단어와 공고한 단어결합 및 성구와 속담들을 묶음제 울리였다.

사전에는 우리 인민들속에서 널리 쓰이고있는 고유어와 한자어, 외래어, 사회정치용어와 각 부문의 과학술용어들 및 항일혁명투쟁시기의 주요사적들과 세계적으로 널리 알려진 력사적 사변, 사건, 유물, 유적과 관련한 용어, 포괄적인 고장이름들 그리고 낡은 투의 한자말과 력사어, 고어, 리두, 방언 등을 널리 올리였다.

우리 말 문법구조의 특성을 고려하여 앞붙이, 뒤붙이, 토들도 독립적인 올림말로 올리였다.

② 사전에 올린 올림말의 원천은 다음과 같다.

ㄱ. 위대한 수령 김일성동지의 고전적로작들과 친애하는 지도자 김정일동지의 고전적문헌들에 나오는 사회정치용어를 비롯한 각종 어휘부류들.

ㄴ. 각 부문 과학기술 도서와 잡지 및 각급 학교 교과서들에서 쓰인 과학기술용어를 비롯한 여러 어휘부류들과 그것을 다듬은 말들.

ㄷ. 력사부문에 속하는 비롯한 문학예술작품들, 일반잡지들과 각종 신문들에서 쓰이 풍부한 고유어를 비롯한 어휘 부류들.

ㄹ. 해방전 19세기말 20세기초에 나온 국한문혼용체의 각종 자료들과 도서, 신문, 잡지들 및 고전소설 등 옛날 민족고전에 쓰인 한자말과 옛스러운 투의 우리 말들.

ㅁ. 해방후에 나온 조선말 뜻풀이사전유와 여러 과학기술사전 및 부문별사전들의 올림말들.

2) 배렬

① 이 사전에 올린 모든 올림말은 《가나다라순》에 따라 배렬하였다.

그러나 파생시켜서 올린 《하다》, 《되다》 형의 동사는 올림말의 뜻풀이뒤에 배렬하였다.

② 일부 단어결합은 첫 단어의 올림말항목에서 그 올림말의 뜻풀이가 끝난 다음에 한글자 들여다 배렬하였다.

③ 성구, 속담, 구호 등은 첫 단어의 올림말의 뜻풀이끝에 《◇》표를 하고 우리 말 자모순에 따라 배렬하였다.

④ 소리같은말은 서로 다른 올림말로 올리고 1, 2, 3…의 어깨번호를 달아 순차로 배렬하였다.

소리같은말의 올림말차례는 《명사, 수사, 대명사, 동사, 형용사, 관형사, 부사, 강동사, 앞붙이, 뒤붙이, 로》의 순으로 하였다.

⑤ 같은 문법적부류안에서는 사회정치적의의가 크고 우리 인민의 언어생활에서 적극적으로 쓰이는 올림말을 먼저 놓되 고유어, 한자말, 외래어의 차례로 배렬하는것을 원칙으로 하였다.

⑥ 올림말의 배렬에서는 말소리의 길고짧음을 고려하지 않았다.

2. 발음 및 소리의 높낮이와 길이의 표시

1) 발음표시

① 발음규범을 바로 지키도록 하는데 도움을 주기 위하여 발음상 주의하여야 할 경우에 그 바른 발음을 [ ] 안에 넣어서 표시하였다.

ㄱ. 단어안에서 어떤 말소리가 이웃한 말소리와 어우르면서 된소리로 발음되는 경우.

검다[-따]	결정[-쩡]
그믐달[-딸]	교수법[-뻡]
노을빛[-삗]	

ㄴ. 단어안에서 어떤 말소리가 이웃한 말소리와 어울릴 때 소리닮기현상이 일어나면서 이읜장소리로 되거나 《ㄴ, ㅁ, ㅇ, ㄹ》로 발음되는 경우.

굳이[구지]	가을누에[-로-]
같이[가치]	돌꼴이[-롤-]
붙임[부침]	천리마[철-]
맏며느리[만-]	곤난[골란]

ㄷ. 단어를 발음할 때 형태부사이에 다른 소리가 끼여들어 《ㄴ》소리가 덧나는 경우.

밭일[반닐]	덧이[던니]
배머리[밴-]	잣이기다[잔니-]

ㄹ. 단어안에서 순한소리가 그와 나란히 있는 자음 《ㅎ》와 어울려서 거센소리로 발음되는 경우.

곱하기[-파-]	담뿍하다[-카-]
노랗다[-타]	맏히다[-치-]

ㅁ. 한자말에서 받침이 없는 말소리뒤에 오는 첫소리 《ㄹ》이 소리나지 않는 경우.

대렬[-열]
규률[-율]

ㅂ. 형태부사이에서 모음앞의 자음이 숨어침으로 발음되면서 다음에 오는 모음소리와 잇닿아 발음되지 않는 경우.

웃안[은-]	꽃잎[꼰닙]
걸어림[걸-]	앞앞이[압-]

〈그림 2〉 조선말 대사전 일러두기

부호법, 표준발음법 등으로 「조선말규범집」에 규정하고 있다. 남한의 **맞춤법**은 띄어쓰기를 포함하고 있는데 대하여, 북한의 맞춤법은 4부로 되어 있는 규범집의 하나일 뿐이다.

1933년에 제정된 **한글 맞춤법 통일안**은 분단 직후 남북한에서 공통으로 실시되던 맞춤법이었다. 남한에서는 1948년 정부 수립 후 이를 국가의 공인된 맞춤법으로 계속 사용하여 오다가, 1988년 1월 19일 새로운 **한글 맞춤법**을 고시하여 현재 사용하고 있다. 이에 대하여 북한은 1954년 9월에 **조선어 철자법**을 공포하여 사용하다가, 다시 1966년 7월에 **조선말규범집**을 공포하여 대폭적인 변화를 가져 왔고, 1987년에 이를 다시 개정하여 현재 사용하고 있다.

남북한간의 언어가 차이를 보이게 된 원인은 결국 언어 규범의 차이라고 할 수 있는데, 각각의 규범을 전부 보일 수 없기 때문에 그 중 일부를 비교해 보도록 하자. 남북한의 표기 차이를 두드러지게 느끼게 하는 규정만을 골라서 보이면 다음과 같다.

3.2 남북한간의 표기는 어떻게 다른가

우리가 「조선말 대사전」과 같은 북한 사전을 들춰보면 표제어를 쉽게 찾지 못해 당황할 때가 있다. 이는 북한 사전과 남한 사전을 비교해 볼 때, 남북한의 자모 순서가 다르게 배열되어 있기 때문이다. 남북한은 동일한 형태의 문자를 사용하면서도 자모의 순서와 이름은 달리 정해 놓고 있다. 따라서 사전의 올림말의 순서도 서로 다르게 되었다.

다음에 남한과 북한의 자모 순서를 비교해 보인다.

남한 사전의 자모 순서 (「표준국어대사전」. 1999)

> 자음 : ㄱ ㄲ ㄴ ㄷ ㄸ ㄹ ㅁ ㅂ ㅃ ㅅ ㅆ ㅇ ㅈ ㅉ ㅊ ㅋ ㅌ ㅍ ㅎ
> 모음 : ㅏ ㅐ ㅑ ㅒ ㅓ ㅔ ㅕ ㅖ ㅗ ㅘ ㅙ ㅚ ㅛ ㅜ ㅝ ㅞ ㅟ ㅠ ㅡ ㅢ ㅣ

북한 사전의 자모 순서 (「조선말 대사전」. 1992)

> 자음 : ㄱ ㄴ ㄷ ㄹ ㅁ ㅂ ㅅ (ㅇ) ㅈ ㅊ ㅋ ㅌ ㅍ ㅎ ㄲ ㄸ ㅃ ㅆ ㅉ
> 모음 : ㅏ ㅑ ㅓ ㅕ ㅗ ㅛ ㅜ ㅠ ㅡ ㅣ ㅐ ㅒ ㅔ ㅖ ㅚ ㅟ ㅢ ㅘ ㅝ ㅙ ㅞ
> ※ ( ) 안의 자모는 받침의 경우에만 해당한다.

위에서 (ㅇ)은 받침으로서만 그 자리에 존재하고, 초성일 경우에는 모음의 위치에만 배열하고 있음을 의미한다. 실제로 북한 사전에서 표제어를 찾아보면, ㅉ자 다음에 ㅇ자로 시작되는 말을 배열한다.

북한에서는 자모의 이름을 기윽, 니은, 디읃, … 시읏, … 등으로 통일하고, 자음 자에 한해 그, 느, 드, …식의 이름을 허용하며, 겹자음은 된기윽, 된디읃, 된시읏 등으로 바꾸었다. 이와 같은 남북한 자모 배열의 차이는 사전이나 각종 출판물의 색인에서 남북한간의 큰 차이를 보인다. 그러나 이는 언어 자체의 차이이거나, 표기 상의 차이가 아니라 배열 순서의 차이일 뿐이므로 그다지 크게 문제가 될 것은 아니다.

남북한의 문장을 비교해 보면, 특히 의문문에서 의문형 어미가 다르게 표기되어 있는 것을 발견하게 된다.

(1) 가. -ㄹ까, -ㄹ꼬, -ㄹ쏘냐 (남한)
　　나. -ㄹ가, -ㄹ고, -ㄹ소냐 (북한)

남한에서는 "어디로 갈까?, 어찌할꼬?, 그렇게 할쏘냐?" 등의 예처럼 의문을 나타내는 어미에 한해 소리나는 대로 적도록 하는데 반하여, 북한은 "-갈가?, -할고?, -할소냐?"처럼 기원적인 형태를 유지하여 적는다.

단어 가운데 'ㅂ불규칙'에 해당하는 용언의 표기도 남북한간에 표기 차이를 보인다.

(2) 가. 반가워, 괴로워, 고와, 도와(남한)
　　나. 반가와, 괴로와, 고와, 도와(북한)

북한에서는 어간말 'ㅂ'이 변화할 때 모음조화의 적용을 엄격하게 하고 있다. 그러나 남한에서는 종래 북한과 동일한 표기를 표준으로 하였으나 실제 언어 사회의 변화를 인정하여 '반가워, 괴로워' 등으로 개정하고, 'ㅂ'이 모음과 어울릴 적에 '우'로 변하는 것을 인정하였다.

남북한간의 단어 중에 접사나 어미 '-어/여'에서도 표기 차이를 보인다.

(3) 가. 구태어, 도리어, 되어, 드디어, 헤엄, 하여 (남한)
　　나. 구태여, 도리여, 되여, 드디여, 헤염, 하여 (북한)

북한은 어간의 끝소리가 'ㅣ ㅐ ㅔ ㅚ ㅟ' 등 'ㅣ'모음이 들어간 경우와 어간이 '하'인 경우에는 어미 '어'를 '여'로 적도록 하고 있다. '하여'의 경우만 남북 공통일 뿐 용언에 어미 'ㅣ'모음이 들어간 '-여'가 북한의 글에서 많이 목격되는 표기이다.

복합어의 표기에서도 남북한 간에 상당한 차이를 보여 준다. 북한에서는 한때 앞말의 받침 유무에 관계없이 복합어 사이에 사이시옷(ㅅ) 또는 사이표(')를 이용하여 표기하기도 하였으나, 현재는 이 규정을 삭제함으로써 복합어에 아무런 표시도 하지 않게 되었다.

  (4) 가. 바닷가, 깃발, 냇물, 숫자, 셋방, 덧니 (남한)
      나. 바다가, 기발, 내물, 어금이 (북한)

남한에서는 고유어가 들어 있는 복합어로서 앞말이 모음으로 끝난 경우에 한해 사잇소리 'ㅅ'을 앞말에 받쳐 적도록 하고, 일부 한자어(곳간, 셋방, 숫자, 찻간, 툇간, 횟수)의 경우에만 이에 준하도록 하였다. 그러나, 북한에서는 '바다가[-까], 기발[-빨], 내물[낸-], 어금이[-니]' 등과 같이 복합어에 사이시옷을 적지 않기 때문에, 그들의 발음을 개별적으로 사전에서 확인하지 않으면 안 된다.

이밖에 남북한 맞춤법의 차이 중 한자어 표기 방식의 차이가 있다. 북한은 한자어를 적는데 한자음을 어디서나 같게 적는 방식을 고수하고 있다.

  (5) 가. 나열하다, 낙엽지다, 낭송, 영혼, 누누이, 냉수 (남한)
      나. 라렬하다, 락엽지다, 랑송, 령혼, 루루이, 랭수(북한)
      (羅列-, 落葉-, 朗誦, 靈魂, 屢屢-, 冷水)

또한, 북한의 한자음에서 모음 'ㅖ'는 '계, 례, 혜, 예'에서만 인정하며, '메, 폐'를 북한에서는 '메, 페'로 적고 있다.

  6) 가. 화폐, 연메, 계산, 예외, 혜택, 예술 (남한)
     나. 화페, 련메, 계산, 례외, 혜택, 예술 (북한)
      (貨幣, 連袂, 計算, 例外, 惠澤, 藝術)

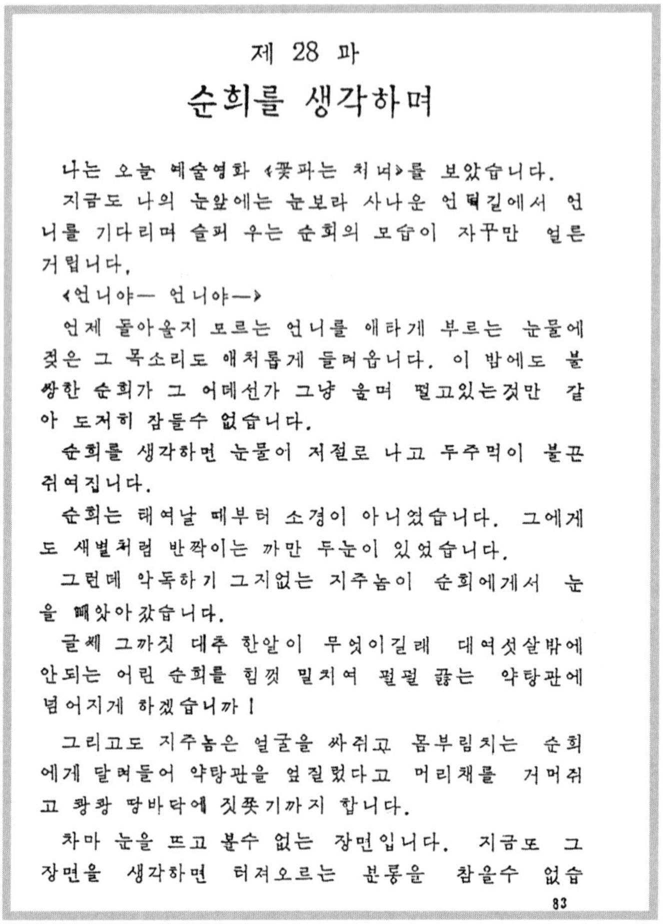
제 28 과

순희를 생각하며

나는 오늘 예술영화 《꽃파는 처녀》를 보았습니다.

지금도 나의 눈앞에는 눈보라 사나운 언덕길에서 언니를 기다리며 슬피 우는 순희의 모습이 자꾸만 얼른거립니다.

《언니야— 언니야—》

언제 돌아올지 모르는 언니를 애타게 부르는 눈물에 젖은 그 목소리도 애처롭게 들려옵니다. 이 밤에도 불쌍한 순희가 그 어데선가 그냥 울며 떨고있는것만 같아 도저히 잠들수 없습니다.

순희를 생각하면 눈물이 저절로 나고 두주먹이 불끈 쥐여집니다.

순희는 태여날 때부터 소경이 아니였습니다. 그에게도 새별처럼 반짝이는 까만 두눈이 있었습니다.

그런데 악독하기 그지없는 지주놈이 순희에게서 눈을 빼앗아갔습니다.

글쎄 그까짓 대추 한알이 무엇이길래 대여섯살밖에 안되는 어린 순희를 힘껏 밀치여 펄펄 끓는 약탕관에 넘어지게 하겠습니까!

그리고도 지주놈은 얼굴을 싸쥐고 몸부림치는 순희에게 달려들어 약탕관을 엎질렀다고 머리채를 거머쥐고 쾅쾅 땅바닥에 짓쫒기까지 합니다.

차마 눈을 뜨고 볼수 없는 장면입니다. 지금또 그 장면을 생각하면 터져오르는 분롱을 참을수 없습

83

〈그림 3〉 북한 문장의 실제
(북한 인민학교 4학년용 국어)

3.3 남북한의 띄어쓰기는 어떻게 다른가

북한의 띄어쓰기 규정은 총칙과 6장 23항으로 이루어져 있는데, 총칙은 남한과 큰 차이가 없어 보이고, 조사는 단어로 인정하지 않기 때문에 이를 붙여쓰도록 하는 조항이 따로 없다. 그러나, 북한은 남한과 달리 띄어쓰기를 규범집에서 맞춤법과 독립하여 규정하고, 붙여써야 할 경우를 넓게 잡아 자세히 규정하고 있는 것이 큰 특징이다. 이에 대해, 현행 남한의 띄어쓰기는 북한에 비해서 일부에 한해 붙여쓰도록 하거나 붙여쓰는 것을 허용하고 있는 편이다.

북한의 띄어쓰기는 명사, 수사, 대명사, 동사, 형용사, 관형사, 부사, 감동사 등과 관 련된 띄어쓰기 및 섞갈리기 쉬운 것들 및 특수한 말의 띄어쓰기 등 6장으로 나누어 설명하고 있다. 북한

은 이에 관한 규정들을 각각 1985년과 1988년에 수정하였는데, 붙여쓰던 단위들을 띄어쓰는 방향으로 조절하였다. 반면, 남한도 1988년 개정안에서는 원칙은 띄어 쓰나 붙여 쓰는 것을 허용하여 과거 통일안보다는 붙여쓰는 것을 좀더 확대하였다. 북한은 너무 붙여 썼기 때문에 띄어 쓰는 방향으로, 남한은 원칙적으로 너무 띄어 썼기 때문에 붙여쓰는 방향으로 조절된 셈이다.

남한	북한
사회주의 농촌 건설 속도가 빠르다	사회주의농촌건설속도가 빠르다
15세기 중엽 사회 경제 형편을 보면	15세기중엽 사회경제형편을 보면
이순신 훈장을 받았다	리순신훈장을 받았다
기술자 자신이 만들었다	기술자자신이 만들었다
학생 스스로가 깨달았다	학생스스로가 깨달았다
이집 저집, 이 집 저 집	이집저집
좋은 것이기 때문이다	좋은것이기때문이다.
행정 실무적 조치	행정실무적조치

〈남한과 북한의 띄어쓰기의 차이〉

그놈자체가 제기한 일이다.
힘껏 노력하겠다는 생각 그자체가 귀중하였다.
집단을 위하는 이자체가 또한 자기자신을 위한것이다.

또한 대명사 《이, 그, 저》뒤에 불완전명사 《것, 이, 분》이 직접 붙은것에 《자신, 자체》가 어울리는 경우도 붙여쓴다.

※ 《것, 이, 분》 등의 불완전명사가 의미적자립성이 약함으로 하여 그앞의 《이, 그, 저》 등과 어울려서 비로소 하나의 대명사와 같은 구실을 하게 된다.

예: 이것자체, 그것자체, 저것자체, 이분자신, 그분자신, 저분자신

3) 대명사 《자체, 자기, 제》 등이 명사의 앞에서 그 명사와 더불어 하나의 단어처럼 굳어진 경우

비판과 자기비판의 무기를 높이 들어야 한다.
높은 자기희생성을 발휘하였다.
공산주의자들은 자기 나라에서의 혁명승리와 사회주의건설을 자체목적으로만 간주하여서는 안된다.
조그마한 성과를 가지고 자기위안을 해서는 안된다.
곡식은 제철에 거두어야 한다.
남의 일을 언제나 제집일 돌보듯하는 동무였다.
제때에 조직하고 제때에 검열하고 제때에 총화하자.
제각기 날아갔다.
제멋에
제자리에 돌아갔다.
그렇게 하는것이 제법입니다.
승냥이한테는 몽둥이찜질이 제격이라.

〈그림 4〉 북한의 띄어쓰기

3.4 남북한간에 문장부호는 같은가

북한에서는 글을 쓸 때 가로쓰기를 원칙으로 정했으므로 거기에 맞는 부호만을 명시하고 있고, 남한에서는 가로쓰기와 세로쓰기를 다 고려하여 두 종류의 부호를 따로 규정하고 있다. 남한의 문장부호는 19 종류이고, 북한의 문장부호는 17 종류가 설명되어 있다. 가로쓰기 문장부호만 비교하면 다음 표와 같다.

용어		부호		용어		문장부호	
남한	북한	남한	북한	남한	북한	남한	북한
온점	점	.		소괄호	반달묶음표	( )	
				중괄호		{ }	
물음표		?		대괄호	꺾쇠묶음표	〔 〕	
느낌표		!		줄표	풀이표	—	
반점		,		붙임표	이음표	-	
가운데점		·		물결표		~	
쌍점	두점	:		드러냄표	밑점	· · °	· ·
빗금	빗금	/		숨김표		× × ○○	○○
따옴표	인용표	" "	《 》	빠짐표		□	
작은따옴표	거듭인용표	' '	〈 〉	줄임표		……	…
	반두점		;		같음표		〃

남북한에 나타나는 문장부호 비교

※ 빈칸은 그 부호를 사용하지 않음을 의미하고, 칸 구분이 없이 쓴 것은 남북 동일 부호임.

3.5 남북한의 표준 발음은 어떻게 규정되었나

남한은 1988년 '표준어 규정'에서 **표준 발음법**을 정했는데, '표준어의 실제 발음에 따르되, 국어의 전통성과 합리성을 고려하여 정함'이라고 명시하였다. 표준어는 '교양 있는 사람들이 두루 쓰는 현대 서울말'이며, '전통성'이란 역사적인 발음을 중시한다는 것이며, '합리성'이란 국어의 법칙에 맞게 발음을 정한다는 것이다.

북한의 규범집에는 '현대조선말의 여러가지 발음들가운데서 조선말 발달에 맞는 것을 가려잡음'이 기본 원칙으로 되어 있는데, '조선말의 주체적발전에 맞는 문화어의 발음'을 의미한다. 발음법에 대해서 북한에서는 특별히 화술 또는 화법을 따로 두어 매우 중시하는 편이다. 다음에 남북한간의 차이가 두드러지는 것만 골라서 보인다.

어두에 'ㄹ'이 오거나 'ㅣ'모음에 선행하는 'ㄴ'이 올 경우 남한에서는 이를 발음하지 않는 것을 원칙으로 한다. 그런데 북한은 어두의 'ㄹ'이나 'ㄴ'을 제대로 발음하는 것을 원칙으로 하고 있다. 그러나, 모든 단어가 전부 이와 같이 발음되지는 않는다. 따라서 발음이 잘 되지 않는 말에 대해서는 무리하게 발음할 필요가 없다고 하여 예외를 인정하고 있다.

(7) 가. 요소, 얌얌, 여자, 노동, 낙관주의, 이유, 유형 (남한)
    나. 뇨소, 냠냠, 녀자, 로동, 락관주의, 리유, 류형 (북한)

남북한 모두 모음으로 시작되는 조사나 어미, 접미사의 앞에 있는 받침은 제대로 발음하도록 규정하고 있다. 그런데, 북한은 하나의 예외를 두어, '-아' 앞에 있는 ㅅ받침을 [ㄷ]로 발음하도록 하고 있다.

(8) 가. 나의 벗아[버사] (남한)
    나. 나의 벗아[버다] (북한)

4. 북한에서도 한자를 사용하나

북한의 한자교육은 1953년부터 시작되었고, 1964년과 1966년 김일성 교시에서 한자 교육의 필요성을 천명한 이후 본격적인 한자교육이 실시되었다. 그 이유는 표면적으로는 남한에서 한자를 쓰고 있는 이상 남측의 간행물을 읽기 위해서라고 했지만, 결국 '지난날의 문헌을 읽기 위하여'라는 실질적 목적을 추가로 밝힌 것으로 보아, 그사이 한글 전용을 지나치게 강조한 정책 아래에서 개념이 혼미해진 어휘의 어원과 어근을 이해시켜 그 후유증을 치료함이 숨은 목적이다.

김일성이 당시 전면적인 한자 폐지를 시행하지 못한 것은 이미 광범위하게 한자가 사용되고 있었기 때문이고, '일정한 기간 우리는 한자를 배워야 하며 그것을 써야 한다'고 가르쳤지만, 한자를 배우는 것과는 별도로 모든 출판물에서 한자를 사용하는 것을 금지하였다. 이와 같은 생각은 김정일에게도 이어지고 있어서, "작품창작에서 외래어와 한자를 많이 쓰는 경향은 작가의 낡은 언어관념과 관련되어 있다. 지난날 우리나라의 봉건사대부들은 국문을 천시하고 한문을 숭상하면서 한문을 많이 아는 사람, 한자어를 많이 쓰는 사람을 유식한 사람으로 여기었다. 이런 낡은 관념은 해방 후 우리 민족어 발전에 적지 않은 방해를 주었으며 오늘까지도 그 잔재가 완전히 뿌리 뽑히지 않고 있다."라고 말하였다.

1953년에 시작했다는 북한의 교육용 한자는 국민학교 5학년에 해당하는 초급중학교 1학년부터 3년간 600자, 고급중학교 3년간 1200자 등 총 1800자를 가르쳤다. 이후 1970년 보통교육용 2000자, 대학용 1000자를 새로 사정하여 국한문 혼용체로 교육시키고 있다.

그런데 최근 북한을 탈출하여 남한에 정착한 탈북자들은 남한 사회의 광범위한 한자 사용으로 인해 남한 사회 적응에 어려움을 겪고 있다. 이는 한자를 교육하면서도 출판물에 사용하는 것을 금지함으로 인해 한자 교육의 효과가 실질적으로 나타나지 않았던 까닭으로 여겨지며 이로 인해 남북한의 언어 현실에 차이가 발생하고 있다.

5. 북한말 화술은 어떤 내용인가

남한에서는 실용적인 목적으로 화법이나 화술 또는 말의 억양을 국어학에서 별로 다루지 않고, 자율적으로 의사 소통이 이루어지도록 하고 있다. 이에 대하여, 북한에서는 문화어 발음법이나 소리마루 법칙, 그리고 말소리의 흐름 등을 다룬 '조선말화술, 조선말례절법' 등을 통하여 알 수 있듯이, 유치원 때부터 혁명, 정치 선동, 수령에 대한 경의 등을 위하여 발표력 신장에 애쓰고 있다.

소리마루 법칙에는 단어와 문장 등의 길이마루, 높이마루, 세기마루 등을 다루고 있고, 말소리의 흐름에는 억양이나 말의 율동 등을 중요시한다. 이밖에 화술에서 목소리를 다루는 법, 선동 연설, 웅변의 입말 화술, 방송화술, 시읊기와 읽기의 화술 등이 있으며, 기타 김일성에 대한 언어 예절 등을 다룬다.

북한에서 정한, 글과 말에서 내용에 따라 쉽게 알아들을 수 있는 기준 속도는 다음과 같다.

종류	단위 시간	글 읽기	말하기
전달하는 글, 말		250-260자	260-270자
설명하는 글, 말		240-250자	250-260자
선동하는 글, 말		230-240자	240-250자
예술적 산문의 글, 말	1분	220-230자	230-240자
신문독보		240-250자	
운문 읊기		150-170자	
보고, 연설		250-260자	

〈듣기 쉬운 말하기의 속도〉

다음에는 북한에서 같은 말을 억양에 따라 어떻게 다르게 말하는지 그림을 통해 살펴보겠다. 단순 그림에서 과학적 증명을 보이는 방법 등 다양하게 나타내 보이고 있다.

(9) "옥주"에 대한 억양

옥주, 평양에 언제 갈래?(호칭어)

누가 평양에 가요? 옥주.(주어)

옥주를 평양에 보냅시다. 옥주?(보어)

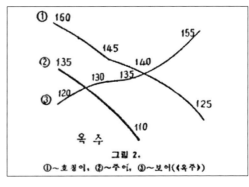

〈그림 5〉

(10) "천만의 말씀입니다."에 대한 억양

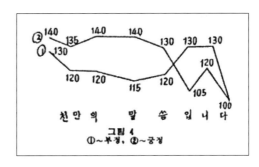

〈그림 6〉

(11) '책'이라는 말의 억양(숫자는 Hz를 나타냄)

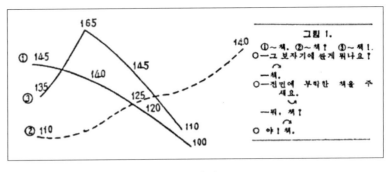

〈그림 7〉

12) 물음에 대한대답 "-있습니다"의 억양

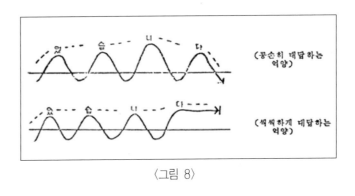

〈그림 8〉

13) "가나요?", "했어요?" 등에 대한 대답 "-아니애요!"의 억양

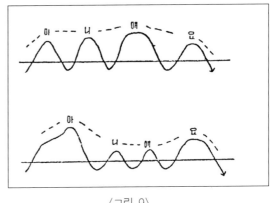

〈그림 9〉

6. 통일 시대 언어 이질의 극복을 위하여

우리 민족이 남북으로 갈려 살아가고 있는 현재의 체제는 분명 비정상적인 것이다. 따라서 이러한 비정상적인 상태는 곧 남북이 하나로 모여 살아가는 시대로 바뀌어 우리 앞에 다가올 것이다. 그날을 대비하여 현재 심화되어 가고 있는 남북한의 언어 차이를 해소하고 우리 민족의 고유 정서에 알맞는 민족어의 통일을 위한 지혜를 모아야 할 것이다.

남북 통일을 준비하는 과정에서, 국어의 통일을 위하여 몇 가지 필요한 과제가 제기된다. 가장 먼저 남북한의 공용어 통일 작업이 선행되어야 한다. 현재 '표준어'와 '문화어'의 이원 체계로 되어있는 공용어를 하나로 통일하는 작업이야말로 정치적인 통일 작업을 민족적으로 하나로 통일하는 실질적인 작업이 될 것이다. 이에 따라 표준 발음 및 화법, 억양 등도 일정한 기준이 마련되어야 할 것이다. 그리고 남북한 맞춤법이 통일되어야 할 것이고, 정보화 시대에 알맞게 컴퓨터에서 국어 자모에 대한 코드의 통일 및 자판의 통일 등이 큰 과제일 것이다.

이러한 과제를 적극적이고 효과적으로 수행하여 민족의 실질적인 통일을 위해 우리는 무엇을 해야 할까?

이를 위하여는 **정책적 접근**과 **언어학적 접근**의 두 가지 접근 방향을 생각하여야 할 것이다. 먼저 **정책적 접근**을 위하여는 남북간의 교류 확대가 필수적으로 요구된다. 그 동안 언어적 통일을 위한 남북간의 교류는 전혀 없었다고 하여도 과언이 아니다. 1991년 체결된 『남북사이의 화해와 불가침 및 교류·협력에 관한 합의서』는 "남과 북은 과학기술, 교육, 문학예술, 보건,체육, 환경과 신문, 라디오, 텔레비전 및 출판물을 비롯한 출판 보도 등 여러 분야에서 교류와 협력을 실시한다"고 규정하고 있다.

이와 관련하여 남북한은 이 합의 직후인 1992년 6월 프랑스 파리에서 열린 「한글의 로마자 적기를 기계로 하자는 남북한 모임」의 15차 회의에서 '한글의 로마자 표기'를 위해 남한과 북한에서 각각 제안한 두 가지 안을 절충한 합의안을 도출해 내기도 하였다. 또 이 해 8월 「제6차 유엔 지명표준화 회의」에 동해의 명칭에 관한 개정안을 남북이 공동으로 제안하여 국제기구에서의 공동 보조를 취하기도 하였다.

그러나 그후 남북간에는 언어 통일을 위한 공식적인 교류와 협력이 사실상 없었다. 다만 여러 차례에 걸쳐, 남한과 북한의 국어학자들이 제삼국에서 열린 국제 학술 대회에 함께 참석하여 비공식적으로 남북한의 언어 통일 방안에 대하여 논의하는 정도에 머물고 있다.

남북교류의 영역은 다음과 같이 나누어 생각할 수 있다. 먼저 인적 교류 부문이다. 여기에는 민간부문에서 양측의 국어관련 연구자와 정책부문에서 언어 및 교육정책 관련자의 교류가 활성화 되어야 한다. 이러한 인적 교류는 양측의 언어 이질화에 대한 조사와 정리, 이를 극복하기 위한 대안의 연구와 교육, 홍보 등 전문적이고 집중적인 활동영역에 그 초점이 맞추어져야 한다.

다음은 사회적 교류의 확대가 이루어져야 한다. 이는 언어통일 뿐 아니라 남북통일 전체를 위한 기반 구축이라는 측면에서도 강조되어야 한다. 즉 현재 남북간의 문화적 차이를 극복하고 새로운 민족문화의 가치와 이념에 대한 인식을 이루어 나아가기 위하여는 먼저 상대측의 사회 문화 현상에 대한 이해가 선행되어야만 한다.

이를 통해 문화적 이질성을 극복하고 결과적으로 언어적 동질성을 확보할 수 있겠기 때문이다. 이를 위해서는 가장 시급한 것은 방송 교류이다. 또한 각종 출판물과 서적들도 이념적 대립이 적은 분야로부터 시작하여 지속적으로 개방과 교류의 범위를 확대하여 나가야 한다. 그리고 각종 공연, 전시 예술이나 스포츠 등도 남북간에 이질적 요소나 우열의 판단이 가능한 분야보다는 동질적 요소가 강한 분야로부터 우선적으로 교류와 협력의 기회를 확대하여 문화적 동질성의 기반을 구축하는 작업이 선행되어야 할 것이다.

그리고 남북 상호간에 서로 상대 지역에서 사용되고 있는 언어 현실에 대한 지속적인 홍보와 교육이 이루어져야 한다. 특히 이와 관련하여, 우리 사회에 정착한 탈북 동포들을 적절히 활용하는 방안도 적극적으로 강구하여야 한다. 앞으로 이들의 존재는 남북한 간의 문화적 충격을 줄이는 방안의 연구에 귀한 조언을 해 줄 수 있을 것으로 기대된다.

다음으로 언어적 접근에 대하여 살펴보겠다. 이에는 양측의 국어 관련 학자들의 교류가 필수적이다. 남북한의 학자들이 함께 참여하여 남북한의 언어 현실에 대한 정확한 조사와 분석을 하여 이를 바탕으로 구체적이고 실질적인 통일안을 만들어야 한다. 여기에서는 표기법, 띄어쓰기, 외래어표기법, 외래어의 한글 표기법 등은 물론 문법, 공용어, 전문용어를 비롯 교육용 표준한자 등을 설정하는 일을 수행하여야 한다. 특히 양측의 최신 최대 사전에 대한 철저한 대조 조사 및 연구가 이뤄져서 서로에게 생소한 어휘, 동음이의어, 이음동의어, 반의어 등을 밝혀 내고 서로가 함께 쓸 어휘, 버릴 어휘 등을 결정해야 한다. 현재 문화관광부에서 기초어휘 5,000개를 대상으로 하여 「남북한 언어비교 사전」을 만들고 있는 것은 매우 바람직한 시도로 평가된다. 그리고 장차 이런 연구를 바탕으로 남북한 공동 국어사전, 문법과 표기법의 해설서, 남북한에서 함께 사용할 각종 교육 및 홍보용 교재 편찬 등의 일을 해야 한다.

현재 남북한의 언어가 차이를 보이고 있긴 하지만, 실상은 규범의 차이에 따른 표기의 차이나 방언의 차이 정도를 보이고 있을 뿐 엄청난 차이는 아닌 것이다. 이로써 비록 50여 년간 분단된 현실 속에서도 통일 한국어의 마련은 남북한 상호간의 노력에 의해 문제를 줄여야 할 것으로 여겨진다. 결국 인내를 갖고 남북한간의 국어통일을 위하여 서로 꾸준한 협의와 노력에 의해서 남북한 언어의 이질은 극복되어야 할 것이다.

그 동안 남북한 언어 차이에 대한 연구는 북한의 언어이론서를 분석자료로 하는 문헌위주의 연구에 집중되어 왔다. 이러한 언어 이론서나 사전 등이 북한의 언어를 확인하는데 중요한 자료가 되는 것임은 부정의 여지가 없으나, 이러한 문헌위주의 연구로는 실질적인 남북한의 언어차이를 정확히 알아내는 데에 일정한 한계가 있다고 보인다.

남한과 같이 북한의 언어는 분명 살아있는 한국어의 일부분이다. 북한에는 1,700만여 명의 한국인이 생활하고 있지만, 다만 이념적 차이에 의해 남한과 자유로이 접촉을 할 수가 없었을 뿐이다. 그런데, 최근 남북한 국민 사이에는 민간 교류를 통하여 활발한 접촉이 이루어지고 있으므로, 이제 문헌연구 위주의 북한어 연구에서 탈피하여 북한 주민들이 사용하는 생활용어를 접하고 이를 분석하여 남북한 언어의 현실을 진단하는 것이 중요한 과제로 대두될 것이다.

1. 표준어와 문화어는 어떻게 대립되어 있는가?
2. 북한의 주체적 언어이론의 발생 배경과 내용에 좀더 자세히 알아보고 남한의 언어관과 비교하여 보아라.
3. 남북한 자모의 배열 및 명칭을 비교하고 그 장단점을 설명하라.
4. 남북한 맞춤법 및 문장부호의 차이는 무엇인가?
   (직접 북한의 글을 찾아서 비교할 것)
6. 본문에 예로 든 북한 글을 남한의 띄어쓰기로 고쳐 보라.
5. 스포츠 분야에서 남북한 어휘차가 뚜렷한 것을 조사하라.
6. 북한의 한자교육과 남한의 한자교육을 비교하라.
7. 남북한 언어의 이질화를 극복할 수 있는 방안에는 무엇이 있을 지에 대하여 토론해 보자.
8. 남한의 텔레비전에서 방영하는 북한 텔레비전 프로그램을 시청하고, 북한 언어의 특징을 분석하여 보아라.
9. 탈북자들과의 만남을 통하여 실제적으로 남북한 언어의 차이를 확인하여 보자.

한걸음 더!

1. **표준어**와 **문화어**는 각각 남북한의 표준어이다. 표준어에 대해서는 1부의 방언론을 참조하고, 문화어의 발생 원인 및 배경에 대해서는 평양 과학원 출판사가 발간한 『말과 글의 문화성』과 『항일무장투쟁시기 김일성동지의 언어사상과 그 빛나는 구현』(1970, 평양:사회과학출판사), 사회과학원 주체사상연구소(1975)를 참조하면 좋을 것이다.

2. 남북한 언어 정책 및 이론, 맞춤법, 띄어쓰기, 문장부호 등 전반적 언어 비교에 대해서는 김민수(1985), 전수태·최호철(1989) 또는 남성우·전재영(1990), 북한의 말과 글(1990)에 비교적 잘 설명되어 있다. 북한의 문화어 문법이나 규범에 대해서는 국어사정위원회(1966), 과학·백과사전출판사(1979) 등을 참조할 수 있다.

3. 말다듬기 운동이나 어휘정리 사업에 대한 설명은 최완호·문영호(1980), 박상훈 외(1986), 사회과학원 언어학연구소 어휘연구실(1974) 등을 참조하면 이해하기 쉬울 것이다. 한자어 정리의 필요성이나, 말다듬기의 성과 및 다듬은 말의 모습이 상세히 기술되었고, 단어만들기에 대한 설명도 곁들여 있다. 『문화어학습』이라는 언어 교양지를 통하여 꾸준히 계도하여 왔는데, 1990년대에 들어서서 말다듬기 운동이 약화되었다. 그동안 다듬은 말도 다시 다듬어 책으로 내고 이 범

위 내에서 쓰도록 한다고 하였다. 5만여 단어나 되는 다듬은 말을 다 사용하기에도 어려운 일일 뿐 아니라 언어의 특질인 사회성과 역사성을 무시하고 인위적인 언어 사용은 무리임을 알 수 있다. 북한의 말다듬기 운동에 대하여, 남한에도 민간 주도의 국어순화운동이 있으나, 당 주도의 북한과 비교가 되지 않을 정도로 미약하다고 하겠다. 4. 북한의 한자문제에 대해서는 북한언어연구회(1989)의 한자 부문을 참조하면 비교적 자세한 정보를 얻을 수 있다.

5. 북한의 문화어 화술은 남한에 비하여 매우 중요시 다루고 있는 부문인데, 강상호(1989), 김동수(1983), 리상벽(1975) 등에서 화법에 대하여 자세하게 다루고 있으며, 장차 남한에서도 많은 연구가 기대되는 분야이다.

6. 남북한 언어 이질의 극복에 대하여는 정경일(1999)을 참조하면 좋을 것이다. 1995년 민족통일연구원에서 행한 남북한간의 이질화 정도에 관한 국민여론조사에 의하면, 국민의 절대다수인 89%가 언어 이질화의 정도를 심각한 것으로 생각하고 있었다.

이 조사는 우리 국민들이 분단 50여 년이 지나면서 남북한의 삶의 양식에 상당한 변화가 발생했다고 느끼고 있음을 보여주고 있는데, 언어는 다른 분야, 즉 여가생활(82.1%), 직장생활(80.8%), 풍습(71.1%), 가족생활분야(69.6%)의 이질화 정도보다 훨씬 더 심각하게 이질화되어진 것으로 생각하고 있었다. 특히 가정생활이나 풍습의 경우 '차이 없다'로 답한 비율이 21.8%와 18.8%인데 비하여 언어의 경우 8.6%에 그치고 있음은 우리 국민들 사이에 남북의 언어 차이에 대한 인식이 상당히 광범위하게 퍼져 있음을 알 수 있다.

그러나, 같은 여론조사에서 통일 이후 '귀하의 배우자가 북한 출신일 경우 무엇이 가장 문제가 될 것이냐'는 질문에 대해 가장 많은 사람들이 '사고 방식의 차이'(67.6%)를 들었고, 그 다음이 '생활 습관의 차이'(18.9%)를 들고 있다. 남북간의 언어 차이가 심각하다고 느끼면서도 이를 결혼 생활의 문제로 꼽은 사람은 전체의 2.3%에 지나지 않았다.

탈북자들에 대한 여론조사에서, 대부분의 탈북자들은 표준어 사용에 대한 거부감이 거의 없었으며, 생활 속에서 자연스레 이를 익혀 가고 있었다. 이는 기본적으로 의사소통이 충분히 가능하다는 점을 알려 준다. 그리고 언어차이를 해소하는 방안으로 대부분 남한 주민들과의 많은 대화를 선호하고 있음은 역설적으로 남북한의 언어차이가 우리 사회 일각에서 우려하듯 이질화되어 가고 있는 것이 아님을 입증한다 하겠다. 또한 언어적 차이는 결국 남북한의 사회, 문화적 제 요소의 차이를 반영하는 것이라고 생각할 때, 언어 차이 또는 언어 이질화 극복에 대한 대책은 국어학자들만의 문제가 아닌 우리 사회 모두에게 맡겨진 숙제라고 생각된다.

　지구촌 시대가 되면서 해외에서 한국어를 사용하는 사람들이 늘고 있다. 이러한 경향은 강력해진 국력을 바탕으로 계속 확산될 전망이다. 외국으로 이민 간 후손들이 뒤늦게 한국어를 배우려고 힘쓰는 것은 물론, 외국인까지 한국어를 배우려는 열기가 점차 높아가고 있기 때문이다. 이 장에서는 세계 속에서 한국어가 쓰여지는 모습을 살펴보고자 한다. 이를 위해 한국어를 보급하기 위한 교육기관에는 어떤 곳이 있는지, 한국어 교육의 실태는 어떠한지, 한국어 교육의 문제점은 무엇인지, 21세기 정보화 사회에서 한국어의 세계화를 위한 대책은 무엇인지 등을 살피고자 한다. 특히, 다른 민족과의 공존을 위한 과제로 민족과 언어의 문제, 이중언어교육 문제 등도 간략히 살피기로 한다.

1. 한국어는 어디에서 주로 쓰이나

한국어는 한민족이 주로 사는 한반도에서 쓰이고 있다. 한국어 사용의 본산인 한반도에는 1999년 현재 남북을 합해 6900만 명(세계인구의 1.17%에 해당)이 살고 있으며, 인구수로 보면 세계 15위에 해당된다.

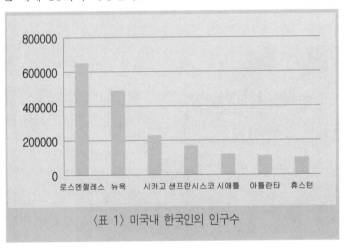

〈표 1〉 미국내 한국인의 인구수

한국어는 해외에서도 주로 동포들에 의해 사용되고 있다. 해외 동포 수는 1999년 현재 142개국에 564만 명이 넘는다. 미국의 205만 명, 중국의 204만 명, 일본의 66만 명, 독립국가연합 48만 명, 캐나다 11만 명이 주종을 이루는데, 이들은 대부분 현지어와 함께 한국어를 사용하는 이중언어인으로 생활하고 있다.

따라서, 한국어는 전세계적으로 7464만 명이 사용한다고 할 수 있다. 물론 동포 가운데는 한국어를 거의 잃어버린 사람도 있겠지만, 이 숫자는 외국인 가운데 한국어를 사용하는 사람도 있다는 것을 감안하면 전체 한국어 사용 인구라 해도 별로 문제되지 않을 것이다. 따라서, 한국어 사용인구는 세계적으로 15위 정도에 해당될 수 있을 것이다.

해외 동포들은 결과적으로 한국어의 세계화에 기여를 하고 있다. 한인타운을 형성할 정도로 독자적인 문화를 이끌어 가는 미국 뉴욕이나 로스앤젤레스 지역, 중국 연변 자치주는 대표적 한국어 사용지역으로 꼽히며 번영을 누리고 있다. 특히, 연변에는 비교적 온전한 모습으로 한국어가 보존되어 있다. 그 외 중앙아시아의 한국인 밀집 지역에 사는 동포들은 대부분 한국어를 잃어버리고 현지어로 생활하는 사람이 많다.

한국어는 그 동안 별로 쓰이지 않던 남미, 유럽, 아프리카 지역으로 세력을 넓히고 있다. 브라질에 4만 7천 명, 독일에 2만 6천 명 등의 동포들이 거주하면서 한국어를 쓰고 있는데, 앞으로 이와 같은 추세가 지속될 것이다. 한편, 아직은 그 수가 많지 않으나, 한국어를 사용하는 외국인들이 점차 늘어나고 있어 머지 않아 이들에 의해 한국어 분포지역은 더욱 확대될 것이다.

2. 중국과 구소련 동포들의 한국어는 어떠한가

　중국에 있는 동포들은 자신들을 **조선족**이라고 부른다. 조선족은 중국 전체인구의 약 0.17% 인 204만 명이 살고 있는데, 주로 동북의 길림성, 흑룡강성, 요녕성에 집중적으로 살면서 비교적 우리말을 잘 보존해 왔다. 약 45만 명이 살고 있는 것으로 추정되는 흑룡강성에는 조선민족출판 사가 운영되고 있으며, 한글신문을 발행하는 흑룡강신문사, 우리말로 방송하는 흑룡강 조선어방 송국이 있어 우리말을 보존하는 데 큰 힘이 되었다.

　조선족들은 대개 1세대들이 19세기 말에 이주했기 때문에 현재 생존하고 있는 사람들은 대부 분 중국에서 태어난 사람이다. 세대에 따라 차이가 있으나, 한어와 한국어의 이중언어 생활을 하 고 있는 경우가 많다. 대개 40대 이상은 한어와 한국어를 모두 잘 하는 편이지만, 30대 이하는 약 50% 정도가 우리말을 사용할 수 있다. 젊은이들은 우리말을 안다고 해도 조사나 경어법 사용

이 서툴러 완전하지 못하다. 또한, 도시 지역 보다는 시골에서 한국어가 더 잘 쓰이고 있 다.

　어문 규범은 중국 자체의 규범도 있으나, 대체로 북한의 것을 따르는 경우가 많다. 이 것은 오랫동안 북한과 관계를 맺어온 것과 관 계가 있다. 얼른 눈에 띄는 것은 두음법칙에 관련된 것인데, '리익'처럼 북한과 같은 표기 를 하고 있다. 한중 수교 이후 점차 남한의 언 어가 중국에 영향을 끼치게 됨으로써 남북 사 이에서 다소 혼란을 겪고 있다. 특히 조선족

〈사진 1〉 연변에서 발행되는 신문들

들이 어려워하는 것은 한국의 외래어를 이해하는 일이다. 한국어의 외래어는 대부분 영어에서 온 것인데, 중국 동포들이 영어를 잘 모르기 때문이다.

　러시아와 중앙아시아 지역의 한국인들은 스스로를 **고려인**이라고 부른다. 고려인들은 주로 중 앙아시아 지역인 우즈베키스탄, 카자흐스탄이나 극동 지역인 블라디보스톡, 사할린 지역에 거주 하는데, 이들은 19세기 후반 두만강을 건너 연해주로 이주해간 사람들의 후손이거나 일제시대에

사할린으로 징용 당한 사람들의 후손들이다.

중앙아시아에 거주하는 고려인들은 1937년 스탈린의 강제 이주정책에 따라 열악한 환경에 버려진 사람들이 대부분이고, 극동지역에 거주하는 사람들은 소련의 해체이후 공화국들이 독립한 이후 푸대접을 피해 중앙아시아에서 역이주해 온 사람들이 대부분이다. 사할린에는 19세기 후반부터 이주하기 시작하였으나, 일제의 징용으로 끌려간 사람이 대부분을 차지한다.

중앙아시아에 강제 이주된 고려인들은 현지에 적응하기 위해 러시아어를 열심히 배우려 했고, 우리말 학습에 적극적이지 않았으며, 교육 환경도 부족했기 때문에 그들은 한국어를 잘 하지 못한다. 일부에서 우리말을 쓰는 곳도 있지만, 거의 러시아어로 생활한다고 해도 과언이 아니다. 70세 이상의 노인들은 한국어를 어느 정도 할 수 있지만, 젊은 사람들은 거의 우리말을 못하고 있다. 러시아 지역에 있는 사람들은 대부분 함경도 지역에서 이주한 사람들이기 때문에 '먹구서리(먹고서), 알랐슴둥(안녕하십니까)'과 같은 함경도 방언의 요소를 아직도 유지하는 경우가 많다. 그러나 이곳에도 남한 사람과의 접촉이 잦아지면서 서서히 서울의 표준어가 확산되어 가고 있다.

3. 다민족 국가에서의 언어는 갈등의 요인이다

민족은 일반적으로 언어를 공유하는 것을 큰 특징으로 한다. 따라서, 민족이 있는 곳에는 언어가 있고, 그 언어가 다른 민족의 언어와 충돌할 경우에는 많은 문제가 생긴다. 단일민족 국가인 우리 나라는 언어적 갈등으로 인한 큰 문제는 없지만, 다민족 다언어로 구성된 국가는 사정이 간단치 않다.

> ♡ 복합민족 국가의 언어
>
> 국가어제
>   단수 국어 : 일본, 미국, 영국, 프랑스
>   복수 국어 : 스위스, 벨기에, 핀란드
> 공통어제
>   복합 국어 : 중국, 싱가포르
>   제3 국어 : 인도, 필리핀, 파키스탄

다민족으로 형성된 국가에서는 대개 다수 민족이 쓰는 언어를 공용어로 채택하는 경우가 많지만, 세부로 들어가면 나라마다 사정이 다르다. 이것을 유형으로 구분하면, 일본 미국과 같이 **국가어제**를 채택하는 나라와 구소련 중국과 같이 이것보다 다소 느슨한 **공통어제**를 채택하는 경우가 있다.

국가어제는 강력한 표준 국어를 인정하는 것인데, 이에는 하나의 국어만을 인정하는 나라와 두 개 이상을 인정하는 나라가 있다. 전자에는 일본, 미국, 프랑스 등이 해당되는데, 미국은 소수

민족 자녀들에게 이중언어 교육을 하여 국어인 영어를 사용할 수 있도록 유도하고 있는 점에서 특징적이다. 이것은 소수민족의 언어로 야기될 수 있는 문제를 원천적으로 해결할 수 있는 방법이기도 하다. 후자에는 스위스, 벨기에, 캐나다 등이 해당되는데, 민족간의 갈등은 해소할 수 있겠으나, 능률과 국가 응집력의 문제가 남아 있다.

복수 국어제가 가지는 단점을 극복하면서 각 소수민족의 언어를 인정하는 제도가 공통어제이다. 민족 자치 단위로 하위 국어를 인정하고, 근간민족의 언어를 상위 국어인 공통어로 인정하는 것이다. 소수민족의 경우 두 가지 언어를 습득해야 하는 문제는 있으나, 자신의 민족어로 생활할 수 있는 기반을 마련해주고 있다. 중국 같이 사회주의 국가에서 주로 채택하고 있으나, 인도와 같이 아예 제3국어를 공통어로 인정하는 경우도 없지 않다.

우리 나라의 동포들이 해외에 이주하게 되면 이러한 다민족 국가의 한 소수 민족이 된다. 현지 국가가 어느 정책을 펴든 현지어와 모어 사이에서 갈등을 할 수밖에 없다. 자기의 모어를 온전하게 보존하며 살아가는 데는 다소 느슨한 공통어제가 좋기는 하지만, 문제가 없는 것은 아니다. 모어로 교육하는 대학까지 운영하면서 모어를 비교적 온전히 유지하고 있는 중국 연변 자치주가 있지만, 이러한 곳에서도 출세를 위해서는 모어보다는 현지어를 잘 해야 한다는 의식이 있기 때문에 모어의 기반이 서서히 줄어들 여지는 있다.

4. 이중언어 교육은 민족간 언어 갈등의 해소책이다

이중언어 능력이란 두 개의 언어를 모어처럼 유창하게 구사하는 능력을 말한다. 이러한 능력은 자기의 모어를 공부할 수 있는 기회를 주면서, 동시에 배우려는 목표언어를 서서히 가르치면 얻을 수 있다. 이러한 능력은 대개 10세 이전에 두 개의 언어에 접촉함으로써 이루어지는데, 10세 이후에도 이중언어 능력을 갖추는 것이 불가능하지는 않지만 매우 어렵다는 것이 정설이다.

이중언어 능력을 갖추기 위해서는

> ♡ 이중언어 교육의 효과
>
> ① 두 개의 언어를 서로 비교하면서 동시에 배우면, 이해가 빠르고 정확해질 수 있다.
> ② 외국인으로서 가질 수 있는 위축감이나 갈등을 없앨 수 있다.
> ③ 두 개의 모국어를 갖는 것은 확실히 개인적으로도 큰 힘이 되며 발전을 기대할 수 있다.
> ④ 모국에 돌아오고 싶을 때나, 조국이 필요로 할 때 돌아올 수 있다.

조직적이고 체계적인 교육이 필요한데, 이것이 이중언어 교육이다. 이중언어 교육은 주로 미국에서 영어를 제2국어로 배워야 하는 소수민족 어린이들의 문화적, 언어적, 심리적 장애를 제거하기 위해 실시되었다. 영어를 몰라서 문제가 되는 학생에게 모국어와 함께 영어를 가르침으로써, 미국사회에 자연스럽게 익숙해지고 그들의 능력도 발휘할 수 있는 기회를 제공하자는 취지에서였다.

우리는 단일언어를 사용하는 민족이기에 이러한 문제가 발생하지 않지만, 외국에 나가 있는 동포들의 자녀 대부분이 이중언어와 관련된 문제를 가지고 있다. 외국에서 그 나라에 적극 적응하면서 현지어로 생활하는 데 만족하는 사람도 있겠지만, 대부분의 동포 1~2세대는 현지어와 한국어 사이에서 심한 갈등을 겪고 있다. 그들이 인종적으로 한국인임을 알게 되면, 이것을 좀더 확인하고 싶어한다. 이를 위해서는 자연히 한국어를 알아야 하기 때문에 한국어 학습 문제에 처하게 된다.

그러나, 스스로 한국어를 배워야 할 필요성을 알게 되었을 때는 이미 언어 습득기를 지나는 경우가 많다. 가정에서도 한국어를 잘 쓰지 않고 현지어를 주로 쓰면, 한국어의 언어능력이 생기기도 전에 우리말을 잊어버리게 되는 것이다. 이러한 것을 예방하기 위해서는 어려서부터 체계적인 이중언어 교육을 통해서 현지어와 한국어를 모두 잘 할 수 있게 지원해주는 노력이 절실하다.

5. 한국어 교육 기관은 어떤 곳이 있나

한국어를 보급하기 위하여 운영되는 교육 기관은 다양하다. 국내에 있는 기관과 해외에 있는 기관으로 나누어 살펴보면 다음과 같다.

국내기관으로는 우선 정부가 주도하는 교육부의 국제교육진흥원과 한국학술진흥재단이 있으며, 외교통상부의 국제교류재단과 재외동포재단이 있고, 문화관광부의 국립국어연구원과 한글학회(사단법인) 등이 있다. 이들은 주로 한국어 교재 개발과 해외동포 한국어 교사 연수를 위한 사업을 하고 있는데, 동포 사회의 한국어 교육을 지원하는 데 큰 힘이 되고 있다. 특히, 한국학술진흥재단에서는 1997년부터 한국어 능력 시험을 시행하고 있는데, 1998년에는 6개국 17개 지역에서 이루어졌고, 국제교류재단에서는 한국학 강좌나 연구 프로그램 등 해외의 한국학을 지원하는 일을 주로 하고 있다.

대학 내의 한국어 교육기관도 많다. 서울대의 어학연구소, 고려대의 한국어문화연수부, 연세대의 언어교육연구원 한국어학당 등 전국 14개 대학에서 한국어 교육이 실시되고 있다. 대학에서 한국어를 수학하는 학생들의 숫자는 급속도로 증가하고 있다. 예를 들어, 고려대 한국어문화연수부의 경우 수강생이 1994년 376명이었던 것이 1997년 907명으로 증가하였다. 이들 기관에서는 주로 외국인들을 상대로 인문계열의 석사학위 이상 소지자가 학생들을 몇 개의 등급으로 나누어 자체 제작한 교재를 가지고 한국어를 교육하고 있는데, 이와 같은 정규과정을 제외하고 각 대학이 외국 대학과 자매결연 등을 맺고 부정기적으로 실시하는 한국어 교육까지를 고려하면 양적으로 헤아리기 어렵다.

〈사진 2〉 자매대학에서 소규모로 한국어를 배우는 러시아 학생들

해외의 한국어 교육기관은 정부가 운영 또는 지원하는 곳과 현지에서 자체적으로 운영하는 한국인학교로 구분된다. 전자로는 1998년 현재 동경, 중국 등 9곳에 있는 한국문화원, 뉴욕, 일본 등 4곳에 있는 한국문화학교, 2년 동안 주로 방글라데시, 몽골 등 저개발국에 파견되어 봉사하는 한국국제협력단, 교육부에서 현지 한국 교육을 지원하는 한국교육원 등이 매우 활발하게 운영되고 있다. 러시아 블라디보스톡에 있는 한국교육원은 1995년 개원되었는데, 현지 동포 중에 한국어를 비교적 잘 하는 강사 5명을 채용하여 기초부터 중급정도의 한국어 교육을 하고 있다. 상급반은 원장이 한국어 강사를 비롯하여 한국어를 잘 하는 사람 15명 정도를 가르치고 있다. 학생수는 6개반에 약 130명 정도가 있다.

다만, 외국에 있는 정규학교라 할 수 있는 한국학교는 1997년 현재 15개국 21개 학교에 4,406명의 학생이 공부하고 있는 것으로 보고되고 있다. 또한 한국학교 외에 현지 대학이나 학교에 한국어 강좌가 많이 개설되어 있어 한국어 보급에 힘이 되고 있는데, 1996년 현재, 세계적으로 미국, 일본 등은 물론 독일, 폴란드, 프랑스, 체코 등 40개국 200여 대학에서 한국어를 강의하고 있는 것으로 알려져 있다.

6. 외국에서 한국어 교육은 어떠한가

블라디보스톡에서 만난 극동기술대학교 아르춈 분교장인 다찌아나 김(Tatiana. kim)은 예전에 우즈베키스탄으로 강제 이주될 때만 해도 한국어를 공부해서 무엇하느냐고 생각하고 모두 러시아어를 배우는 데에만 몰두했었는데, 이제 서로 한국어를 배우려고 애쓰는 것을 보니 새삼 감개가 무량하다는 생각을 필자에게 말한 바 있다. 러시아에서 한국어를 배우는 것이 취업을 하거나 생활하는 데 필요하다고 인식하고 있기 때문에 한국어 수요는 앞으로 더욱 늘어나는 추세에 있다는 것이다.

동포 자녀들에 대한 한국어 교육은 주로 주말에 열리는 한글학교에서 이루어진다. 이곳은 대개 한국인 교회와 관련을 맺고 있는데, 한국의 언어와 문화를 가르쳐 민족의식을 고취하려는 의도를 가지고 있다. 결국에는 이중언어인을 양성하여 미국사회에서 소수민족으로서의 위상을 강화하려는 의도가 있지만, 이러한 한국어 교육은 동포가 있는 곳이면 어디서든 찾아볼 수 있는 현상이다.

미국의 경우, 한글학교는 한국인들이 많은 로스앤젤레스, 뉴욕, 시카고, 샌프란시스코, 시애틀 등지에 많이 있는데, 학교수가 989개에 교원수가 7,866명, 학생수는 6만 1,572명에 이른다. 학생수를 세목별로 보면, 유치원이 1만 3,912명, 초등학생이 2만 7,463명, 중학생이 1만 1,830명, 고등학생이 6,902명, 성인이 1,465명으로 분포되어 성인의 수효가 매우 적음을 알 수 있다. 이러한 사실은 이민을 간 지 얼마 되지 않은 성인들의 경우는 아직 한국어를 할 수 있다는 사실과 관련을 가지고 있다.

그러나, 동포들이 한국어를 많이 잊어버린 러시아 지역에서는 사정이 조금 다르다. 러시아에는 91개 학교에 213명의 교원수가 있으며, 학생은 모두 4530명으로 집계되고 있다. 이 중에 유치원생이 98명, 초등학생이 1,031명, 중학생이 958명, 고등학생이 704명인데 비하여 성인이 무려 1,739명에 이른다.

정규과정에서의 한국어 교육은 나라마다 사정이 매우 다르다. 중국의 길림성처럼 자치가 허락된 지역에서는 정규 학교에서도 한국어 교육이 잘 진행되고 있지만, 그 이외 지역에서 정규학교의 한국어 교육은 이제 확장되는 추세에 있다. 미국의 경우에도 1996년에 19개교 1302명에게 한국어반을 개설하는 정도에 그치고 있다.

다만, 대학의 경우는 한국어 강좌가 정규 교과목으로 이루어지는 곳이 많다. 미국, 일본뿐 만

〈사진 3〉 한국어 연구와 교육이 활발한 미국 하와 이 대학 한국학연구소 건물

경우가 많다. 미국의 경우, 순전히 비한국계 미국인이 수강하는 국방외국어대학과 부리검영대학의 경우를 제외하면, 일반 대학의 수강생은 50% 정도가 한국계 학생이다. 고급반으로 올라갈수록 한국계 학생의 비율이 높아져서 거의 90%에 육박하고 있다. 교육의 방법에서는 한국계 학생과 그렇지 않은 학생을 같은 반에서 가르칠 것인지, 각기 다른 반에서 가르칠 것인지가 문제된다. 최근에는 이들이 한국어를 배우려는 의도가 다를 뿐만 아니라, 기본 배경지식에서 차이가 나기 때문에 따로 교육하는 것이 효과적이라는 주장이 제기되고 있다. 또한, 한국계 학생이 지나치게 많은 반에서는 비한국계 학생들이 열등감을 느끼게 되어 학습 열기를 식히는 결과를 가져오기도 한다. 캐나다 UBC의 경우에는 초급 과목을 한국계반과 그렇지 않은 반으로 편성해서 강의할 뿐만 아니라, 상급과목을 선택할 경우에도 차이를 두어 효과를 보고 있는 경우이다.

7. 한국어 교육의 문제는 무엇인가

〈사진 4〉 외국인을 위한 한국어 교재의 일부

한국어 교육의 이상적인 목표는, 교육 대상자의 연령이나 학습 목적 등이 일정하지 않고 매우 다양하기 때문에 일률적으로 말하기 어렵지만, 대체로 현지어와 한국어의 이중 언어인으로서의 능력을 갖도록 하는 것이라 할 수 있다.

특별히, 동포들에 대한 한국어 교육의 목표는 그들이 거주하고 있는 현지에 잘 적응해 살면서 우리 민족의 문화와 전통을 망각하지 않고 같은 겨레로서의 동질성을 유지할 수

있도록 도와주는 데에 있다. 외국인에 대한 한국어 교육 목적은 우리의 언어와 문화를 잘 이해시
켜 서로 신뢰하는 가운데 협력할 수 있는 길을 모색하는 데에 도움을 줄 수 있는 기반을 마련하는
것이다. 이들은 성격을 달리하는 점이 있지만, 기본적으로는 한국을 잘 이해시키려 시도하는 점
에서 같다고 할 수 있다.

지금까지 해외의 한국어 교육에서 크게 문제점으로 지적된 것은 교재, 교사, 교육기관 등과
관련된 것이다. 먼저, 교육기관의 난립이다. 정확한 실태 파악도 힘들만큼 많은 교육기관이 각국
에 산재해 있다. 정부의 손길이 미치기 이전에 소규모적으로 이루어진 교육기관들이 현지에서 한
국어 보급에 공헌 한 점이 많이 있지만, 어느 정도 체계를 갖추는 일이 필요하다. 이러한 기관의
실태를 정확히 파악하고 가급적 필요한 지원을 아끼지 말아야 할 것이다. 열악한 환경에서 진행
되는 학교들은 정확한 한국어 지식이나 한국어 교수법을 모르는 교사에 의해 진행되는 경우가 많
은데, 이것은 나중에 보다 많은 문제가 될 수 있다.

다음으로, 한국어에 대한 전문 능력을 갖춘 교사의 확보가 필요하다. 한국어에 대한 정확한
이해를 바탕으로 교수법에 어느 정도 숙달되어 있으면 더욱 좋겠다. 빼놓을 수 없는 것은 가능한
현지어를 어느 정도 구사할 수 있어야 한다는 것이다. 고급반 정도의 학생이라면 모르겠으나, 초
급반 학생에게는 현지어로의 설명이 필요하기 때문이다. 이러한 이유 때문인지 북미 대륙의 대학
에서 한국어를 가르치는 사람은 대개 영문과나 언어학과를 졸업한 경우가 많다. 이것은 한국에서
의 한국어 교사가 대부분 국어국문학을 전공한 사람이라는 사실과 비교되는 현상인데, 이들에게
국어국문학에 대한 소양을 길러주는 것도 앞으로의 과제가 될 것이다.

또한, 잘 만들어진 한국어 교재 및 사전의 편찬 보급이 시급하다. 중국이나 구소련 지역은 적
절한 교재가 없어서 문제가 되는데 비하여 미국 같은 곳에서는 자체적으로 개발한 교재를 쓰는
경우가 많다. 교재가 하나로 획일화될 필요가 없지만, 다양한 욕구를 담은 질 높은 교재를 개발
보급하는 것은 긴요하다. 교재 개발에서 중요한 것은 현장의 목소리를 반영하는 것이다. 특히, 한
국에서 만들어진 교재가 해외의 현장에서는 현실성이 떨어진다는 지적이 있으므로, 교재 개발시
현지 일선 교사들의 경험을 충분히 살려 참고로 하는 것이 좋을 것이다. 영화나 테이프와 같은 시
청각 보조교재의 개발 보급도 아주 절실하다. 한국어를 배우는 것은 한국을 배우는 것이기 때문
에 한국의 역사, 지리, 사회, 전통 문화와 관련된 비디오를 자주 보면서 한국어를 익히는 과정이
도움을 줄 수 있다.

그러나, 무엇보다 중요한 것은 한국어를 배우려는 학습자의 의지다. 학습 동기를 부여하고 학
습의 의지를 갖는 것이 중요한데, 미국 같은 선진국의 동포 자녀들은 부모의 강요에 의하거나 대
학에서 학점을 따기 쉬워서 한국어를 공부하는 경우가 많다. 이 점은 중국이나 러시아, 중앙아시

아 지역의 동포들과는 많이 다른 점이다. 또한, 비한국계 학생들이 한국의 대중 스타를 비롯한 대중문화를 이해하기 위해서나 태권도를 배우기 위해, 경제활동을 위해 한국어를 배우려고 하는 보다 분명한 목적이 있는 것과도 대비된다. 이들에게 한국어 학습 동기를 부여하기 위해서는 모국 방문과 같은 연수 기회를 확대하는 것이 바람직하다.

8. 미국 학력적성검사에 한국어가 채택되다

해외에서 한국어가 필요하게 된 것은 국력과 깊은 관련이 있다. 국력이 커지니까 한국을 알아야 했고, 한국을 알아야 하니까 한국어를 알아야만 한 것이다. 이런 한국어 수요는 1990년대 들어 정부의 정책적 뒷받침에 힘입어 점차 확산되고 있다.

한국어 수요의 증가는 마침내 미국 학생적성검사에 채택되는 결과를 가져왔다. 미국에서는 1997년부터 우리의 대학수학능력시험과 같은 성격인 학력적성검사(SATⅡ:Scholastic Assess-ment Test)의 외국어 시험에 한국어를 9번째로 채택함으로써 한

♡ 미국 학력적성검사(SATⅡ)의 내용

영어 (문학, 논술)	800점
수학 (수학Ⅰ, 수학Ⅱ)	800점
사회과학 (미국사, 사회)	800점
자연과학 (물리,화학,생물)	800점
외국어	800점

단, 외국어는 독어, 불어, 스페인어, 이태리어, 현대히브리어, 라틴어, 일본어, 중국어, 한국어 중에서 택1.

국어를 잘 하면 대학진학이 쉬워지게 되어 한국어 학습의 열기가 고조되는 계기를 마련하였다. 학력적성검사(SATⅡ)는 영어, 수학, 사회과학, 자연과학과 함께 외국어를 시험 보도록 되어 있는데, 한국어가 외국어의 하나로 인정된 것이다.

1995년 삼성재단이 미국대학위원회에 50만 달러를 기부한 것을 계기로 같은 해에 학력적성검사(SATⅡ) 한국어진흥재단이 발족되는 등 준비과정을 거쳐 1997.11.1에 제1회 한국어시험을 실시했는데, 1,000여개 고사장에서 약 2,500여 명이 시험에 응시하였다. 대체로 미국의 명문대학은 학력적성검사(SATⅡ)를 요구하는 경향이 있다. 한국어가 미국 학력적성검사(SATⅡ)의 외국어 과목에 유지되려면 매년 응시자가 2,000 명 이상이 되어야 하기 때문에 앞으로 이에 대한 홍보와 대비가 절실하다.

9. 우리말과 글에 대한 관심이 높아지고 있다

〈사진 5〉 집현전에서 한글을 창제하던
당시의 가상도

서양인의 한글과 한국어에 대한 관심은 19세기말로 거슬러 간다. 서양인들은 1870년대 이후 언더우드(Underwood), 게일(J.S.Gale)과 같은 선교사들이 한국어의 계통이나 한글의 기원, 한국어 문법 등에 흥미를 보였으나, 해방 이후에는 서구 언어학의 영향으로 더욱 연구에 활기를 띄어 한글과 한국어에 대한 연구의 폭과 깊이를 더하고 있다. 최근에는 주로 외국에 나가 있는 한국인 학자들에 의해 한국어 연구가 깊이 있게 진행되고 있으나, 외국인들에 의한 관심도 적지 않다. 예일대의 마틴(S.E. Martin)은 1951년 기술언어학적인 접근으로 한국어를 분석한 「한국어음소론」을 펴내는가 하면, 「새한미사전」(A New Korean-English Dictionary)을 이양하, 장성언과 함께 편찬하기도 하여 한국어 연구의 중요한 자리를 차지하게 되었다. 이외에도 한국어의 성조에 대하여 연구하는 매어리랜드 대학 램시(R.Ramsey), 대우법에 대하여 연구하는 워싱턴대의 루코프(F. Lukoff), 제정러시아 출판물이나 중앙아시아 한인의 언어를 토대로 함북방언을 연구하는 브리티쉬 콤롬비아대의 킹(J.R.P.King) 교수 등이 활동하고 있다.

그러나, 무엇보다 중요한 것은 서양학계가 한글의 우수성에 대하여 관심을 가지게 되었다는 사실이다. 특히, 유네스코에서는 한글이 배우기 쉽고 쓰기 쉬운 글자임을 들어 문명퇴치에 공로가 있는 사람에게 '세종대왕상'을 수여하고 있는 사실은 세계가 한글의 우수성을 인정하고 있는 좋은 예라고 할 수 있다.

한글의 과학성과 우수성은 1960년대 들어 외국의 학계에서 주목을 받기 시작하였는데, 특히, 미국 시카고 대학의 맥콜리(J.D.McCawley) 교수가 미국 언어학회지인 「언어」(Language)에서 한글의 우수성을 지적하면서 전세계로 파급되었다. 맥콜리 교수는 개인적으로 한글날을 명절로 지킬 정도로 한글에 매료되어 있다. 한글에 대한 우수성을 인정하는 산발적인 언급에 이어 영국 서섹스 대학의 샘슨(G.Sampson)은 저서 「문자체계」에서 한글을 자질 체계 문자라 하여 체계적인 내적구조를 가진 문자로 보고 높이 평가하기도 하였다.

외국인들의 목적에 의해 한국어가 알려지고 연구되었던 19세기 후반에서 100년 남짓한 시간이 지난 지금, 한국어는 외국인들에 의해 학술적으로 연구되고 있다. 한글의 우수성이 우리만의 자랑이 아니라, 세계가 인정하게 된 것은 큰 소득이며 앞으로 이들의 한국어 연구가 기대된다.

10. 세계 속으로 뻗어가는 한국어를 위하여

한국어의 해외 보급을 위한 정부의 정책은 크게 한국어 교재 발간 및 보급, 한국어의 세계화 추진, 한국어의 정보화 추진 등을 들 수 있다.

언어는 단순히 언어소통의 수단이기 이전에 한 나라의 문화를 이해하기 위한 기본적인 창구이기 때문에 한국을 잘 이해할 수 있는 좋은 교재의 제작과 보급이 필요하다. 문체부에서는 서울대 어학연구소를 통해 개발된 영어권 외국인을 위한 한국어 교재 발간을 시작으로 중국어판, 일본어판, 러시아어판, 스페인어판, 프랑스어판, 독일어판 등의 한국어 교재를 제작 배포하고 있다. 아울러 보조교재로 비디오 테이프, 시디 타이틀을 발간하는가 하면 영어권 외국인을 위한 한국어사전도 제작하여 해외에서 한국어를 배우고자 하는 기관과 사람에게 지원하고 있다.

우리말의 세계화 추진을 위해서는 한국어 전문가의 해외 파견과 한국어 교사의 초청연수 등을 주요 정책으로 실시하고 있다. 전자는 주로 중국의 길림성, 요녕성, 흑룡강성, 구소련지역의 우즈베케스탄, 카자흐스탄, 블라디보스톡, 사할린 등 동포 밀집 지역에 한국어 전문가와 국립국어연구원 연구원들을 파견하여 현행 어문규범과 국어 예절, 한국문화 등에 대해 강의하고 있다. 후자는 주로 위의 지역에 있는 한국어 교사, 동포 교육 관련 외국인, 중국 한국어학과 대학생을 초청하여 현행 어문규범과 언어예절 등을 강의하고 있다. 한편, 한글학회에서도 국고의 지원을 받아 1997년부터 중국과 러시아 지역 한국어 교사를 초청하여 연수회를 실시하고 있다.

우리말의 정보화 추진은 한국어의 미래를 위해 긴요한 것으로 이의 성패에 따라 한국어의 위상이 크게 달라질 것이다. 정보화에서 중요한 것은 컴퓨터와 의사소통을 하기 쉬워야 하는데, 이를 위해서는 컴퓨터에 인간과 비슷한 언어능력을 가지도록 해야한다. 따라서, 한국어의 정보화를 위해서는 컴퓨터가 한국어의 언어능력을 갖도록 모든 준비를 하는 것이 중요하다. 한국어와 이의 표기수단인 한글을 유지하고 발전시키는 것만이 중요한 것이 아니라, 이를 세계화하기 위해서 한국어로 된 많은 정보를 전세계인과 우리 국민들에게 제공하고, 선진국들의 정보를 한국어나 한글로 전환시켜 주는 일이 매우 중요한 것이다.

기초언어자료 베이스구축	전자사전구축	한민족 언어정보화	표준화
현대국어 말뭉치	기본어휘사전구축	대역사전구축	언어정보통합네트
해외동포 / 방언 말뭉치	전문용어사전구축	남북한 언어비교사전구축	기호부호계의 표준화
옛문헌 말뭉치	개념사전구축	한국어교육프로그램 개발	비표준문자등록 및 표준화
말뭉치 구축 / 보수도구개발	언어사전구축	해외한국어교육지원	한글한자자형 표준화
			태그세트 표준화

〈표 2〉 21세기 세종계획

이러한 배경에서 정부는 국어 정보화 중장기 사업인 21세기 세종계획(1998~2007)을 세워 활발히 전개하고 있다. 21세기 세종계획의 최종목표는 우리말과 우리글을 바탕으로 하는 정보사회 건설에 있는데, 그 중요한 내용은 〈표2〉에서 볼 수 있는 것처럼, 세계 수준의 국어 기초언어자료 베이스 구축을 통한 우리말 정보화, 표준화된 전자사전 구축을 통한 우리말 체계화, 한민족 언어 정보화를 통한 우리말 세계화, 언어정보화 관련 규격 및 도구의 체계적 정리를 통한 우리말 표준화를 실현하는 것으로 되어 있다.

기초언어자료 베이스 구축과 전자사전의 구축 등은 말할 것도 없고 각종 표준화 사업이나 한민족 언어정보화 사업이 마무리되면 한국어의 세계화가 한결 쉬워질 것이다. 인터넷은 물론 인공위성을 통한 정보문화의 확산이 시급한 일인 점을 생각하면, 이에 대한 대비가 한국어의 세계화에 무엇보다 긴요하다.

1. 다음은 중국 동포들이 쓰는 우리말의 일부이다. 이들을 보고 그들이 쓰는 말의 특징을 생각해보자.

일없다 : 無事	전화치다 : 打電	탈이 없다 : 無脫하다
곧 : 인차	안배(按配) : 배치	공작 : 사업
전시대(電視臺) : 방송국	남편 : 나그네	새언니 : 올케언니
아파트 : 층집	주무시다 : 쉬다	

2. 다음은 미국 버클리 대학의 초급반 한국어 교육의 내용을 간략히 기술한 것이다. 외국에서의 바람직한 한국어 교육 방향에 대하여 생각해 보자.

　교재는 주로 현지에서 제작된 것을 사용하나 테이프를 듣도록 되어 있다. 회화, 읽기, 쓰기를 중심으로 구성되어 있는데, 약 150자의 기초한자도 첨부되어 있다.
　교육목표는 '두 학기에 걸쳐 기본적인 문장과 문법을 배운다. 간단한 회화를 할 수 있으며 그 이상의 글을 읽고 이해할 수 있다. 한자를 100~150개 정도 읽는다.'고 규정되어 있다. 또한, 해외 연수교육 프로그램(Education Abroad Program)을 실시하여 한국에서 직접 생활하며 한국어를 배울 수 있는 기회를 제공하기도 한다.

3. 19세기 후반부터 가난과 학정을 피해 러시아 연해주로 떠났던 사람들은 1937년 스탈린의 강제 이주정책으로 중앙아시아의 타슈켄트나 알마아타로 옮겨갔었는데, 이제 다시 1990년 구소련의 붕괴와 함께 연해주 지방으로 복귀하는 사람들이 늘어가고 있다. 이런 배경에서 구소련 지역 한인들의 수난사를 알아보자.

4. 다음 표는 지역별 해외 한국인학교 현황(1997.4.1현재)이다. 표가 시사하는 의미를 찾아보고 유럽에서의 한국어 교육 실태를 조사해 보자.

지 역	학교수	교원수	학생수
아시아	92	727	8537
북미	1069	8372	66829
중남미	71	488	4486
유럽	414	1146	21446
중동	17	66	351

5. 현재 우리 나라에는 한국어를 배우기 위해 와 있는 외국인들이 많다. 그들을 직접 만나보고 외국인들이 느끼는 한국어 교육의 문제점을 조사해 보자.

6. 한국어가 미국의 학력적성검사(SATⅡ)에 채택된 의의를 토론해 보자.

7. 한국어 능력시험에 대해 자세히 알아보자.

8. 한글의 우수성을 구체적으로 알아보자.

9. 외국인을 위한 바람직한 한국어 교재에 대해 토론해 보자.

10. 정보화 시대의 우리말 발전전략을 생각해 보자.

한걸음 더!

해외 동포들의 이중언어 교육에 대하여는 일련의 이중언어학회 학회지를 참고할 수 있으며, 미국에서의 한국어 교육은 손호민(1991)을 참고할 수 있다. 재소 한인들의 수난의 역사는 부가이(1997)를 참조할 것. 외국인들의 국어에 대한 연구는 김민수 외(1997)와 志部昭平(1992), J.R.P King(1992)을 참고할 것.

정부의 한국어 교육 정책에 대한 전반적인 상황은 문화관광부의 국어정책 자료집(1998)에서 볼 수 있다. 한국어의 세계화에 대한 일반적인 전망은 국어정보학회가 1996년 제작한 비디오테이프 '세계로 한글로'를 참조할 수 있다. 또한 재외 동포에 대한 자료는 외교통상부의 재외동포재단 홈페이지에서 찾아볼 수 있다.

참고 문헌

강상호. 1989. 「조선어입말체연구」 사회과학출판사.

강신항. 1990. 「훈민정음연구」(증보 재판) 성균관대학교출판부.

강정희. 1988. 「제주 방언연구」 한남대학교 출판부.

고광주. 1999. "대등 접속문에 대한 재검토." 「한국어학」 박이정.

고성환. 1998. "문장의 종류." 「문법 연구와 자료」 태학사.

고영근. 1987. 「표준 중세국어문법론」 탑출판사.

고영근. 1989. 「국어형태론연구」 서울대학교 출판부.

고영근. 1993. 「우리말의 총체서술과 문법체계」 일지사.

고영근·남기심. 1998. 「표준국어문법론」(개정판) 탑출판사.

고재설. 1994. 「국어 단어 형성에서의 형태·통사원리에 대한 연구」 서강대학교 박사학위논문.

고창수. 1992. 「고대국어의 구조격 연구」 고려대학교 박사학위논문.

고창수. 1985. 「어간형성접미사의 설정에 대하여」 고려대학교 석사학위논문.

고창수. 1999. 「한국어와 인공지능」 태학사.

과학,백과사전출판사. 1979. 「조선문화어문법」 평양.

과학원 조선어 및 조선문학 연구소. 1954. 「조선어 철자법」 과학원 출판사. 번인 1955.3. 동경:학우서방.

교육도서출판사. 1985. 「국어」(인민학교 제4학년용) 평양.

교육부. 1996. 「고등 학교 문법」 서울대학교 사범대학 국어교육연구소.

구본관. 1998. 「15세기 국어 파생법에 대한 연구」 태학사.

구현옥. 1999. 「국어 음운학의 이해」 한국문화사.

국립국어연구원 편. 1996. 「국어의 시대별 변천·실태 연구 1」 국립국어연구원.

국립국어연구원 편. 1997. 「국어의 시대별 변천 연구 2」 국립국어연구원.

국어국문학회. 1990. 「방언학의 자료와 이론」 지식산업사.

국어사정위원회. 1966. 「조선말규범집」 사회과학출판사. 번각 1966.10. 동경:학우서방.

국어연구소. 1988. 「한글 맞춤법해설」 서울.

국어정보학회. 1996. 「세계로 한글로」 비디오테이프.

글리크. 1993. 「카오스」 동문사.

김경란 옮김. 1999. 「음운론」 한신문화사.

김계곤. 1996. 「현대국어의 조어법 연구」 박이정.

김공칠. 1977. 「방언학」 정향출판사.

김광해. 1993. "국어사의 시대구분과 국어 어휘사." 「국어사 자료와 국어학의 연구」 문학과 지성사.

김광해. 1993. 「국어 어휘론 개설」 집문당.

김광해 외. 1999. 「국어지식탐구」 박이정.

김기종. 1992. "중국에서의 조선어연구." 「국어학연구 백년사」 일조각.

김동소. 1998. 「한국어 변천사」 형설출판사.

김동수. 1983. 「조선말례절법」 과학, 백과사전출판사.

김동언. 1999. 「국어 비속어 사전」 프리미엄북스.

김명남 외. 1985. 「국어」 인민학교 제4학년용, 교육도서출판사.

김명원 외. 1992. 「알기쉬운 신경망 컴퓨터」 전자신문사.

김무림. 1992. 「국어음운론」 한신문화사.

김무림. 1995. "국어사의 시대구분과 격음·경음의 발달." 「우산 이인섭 교수 화갑 기념논문집」

김미령. 1997. 「국어의 주어인상구문에 대한 연구」 고려대학교 석사학위논문.

김민수 외. 1997. 「외국인의 한글 연구」 태학사.

김민수. 1979. 「신국어학사」 (전정판) 일조각.

김민수. 1981. 「국어의미론」 일조각.

김민수. 1990. "언어와 민족의 문제." 「이중언어학회지」 6.

김민수. 1970. 「국어문법론」 일조각.

김민수. 1977. 「주시경연구」 탑출판사.

김민수. 1983. 「신국어학」 일조각.

김민수. 1985. 「북한의 국어연구」 고려대학교 출판부.

김민수. 1997. 「김정일 시대의 북한언어」 태학사.

김방한. 1983. 「한국어의 계통」 민음사.

김방한. 1988. 「역사–비교언어학」 민음사.

김병제. 1980. 「방언사전」 과학, 백과사전출판사.

김봉주 역. 1986. 「의미의 의미」 한신문화사. Ogden & Richards 1923. *The Meaning of Meaning: A Study of the Influence of Language upon Thought and of the Science of Symbolism.* London: Kegan Paul.

김봉주. 1988. 「개념학: 의미론의 기초」 한신문화사.

김석득. 1992. 「우리말 형태론」 탑출판사.

김승렬. 1990. 「국어어순연구」 한신문화사.

김영배. 1984. 「평안방언연구」 동국대학교 출판부.

김영배. 1997. 「평안방언연구」 자료편 태학사.

김영석·이상억. 1992. 「현대 형태론」 학연사.

김영준 역. 1982. 「의미론」 현음사. Hayakawa 1964. Language in Thought and Action(2nd edition). New York: Harcourt, Brace & World Inc.

김영태. 1975. 「경상남도 방언 연구」 진명출판사.

김영황. 1978. 「조선 민족어 발전 력사 연구」 과학,백과출판사.

김영황. 1982. 「조선어 방언학」 김일성 종합대학 출판사.

김영희. 1993. 「한국어 통사론을 위한 논의」 한국문화사.

김완진. 1967. "한국어 발달사 상, 음운사." 「한국문화사대계Ⅴ」 고려대학교 민족문화연구소.

김완진. 1980. 「향가해독법연구」 서울대학교 출판부.

김웅배. 1991. 「전라남도 방언연구」 학고방.

김이협. 1981. 「평북방언사전」 한국정신문화연구원.

김진우. 1985. 「언어」 탑출판사.

김차균. 1980. 「경상도 방언의 성조체계」 과학사.

김차균. 1998. 「음운학 강의」 태학사.

김창섭. 1996. 「국어의 단어형성과 구조」 태학사.

김태균. 1986. 「함북방언사전」 경기대학교 출판국.

김형규. 1975. 「한국 방언연구」 서울대학교 출판부.

김형규. 1989. 「국어사 연구」(증보) 일조각.

김혜숙. 1991. 「현대국어의 사회 언어학적 연구」 태학사.

김홍수. 1998. "피동과 사동." 「문법 연구와 자료」 태학사.

나가오. 1998. 「자연언어처리」 황도삼 외 역 홍릉과학출판사.

나찬연. 1997. 「우리말 의미중복표현의 통어·의미 연구」 부산대학교 박사학위논문.

남기심. 1981. 「국어문법의 시제문제에 관한 연구」 탑출판사.

남기심·고영근. 1993. 「표준국어문법론」 탑출판사.

남미혜. 1989. "국어 어순 연구." 「국어연구」86.

남성우 역. 1979. 「의미론의 원리」 탑출판사. Ullmann 1951. *Principles of Semantics: A Linguistic Approach to Meaning*(2nd, 1957). Oxford: Basil Blackwell.

남성우 역. 1987. 「의미론: 의미 과학 입문」 탑출판사. Ullmann 1962. *Semantics: An Introduction to the Science of Meaning*. Oxford: Basil Blackwell.

남성우. 1985. 「국어의미론」 영언문화사.

남성우·정재영. 1990. 「북한의 언어생활」 고려원.

남용우 외 역. 1987. 「격문법이란 무엇인가」 을유문화사. Fillmore 1968. "The Case for Case." Bach & Harms eds. *Universals in Linguistic Theory*(New York: Holt, Rinehart and Winston.

도수희. 1984. 「백제어 연구」 홍문각.

도수희. 1987. 「한국어 음운사 연구」 탑출판사.

류 렬. 1990. 「조선말 력사 1」 사회과학출판사.

류 렬. 1992. 「조선말 력사 2」 사회과학출판사.

류규상. 1996. 「천안 지역어 연구」 한남대학교 출판부.

리득춘. 1988. 「조선어 어휘사」 연변대학출판사.

리상벽. 1975. 「조선말화술」 사회과학출판사.

문체부. 1998. 「국어정책자료집」.

민현식. 1995. "국어어휘사의 시대 구분에 대하여." 「국어학」 25.

민현식. 1999. 「국어문법 연구」 역락.

박병채. 1968. "고대삼국의 지명어휘고." 「백산학보」 5.

박병채. 1971. 「고대국어의 연구」 고려대학교 출판부.

박병채. 1989. 「국어발달사」 세영사.

박상훈 외. 1986. 「우리 나라에서의 어휘정리」 사회과학출판사.

박영순. 1978. Aspects in the Development of Communicative Competence with Reference to the Korean Deference System. 미국 일리노이대 박사학위논문.

박영순. 1985. 「한국어 통사론」 집문당.

박영순. 1994. 「한국어 의미론」 고려대학교 출판부.

박영순. 1997. 「현대 한국어통사론」(개고판) 집문당.

박영준. 1994. 「명령문의 국어사적 연구」 국학자료원.

박영준. 1998. "형태소 '-었-'의 통시적 변천." 「한국어학」 8.

박영준. 1999. "격조사의 통시적 연구." 「국어의 격과 조사」 월인.

박영준·최경봉. 1995. 「관용어 사전」 태학사.

박영환. 1991. 「국어 지시어의 연구」 고려대학교 박사학위논문.

박용후. 1988. 「제주방언연구」(자료편) 고려대학교 민족문화연구소.

박육현·김호진. 1999. 「언어와 사회」 세종출판사.

박종갑. 1996. 「토론식 강의를 위한 국어 의미론」 박이정.

박창원. 1995. "고대국어(음운) 연구 방법론 서설." 「국어사와 차자표기」(소곡 남풍현 선생 회갑기념논총).

배주채. 1996. 「국어 음운론 개설」 신구문화사.

배주채. 1998. 「고흥방언음운론」 태학사.

배해수. 1998. 「한국어와 동적언어이론: 국어내용연구」(4) 고려대학교 출판부.

배희임. 1986. 「국어 피동 연구」 고려대학교 민족문화연구소.

부가이. 1997. 「재소한인들의 수난사」 세종연구소.

북한언어연구회. 1989. 「북한의 언어혁명」 백의.

사회과학원 언어학연구소 어휘연구실. 1974. 「단어만들기연구」 사회과학출판사.

사회과학원 언어학연구소. 1971. 「조선말규범집 해설」 사회과학출판사. 번각 1972.11. 동경: 학우서방.

사회과학원 주체사상연구소. 1975. 「주체사상에 기초한 언어리론」 사회과학출판사.

사회과학출판사. 1992. 「조선말대사전」.

서울대 대학원 국어연구회 편. 1993. 「국어사 자료와 국어학의 연구」 문학과 지성사.

서재극. 1975. 「신라 향가의 어휘 연구」 계명대학교 한국학연구소.

서정수. 1994. 「국어문법」 뿌리깊은 나무.

서정수. 1996. 「국어문법」 한양대학교 출판원.

서정수. 1984. 「존대법의 연구」 한신문화사.

서정수. 1996. 「현대 국어 문법론」 한양대학교 출판원.

서태길. 1997. 「어휘정보에 기초한 국어문법기능에 대한 연구」 고려대학교 박사학위논문.

성광수. 1999. 「국어의 격표현과 조사」 월인.

성광수. 1999. 「한국어 문장표현의 양상」 월인.

성기철. 1984. 「현대국어 대우법 연구」 개문사.

성낙수. 1992. 「제주도 방언의 통사론적 연구」 계명문화사.

성낙수. 1993. 「우리말 방언학」 한국문화사.

세계문자연구회 1993, 김승일 옮김 1997. 「세계의 문자」 범우사.

손남익. 1994. 「국어 부사연구」 박이정.

손호민. 1991. "미국에서의 한국어 교육." 「새국어생활」 1권2호.

송 민. 1995. "음운사 방면." 「국어학」 25.

송도규. 1996. 「인지언어학과 자연언어 자동처리」 홍릉과학출판사.

송철의. 1989. 「국어 파생어 형성 연구」 서울대학교 박사학위논문.

시정곤. 1988. 「복합어 형성규칙과 음운현상」 고려대학교 석사학위논문.

시정곤. 1993. 「국어의 단어형성 원리」 고려대학교 박사학위논문.

시정곤. 1998. 「국어의 단어형성 원리」(수정판) 한국문화사.

신현숙. 1986. 「의미분석의 방법과 실제」 한신문화사.

신현숙. 1991. 「한국어 현상: 의미 분석」 상명여자대학교 출판부.

심재기. 1982. 「국어어휘론」 집문당.

심재기 편. 1998. 「국어 어휘의 기반과 역사」 태학사.

심재기·이기용·이정민. 1984. 「의미론서설」 집문당.

안병호. 1983. 「조선어 발달사」 요녕인민출판사.

안병희. 1967. "한국어 발달사 중, 문법사." 「한국문화사대계Ⅴ」 고려대학교 민족문화연구소.

양주동. 1965. 「고가연구」(증정) 일조각.

양태식. 1984. 「국어 구조의미론」 태화출판사.

오길록 외. 1995. 「한글공학」 대영사.

오원교 역. 1983. 「일반언어학강의」(사판) 형설출판사. Saussure 1916. Cours de linguistique générale. Lausanne et Paris: Payot.

오정란. 1997. 「현대 국어음운론」 형설출판사.

와타다 사쿠이치로. 1991. 「인공 지능의 ABC」 전파과학사.

왕문용·민현식. 1993. 「국어문법론의 이해」 개문사.

우형식. 1995. 「국어 정서법」 부산외국어대학교 출판부.

윈스톤. 1990. 「인공지능」 황종선 역, 생능.

유동석. 1993. 「국어의 매개변인 문법」 서울대학교 박사학위논문.

유송영. 1996. 「국어 청자 대우 어미의 교체 사용과 청자 대우법 체계」 고려대학교 박사학위논문.

유창균. 1994. 「향가비해」 형설출판사.

유창돈. 1961. 「국어변천사」 통문관.

유창돈. 1971. 「어휘사 연구」 선명문화사.

유형선. 1995. 「국어의 주격 중출 구문에 대한 통사·의미론적 연구」 고려대 박사학위논문.

윤석민. 1996. 「현대국어 문장종결법 연구」 서울대학교 박사학위논문.

윤평현. 1989. 「국어의 접속어미 연구」 한신문화사.

이관규. 1992. 「국어 대등구성 연구」 서광학술자료사.

이관규. 1999. 「학교 문법론」 월인.

이근열. 1997. 「경남 방언의 음운론」 세종출판사.

이기갑 외. 1998. 「전남방언사전」 태학사.

이기동. 1993. 「북청방언의 음운론」 고려대학교 민족문화연구소.

이기문·김진우·이상억. 1984. 「국어 음운론」 학연사.

이기문. 1968. "고구려의 언어와 그 특징." 「백산학보」 4.

이기문. 1972. 「국어사개설」(개정판) 탑출판사.

이기문. 1972. 「국어음운사연구」 탑출판사.

이기문. 1991. 「국어 어휘사 연구」 동아출판사.

이기문. 1998. 「국어사개설」(신정판) 태학사.

이남덕. 1985-1988. 「한국어 어원연구」Ⅰ,Ⅱ,Ⅲ,Ⅳ. 이화여대 출판부.

이남순. 1998. 「격과 격표지」 월인.

이돈주. 1978. 「전남 방언」 형설출판사.

이병선. 1982. 「한국 고대 국명 지명 연구」 형설출판사.

이상규. 1988. 「방언연구 방법론」 형설출판사.

이상규. 1995. 「방언학」 학연사.

이숭녕. 1967. "한국어 발달사 하, 어휘사." 「한국문화사대계Ⅴ」 고려대학교 민족문화연구소.

이숭녕. 1978. 「제주 방언의 형태론적 연구」 탑출판사.

이승욱. 1997. 「국어 형태사 연구」 태학사.

이윤표. 1997. 「한국어 공범주론」 태학사.

이을환·이용주. 1975. 「국어의미론」(개정판) 현문사.

이익섭. 1981. 「영동·영서의 방언 분화」 서울대학교 출판부.

이익섭. 1984. 「방언학」 민음사.

이익섭. 1994. 「사회언어학」 민음사.

이익섭·이상억·채완. 1997. 「한국의 언어」 신구문화사.

이익섭·임홍빈. 1983. 「국어문법론」 학연사.

이익섭·채완. 1999. 「국어문법론강의」 학연사.

이익환. 1984. 「현대의미론」 민음사.

이익환. 1991. 「의미론 개론」(수정사쇄) 한신문화사.

이인섭. 1986. 「한국 아동의 언어발달 연구」 고려대학교 박사학위논문.

이정복. 1998. 「현대 경어법 사용의 전략적 특성」 서울대학교 박사학위논문.

이준희. 1999. 「국어의 간접화행에 관한 연구」 한양대학교 박사학위논문.

이중언어학회. 1983. "해외 자녀 교육의 현황과 과제." 「이중언어학회지」 1.

이중언어학회. 1989. "미국에서의 한국어 교육." 「이중언어학회지」 5.

이중언어학회. 1990. "중국에서의 한국어 교육." 「이중언어학회지」 6.

이철수. 1989. 「한국어사」 개문사.

이초식. 1993. 「인공 지능의 철학」 고려대학교 출판부.

이필영. 1993. 「현대국어의 인용구문에 관한 연구」 서울대학교 박사학위논문.

이홍식. 1996. 「국어 문장의 주성분 연구」 서울대학교 박사학위논문.

임동훈. 1996. 「현대국어 경어법어미 '-시-'에 대한 연구」 서울대학교 박사학위논문.

임윤. 1970. 권택룡 옮김 1988. 「중국문자학개설」 형설출판사.

임지룡 외 역. 1989. 「어휘의미론」 경북대학교 출판부. Cruse 1986. Lexical Semantics. Cambridge : Cambridge University Press.

임지룡. 1989. 「국어 대립어의 의미 상관체계」 형설출판사.

임지룡. 1995. 「국어 의미론」 탑출판사.

임홍빈. 1998. "부정법." 「문법 연구와 자료」 태학사.

장석진. 1985. 「화용론 연구」 탑출판사.

장태진. 1995. 「국어사회언어학논총」 국학자료원.

장태진. 1998. 「국어 변말의 사회 언어학적 연구」 한국문화사.

전상범. 1977. 「생성음운론」 탑출판사.

전수태·최호철. 1989. 「남북한 언어비교」 녹진.

전재호. 1980. "의미변천사(I)." 「어문론총」(경북대) 13·14.

전재호. 1983. "의미변천사 연구(II)." 「어문론총」(경북대) 17.

정경일. 1999. "탈북자의 남한 정착시 언어갈등에 관한 연구." 「고려학」 제1호.

정 광. 1990. "비교연구 : 국어와 일본어." 「국어연구 어디까지 왔나」 동아출판사.

정 광. 1995. "한국어 형성에서 고구려어의 위치." 「국어사와 차자표기」(소곡 남풍현 선생회갑기념논총).

정 국. 1996. 「생성음운론의 이해」 한신문화사.

정연찬. 1974. 「경상도방언 성조 연구」 국어학회.

정연찬. 1997. 「개정 한국어 음운론」 한국문화사.

정원수. 1991. 「국어의 단어형성 연구」 충남대학교 박사학위논문.

정주리. 1994. 「국어 보문동사의 통사·의미론적 연구」 고려대학교 박사학위논문.

정진석 편. 1999. 「문자보급운동교재」 LG상남언론재단.

조성식. 1990. 「영어학사전」 신아사.

조일영. 1995. 「국어 양태소의 의미 기능 연구」 고려대학교 박사학위논문.

조지 밀러. 1991. 강범모·김성도 옮김 1998. 「언어의 과학」 민음사.

조항범 역. 1990. 「의미분석론: 성분분석의 이론과 실제」 탑출판사. Nida 1975. *Componential Analysis of Meaning:An introduction to semantic structures.* The Hague : Mouton Publishers.

주상대. 1996. "의존명사 '것'의 음운현상." 「한국어학」 3.

주시경. 1910. 「국어문법」 경성:박문서관 「역대문법대계」 1-11 재수록.

천소영. 1990. 「고대 국어의 어휘 연구」 고려대학교 민족문화연구소.

천시권·김종택. 1984. 「국어의미론」(수정판) 형설출판사.

최길시. 1998. 「한국어교육의 실제」 태학사.

최남선 편. 1983. 「삼국유사」 서문문화사.

최남희. 1996. 「고대 국어 형태론」 박이정.

최동주. 1995. 「국어 시상체계의 통시적 변화에 대한 연구」 서울대학교 박사학위논문.

최명옥. 1980. 「경북동해안 방언연구」 영남대학교 출판부.

최명옥. 1982. 「월성지역어의 음운론」 영남대학교 출판부.

최범훈. 1981. 「한국어발달사」 통문관.

최석규 역. 1963. 「낱말의 생태: 단어의 의미론적 연구」 대한교과서주식회사. Darmesteter 1886. *La vie des mots étudiée dans leurs signification*. Paris: Delagrave.

최완호·문영호. 1980. 「조선어어휘론연구」 과학,백과사전출판사.

최재희. 1991. 「국어의 접속문 구성 연구」 탑출판사.

최종수. 1986. 「인공지능의 세계」 대영사.

최창렬·심재기·성광수. 1986. 「국어의미론」 개문사.

최태영. 1983. 「방언음운론」 형설출판사.

최학근. 1958. 「국어 방언학 서설」 동학사.

최학근. 1974. 「국어 방언학」 형설출판사.

최학근. 1978. 「한국 방언사전」 현문사.

최학근. 1982. 「한국방언학」 태학사.

최학근. 1990. 「한국 방언사전」 명문당.

최학근. 1991. 「국어방언연구」 명문당.

최현배. 1930. "조선어의 품사분류론." 「조선어문연구」 (연희전문학교문고연구집 제1집) 연희전문학교 출판부. 「역대한국문법대계」 1-17 재수록.

태평무. 1998. 「사회언어학연구」 과학백과사전종합출판사.

페이겔스. 1991. 「이성의꿈」 구현모 외 역, 범양사 출판부.

하길종. 1997. 「현대 한국어 비교구문의 의미연구」 고려대학교 박사학위논문.

하치근. 1989. 「국어 파생형태론」 남명문화사.

한 길. 1991. 「국어 종결어미 연구」 강원대학교 출판부.

한국어학회. 1999. 「국어의 격과 조사」 월인.

한국정신문화연구원. 1980. 「한국방언자료집」.

한글학회. 1995. 「국어학사전」 한글학회.

한동완. 1996. 「국어의 시제 연구」 태학사.

허광일·이석주·박양귀 공역. 1980. 「의미론」 한신문화사. Kempson 1977. *Semantic Theory*. Cambridge: Cambridge University Press.

허 발. 1981. 「낱말밭의 이론」(2판) 고려대학교 출판부.

허 발 엮어 옮김. 1985. 「구조의미론」 고려대학교 출판부.

허 발 엮어 옮김. 1997. 「현대 의미론의 이해」 국학자료원.

허 웅. 1975. 「우리 옛말본」 샘문화사.

허 웅. 1985. 「국어 음운학」 샘문화사.

허 웅. 1995. 「20세기 우리말의 형태론」 샘문화사.

현대언어학연구회 옮김. 1984. 「의미론」 한신문화사. Palmer 1981. *Semantics(2nd)*. Cambridge: Cambridge University Press.

현평효. 1976. 「제주도 방언의 정동사어미 연구」 아세아 출판사.

현평효. 1985. 「제주도 방언연구」(논고편) 이우출판사.

홍기문. 1956. 「향가해석」 과학원.

홍사만. 1985. 「국어어휘의미연구」 학문사.

홍승우. 1988. 「언어학의 의미론 입문: 의미, 명칭, 내용과 구조」 청록출판사.

홍윤표. 1993. 「국어사 문헌 자료 연구(근대편1)」 태학사.

홍윤표. 1994. 「근대국어연구(Ⅰ)」 태학사.

홍윤표. 1995. "국어사 시대구분의 문제점과 문법사의 측면에서 본 시대구분." 「국어학」 25.

홍종선 외. 1993. 「장벽이후의 생성문법」(편역) 집문당

홍종선 편. 1998. 「근대국어 문법의 이해」 박이정.

홍종선. 1990. "시간과 시제." 「국어국문학논총Ⅲ」 탑출판사.

홍종선. 1995. "국어사의 시대구분(1)." 「우산 이인섭 교수 화갑 기념논문집」.

황수영. 1985. 「한국금석유문」(제4판) 일지사.

小倉進平. 1929. 「鄕歌 及 吏讀の 硏究」 경성대학교.

小倉進平. 1944. 「朝鮮語方言の硏究」. 東京. 岩波書店.

志部昭平. 1992. "일본에서의 조선어연구." 「국어학연구 백년사」 일조각.

河野六浪. 1945. 「朝鮮方言學 試考 - '鋏語攷」. 東都書籍.

Austin,J.L. 1962. *How to Do Things with Word*, Oxford Clarendon Press.

Bloomfield. 1926. "A Set of Postulates for the Science of Language." *Language* 2.

Bloomfield, L. 1933. *Language*, George Allen & Unwin LTD.

Chomsky. 1980. "On Binding," *Linguistic Inquiry*, 11.

Chomsky, N and M. Halle. 1968. *The Sound Pattern of English*. New York: Harper and Row.

Chomsky,N. 1965. *Aspects of the Theory of Syntax*, Cambridge Mass:The MIT Press.

David Crystal .1987. *The Cambridge Encyclopedia of Language*. Cambridge University Press.

Eugenio Coseriu. 1980. 愼翼晟譯. *Textlinguistik* 사회문화연구소.

Fasold, R. W. 1990. *The Sociolinguistics of Language*. Oxford:Blackwell.

Fries. 1952. *The Structure of English* : An Introduction to the Construction of English Sentences. New York: Harcourt.

Gleason, H. A. 1965. *An Introduction to Descriptive Linguistics*, Holt, Rinehart and Winston, Inc.

Halliday & Hasan. 1976. *Cohesion in English.* English Language Series, No9. London : Longman.

Hockett, C. F. 1958. *A Course in Modern Linguistics,* New York :Macmillan.

Hooper, Joan B. 1976. *An Introduction to Natural Generative Phonology.* NewYork: Academic Press.

Hudson, R. A. 1980. *Sociolinguistics.* Cambridge University Press.

Hyman, Larry M. 1973. *Phonology: Theory and Analysis.* New York: Holt, Rinehart and Winston.

J.R.P. King. 1992. "북미의 한국어 연구." 「국어학연구 백년사」 일조각.

Jakobson, O. 1933. *Lehrbuch der Phonetik.* Leipzig and Berlin: Teubner.

Jeffers, R.J. and Ilse Lehiste. 1979. *Principles and Methods for Historical Linguistics.* The MIT Press.

Jones, D. 1918. *An Outline of English Phonetics.* Leipzig and Berlin. 3rd ed. Cambridge: W. Heffner and Sons, Ltd.

Lehmann, W.P.1992. *Historical Linguistics.* Third Edition. London and New York.

Morris, C.1946. *Sign, Language and Behavior.* N. Y.: Prentice-Hall.

Poppe, N.1960. *Vergleichende Grammatik der altaischen Sprachen.* Wiesbaden.

Poppe, N.1965. *Introduction to Altaic Linguistics.* Wiesbaden.

Ramstedt, G.1949. *Studies in Korean Etymology.* Helsinki.

Ramstedt, G.1957, 1952. *Einfuhrung in die altaischen Sprachwissenschaft I, II.* Helsinki.

Searle, J. R.1969. *Speech Acts: An Essay in the Philosophy of Language,* Cambridge: Cambridge Uni. Press.(이건원 역(1987)「언어행위」 한신문화사.)

Trudgill, P.1983. *Sociolinguistics: An Introduction to Language and Society.* rev. ed. London: Penguin Books.

Wardhaugh, R. 1986. *An Introduction to Sociolinguistics.* Oxford:Blackwell.

Harris. Z. S.1952. "Discourse Analysism," *Language,* 28.

그림을 참조한 책

김민수. 1979. 「신국어학사」 일조각.

김방한. 1983. 「한국어의 계통」 민음사.

김정란 역. 1987. 「상징, 기호, 표지」 열화당.

김형규. 1989. 「한국방언연구」 서울대학교 출판부.

사회과학언어연구소 편. 1990. 「조선말대사전(상.하)」 동광출판사.

세계문자연구회. 1993. 「세계의 문자」 범우사.

신영훈. 1997. 「우리문화 이웃문화」 문학수첩.

아이블-아이베스펠트. 1996. 「사랑과 미움」 민음사.

역사신문편찬위원회 엮음. 1995. 「역사신문 1」 사계절.

이원복. 1993. 「현대문명진단 1」 조선일보사.

이익섭. 1983. 「사회언어학」 민음사.

이익섭. 1984. 「방언학」 민음사.

장영준. 1999. 「언어의 비밀」 한국문화사.

정진석 편. 1999. 「언론유사」 커뮤니케이션북스.

조선일보사, 국립국어연구원 편. 1996. 「우리말의 예절」 조선일보사.

조지 밀러 저, 강범모 외 역. 1998. 「언어의 과학」 민음사.

주시경. 1914. 「말의 소리」 역대한국문법대계 1-13.

채지충. 1988. 「공자 세상을 읽는 돋보기」 도서출판 눈.

채지충. 1988. 「장자 자연의 피리소리」 도서출판 눈.

최남선 편. 1983. 「삼국유사」 서문문화사.

최정훈 외. 1997. 「인간 행동의 이해」 법문사.

편집부. 1994. 「원시에서 현대까지 인류생활사」 동아출판사.

편집부 편. 1991. 「한국민족문화대백과사전」 한국정신문화연구원.

편집부. 1997. 「사진과 그림으로 보는 올바른 가정의례」 조선일보사.

학원출판공사 사전편찬국. 1994. 「학원세계대백과사전」, 학원출판공사.

홍윤표 외. 1995. 「17세기 국어사전(상.하)」 태학사.

황수영. 1985. 「한국금석유문」 일지사.

찾아보기

ㅇ

지은이 소개

◆정경일
건양대학교 국어국문학과 교수
Kijung@kytis.konyang.ac.kr

◆최경봉
원광대학교 국어국문학과 교수
kbchoi@wonnms.wonkwang.ac.kr

◆김무림
강릉대학교 국어국문학과 교수
moorim@kangnung.ac.kr

◆오정란
광운대학교 국어국문학과 교수
jroh@daisy.kwangwoon.ac.kr

◆시정곤
한국과학기술원 인문사회과학부 교수
shi@sorak.kaist.ac.kr

◆이관규
고려대학교 국어교육과 교수
kklee@korea.ac.kr

◆최호철
고려대학교 국어국문학과 교수
hocherl@kuccnx.korea.ac.kr

◆조일영
한국교원대학교 국어교육과 교수
ciykw@knuecc-sun.knue.ac.kr

◆송향근
부산외국어대학교 언어학과 교수
hyangkeun-song@helsinki.fi

◆박영준
부경대학교 국어국문학과 교수
yjpark@mail.pknu.ac.kr

◆고창수
한성대학교 국어국문학과 교수
kochs@hansung.ac.kr

◆이윤표
서남대학교 국어국문학과 교수
lyp@tiger.seonam.ac.kr

◆김동언
강남대학교 국어국문학과 교수
duk@kns.kangnam.ac.kr

한국어의 탐구와 이해

초판 1쇄 발행 | 2000년 2월 28일
개정 10쇄 발행 | 2016년 2월 15일

지은이 | 정경일 최경봉 김무림 오정란 시정곤
　　　　이관규 최호철 조일영 송향근 박영준
　　　　고창수 이윤표 김동언

펴낸이 | 박찬익
펴낸곳 | 도서출판 **박이정**

주 소 | 서울시 동대문구 용두동 129-162 (우 130-070)
전 화 | 02-922-1192~3
팩 스 | 02-928-4683
등 록 | 1991년 3월 12일 제1-1182호
온라인 | (국민) 729-21-0137-159
이메일 | pijbook@naver.com　　www.pjbook.com

ISBN 89-7878-389-9 (93710)　　　값 15,000원